Werner Huemer

Die Wiederkehr Gottes

Werner Huemer

Die Wiederkehr Gottes

Ein neues Weltbild
für das 21. Jahrhundert

Verlag der Stiftung Gralsbotschaft
Stuttgart

Die Deutsche Bibliothek – CIP-Einheitsaufnahme

Huemer, Werner:
»Die Wiederkehr Gottes« / Werner Huemer. - Ditzingen : Verl. der
Stiftung Gralsbotschaft, 2000
ISBN 3-87860-284-7

© 2000 by Stiftung Gralsbotschaft, Stuttgart
In Lizenz herausgegeben vom Verlag der Stiftung Gralsbotschaft, Stuttgart
1. Auflage 2000
Umschlag-Grafik: Josef Schaffler, Stallhofen
Druck und Bindung: Offizin Scheufele, Stuttgart
Printed in Germany

Vorwort

Der Gedanke an eine „Wiederkehr Gottes" setzt voraus, daß wir dem Schöpfer derzeit fern sind. Unübersehbar ist das so. Der Glaube hat nur noch wenig Wert in unserer satten Wohlstandsgesellschaft, und Religiosität gilt im Grunde als Spielwiese für realitätsfremde, vielleicht auch ein wenig schwärmerisch veranlagte Gemüter.

Nach dem Willen Gottes fragt man bei Alltagsentscheidungen längst nicht mehr, der Schöpfer spielt in unseren Gedanken keine Rolle, und schon gar nicht im naturwissenschaftlich dominierten Weltbild dieser Zeit. „Gott ist tot!", hört man sagen; das Höchste erscheint uns als weitgehend verzichtbare „Idee". Weitgehend deshalb, weil ein kleiner Rest an Sehnsucht offenbar bestehen blieb: Wann immer die Alltagsroutine für Momente besonders lebensnahen Ereignissen weicht – etwa dem beglückenden Erlebnis einer Geburt oder auch dem Tod eines Mitmenschen –, dann erfährt unser „unerschütterliches" Bewußtsein über die eigene Größe unerwartete (An-)Stöße, und ein wenig bang stellt man sich die Frage, ob wir dem Begreifen des Wunders Leben nicht denkbar fern sind, unser Begriffshorizont nicht womöglich arg verdunkelt ist und es ... ja vielleicht doch einen Schöpfer geben könnte.

Zweifellos sind wir in unserer gottesfernen Gesellschaft nicht wirklich glücklicher, freier oder gar geistiger geworden. Aber wäre eine Wiederkehr Gottes in unsere Empfindungen, Gedanken und Taten überhaupt noch denkbar? Haben sich Alltag und Glaube, Naturwissenschaft und Religion nicht längst schon endgültig in zwei „Welten" gespalten – ohne daß hier jemals noch eine brauchbare Brücke zu schlagen wäre? Gibt es so etwas wie ein tragfähiges „Gottesbild" für das 21. Jahrhundert? Ein neues Verständnis vom Wirken des Schöpfers, dem sich jeder Mensch getrost und vorbehaltlos anschließen kann, welchen Wissensstand auch immer er hat?

5

Ich habe dieses Buch in der Überzeugung geschrieben, daß eine solche „Wiederkehr Gottes" dringend nötig und auch zu erreichen ist. Leider haben ja die tradierten Vorstellungen über den Schöpfer und die Art seines Wirkens wesentlich zum heute verbreiteten Atheismus beigetragen. Denn an den willkürlich ins Geschick der Menschen eingreifenden, bärtigen alten Mann, von dem man sich durch lange Gebete Sündenfreiheit erhandeln kann und der seinen Sohn ermorden ließ, um der Menschheit jene Erlösung zu bieten, die er durch einen allmächtigen Wink ohne weiteres auch anders hätte gewähren können … an einen solchen Gott kann man als logisch denkender Mensch ja beim besten Willen nicht glauben. Die kirchlich-konfessionellen Vorstellungen haben keine Zukunft im 21. Jahrhundert, ebensowenig wie jener blinde Glaube, der in einem fraglosen „Für-wahr-Halten" seine Erfüllung finden will.

Ein neuer Zugang zum göttlichen Wirken ist bitter nötig – sonst zerstören wir endgültig das wohl wichtigste Fundament unserer Gesellschaft, das die Menschheit nun bereits seit Jahrtausenden begleitet: *das Wissen um den Einen Gott!*

Im ersten Teil dieses Buches habe ich mich darum bemüht, wichtige Spuren nachzuzeichnen, die der Monotheismus in unserer Geistes- und Kulturgeschichte, begonnen bei der Zeit Abrahams bis hin zu Jesus von Nazareth, hinterlassen hat. Dabei war es mir ein Anliegen, auch die verborgenen Hintergründe zu beleuchten, die von jeher – einst wie heute – zu der Entfernung des Menschen von seinem Schöpfer geführt haben: Sündenfall beziehungsweise Erbsünde.

Der zweite Teil der vorliegenden Arbeit stellt sich der Frage, was aus der Lehre Jesu denn geworden ist. Tiefpunkte in der Kirchengeschichte, Höhepunkte in der Mythologie und schließlich die Flutwelle des wissenschaftlichen Denkens haben die von den christlichen Konfessionen verkündete „einzige Wahrheit" längst in Frage gestellt. Indes blieb die eigentliche Botschaft Christi, wie sie heute durch die Evangelienforschung wohl leichter denn je zugänglich ist, von allen Stürmen unberührt – bis in unsere Tage!

Aber reichen die wenigen überlieferten Worte Jesu für ein vollständiges Weltbild aus, wie es das 21. Jahrhundert als Grundlage für einen wissenden Glauben erfordert? Diese Meinung zu vertreten würde wohl eher von religiösem Fanatismus zeugen als von ernsthafter Wahrheitssuche. Nein, zweifellos tut neues Wissen not!

Und eben damit, mit der Frage, wie der Schöpfer in dieser Welt wirkt und was uns zu tun verbleibt, wenn wir die „Wiederkehr Gottes" erstreben, beschäftigt sich der dritte Teil dieses Buches.

Vorwort

Natürlich aber ist die Frage der „Nähe Gottes" immer auch mit dem vagen Begriff der Menschwerdung des Schöpfers verbunden. Die von den jüdischen Propheten angekündigte Geburt des Gottessohnes „Jesus" steht im Raum, das Kommen „Imanuels" und zugleich die Ankündigung des „Menschensohnes", von der Christus sprach.

Was ist von solchen göttlichen Inkarnationen zu halten? Wann haben die großen diesbezüglichen Prophezeiungen sich vollzogen – und welche Bedeutung haben sie für die heutige Zeit?

Auch diesen zentralen Fragen ist das vorliegende Buch gewidmet.

Ich selbst fühlte mich während der Jahre, in denen ich diese Arbeit schrittweise vorantreiben konnte, beschenkt durch die Erkenntnisse, die sich bei der Vertiefung in viele Themen auftaten. Nun hoffe ich, daß dieses Buch bei Ihnen, seinen Lesern, ebenfalls Tore öffnet, durch die ein wenig Licht eindringen kann ...

Werner Huemer
Purgstall, im November 2000

Inhalt

1. Teil: Furcht und Ehrfurcht

2. Teil: Verfall des Glaubens

3. Teil: Am Beginn einer neuen Zeit

Furcht
und
Ehrfurcht

1. Am Beginn einer langen Reise

Ein ehemaliger österreichischer Bundeskanzler und Unterrichtsminister wird gern mit der Bemerkung zitiert, daß „alles sehr kompliziert" sei. Über diese einfältige Feststellung ist von jeher viel gewitzelt worden. Ob er es nun wirklich so gesagt oder doch ganz anders gemeint hat, sei dahingestellt. Jedenfalls tat es offenbar vielen Menschen ganz gut, einmal darüber lachen zu können, daß auch die „großen Macher" offenbar längst nicht immer alle Zusammenhänge durchschauen.

Im übrigen stimmt die dem Kanzler zugeschriebene Aussage natürlich: Unser Leben ist in vielen Bereichen tatsächlich sehr kompliziert geworden. Wir bauen emsig an einer Welt, in der die Fachmeinung von Experten und Oberspezialisten immer mehr, die gesunde, einfache Empfindung aber immer weniger zählt. Wir setzen auf die Allmacht der Wissenschaft und des Intellekts – und gewinnen damit doch keinen Überblick, der uns die Grundfragen des Lebens erhellen könnte.

Es verwundert nicht, daß in einer solchen Welt Gott keine bedeutende Rolle mehr spielt, denn die stets einfachen „Wahrheiten des Herzens" lassen sich mit den komplizierten Konstrukten einer mathematisch errechneten Theorie über die Welt nur schwer in Einklang bringen. Ganz abgesehen davon, bemüht sich auch kaum jemand um einen solchen Brückenschlag.

Die Herrschaft des Unüberblickbaren ist indessen nur eines der herausragenden Merkmale der Jahrtausendwende. In der gleichen Reihe lassen sich noch viele andere finden: der Mensch, der sich selbst zum Maß aller Dinge gemacht hat; der alles unterwühlende Werteverlust oder die so oft beklagte Ziel- und Orientierungslosigkeit in vielen Lebensbelangen.

All das hat Alexander Solschenizyn noch viel treffender auf den Punkt gebracht, als er vor einigen Jahren feststellte:

> *»Wenn man mich auffordern würde, das wesentliche Charakteristikum des gesamten 20. Jahrhunderts zu benennen, dann finde ich dafür nichts Genaueres und Gewichtigeres als: Die Menschen haben Gott vergessen.«*[1]

Gott ist uns fern

Gott, der Schöpfer aller Welten, ist uns tatsächlich furchtbar fern. Längst sind wir ihm nicht mehr richtig verbunden, fühlen uns ihm als dem Mittelpunkt unseres Lebens nicht mehr verpflichtet, wüßten wohl auch gar nicht mehr, wodurch ein gottgefälliges Leben sich auszeichnen müßte.

Sicher: Die Kirchen, voran die christlichen, spielen in unserer Gesellschaft immer noch eine gewichtige Rolle. Christliches Gedankengut liegt unserem ethischen Ideal zugrunde, fließt da und dort noch in politische oder wirtschaftliche Konzepte ein, jedoch zu oft nur als vages Lippenbekenntnis. Denn wo wären die Persönlichkeiten, die in ehrlichem Aufblick zu ihrem Schöpfer und in unerschütterlicher Glaubensüberzeugung ein vorbildhaftes Leben führen und richtungweisende Entscheidungen zum Wohle aller treffen?

Vielmehr darf davon ausgegangen werden, daß Religion und Gottlosigkeit sich in stillem Übereinkommen gut arrangiert haben. Selbst solche, denen die Nächstenliebe rein gar nichts bedeutet oder für die der Begriff „Gottessohn" nur eine hohle Worthülse ist, gehen im Bedarfsfall brav zur Sonntagsmesse und sitzen dort ein Stündchen ab. Gewohnheitsglaube nennt man das, und wenn wir ehrlich sind, tut sich hinter den verfallenden Fassaden der traditionellen Kirchen meist nicht sehr viel wirklich Erbauliches.

Gott ist uns fern. Er ist jenen fern, die sich blind dem Dogma der Wissenschaft ergeben haben, und durchweg auch jenen, die glauben, der Schöpfer müsse so sein, wie sie selbst ihn sich vorstellen. In dieser Gruppe trifft man oft einen ausgeprägten Fundamentalismus an, und im sturen Streben nach der „reinen Lehre" werden hier neue Ausblicke oder Einsichten nur selten gewünscht.

Der Schöpfer ist uns heute *so* fern, daß die Frage im Raum steht, ob es nicht nur eine hoffnungslos tagträumerische Gedankenspielerei ist, davon auszugehen, daß er einst tatsächlich wieder einen hohen – nämlich den zen-

16

tralen – Stellenwert in unserem Leben einnehmen, daß die Menschheit des 21. Jahrhunderts „die Wiederkehr Gottes" erleben könnte, von der in diesem Buch die Rede sein soll.

Wie ist eine solche Wiederkehr vorstellbar? Kein aufgeklärter Zeitgenosse will nochmals in die sture Blindgläubigkeit verwehter Zeiten zurücksinken, als wissenschaftliche Erkenntnisse unterdrückt wurden, nur weil sie sich vermeintlich nicht in das Weltbild der „Heiligen Schrift" fügten. Ein stolz und frei denkender Mensch von heute wird sich nur schwerlich einem neuen religiösen Dogma unterordnen.

Auf welchem Weg also könnte der Schöpfer tatsächlich wieder machtvoll in unser Bewußtsein dringen?

Eine vorstellbare Wiederkehr

Sehen wir einmal von äußeren Ereignissen ab – etwa von umwälzenden Naturkatastrophen oder Kriegen –, die vielleicht geeignet sind, Menschen innerlich aufzurütteln und bei ihnen ein Umdenken einzuleiten – es gibt auch einen *aktiven* Weg zu Gott, den im Grunde jeder Mensch auf seine Art gehen kann. Er liegt in der Zusammenführung religiöser Empfindung mit einem der Logik verpflichteten Erkenntnisstreben.

Das mag nun sehr theoretisch klingen, weist aber ganz und gar ins Leben hinein. Denn in Wirklichkeit erfährt der Mensch an der Schwelle zum dritten Jahrtausend ja das Dilemma, daß ihm zwar in der Schule eine recht plausibel anmutende Welterklärung eingetrichtert wird, vom Urknall bis hin zur Informationsexplosion, daß dieses große Menschheitswissen aber im krassen Gegensatz zu religiösen Blickwinkeln steht: Hat Gott die Welt erschaffen, *oder* ist ihr Beginn ein physikalisch erklärbarer Vorgang? Folgt die Entwicklung des Lebens einem göttlichen Willen, *oder* ist alle Evolution nur ein Spiel des Zufalls? Bestimmen unsere Gesetze und Regeln das Schicksal der Welt, *oder* gibt es eine überirdisch lenkende Kraft?

Dieser immer wieder diskutierte Entweder-oder-Fragenkatalog ließe sich weiter fortsetzen, denn er entspringt einer traurigen Tatsache, die uns allerdings längst zur Selbstverständlichkeit geworden ist: Wir leben in *zwei* Wahrheitsbegriffen und haben gelernt, unsere Sehnsucht nach der einen, großen, allumfassenden Wahrheit – die allein diese Bezeichnung verdienen würde – zu unterdrücken.

Könnten wir diese Sehnsucht in uns wieder wecken und ließe sich noch dazu ein gangbarer Weg finden, um die bestehenden Gegensätze von Wissen und Glauben zu einem klaren, einheitlichen Weltbild zusammenzufügen, so wäre die Gotterkenntnis doch der tatsächlich erreichbare Höhepunkt menschlichen Erkenntnisstrebens und man könnte auf einen neuen „Weg der Wahrheit" hoffen, der erfolgreich durch das 21. Jahrhundert führt.

Ein hoffnungslos unrealistischer Gedanke? Nicht wirklich. Interessant ist, daß die tiefe Kluft zwischen religiöser Empfindung und wissenschaftlich-exaktem Forschen sich oft sehr schnell überbrücken läßt, wenn man sich von allzu phantasiebeladenem Denken löst. Vor allem was unser Gottesbild anbelangt, entstanden durch die Jahrhunderte zahlreiche – heute immer noch schwer zu überwindende – Vorstellungen, die zwar naheliegenden Wünschen oder Bedürfnissen entsprachen, aber mit der Wirklichkeit leider nur wenig zu tun hatten. Wir wollten einen „Gott zum Anfassen", träumten vom weisen, alten Mann mit Bart, der allgegenwärtig immer dann für uns da ist, wenn wir ihn rufen. Und wir malten uns, ganz nach Bedarf, auch das Leben im Himmel rosig aus, wo wir zuletzt, nach schnell geleisteter Absolution, treuherzig empfangen und liebevoll zu ewigem Genuß geleitet werden.

Wenn man derartige Märchen radikal über Bord wirft, schrumpft die Kluft zwischen Wissenschaft und Religion überraschend deutlich, und der Weg wird frei, der Weg zu einem erhabenen, wahren Gottesbild, das auch für jene schlüssig sein sollte, die sich lieber in die Quantenphysik vertiefen als in die Bibel.

Naturwissenschaft und Religion

Oft stehen einer Wiederannäherung von Naturwissenschaft und Religion nur belastete Begriffe im Wege, Sinngehalte, denen man sich bisweilen hartnäckig und eifernd entgegenstellt, statt über sie wenigstens einmal vorurteilsfrei nachzudenken.

Als Beispiel dafür mag der „Wille Gottes" gelten, eine religiöse Benennung, die ein allumfassendes Wirken beschreibt, für den Wissenschaftler aber völlig bedeutungslos ist. Sobald er jedoch das gleiche allumfassende Wirken als „Naturgesetz" bezeichnen kann, ist auch der Wissenschaftler interessiert. Worte entzweien Weltbilder, das ist seit langem gut bekannt. Abd-ru-shin[2] (1875–1941) fragte schon vor rund 80 Jahren in seiner Gralsbotschaft:

> »*Ob Du nun sagst: ... Ich füge mich dem Willen Gottes, der sich in den Naturgesetzen offenbart, oder: der unfaßbaren Kraft, die die Naturgesetze treibt... ist es ein Unterschied in seiner Wirkung?*«[3]

18

1. Am Beginn einer langen Reise

Im vergangenen Jahrhundert gab es genügend brauchbare Brückenschläge zwischen Naturwissenschaft und Religion, vereinende Denkansätze bedeutender Geister.

Nobelpreisträger Albert Einstein (1879–1955) beispielsweise befand in einem richtungweisenden Aufsatz über das Thema „Naturwissenschaft und Religion" im Jahre 1941:

> *»Selbst bei einer reinlichen Scheidung von Religion und Naturwissenschaft bleiben starke wechselseitige Beziehungen und Abhängigkeiten bestehen. Obwohl die Religion das Ziel bestimmt, hat sie doch weitgehend von der Wissenschaft gelernt, mit welchen Mitteln sich diese von ihr gesetzten Ziele erreichen lassen. Die Wissenschaft kann indessen nur von denen aufgebaut werden, die durch und durch von dem Streben nach Wahrheit und Erkenntnis erfüllt sind. Die Quelle dieser Gesinnung entspringt aber wiederum auf religiösem Gebiet. (…) Naturwissenschaft ohne Religion ist lahm, Religion ohne Naturwissenschaft ist blind.«[4]*

Ein weiterer großer deutscher Physiker, Max Planck (1858–1947), meinte zum gleichen Thema:

> *»Religion und Naturwissenschaft – sie schließen sich nicht aus, wie manche heutzutage glauben oder fürchten, sondern sie ergänzen und bedingen einander. Wohl den unmittelbarsten Beweis für die Verträglichkeit von Religion und Naturwissenschaft auch bei gründlich-kritischer Betrachtung bildet die historische Tatsache, daß gerade die größten Naturforscher aller Zeiten, Männer wie Kepler, Newton, Leibnitz, von tiefer Religiosität durchdrungen waren.«[5]*

Leider setzte sich die Vision, daß alle Wege des menschlichen Erkenntnisstrebens sich zu einem befruchtenden Miteinander vereinen könnten, nie durch. Sie war bisher wohl zu anspruchsvoll.

Der Mensch des 20. Jahrhunderts zog eine bequemere Utopie vor, nämlich sich selbst zum Maß aller Dinge zu machen und Gott einfach als überlebte Idee abzutun. Vielleicht war das die unausweichliche Konsequenz aus der sogenannten Aufklärung, die im 18. Jahrhundert begann, als der Philosoph Immanuel Kant (1724–1804) den „Ausgang des Menschen aus seiner selbstverschuldeten Unmündigkeit" verkündete und Homo sapiens ganz unzweideutig als den „Beherrscher der Welt" definierte. Die pure Wissenschaftlichkeit im Denken sollte alle Einengungen eines blinden, dumpfen Glaubens überwinden.

Im 20. Jahrhundert durften wir die Ernte dieser Saat einfahren: Der Wille des Menschen feierte uneingeschränkt Triumphe, während die Kirchen zugleich dramatisch an Bedeutung verloren.

Die Möglichkeit einer Synthese

Die Chance besteht, daß auf These und Antithese – auf ergebene Blindgläubigkeit und trotzigen Wissenschaftskult – nun im 21. Jahrhundert endlich eine vernünftige Synthese folgt. Nachdem das umfassende Scheitern selbstherrlicher Utopien bald deutlich werden dürfte – Stichworte: grenzenloses Wachstum, Raubbau an der Natur, Machbarkeitswahn –, wird der Mensch demnächst wohl dazu gezwungen sein, nach neuen Wegen zu suchen, um endlich in harmonischem Einklang mit der Schöpfung zu leben.

Aber ich denke, diese neuen Wege werden zum guten Teil wieder die alten sein – nachdem sie gründlich entstaubt und von Schlacken, Mißverständnissen und Verzerrungen aller Art befreit worden sind. Denn auf unserer langen Reise zur Erkenntnis haben sich zahllose Edelsteine angesammelt, die schnell wieder funkeln werden, sobald sie nur wiederentdeckt und freigelegt sind. Und sie werden sich stets als nutzbringende Bindeglieder erweisen, die vom Glauben zum Wissen führen.

Es wäre im Grunde ja verrückt anzunehmen, daß die intellektuellen Quantensprünge weniger Generationen tatsächlich imstande wären, die kollektiven Erfahrungen einer Jahrmillionen währenden Menschheitsgeschichte im Nu auszuradieren und das menschliche Erleben wirklich neu zu definieren. Die ehernen Marksteine, die wir auf unserem geistigen Entwicklungsweg verankert haben, lassen sich nicht so einfach vergessen: Das Begreifen von Liebe und Gerechtigkeit, auch von Allgegenwart, Allweisheit und Allmacht, war (und ist) erlebbare Wirklichkeit. Erst tiefe menschliche Erfahrungen, die nach angemessenem Ausdruck suchten, führten zur Bildung dieser Begriffe; sie können unmöglich schon als jene leeren Worthülsen erfunden worden sein, die sie heute sind.

Es muß uns also darum gehen, diese Benennungen, die einst machtvoll aus der menschlichen Innenwelt strömten, in ihrem ursprünglichen Wert wiederzuentdecken. Dazu will dieses Buch Denkanstöße geben. Aber natürlich kann es nicht allein um Begriffe gehen. Zur Synthese von Religion und Wissenschaft ist ein neues, ganzes Weltbild nötig, und viele spannende Fragen stehen dabei an: Gibt es ein Jenseits? Wie könnte man es sich vorstellen? Wie geht es nach dem Tode weiter? Gibt es eine Wiederverkörperung? Ewiges Leben? Das Paradies?

20

1. Am Beginn einer langen Reise

Will man bei solchen Grundfragen zu einer gemeinsamen Wahrheit finden, so bedarf es dazu nicht nur auf religiöser Seite eines gehörigen Entgegenkommens, vor allem die Wissenschaft hätte gewaltige Anstrengungen zu unternehmen, um den eigenen Schatten zu überwinden. Denn hier wie dort *gibt* es Schatten – zum Beispiel die Angst, am Ende des eigenen Tellerrandes in unerforschlich tiefe Abgründe zu starren, wenn sich plötzlich zeigt, daß es jenseits dessen, was die menschlichen fünf Sinne wahrnehmen, doch viel mehr gibt; die Furcht, den verläßlichen Halt des eigenen Dogmas aufgeben und nochmals neu denken lernen zu müssen; die Schwierigkeit, etwas zuzugeben, was man zuvor vehement bestritten hat – und so weiter und so fort.

Doch Optimismus, daß es doch noch zu einer gewinnbringenden Zusammenarbeit der beiden Lager kommen könnte, wurde immer wieder geäußert, seit die Wahrheit – und damit auch die Innenwelt des Menschen von seinem Äußeren – getrennt wurde. Max Planck:

> *Zu Anfang unserer Kulturepoche waren die Pfleger der Naturwissenschaft und die Hüter der Religion sogar durch Personalunion verbunden. Die älteste angewandte Naturwissenschaft, die Medizin, lag in den Händen der Priester, und die wissenschaftliche Forschungsarbeit wurde noch im Mittelalter hauptsächlich in den Mönchszellen betrieben. Später, bei der fortschreitenden Verfeinerung und Verästelung der Kultur, schieden sich die Wege allmählich immer schärfer voneinander, entsprechend der Verschiedenheit der Aufgaben, denen Religion und Naturwissenschaft dienen.*
>
> *Denn so wenig sich Wissen und Können durch weltanschauliche Gesinnung ersetzen lassen, ebensowenig kann die rechte Einstellung zu den sittlichen Fragen aus rein verstandesmäßiger Erkenntnis gewonnen werden. Aber die beiden Wege divergieren nicht, sondern sie gehen einander parallel, und sie treffen sich in der fernen Unendlichkeit an dem nämlichen Ziel.*
>
> *Um dies recht einzusehen, gibt es kein besseres Mittel als das fortgesetzte Bemühen, das Wesen und die Aufgaben einerseits der naturwissenschaftlichen Erkenntnis, andererseits des religiösen Glaubens immer tiefer zu erfassen. Dann wird sich in immer wachsender Klarheit herausstellen, daß, wenn auch die Methoden verschieden sind – denn die Wissenschaft arbeitet vorwiegend mit dem Verstand, die Religion vorwiegend mit der Gesinnung –, der Sinn der Arbeit und die Richtung des Fortschrittes doch vollkommen miteinander übereinstimmen. Es ist der stetig fortgesetzte, nie erlahmende Kampf gegen Skeptizismus und gegen Dogmatismus, gegen Unglaube und gegen Aberglau-*

> be, den Religion und Naturwissenschaft gemeinsam führen, und das
> richtungweisende Losungswort in diesem Kampf lautet von jeher und
> in alle Zukunft: Hin zu Gott!«[6]

Natürlich meinte Max Planck, wenn er von Religion sprach, keine Konfession, nicht die Bindung an eine feststehende Lehre, sondern etwas viel Natürlicheres, Tiefergehendes, das schlicht und einfach untrennbar zum Wesen des Wahrheit suchenden Menschen gehört. Ja, deutlicher noch, er zog gegen das, was man heute so gern mit dem Begriff „Glauben" assoziiert, wortstark zu Felde: Das ungeprüfte Hinnehmen irgendwelcher Ungeheuerlichkeiten, etwa des Wunderglaubens, kam für ihn nie und nimmer in Betracht:

> »Wer es also mit seinem Glauben wirklich ernst meint und es nicht
> ertragen kann, wenn dieser mit seinem Wissen in Widerspruch gerät,
> der steht vor der Gewissensfrage, ob er sich überhaupt noch ehrlich zu
> einer Religionsgemeinschaft zählen darf, welche in ihrem Bekenntnis
> den Glauben an Naturwunder einschließt.«[7]

Eine ähnlich kritische Haltung nahm Albert Einstein an: So sehr auch er sich dem Nutzen und der Bedeutung von Religion verpflichtet fühlte, so vehement trat er vor allem gegen das Bild einer personifizierten Gottheit an, die lohnend oder strafend ins Weltgeschehen eingreift:

> »Je mehr der Mensch von der gesetzmäßigen Ordnung der Ereignisse
> durchdrungen ist, um so fester wird seine Überzeugung, daß neben
> dieser gesetzmäßigen Ordnung für andersartige Ursachen kein Platz
> mehr ist. (…) Die Naturwissenschaft kann freilich niemals die Lehre
> von einem in Naturereignisse eingreifenden persönlichen Gott wider-
> legen, denn diese Lehre kann stets in jenen Gebieten Zuflucht suchen,
> in denen wissenschaftliche Erkenntnis bis jetzt noch nicht Fuß zu fas-
> sen vermochte.
> Aber ich bin überzeugt davon, daß ein solches Verhalten der Vertreter
> der Religion nicht nur unwürdig, sondern auch verhängnisvoll wäre.
> Denn eine Lehre, die sich nicht im klaren Licht, sondern nur im
> Dunkel zu behaupten vermag, wird zwangsläufig jede Wirkung auf
> Menschen verlieren, zum unermeßlichen Schaden für den Fortschritt
> der Menschheit. In ihrem Kampf um das Gute müßten die Lehrer der
> Religion die innere Größe haben und die Lehre von einem persönli-
> chen Gott fahren lassen …«[8]

22

Klischees vom »lieben Gott«

Natürlich hatte Einstein mit dieser radikalen Ansicht im Grundsatz recht: Es ist naiv und letztlich sogar zerstörerisch, einen persönlichen Gott anzunehmen, der sich um all unsere Achs und Wehs kümmert, wenn gleichzeitig jedermann seine Selbstverantwortung und auch das unbeirrbar selbsttätige Räderwerk der Schöpfung tagtäglich beobachten und erleben kann. Früher oder später mußte ja der Punkt erreicht sein, an welchem unhaltbare Gottesbilder oder Welterklärungen an der sachlich-logischen Wirklichkeit zerschellen. Haben also diejenigen, die uns über Generationen gutgemeinte und attraktive Beschreibungen – aber eben *Zerrbilder* – boten, unbewußt zur jetzigen Gottesferne beigetragen?

Gewiß, und zwar ganz wesentlich! Denn wenn jemand etwas als falsch erkennt, stellt er sich kaum je die Frage, ob dieses Falsche nicht vielleicht doch nur entstellt das Richtige ist. Meist wird sofort das Kind mit dem Bade ausgeschüttet.

Auch darf es nicht verwundern, wenn die kindischen Klischees über den „lieben Gott" im Zeitalter des Cyberspace ihre Anziehungskraft verloren haben. „Gott ist groß, hat einen Bart und ist sehr mächtig!" – „Er ist nicht sehr streng. Nur ab und zu schickt er einen Blitz!" – „Ich weiß nicht, wie er aussieht. Aber mein Opa weiß es, weil der ist schon gestorben!" – „Ich glaube, er trägt ein Kleid, so ähnlich wie ein Pfarrer!" So antworteten fünf- bis elfjährige Mädchen und Buben aus Österreich noch in den 90er Jahren auf die Frage, wie sie sich Gott denn vorstellten. Und die Kleinen hatten sich die wohlbekannten naiven Phantasiebilder gewiß nicht selbst erdacht, sie spuken als angeblich kindgerecht immer noch in den Köpfen von Religionspädagogen herum.

Aber: Etwas brauchbar Neues, das die überlebten Vorstellungen ersetzen könnte und unser jetziges naturwissenschaftliches Weltbild ohne trickreiche Verrenkungen mit einbezieht, hat sich bis jetzt noch nicht durchgesetzt. Gedanken der Reichweite von Plancks oder Einsteins Einsichten blieben einer intellektuell begabten Minderheit vorbehalten, wurden darüber hinaus aber von der breiten Öffentlichkeit nie wahrgenommen. Im Gegenteil, die Wissenschaftlichkeit zementierte sich mehr und mehr als Vorstufe des Atheismus ein – ganz so, wie es der französische Philosoph Auguste Comte (1798–1857) in einer Theorie ausdrückte, die besagt, daß der Mensch eines Tages jede Religiosität hinter sich lassen wird, weil er sie wegen der dann alles erklärenden Naturwissenschaft nicht mehr braucht.[9]

Vielleicht ist der Zusammenschluß von Forschung und Religion bisher auch deshalb nicht geglückt, weil sich bei einer allzu wissenschaftlichkühlen Sicht von Glaubensdingen vermeintlich ein Vakuum aufzutun drohte: Was würde von der Religion übrigbleiben, wenn man ihr gewissermaßen das Herz raubte? Wenn statt von einem liebenden, verzeihenden Gott nur noch von Gesetzmäßigkeiten gesprochen würde, wenn keine Hoffnung auf gnadenvolle Aufnahme in ein lichtes Reich bestünde und statt dessen der Selbsterlösung das Wort geredet würde? Was würde aus der vertrauten Hinwendung zum Schöpfer, welchen Wert hätte das Gebet, wenn die Gottheit wirklich alle Schöpfung sich selbst überlassen hätte, gleich einer programmierten Maschine? Welchen Sinn könnte man der Mission Jesu dann noch zugestehen?

Steht und fällt nicht alles mit einem uns Menschen *im Gemüt* erfahrbaren Gott?

Sehnsucht nach Zuwendung zu Gott

Über alle Kirchturmspitzen und konfessionellen Grenzen hinweg umfaßt christliches Streben ja gewiß mehr als nur das Bemühen, ein dem Guten, Wahren und Schönen verpflichtetes Leben zu führen. Das kann ein Atheist ebensogut. Dem Christen geht es vor allem um die Erfüllung seiner Sehnsucht nach seelischer Sicherheit, um das Bewußtsein endgültiger Geborgenheit und zugleich um die Bereitschaft, sich innerlich einem Höheren zu verpflichten, ganz so, wie es die Worte „Vater unser" im Gebet zum Ausdruck bringen – als Inbegriff demutsvoller Zuwendung zu Gott.

Die Annahme, Gott müsse, wenn schon nicht beweisbar, so doch in irgendeiner Form erfahrbar sein, ist somit natürlich naheliegend, denn die Frage, ob eine Gottheit existiert, hätte sonst für uns Menschen allenfalls theoretische Bedeutung. Wenn der Schöpfer – oder doch wenigstens sein Wirken in dieser Welt – gar nicht erlebbar ist, dann wäre es einerlei, ob es ihn gibt oder nicht.

Es geht, wie schon gesagt, um die *Zusammenführung* religiöser Empfindung mit einem der Logik verpflichteten Erkenntnisstreben. Nur darin liegt der Weg zu der einen Wahrheit – und, wie ich meine, für die Religion auch eine der raren Möglichkeiten, im 21. Jahrhundert endlich wieder ernstgenommen zu werden.

Doch wie könnte diese Zusammenführung vonstatten gehen?

In diesem Buch wird keiner gesellschaftlichen Strategie das Wort geredet und auch keine Empfehlung für irgendeine (alte oder neue) konfessionelle Organisation abgegeben. In entscheidenden Fragen muß ohnehin jeder – sofern er nicht blinden Glauben, sondern die Überzeugung anstrebt – aus seinem Inneren schöpfen. Wo es tiefgreifende Erlebnisse und Erfahrungen gibt, dort bedarf es keiner zusätzlichen Instanz zwischen dem Menschen und seinem Schöpfer.

Es geht also um einen geistigen Erkenntnisweg, zu dem auf den vorliegenden Seiten ein kleiner Beitrag von Denkansätzen geleistet werden soll. Vermutlich ist die Zielgruppe für die hier geäußerten Gedanken klein, denn nur unwillig begibt sich jemand dorthin, wo die Gesellschaft keine einzementierten Stühle bereithält – in den freien (und befreienden) Raum zwischen religiösem Dogmatismus, esoterischem Schnickschnack und engstirniger Wissenschaftlichkeit.

Dennoch bleibt die Hoffnung, daß sich aus den vielen Einzelkämpfern irgendwann, irgendwo, irgendwie eine kritische Masse bildet, die mutig, kompetent und zielstrebig genug ist, um auch *sichtbare* Zeichen für den neuen Weg zu setzen. Dann könnte der innere Weg nach außen durchbrechen.

Unsere Sache aber ist vorerst die Grundlagenarbeit, und es ist wohl schon viel erreicht, wenn einzelne weiterführende Gedanken dort und da offenherzig bedacht werden und sich befruchtend auswirken.

Mensch und Religion

Wenn wir beobachten, daß Naturwissenschaft und Religion sich während der vergangenen Jahrhunderte konsequent voneinander entfernt haben, wiewohl sie ursprünglich ein gemeinsames Ziel hatten, nämlich die Schöpfung verständlicher zu machen und die Stellung des Menschen in ihr zu beschreiben, so wird es nutzbringend sein, einmal zu jener Wegstrecke zurückzukehren, auf der es die Kluft zwischen Wissen und Wahrheit noch nicht gab. Denn dort, an den Wurzeln unserer inneren Erfahrungswelt, läßt sich mancher unverrückbare Eckstein des Menschseins wiederfinden.

Lassen wir also Wissenschaftlermeinungen oder konfessionelle Betrachtungen vorläufig beiseite und begeben wir uns statt dessen auf die Spuren jener inneren Fahrt, auf der sich unser Bewußtsein Schritt für Schritt entfaltet hat.

Religion gab es mit Sicherheit schon am Beginn dieser langen Reise. Wenn wir davon ausgehen, daß der Begriff „Religion" auf die (Rück-)Verbindung (lat.: religare) des Menschen zu seinem Gott verweist,[10] jedenfalls also einen bedeutungsvollen *inneren* Vorgang beschreibt, so wird der Schluß richtig sein, daß es die Religion schon ebensolange gibt wie den empfindenden und denkenden Menschen. Um es nochmals zu betonen:

Nicht die dogmatisch gebundene, starre Form einer Konfession, wie wir sie heute kennen und fürchten, sondern Religion in einer sehr ursprünglichen Art.

Die glühenden Empfindungen, wie sie im Erfahren von Liebe, im Erleiden von Schmerz oder im letzten Abschiednehmenmüssen machtvoll das menschliche Gemüt durchströmen – sie verbanden uns schon immer mit der unsichtbaren Wirklichkeit des Geistes, die noch nie bewiesen, aber nichtsdestotrotz jedem Menschen als seine Innenwelt durch und durch vertraut ist.

Religion mag durch den ersten Anblick einer entseelten Leiche entstanden sein, in den tiefen Momenten wahrer Liebe oder ganz einfach im Angesicht des elementaren Wirkens in der Natur, immer gehörte der demutsvolle, ehrfürchtige Blick nach oben untrennbar zur Erlebnisfähigkeit des Menschen, und der dargebrachte Dank an die Gottheit mag der selbstverständliche Ausdruck für das Geschenk des Lebendürfens gewesen sein.

Im Grunde ist uns dieses Verhalten trotz aller Selbstherrlichkeit immer noch vertraut. Wer wirklich liebt, wird nach besten Kräften geben wollen: Schutz dem hilflosen Kleinkind, das er in den Armen hält, zarte Rücksichtnahme dem innig verbundenen Partner, selbstlose Einsatzfreude dem hoch geachteten Mitmenschen.

Lieben – leben – geben sind Begriffe, die derselben Empfindungsquelle entspringen. Unsere Misere ist nur, daß wir verlernt haben, auch und vor allem den Schöpfer zu lieben (was selbsttätig das Bedürfnis auslösen würde, Ihm Dank darzubringen), weil wir uns den einfachen, empfindungsgetragenen Zugang zur Welt intellektuell vermauert haben. Wir können die Wunder des Lebens zwar bestens analysieren, aber kaum noch mit großen Augen kindlich über sie staunen …

Monotheismus und Vielgottglaube

Selbstverständlich dürfen wir nicht davon ausgehen, daß die natürliche Ehrfurcht des Menschen sich immer unmittelbar an den Schöpfer gerichtet hat. Vielmehr setzt der Monotheismus, der Eingottglaube, eine hohe religiöse Entwicklungsstufe voraus. Dem täglichen Leben viel näher lagen der Polytheismus (Vielgottglaube) und zahllose Formen von Naturreligionen, die aus dem schlichten, unbefangenen Erleben alles Belebten entstanden. Dabei kann man davon ausgehen, daß naturverbunden lebende Menschen stets weniger anfällig für abergläubische Hirngespinste waren, die oft genug – man denke nur an die Hexenangst, die in mittelalterlichen Städten um sich griff – zu grausamen religiösen Auswüchsen führten.

Die äußeren Kulte kamen und gingen entsprechend dem inneren Erkenntnisstand. Und gewiß wäre es eine unzulässige Vereinfachung, eine gerade Entwicklungslinie anzunehmen, die in jedem Fall mit der Vielgötterei beginnt, dann auf den Einen Gott überleitet, vielleicht auch auf irgendwelche geheimnisvollen Kräfte, während zuletzt alles rein naturwissenschaftlich (sprich: ohne Gott) zu begründen ist.

Die entzauberte, nüchtern-wunderfreie Welt wäre demnach das zu erwartende endgültige Weltbild, die Religion dagegen nur jene Krücke, auf die der noch Unwissende sich stützen muß. So „überblicken" aufgeklärte Zeitgenossen die spirituelle Entwicklung des Menschen – als weile man heute bereits abgeklärt auf der Spitze des höchsten Berges und erkläre von diesem Beobachtungsposten aus die Zusammenhänge des Weltgeschehens.

Leben und Bewußtsein

Religiöse Erfahrung als primitiver Behelf für vorübergehenden Erklärungsnotstand? Damit unterstellt man, daß nur das „wahr" ist, was von der Wissenschaft abgesegnet wurde, und außerdem, daß der Mensch die längste Zeit seiner Entwicklung damit verbracht hat, an Zusammenhänge zu glauben, die getrost als reine Hirngespinste bezeichnet werden können. Tatsächlich existierende Naturwesen? Ein unsichtbares Jenseits? Die geheimnisvolle Götterwelt? Der Schöpfer selbst? Alles nur Trug und Wahn?

In Wahrheit scheitert die hochgelobte (und zugleich unbestritten erfolgreiche) Naturwissenschaft heute wie ehedem an genau den Fragen, die unsere Innenwelt und Erlebnisfähigkeit berühren: Was ist Leben? Was ist Bewußtsein? Gehört beides zur Materie? Ergibt sich das Leben nur aus besonderen chemischen Prozessen? Entsteht Bewußtsein wirklich aus dem Zusammenwirken von Sinnesreizen und Nervenimpulsen?

Wir vermuten diesbezüglich manches, definieren eifrig, beschreiben und schlußfolgern, bleiben im Grunde aber recht hilflos. Stumm stehen wir mit unserer beträchtlichen intellektuellen Kapazität vor einer alltäglichen Selbstverständlichkeit, die sich sonderbarerweise unserer strengsachlichen Methodik des Messens, Wägens und Beweisenwollens vollkommen entzieht: Wir *leben* – ohne jeden Bezug zu diesem Begriff!

Wer indes noch einfach zu denken vermag und sich zur Erklärung der Welt nicht an abstrakte mathematische Theorien ankrampft (die unter Zugrundelegung entsprechender Annahmen ja alles für möglich erscheinen lassen), wird wohl alsbald zu der Überzeugung kommen, daß die Schöpfung unmöglich aus sich selbst heraus entstanden sein kann. Warum lebt und bewegt sich alles um und in uns? Woher strömt die pulsierende Wärme, die begeisternde Lebenskraft, die uns das Sein zur Freude werden läßt?

Der Mensch als bewußt empfindendes Wesen wird schon aus seiner Natur heraus eine höhere Macht annehmen, die hinter allem Sichtbaren, Belebten, Formgewordenen wirkt, und es ist einerlei, ob wir diesen treibenden Lebensquell „Urenergie" nennen, „göttliche Kraft" oder sonstwie. Das Bestehen dessen, was „die Welt im Innersten zusammenhält", bleibt davon unberührt.

Um es noch deutlicher zu sagen: Unsere menschliche Beschaffenheit *verlangt* nach Transzendenz und Spiritualität! In unserem Bemühen, dem Materialismus ein getreuer Diener zu sein, übersehen wir jedoch, worin die Natur unseres Menschseins liegt.

Es sind ja nicht wirklich die kleinen grauen Zellen des gelobten Verstandes, die uns vor allen anderen Lebewesen auszeichnen. Menschsein zeigt sich vielmehr in der *Menschlichkeit*. Empfindungskraft, das Streben nach Liebe und Gerechtigkeit, Schönheitssinn, unser freier Wille und das ihm verbundene Verantwortungsbewußtsein, das Bedürfnis nach Ausdruck, Kunst, Kultur – alle diese Begriffe aus unserer verborgenen – und doch in jeder Sekunde gegenwärtigen – Innenwelt zeugen von der wahren Beschaffenheit des Menschen, die, ähnlich dem Leben selbst, weder meß-, noch wäg- oder beweisbar ist.

Aber wer behauptet eigentlich, daß man alles beweisen muß? Dem ewig grübelnden Verstand mag es ein Rätsel bleiben, daß es Liebe, Schönheit, Anmut oder Treue gibt, ohne daß man sie festhalten, nachbilden, reproduzieren kann. Das Gemüt indessen gibt sich ohne ständige Beweise zufrieden. Wer liebt, analysiert sich selbst nicht dabei, und wer in der Schöpfung das Wirken Gottes erkennt, der benötigt für dieses Erleben ebensowenig wissenschaftstaugliche Nachweise.

Allenfalls wenn die Schöpfung so öde und leer wäre wie eine im Computer generierte künstliche Realität, könnte man schlußfolgern, daß nur gesichtslose Partikel, abstrakte Kräfte oder aus sich selbst heraus entwickelte Gesetzmäßigkeiten ziel- und zwecklos alles Geschehen bestimmen. Das heißt, eigentlich würde man überhaupt nichts folgern können, weil ja auch kein Bewußtsein da wäre, um sinnorientierte Schlüsse zu ziehen.

Doch zum guten Glück ist die Schöpfung nicht lebensleer, und sie wirkt auch nie „zufällig", sondern zeigt sich durchwoben von Schönheit und Harmonie, getrieben von ewig-pulsierender, lebenspendender Bewegung.

Überall präsentiert sich der Tisch des Erlebens festlich gedeckt, und die Gäste sind geladen, um das Dargebotene zu ihrem Wohle zu genießen – wir.

Daß die Menschheit sich ihrem Gastgeber gegenüber nicht gerade als dankbare Gesellschaft erweist, sondern vielmehr rücksichtslos plündernd alles an sich rafft, was sie nur kriegen kann, und zwar trotz deutlicher Gebote, das sei hier nur am Rande vermerkt.

Jenseits und Innenwelt

Jedenfalls tun wir mit Blick auf den Anfang und das Werden der Religion gut daran, die selbstherrliche Meinung fallenzulassen, daß wir heute sowieso alles weiser überschauen als unsere unfertigen Vorfahren. Wenn man offen und interessiert untersucht, *was* es eigentlich war, das den Menschen – uns! – damals aufsehen und aufhorchen, also in Ehrfurcht religiös werden ließ, so kommt man in zweifacher Hinsicht zu dem Ergebnis, daß uns heute noch die gleichen Erfahrungen spirituelle Tore öffnen.

Einesteils sind es herausragende übersinnliche Momente, die uns anrühren (diesbezüglich werden wir in der Folge stellvertretend Nahtoderlebnisse oder Begegnungen mit elementaren Naturwesen streifen), anderteils mögen es auch einfach die bewußt erlebten Wunder des Alltags sein, die uns in andachtsvollen Ernst versetzen.

Es wird zwar nicht mehr gelingen, daß wir in das arglos-kindliche Wahrnehmungsvermögen von einst zurückfinden, das wunderstaunend, aber desgleichen hellwach dem Überleben verpflichtet war; doch ein nach innen gerichteter Blick, der sich am Leben besinnt, treibt immer noch geradenwegs zu diesen ersten, letzten Fragen: Leben wir nach dem Tode weiter? Ist da irgend etwas in uns, das Unsterblichkeit erlangen kann? Gibt es eine göttliche Führung, die uns sinngebend durch das Sein geleiten will?

Dreimal ja! Der Mensch kam wohl zu allen Zeiten zu dem Schluß, daß da etwas Außergewöhnliches in ihm ist, daß die Wirklichkeit, die sich ihm auftut, bei weitem nicht nur das Sichtbare, Materielle umfaßt, sondern darüber hinaus noch unendlich mehr, und daß er durch das Geschenk des Lebendürfens einem Höheren verpflichtet ist.

Zugegeben, im „aufgeklärten" Zustand ist es durchaus schwierig, sich einfache, grundlegende Lebenserfahrungen zu vergegenwärtigen, aber auch in unserer hirnklugen, gemütsfernen Zeit können wir unschwer erkennen, daß Mensch zu sein mehr bedeutet, als nur die Masse jener Ingredienzen mit sich herumzutragen, aus denen der materielle Körper gewachsen ist. Bewußtsein, Wille oder Schaffenskraft lassen sich nicht grobstofflich begründen, ebensowenig die typisch menschlichen Tugenden (und Untugenden). Unser „Ich" altert nicht mit dem Körper, unsere Gedankenwelten sind bildhafte Wirklichkeiten, unsere Erlebnisfähigkeit erweist sich als unabhängig vom irdischen Raum-Zeit-Gefüge – man denke an das allnächtliche „Traumgeschehen". Welche Hinweise braucht man mehr?

Warum wir durch den Tod nicht sterben

Wir müßten gar nicht sonderlich darüber nachgrübeln, ob es eine nichtphysische Welt gibt, eine feinerstoffliche Schöpfungsebene, die *jenseits* dessen liegt, was unseren fünf Sinnen begreif- und vermittelbar wird. Unsere Innenwelt *ist* feinstofflich, wir sind diesem „Jenseits" durch unsere Gedanken und Empfindungen immerzu verbunden. Und es liegt somit auf der Hand, auch den Ursprung des menschlichen Bewußtseins jenseits des Vergänglichen anzunehmen.

Wenn aber dieses *Ich* (vereinfacht formuliert: die Seele) unabhängig vom Körper entstand – und fernerhin besteht –, wenn es sich dem Physischen zum Zwecke des Erdenlebens nur vorübergehend in wunderbarer Art anschließt, so verdeutlicht sich damit die Richtigkeit ältester religiöser Überzeugung: daß wir durch den physischen Tod nicht auch innerlich sterben!

Heute stoßen uns vor allem die bekannten Ausleibigkeitserlebnisse[11] unvermittelt auf ähnliche Gedanken – übersinnliche „Grenzerfahrungen" eben, die einstmals jedoch wohl nicht an der Grenze, sondern vielmehr in der Mitte des Lebens standen. Diese Phänomene fügen sich zwar so gar nicht ins moderne, von Machbarkeitsutopien geprägte Weltbild, aber sie öffnen mitunter die verschlossenen Tore zu jenen Bereichen, in denen die ersehnte Begegnung von Wissenschaft und Religion stattfinden könnte.

Die bekannte Sterbeforscherin Dr. med. Elisabeth Kübler-Ross verglich auf Grund ihrer Studien den Tod mit dem „Heraustreten eines Schmetterlings aus seinem Kokon": Der Körper wird abgelegt, der Mensch lebt in anderer Form weiter. Eine beachtliche Annäherung von Glaubenswahrheit und Lehre.

Tatsächlich hat die Thanatologie[12] – seit der amerikanische Arzt und Philosoph Dr. Raymond Moody[13] vor gut dreißig Jahren zu zeigen begann, wie faszinierend und wissenschaftlich aufschlußreich das Sterben ist – in den letzten Jahrzehnten beeindruckende Fakten aus der Arbeit mit Patienten gesammelt, die nahe an der Todesschwelle standen.

Die Untersuchungen der Sterbeforschung führten zwar zu keiner Revolution in unserem materialistischen Weltbild (kein Forschungsergebnis könnte das wohl erreichen!), aber man muß sie wenigstens als wichtigen Blick über den Tellerrand einstufen.

Das Unglaubliche war, daß es zwischen den meisten Beschreibungen sogenannter Nahtoderlebnisse signifikante, unübersehbare Parallelen gab: Hatte man erwartet, daß die unterschiedliche kulturelle Zugehörigkeit der Befragten, ihr religiöses Bekenntnis oder ihre Vernunftbegabung zu deutlich voneinander abweichenden Ergebnissen führen müßten, so stellte sich überraschend heraus, daß das Erleben aller ähnlich war. Und das ließ nur einen Schluß zu: Jeder Mensch durchläuft beim Sterben gleichartige Stationen, die absolut nichts mit seinen intellektuellen Möglichkeiten zu tun haben.

Dr. Moody stellte aus den vielen hundert Berichten, die er sammelte und auswertete, eine „Idealversion" des Sterbens zusammen. Sein Resümee der bestechendsten Übereinstimmungen liest sich so:

> »*Ein Mensch liegt im Sterben. Während seine körperliche Bedrängnis sich ihrem Höhepunkt nähert, hört er, wie der Arzt ihn für tot erklärt. Mit einemmal nimmt er ein unangenehmes Geräusch wahr, ein durchdringendes Läuten oder Brummen, und zugleich hat er das Gefühl, daß er sich sehr rasch durch einen langen, dunklen Tunnel bewegt. Danach befindet er sich plötzlich außerhalb seines Körpers, jedoch in derselben Umgebung wie zuvor. Als ob er ein Beobachter wäre, blickt er nun in einiger Entfernung auf seinen eigenen Körper. In seinen Gefühlen zutiefst aufgewühlt, wohnt er von diesem seltsamen Beobachtungsposten aus den Wiederbelebungsversuchen bei. Nach einiger Zeit fängt er sich und beginnt, sich immer mehr an seinen merkwürdigen Zustand zu gewöhnen. Wie er entdeckt, besitzt er immer noch einen ‚Körper‘, der sich jedoch sowohl seiner Beschaffenheit als auch seinen Fähigkeiten nach wesentlich von dem physischen Körper, den er zurückgelassen hat, unterscheidet. Bald kommt es zu neuen Ereignissen. Andere Wesen nähern sich dem Sterbenden, um ihn zu begrüßen und ihm zu helfen. Er erblickt die Geistwesen bereits verstorbener Verwandter und Freunde, und ein Liebe und Wärme ausstrahlendes Wesen, wie er es noch nie gesehen hat, ein Lichtwesen, erscheint vor ihm.*«[14]

Es soll hier nicht diskutiert werden, ob solche Schilderungen nun ein Leben nach dem Leben beweisen oder ob diese übereinstimmenden Nahtoderfahrungen, wie ewige Skeptiker vermuten, doch nur „gedankliche Schutzphantasien" sind. Ich habe mich mit dieser Frage an anderer Stelle beschäftigt.[15] Uns geht es vorerst um die Feststellung, daß sich die Wissenschaft mit der Thanatologie unleugbar auf ein Geschäftsfeld der

Religion gewagt hat, und daß hier eine bemerkenswerte, wenn auch noch sehr zaghafte und auf die eigene Reputation bedachte Annäherung der Lager zu beobachten ist: Christliche Konfessionen akzeptieren zunehmend, daß das Leben unmittelbar nach dem Tode weitergeht – und nicht erst an einem seltsam-mystischen „Jüngsten Tag", an dem sich die Knochen aus den Gräbern bohren; die Forschung ihrerseits räumt immerhin ein, daß überlieferte religiöse Vorstellungen sich eindrucksvoll und unzweideutig mit den klassischen Erlebnissen beim Pendeln um die Todesschwelle in Übereinstimmung bringen lassen.

Nun also haben sich auch die Forscher mit „Lichtwesen" zu beschäftigen, mit jenen überirdischen Schauungen, die zweifelsfrei zu den zentralen Erfahrungen gehören, die der Entstehung von Religion zugrunde liegen. Die geschilderten Nahtoderlebnisse berühren (oder überschreiten) natürlich die Grenze des heute wissenschaftlich Einsichtigen, aber sie regen dazu an, den Blick zu weiten, neue Perspektiven zuzulassen.

Kontakt zu Naturwesen

Das gilt allerdings auch für einen ganz anderen Bereich, der ebenfalls zu unserem Thema gehört. Gemeint ist die Beobachtung von sogenannten Natur- oder Elementarwesen: Elfen, Gnomen, Nixen, Riesen oder Sylphen – ein mehr als skurriles Thema. „Mehr als" wörtlich gemeint.

In der Tat gab es nicht nur in der Vergangenheit empfindsame Menschen, die davon berichteten, „märchenhafte Wesen" schauen zu können. Solche „Hellsichtigen" leben auch heute. Elisabeth Ryhre[16], eine prominente zeitgenössische schwedische Malerin, zählt zu ihnen. In einem Interview, das sie vor einiger Zeit einem Redakteur der Zeitschrift „GralsWelt" gab, erzählte sie ausführlich von „Tomten" und „Trollen", wie man sie in Schweden nennt:

> *»Ich habe gefragt, was es mit diesen Tomten und Trollen auf sich hat, die sich in vielen unserer Geschichten wiederfinden, oder wie man sie auch vielfach nachgebildet hat. Die Trolle leben in den Bergen. Die Tomte leben in der Nähe der Menschen. Sie kümmern sich zum Beispiel um die Tiere in den Stallungen, stehen diesen nahe. Dabei gibt es sehr, sehr viele verschiedene Arten, solche, die sich auf uns Menschen einlassen, und solche, die das nicht tun. Einige werden von uns, unserem Handeln und Denken berührt, andere wieder nicht. Ihre Aufgabe besteht zum Beispiel darin, das, was im Samen als eine Art Bauplan festgelegt ist, zur Entfaltung zu bringen, sich darum zu kümmern, daß alles*

> *richtig abläuft, was wir als Wachstum, Blühen usw. wahrnehmen. (...)*
> *Meine Wahrnehmung dieser Wesenheiten geschieht jetzt nicht nur*
> *über das äußere Auge. Ich habe gelernt, eine meditative Haltung ein-*
> *zunehmen. Normalerweise sind wir Gefangene unserer eigenen Ge-*
> *danken und Vorstellungen. Wir sind von diesen ganz erfüllt und nicht*
> *mehr geöffnet für das, was darüber hinausgeht. Wenn wir davon las-*
> *sen, dann ist die Verbindung zu diesen Wesenheiten möglich.«[17]*

Ähnlich wie bei den Nahtoderfahrungen, könnte man auch solche Schauungen oder Erlebnisse als inspirierte Phantasie abtun, zumal bei einer Künstlerin, deren phantastische Landschaften und Traumbilder durchweg Dutzende versteckte Körperformen und urwüchsige Gesichter entdecken lassen und für die das erst auf den zweiten Blick Erkennbare Schaffensthema ist.

Damit jedoch würden wir zu kurz greifen. Denn auch beim Thema Naturwesen zeigen sich, vergleicht man die vorliegenden Schilderungen und Beschreibungen, außerordentliche Übereinstimmungen, und zwar unabhängig von zeitlichen oder örtlichen Gegebenheiten. Daniel Swarovski, Gründer-Enkel eines der größten Familienunternehmen Österreichs und von seiner Persönlichkeit her unverdächtig, ein esoterischer Phantast zu sein, beschäftigte sich viele Jahre lang ausführlich mit Naturwesen und veröffentlichte 1981 ein Buch zum Thema:

> *»Auffallend ist, daß im Wortschatz fast aller Sprachen Bezeichnungen*
> *für Naturwesen einheitlich vorkommen und daß sie überall in Erd-,*
> *Wasser-, Luft- und Feuerwesen eingeteilt werden. Ja, noch mehr: die*
> *in Märchen und Erzählungen geschilderten Begegnungen mit diesen*
> *Wesen gleichen einander im Grunde so sehr, daß man entweder an-*
> *nehmen muß, die Erzähler hätten sich über Zeitläufe und Kontinente*
> *hinweg miteinander verabredet oder aber sie schildern wirklich*
> *Erlebtes mit Wesen, die nicht einer launischen Phantasie entsprungen,*
> *sondern Wirklichkeit sind, also tatsächlich bestehen.*
> *Darüber hinaus stehen uns sachliche Schilderungen von Sehern der*
> *Vergangenheit und Gegenwart aus allen Teilen der Erde zur Verfü-*
> *gung, die in gleicher Weise von diesen Naturwesen berichten. Eine*
> *derartig auffallende Übereinstimmung kann nicht blindem Zufalle*
> *zugeschrieben werden.«[18]*

Dieser Auffassung können wir uns vorbehaltlos anschließen. Fazit: Wie auch die Schauungen an der Schwelle zum Tod, bei denen Betroffene von helfenden „Geistwesen" sprechen, die sie wahrnehmen, so deutet der

Kontakt zu Naturwesen ebenso auf die tatsächliche Existenz anderer Schöpfungsebenen hin.

Jenseitige Ebenen

Für religiöse Menschen ist der Gedanke an solche Ebenen altvertraut, wenigstens dann, wenn sie von einem „Himmel im Jenseits" ausgehen. Wobei man – diese vereinfachte Sprachregelung sei gestattet – mit „Diesseits" schlichtweg alles das bezeichnen kann, was uns auf irgendeine Weise durch die fünf Sinne zugänglich oder wenigstens mit technischen Hilfsmitteln meßbar ist, also auch unser gepriesener Verstand begreifen kann, während alles andere eben *jenseits* dieser Grenze liegt und uns daher nur über unsere eigene jenseitige Seite, den empfindungsfähigen Geist, spirituell erfahrbar wird.

Übrigens nähert sich auch die Wissenschaft dieser bewährten Unterscheidung, wenn sie – wie der Grazer Universitätsprofessor Franz Moser in seinem 1989 erschienenen Buch „Bewußtsein in Raum und Zeit" – zu dem Schluß kommt, daß es eine Wirklichkeit gibt, in der unsere Vorstellungen von Raum und Zeit nicht mehr zutreffen. Moser folgert, daß mittlerweile

> *„… durch die Wissenschaft die Vorstellungen eines Seins aufleben, wie sie analog in religiöser Sprache mit Diesseits und Jenseits bezeichnet werden."*[19]

In der Gralsbotschaft von Abd-ru-shin werden mehrere jenseitige Schöpfungsebenen ausführlich beschrieben, und zwar in einer Art, die deshalb bemerkenswert ist, weil sie ein stimmiges Gesamtbild des Weltgeschehens zeichnet, in welchem die bedauerliche Trennung zwischen der Menschheit und der Wissenschaft keinen Platz hat. Über die der „groben Stofflichkeit" am nächsten liegende „Astralebene", die für uns im Zusammenhang mit den Elementarwesen wichtig ist, heißt es unter anderem:

> *»Die bisher von astralen Dingen Wissenden betrachteten alles (…) als von der schweren Grobstofflichkeit ausgehend erstanden. In den meisten Fällen sehen sie darin* Abbilder *der schweren Grobstofflichkeit, weil auch jede Pflanze, jeder Stein, überhaupt alles schwere Grobstoffliche in der Astralwelt anscheinend sein Abbild hat.*
> *Es sind dies aber nicht* Abbilder*, sondern* Vorbilder *der Dinge in der schweren Grobstofflichkeit, ohne die sich in der schweren Grobstofflichkeit überhaupt nichts formen würde noch könnte! (…)*

34

1. Am Beginn einer langen Reise

> *Man könnte dieses Feld der mittleren Grobstofflichkeit nach irdischen Begriffen am besten die Werkstatt der Modelle nennen. Wie ein Künstler vorher ein Modell formt, so ersteht der sogenannte Astralkörper vor dem schweren Erdenkörper. (...)*
> *So hat also jedes Stück auf der Erde, sogar die Erde selbst, ein mitwirkendes Modell. Manche Sehendürfende nennen es den ‚Schatten‘, andere, wie schon gesagt, ‚Astralkörper‘.«[20]*

Auf dieser „Astralebene", so Abd-ru-shin weiter, sind nun unzählige der „kleinen Wesenhaften" tätig, denn:

> *»Es gibt nichts auf der Erde, was die kleinen Wesenhaften nicht schon vorher in der mittleren Grobstofflichkeit bereits und noch viel schöner, vollendeter geformt hätten!«[21]*

Beweise? Im wissenschaftlichen Sinn kann es wohl keine geben, weil das Bestreben, mit irdischem Gerät etwas Unirdisches messen oder festhalten zu wollen, schon vom Ansatz her schildbürgerlich genannt werden muß. Mit dem Seziermesser nach der Seele oder mit der Lupe nach dem Gnom zu suchen, ist unsinniger und aussichtsloser, als wollte man mit einem Sieb Wasser schöpfen. Im nichtwissenschaftlichen Sinn aber reichen als Beweise ohnehin die schlicht menschlichen: Glaubwürdigkeit zum Beispiel.

Für manche mag es nun etwas gewagt erscheinen, weitreichende Weltbildfragen allein auf glaubhafte Zeugenschaft zu gründen. Daher ist es hilfreich, daß auch im Bereich des wesenhaften Wirkens – analog zur Thanatologie – ein Brückenschlag zur Forschung möglich scheint: In den 20er Jahren postulierte die Biologie nämlich erstmals sogenannte *morphogenetische Felder*, um erklären zu können, wie Pflanzen und Tiere sich entwickeln.

Über diese Felder schreibt der britische Biochemiker Prof. Rupert Sheldrake, ein großer Querdenker unserer Zeit:

> *»Man dachte sich diese Felder als unsichtbare Baupläne, nach denen der sich entwickelnde Organismus seine Formen annimmt.*
> *Der Begriff des morphogenetischen Feldes wird heute von vielen Entwicklungsbiologen angewendet, um zu erklären, weshalb etwa Ihre Arme und Beine unterschiedlich geformt sind, obwohl sie die gleichen Gene und Proteine enthalten. Sie sind verschieden, weil Ihre Arme sich unter dem Einfluß des morphogenetischen Armfeldes entwickeln und Ihre Beine unter dem Einfluß des Beinfeldes. Die formative Bedeutung solcher Felder entspricht etwa der eines Bauplans für ein*

> *Gebäude. Aus den gleichen Baumaterialien können nach unterschied-lichen Plänen ganz verschiedene Häuser entstehen. Der Plan ist nicht materieller Bestandteil des Hauses, sondern gibt nur vor, wie Materialien zusammengefügt werden. (...) Die Form des Hauses ‚emergiert' nicht aus den Interaktionen seiner materiellen Bestand-teile, sondern die Bestandteile bilden in ihrem Zusammenwirken das Haus, weil sie nach einem bestimmten Plan zusammengefügt wurden, der schon vor dem Bau des Hauses existierte.*
> *Die Schwierigkeit liegt nun darin, daß niemand weiß, was morphoge-netische Felder sind und wie sie wirken. (...) Ich glaube (...), daß es Felder einer neuen Art sind, für die ich den Begriff* morphische Felder *vorgeschlagen habe. Und meine Hypothese der Formbildungsur-sachen besagt, daß der ganzheitliche, selbstorganisierende Charakter von Systemen, wie einfach oder komplex sie auch sein mögen, auf dem Einfluß solcher Felder beruht.«*[22]

Die Gedankenverbindung zu den vor fast 80 Jahren publizierten Be-schreibungen Abd-ru-shins liegt nahe: Die vermuteten Felder stünden demnach im engsten Zusammenhang mit dem wesenhaften Wirken.

Vielleicht reichen die wissenschaftlichen Überlegungen zur Form-werdung in der Natur mittlerweile tatsächlich schon hart an jenen Bereich heran, der bislang der persönlichen Erfahrung einzelner vorbehalten war. Ob es zu einem Brückenschlag kommen wird?

Oder werden sich weiter Bremsklötze vor einen Umbruch in den tief-materialistischen An- und Einsichten keilen, welche die Jahrtausendwende prägen? Wo könnte man die Hebel ansetzen, um in dem breiten Gewohn-heitsglauben die Überzeugung zu verankern, daß es noch viel mehr gibt, als unsere fünf Sinne zu erkennen vermögen? Die Nahtoderlebnisse haben es ebensowenig vermocht wie andere Grenzerfahrungen, auf die wir in späteren Kapiteln noch zu sprechen kommen werden. Und Wahrnehmun-gen, die vielen Menschen schon deshalb nicht als aufsehenerregend erschei-nen, weil sie viel zu natürlich sind, haben gar keine Chance, versteinerte Ansichten ins Wanken zu bringen.

Beispiel „Pflanzenkommunikation"[23]: Der „grüne Finger" mancher Menschen, bei denen Topfpflanzen wie Gartengewächse so gut gedeihen, weil sie ganz einfach liebevoll gepflegt werden, er ist längst Allgemein-thema. Cleve Backster, ein Experte für Lügendetektoren aus den USA, hat gezeigt, wie menschliche Gedanken die Pflanzen beeinflussen, und ein ver-gleichender Großversuch des deutschen Hochschulprofessors Manfred Hoffmann (Weihenstephan) unter den beobachtenden Kameraaugen des WDR-Fernsehens hat eindrucksvoll bewiesen, daß Tomatenpflanzen menschliche Zuneigung mit signifikant stärkerem Wachstum belohnen.[24] Kurzum: Man hätte längst Anlaß genug gehabt, die mechanistische Theorie des Lebens radikal in Frage zu stellen. Aber, nochmals: Welches Forschungsergebnis könnte wohl das erreichen?

Denken wie im 17. Jahrhundert

Wider besseres Wissen ist unser heutiges Denken durchweg immer noch mit seinen dicksten Wurzeln im 17. Jahrhundert verankert, als man die Welt mit einer Maschine zu vergleichen begann, innerhalb derer nur der Mensch über „Geist" (was immer darunter verstanden wurde) verfügte, wobei *alle* wirkenden Kräfte wissenschaftlich zu erklären seien. Andere Auffassungen über die Welt hatten gegen diese mechanistische Theorie nie den Funken einer Chance, sich durchzusetzen. Die bedeutendste Gegenthese, der „Vitalismus", derzufolge es noch unerforschte Lebenskräfte oder „Vitalfaktoren" gibt, welche die Materie durchglühen, spielt seit gut 70 Jahren praktisch keine Rolle mehr.

Bleibt auf die Wirkung des steten Tropfens zu hoffen, der den Stein höhlt und doch noch den Anstoß für ein neues, ganzheitliches Denken gibt, in dem die vielen bisher schwer einzuordnenden spirituellen Erfahrungen einzelner Menschen in ihrer Tragweite neu bewertet werden.

Leider aber trägt gerade die herrschende Esoterik-Welle, die den Eindruck vermittelt, die ganze Welt wäre überhaupt nur noch feinstofflich, wenig zur Vertrauensbildung bei. Die Art und Weise, mit der fanatisierte „Eingeweihte" aus unterschiedlichen Gruppierungen – nicht selten sogar öffentlich in publikumswirksamen TV-Talkshows – sich und ihre „Geheimlehren" darbieten, spottet oft genug jeder Logik oder Sachlichkeit und wirkt auf gebildete Menschen manchmal atemberaubend peinlich.

Der einfache Christ aber, der all die Absonderlichkeiten einer seltsamen Zeit beobachtet ... er beharrt auf seinem simplen Glauben und sieht keinen Anlaß dafür, das zu hinterfragen, was er selbst für wahr hält. Mit Ausleibigkeit oder Wesenheiten auf einer Astralebene weiß er nicht allzuviel anzufangen, und er will davon vielleicht auch gar nichts wissen.

Jedenfalls trugen bislang nicht einmal aufsehenerregende Allgemeinerfahrungen, wie sie die Sterbeforschung dokumentierte, zu einem tiefgreifenden Gesellschaftswandel bei. Die Grenzen zwischen Information und Unterhaltung sind längst verwischt; wirklich ernst nimmt man auch das eindringlichste Nahtoderlebnis nicht. Und so gilt auch heute noch, was Dr. Moody in seinem Buch „Leben nach dem Tod" bereits vor Jahrzehnten formulierte:

> *»Bei seinen späteren Versuchen, anderen von seinem Erlebnis zu berichten, trifft der Mensch auf große Schwierigkeiten. Zunächst einmal vermag er keine menschlichen Worte zu finden, mit denen sich überirdische Geschehen dieser Art angemessen ausdrücken lassen. Da er zudem entdeckt, daß man ihm mit Spott begegnet, gibt er es ganz auf, anderen davon zu erzählen. Dennoch hinterläßt das Erlebnis tiefe Spuren in seinem Leben; es beeinflußt namentlich die Art, wie der jeweilige Mensch dem Tod gegenübersteht.«[25]*

Über die Jahrhunderttausende gesehen, waren es jedoch gewiß solche „tiefen Spuren", die sich zur Religion formten, keineswegs nur leere Ideen. Erlebnisse aus der Innenwelt trieben die Entwicklung des Glaubens voran, nicht haltlose Hirngespinste, wie man, in etwas diplomatischere Worte gekleidet, heute zu vermuten wagt.

Entwicklungen im Gotterkennen

Wir müssen die Menschheitserfahrungen von einst nachzuempfinden suchen, wenn wir das Wesen der Religion verstehen und ihre Entfaltung im Dienste der Geistesentwicklung erfassen wollen. Es gilt einen Abstieg zu bewältigen: Hinab von jenem Gipfel der Weisheit, auf den wir uns – in Überschätzung unseres Schulwissens – selbst gesetzt haben. Vielleicht gelangen wir dann zu einem neuen Verständnis der Entwicklung des Glaubens, wie er auch im Werk der Gralsbotschaft dargelegt ist: Daß hinter allem nämlich eine weise Führung wirkt, welche die Menschheit – gemäß ihrer eigenen inneren Entfaltung – schrittweise zur Gotterkenntnis treiben will.

Demnach glauben die Menschen in frühen spirituellen Entwicklungsstufen nur an „Dämonen", also an mächtige, aber ihrem eigenen Inneren entstammende Gedankenformen, die sie als „andere Wesensart" fürchteten, später schauen oder ahnen sie gutmütigere Wesen, die unabhängig von Einzelpersonen in der Schöpfung wirken:[26]

> *»So geht es weiter. Immer höher. Es wird lichter und lichter. Der Geist stößt bei normaler Entwickelung immer weiter vor.*
> *Die Griechen, Römer, die Germanen zum Beispiel sahen dann noch mehr! Ihr inneres Schauen drang über die Stofflichkeit hinaus bis in das höher liegende Wesenhafte. Sie konnten mit ihrer weiteren Entwickelung zuletzt auch* die Führer der Wesenhaften und der Elemente *schauen. (…)*

1. Am Beginn einer langen Reise

> *Die Wesenhaften zu schauen, zu fühlen und zu hören, war für die* damalige *Entwickelung der Völker das Höchste, was sie erreichen konnten. Es ist selbstverständlich, daß dann diese Völker die gewaltigen Führer der Elemente in deren Tätigkeit und Andersart als das Höchste ansahen und sie Götter nannten. (…)*
>
> *Das innere Schauen und Hören der Menschen aber verbindet sich beim Zum-Ausdruck-Bringen immer mit deren jeweilig* persönlichem *Begriffs- und Ausdrucksvermögen. Daraus ergibt sich, daß die Griechen, Römer und Germanen* die gleichen *Führer der Elemente und alles Wesenhaften nach Form und Begriff in der jeweiligen Anschauung ihrer derzeitigen Umgebung schilderten. (…)*
>
> *Als dann später* berufene *Völker, also die innerlich höchstentwickelten (Verstandesentwickelung zählt dabei* nicht), *diese Grenze der Wesenhaftigkeit durch Erleben reifend sprengen konnten, drang ihr Schauen oder Ahnen bis* zur Schwelle *des geistigen Reiches.*
>
> *Die natürliche Folge war, daß damit bei diesen die bisherigen Götter als solche stürzen mußten und Höheres an deren Stelle trat.«*[27]

Auf seiner langen Reise zur Erkenntnis mag der Mensch zwischen Furcht und Ehrfurcht hin- und hergerissen worden sein, zwischen Bangen und Glückseligkeit. Aber sein unreifer Geistkeim begann dabei zu erblühen, und am Ende des Anfangs dieser inneren Fahrt stand stets *das Ahnen des Einen Gottes* – und ein großer Name, der in der abendländischen Geschichte des Monotheismus[28] untrennbar mit diesem Erkenntnissprung verbunden ist: *Abraham*[29].

Folgt man den Schilderungen der Gralsbotschaft, so gehörte der biblische „Vater vieler Völker" (so die Bedeutung des Namens Abraham) zu jenen wenigen großen Geistern, die aus der Menschenmasse hervortraten und „an der offenen Türe zu dem Geistigen" standen, ohne freilich noch klar zu sehen, was ihnen da dämmerte:

> *»Doch ahnten und empfanden sie deutlich eine gewaltige, bewußte* einheitliche *Führung, die von oben kam, aus einer Welt, in die zu schauen sie nicht fähig wurden.*
>
> *Dieser Empfindung nachgebend, formten sie nun den* einen, *unsichtbaren Gott!«*[30]

Was dieses Ahnen alles barg, das in der Folge in immer mehr Menschen lebendigen Widerhall weckte und sie zu neuem, tiefen Glauben führte, das mag während einer stillen Stunde in unserer Empfindung nachhallen. Jedenfalls ging etwas Wesentliches damit einher: Das selige Bewußtsein einer Führung aus dem Licht, die erschütternde Erleuchtung, daß das Leben mit all seinen Freuden, aber auch Mühen und Plagen von einer weisen, väterlichen Führung so *gewollt* ist. Daß alles in der Schöpfung dieser einen, allmächtigen Kraft entströmt und daß Gerechtigkeit und Liebe waltet.

Was fragen wir heute, warum Gott das alles zuläßt? Weshalb zweifeln wir an seiner Gerechtigkeit? Warum klagen wir auch nur eine Silbe lang? Es ist uns etwas verlorengegangen.

Im nächsten Kapitel wird die Frage gestellt, was aus dem großen Erbe Abrahams wurde. Denn so einheitlich die Führung aus dem Licht auch gewesen sein mag, so uneinheitlich und verworren erwies sich die menschliche Entwicklung. Wiederholt zwangen wir beträchtliche Rückschritte herbei, folgenschwere Fehlentwicklungen.

Die Reise ging weiter. Doch sie wurde zunehmend beschwerlicher, unüberschaubarer, unsicherer. Vom ursprünglich geraden Weg aus, der uns mit dem eigenen geistigen Ursprung verbindet, haben wir unzählige steinige Nebenwege gebaut, aus denen wir jetzt trotz wertvoller Orientierungshilfen kaum noch herausfinden und die nur allzu oft als gefährliche Einbahnstraßen oder aussichtslose Sackgassen enden. Es ist tatsächlich alles sehr kompliziert geworden.

Wie wird Gott wiederkehren können?

Anmerkungen und Literaturhinweise zu Teil 1, Kapitel 1

1 Zitiert aus: „Die Welt", Nr. 128 vom 4. Juli 1983

2 Unter diesem Namen verfaßte Oskar Ernst Bernhardt in den 20er und 30er Jahren seine Gralsbotschaft.

3 Zitiert aus: Abd-ru-shin: „Im Lichte der Wahrheit – Gralsbotschaft", Verlag der Stiftung Gralsbotschaft, Stuttgart, 1998 (Band 1, Vortrag „Das Schweigen")

4 Zitiert aus: Hans-Peter Dürr (Hrsg.): „Physik und Transzendenz", Scherz-Verlag, Bern/München/Wien, 1986, Beitrag „Naturwissenschaft und Religion II" (1941) von Albert Einstein

5 Zitiert aus: Hans-Peter Dürr (Hrsg.): „Physik und Transzendenz", Scherz-Verlag, Bern/München/Wien, 1986, Beitrag „Religion und Naturwissenschaft" von Max Planck

6 Zitiert aus: Hans-Peter Dürr (Hrsg.): „Physik und Transzendenz", Scherz-Verlag, Bern/München/Wien, 1986, Beitrag „Religion und Naturwissenschaft" von Max Planck

7 Zitiert aus: Hans-Peter Dürr (Hrsg.): „Physik und Transzendenz", Scherz-Verlag, Bern/München/Wien, 1986, Beitrag „Religion und Naturwissenschaft" von Max Planck

8 Zitiert aus: Hans-Peter Dürr (Hrsg.): „Physik und Transzendenz", Scherz-Verlag, Bern/München/Wien, 1986, Beitrag „Naturwissenschaft und Religion II" (1941) von Albert Einstein

9 Vgl.: „Warum hat der Mensch die Religion erfunden?", in: „P. M. Perspektive – Die Welt der Religionen", Verlag Gruner + Jahr, München, 1995

10 Es gibt auch einen anderen Erklärungsansatz, der davon ausgeht, daß das Wort Religion mit „releggere" (= wieder lesen, überdenken) in Verbindung steht, woraus sich in etwa die Bedeutung „Gewissensschau" oder „Frömmigkeit" ableiten läßt.

11 Damit werden bewußte Erfahrungen bezeichnet, bei denen der Mensch von außen auf seinen eigenen Körper sieht.

12 So wird die Sterbeforschung bezeichnet, abgeleitet aus dem griechischen „thanatos" = Tod.

13 Ein ausführliches Interview mit dem Sterbeforscher findet der interessierte Leser in der Zeitschrift „GRALSWELT", Hefte 14–16, Verlag der Stiftung Gralsbotschaft, Stuttgart, 2000.

14 Zitiert aus: Dr. med. Raymond A. Moody: „Leben nach dem Tod", Weltbild Verlag, Augsburg, 1996

15 Vgl.: Werner Huemer: „Warum wir durch den Tod nicht sterben", Verlag der Stiftung Gralsbotschaft, Stuttgart, 2000

16 Elisabeth Ryhre wurde 1949 geboren und wohnt in Värmland, Mittelschweden.

17 Zitiert aus: Dr. Gerd Harms: „Elisabeth Ryhre: Fenster in die Wunderwelt", in: „GRALSWELT", Heft 5, Verlag der Stiftung Gralsbotschaft, Stuttgart, 1997

18 Zitiert aus: Daniel Swarovski: „Naturwesen – Eine verborgene Wunderwelt", Sieben Quellen Verlag, Innsbruck, 1986

19 Zitiert aus: Franz Moser: „Bewußtsein in Raum und Zeit", Leykam, Graz, 1989

20 Zitiert aus: Abd-ru-shin: „Im Lichte der Wahrheit – Gralsbotschaft", Verlag der Stiftung Gralsbotschaft, Stuttgart, 1998 (Band 3, Vortrag „In der grobstofflichen Werkstatt der Wesenhaften")

21 Zitiert aus: Abd-ru-shin: „Im Lichte der Wahrheit – Gralsbotschaft", Verlag der Stiftung Gralsbotschaft, Stuttgart, 1998 (Band 3, Vortrag „In der grobstofflichen Werkstatt der Wesenhaften")

22 Zitiert aus: Rupert Sheldrake: „Sieben Experimente, die die Welt verändern könnten", Goldmann, München, 1997

23 Dieser Ausdruck wurde in letzter Zeit vor allem vom Journalisten-Ehepaar Dagny und Imre Kerner propagiert, das mit seinem Buch „Der Ruf der Rose" (Verlag Kiepenheuer & Witsch, Köln, 1994) einen Bestseller landete.

24 Vgl.: Dagny und Imre Kerner, Werner Huemer: „Die Tomaten des Professors Hofmann", „Pflanzenkommunikation – was ist das?" bzw. „Als die Pflanzen Gefühle zeigten", in: „GRALSWELT", Heft 6, Verlag der Stiftung Gralsbotschaft, Stuttgart, 1998

25 Zitiert aus: Dr. med. Raymond A. Moody: „Leben nach dem Tod", Weltbild Verlag, Augsburg, 1996

26 Damit und auch im folgenden Zitat wird eine innere Chronologie skizziert, ein spiritueller Entwicklungsweg, der nicht als geschichtliche Abfolge begriffen werden darf. Vielmehr gab es zu jeder Zeit höher und noch nicht so weit entwickelte Menschen und Völker.

27 Zitiert aus: Abd-ru-shin: „Im Lichte der Wahrheit – Gralsbotschaft", Verlag der Stiftung Gralsbotschaft, Stuttgart, 1998 (Band 2, Vortrag „Götter – Olymp – Walhall")

28 Der Eingottglaube ist aus vielen naturverbundenen Völkern bekannt, zum Beispiel pflegten ihn auch die Indianer Nordamerikas. Hier soll aber ausschließlich dem abendländischen Entwicklungsweg gefolgt werden.

29 Er hieß ursprünglich „Abram" und änderte seinen Namen, nachdem er den „Bund" mit dem Schöpfer schließen durfte.

30 Zitiert aus: Abd-ru-shin: „Im Lichte der Wahrheit – Gralsbotschaft", Verlag der Stiftung Gralsbotschaft, Stuttgart, 1998 (Band 2, Vortrag „Götter – Olymp – Walhall")

2. Gefangen wider Wissen

Vor einiger Zeit hatte ich die Gelegenheit, bei einer Reportage zum Thema Behinderungen[1] finstere 90 Minuten lang blind zu sein. Ort der Begebenheit: Eine Ausstellung unter dem Titel „Dialog im Dunkeln", die schon deshalb bemerkenswert war, weil es die einzige Schau der Welt sein dürfte, bei der man nichts sieht, und zwar absolut nichts. Den Taststock fest umklammert, läßt der Besucher sich – vorerst mißtrauisch, bald jedoch vertrauensvoll – durch eine Reihe von Räumen geleiten und ertastet, erhört, erriecht, erschmeckt und erahnt sich dabei wie ein Blinder „die Welt": einen kleinen Park mit Bäumen und wohltuend sanft gepolsterter Wiese, einen schmalen Wanderweg, der über eine holprige Brücke und vorbei an glitschig-feuchten Felswänden führt, eine lärmtosende Großstadtstraße, die es an einer Ampel flink zu überqueren gilt, solange die Autofahrer noch ungeduldig im Leerlauf das Gaspedal treten, einen alten Trödlerladen mit allerhand unförmigem Krimskrams, schließlich sogar eine launige Bootsfahrt. Endstation Hafenkneipe.

Ausgerechnet auf jenen Sinn verzichten zu müssen, der uns heute zu etwa 80 Prozent die äußere Wirklichkeit erschließt, ist eine eindrucksvolle Erfahrung. In unserer visuell orientierten Gesellschaft ist der Sehsinn ja längst das bedeutendste Fenster zur Welt geworden, welches unser Körper anzubieten hat.

Ohne Licht macht sich indes eine überraschende Beklemmung breit: Sofort beginnt das Bewußtsein darum zu kämpfen, mit der Wirklichkeit wie gewohnt in Kontakt zu treten, und sieht doch keine Möglichkeit dazu; die unwillkürlich weit aufgerissenen, angestrengten Augen bemühen sich vergeblich, ein Bild aus Dunkelheit zu zeichnen. Man fühlt sich wie ein Gefäß, das zunehmend unter Druck gerät, während keine Öffnungen vorhanden zu sein scheinen, um die sich stauende Kraft weiterzuleiten.

43

Schließlich aber finden sich doch welche. Sobald das innere Sinnen lernt, durch die tastenden Gliedmaßen zu fließen und zugleich die Gehör-, Geruchs- und Geschmacksorgane zu beflügeln, läßt der Druck nach, der jäh erstarrte Erlebnishunger erwacht neu, und endlich kann man entspannt die Augen schließen …

Durch solche Erfahrungen wächst das Verständnis für blinde oder sehbehinderte Mitmenschen (die innerhalb des „Dialogs im Dunkeln" keinerlei Probleme hatten, sich in dieser lichtlosen Welt der vier Sinne zurechtzufinden). Aber nicht nur das: Fast zwangsläufig stellt sich die bange Frage, wie blind wir alle zusammen denn als sehende „Normalmenschen" sind.

Vielleicht ist die Menschheit ja insgesamt irgendwie behindert. Ein Blinder, zumal, wenn er so geboren wurde, kommt mit seiner Einschränkung auf nur vier körperliche Sinnesorgane gut zurecht; erst das Wissen um die weiterreichenden Möglichkeiten seiner Mitmenschen führt ihm den eigenen mißlichen Zustand vor Augen. Will sagen: Uns müßte eine Behinderung, auch größeren Umfangs, nicht unbedingt bewußt sein, wir könnten mit ihr ganz gut durchkommen. Lebendiges erweist sich meist als überaus anpassungsfähig.

Der gehemmte Homo sapiens

Die Annahme, daß es eine Hemmung gibt, die unser Erleben und Verhalten maßgeblich beeinflußt, ist ernst gemeint: Mit Blick auf unsere Welt, die in schleichender Entwicklung rundum aus den Fugen zu geraten scheint und zunehmend lebensbedrohlich wird, ist die Vermutung legitim, daß dem *Homo sapiens*, der vorgeblich weisen Speerspitze aller Entwicklung, unbemerkt wirklich etwas grob Behinderndes zugestoßen ist. Lag der mittlerweile verstorbene Autor und Wissenschaftsphilosoph Arthur Koestler, ein fachübergreifender Denker unserer Zeit, richtig, wenn er sich vor gut 20 Jahren – vor allem mit Blick auf die ultimative Zerstörungskraft der Atombombe – die provokante Schlußfolgerung erlaubte, daß der Mensch ein Irrläufer der Evolution sei?[2]

Was ist fehlgelaufen, wenn wir heute diagnostizieren müssen, daß die Menschlichkeit des Menschen verkümmert ist, wenn wir gewahr werden, daß uns entscheidende Gemütswerte verlorengegangen sind und der Schöpfer unserem Inneren ferner ist denn je?

Was stimmt nicht, wenn wir feststellen müssen, daß wir einer Menschheit angehören, die sich ausgefeilte technische Möglichkeiten zur Zerstörung ihrer Lebensgrundlage erdacht hat, zugleich aber keinerlei

Ansätze dafür zeigt, mit ihrer Technik sorgsam und verantwortungsbewußt umzugehen?

Arthur Koestler hatte auf diese Fragen eine Antwort, die ebenso bestechend wie hochbrisant ist: Er vermutete – und konnte sich dabei auf die Fachmeinung einiger ernstzunehmender Biologen berufen – die Wurzel allen Übels in einer Fehlentwicklung unseres Gehirns. Jenes komprimierte Wunderwerk, in welchem etwa 100 Milliarden Neuronen ununterbrochen kreuz und quer Signale austauschen, geriet nach seiner Überzeugung in der zweiten Hälfte des Pleistozäns (also etwa vor einer halben Million Jahre) durch eine groteske Entgleisung aus der Entwicklungsbahn: Es begann von diesem Zeitpunkt an faktisch unkontrolliert zu wuchern – ein Vorgang, den man nicht mit selbstgefälligem Stolz, sondern mit größtem Argwohn zur Kenntnis nehmen sollte, denn das Wachstum des Neocortex (des Großhirns) erfolgte

> »mit einer geradezu explosionsartigen Geschwindigkeit, die in der Geschichte der Evolution ohnegleichen ist – manche Anatomen haben den Vorgang mit dem rapiden Wachstum eines Tumors verglichen.
> Es scheint, als sei diese Gehirnexplosion (…) auf der Bahn jener Exponentialkurven verlaufen, die uns in jüngster Zeit so vertraut geworden sind – Bevölkerungsexplosion, Informationsexplosion usw. –, und vielleicht liegt hier mehr als nur eine oberflächliche Analogie vor, denn alle diese Kurven zeigen den beschleunigten Ablauf der Geschichte an. Explosionen haben nun einmal keine harmonischen Ergebnisse.«[3]

Das überentwickelte Gehirn

Unser „Königsorgan" zeigt heute wirklich beachtliche Dimensionen. Man kann sie sich am besten durch ein Gleichnis vergegenwärtigen: Wollte man ein einziges menschliches Gehirn transportieren und hätte jede der zu befördernden grauen Zellen die Größe nur eines Sandkorns, so würde man einen Lastwagen brauchen, um den Neuronenberg zu bewältigen.

Mit dieser schweren Fuhre sind wir offenbar längst überladen. Koestler folgert als Ergebnis der exponentiellen Wucherung,

> »daß die Denkhaube, die sich so rasant entwickelte und dem Menschen seinen Verstand bescherte, mit den älteren emotionsgebundenen Strukturen nicht richtig verbunden und koordiniert wurde. (…) So ließ das explosive Gehirnwachstum eine (…) unausgeglichene Spezies entstehen.«[4]

Daraus erwachsen letztlich alle heute erkennbaren Mißstände: Empfindung und Intellekt arbeiten nicht harmonisch miteinander, der verstandesmäßige Fortschritt in Technik oder Wirtschaft ist abgekoppelt vom Gemütsleben, während zugleich die Gefühle, ihrerseits ebenfalls von einer vernünftigen Entfaltungsmöglichkeit ausgeschlossen, sich nur allzu leicht in jenen fanatischen, irrationalen Glaubensdogmen verlieren, die zu den größten Massenmorden und menschgemachten Katastrophen in unserer Geschichte geführt haben.

Sind wir also in einem fehlentwickelten Körper Gefangene wider Wissen? Wäre es denkbar, daß ihre wuchernde intellektuelle Kapazität die Menschheit zuletzt den Zug der Lemminge gehen läßt, sie also in die Selbstvernichtung treibt? Liegt tatsächlich im Wachstum der Teufel begraben? Offenbar ja.

Das Geheimnis des Sündenfalls

Wenn es um die *Ursachen* dieser Fehlentwicklung geht, läßt uns die Biologie allerdings recht unbefriedigt im Regen stehen. Man vermutet lediglich vage, daß die unbändige Neugier des Menschen, sein ungestümes Wissenwollen, ein starker Impuls für die übermäßige Entwicklung seines Großhirns gewesen sein muß.[5]

An diesem Punkt bietet sich nun der Brückenschlag zu einer bekannten biblischen Metapher an, die meiner Meinung nach bislang nicht nur ein wenig rätselhaft, sondern überhaupt durchweg unverstanden blieb, nämlich zum Bild des „Sündenfalles". Auch die Metaphorik des Alten Testamentes drückt ja deutlich einen Zusammenhang zwischen dem Wissenwollen des Menschen und der Gefahr seiner Selbstvernichtung aus:

> *»Und Gott, der Herr, gebot dem Menschen und sprach: Du sollst essen von allerlei Bäumen im Garten; aber von dem Baum der Erkenntnis des Guten und des Bösen sollst du nicht essen; denn welches Tages du davon issest, wirst du des Todes sterben.«*[6]

> *»Und die Schlange war listiger denn alle Tiere auf dem Felde, die Gott der Herr gemacht hatte, und sprach zu dem Weibe: (…) Ihr werdet mitnichten des Todes sterben; sondern Gott weiß, daß, welchen Tages ihr davon esset, so werden eure Augen aufgetan, und werdet sein wie Gott und wissen, was gut und böse ist.*
> *Und das Weib schaute an, daß von dem Baum gut zu essen wäre und daß er lieblich anzusehen und ein lustiger Baum wäre, weil er klug*

2. Gefangen wider Wissen

machte; und sie nahm von der Frucht und aß und gab ihrem Mann auch davon, und er aß.«[7]

Zweifellos ist man versucht, den hier geschilderten „Sündenfall" als verbrauchtes biblisches Bild abzutun, das in unserer modernen Weltsicht nichts mehr verloren hat (ebensowenig übrigens wie die Begriffe „Schuld", „Sünde" oder gar „teuflische Schlange"). Die im Volksglauben bis heute weit verbreitete Ansicht klingt ja wirklich ein wenig banal: Da hätten die „ersten Menschen", Adam und Eva, im Paradies die Früchte eines bestimmten Baumes gegessen, und diese verbotene Tat hätte sie – wie alle nachfolgenden Generationen auch – mit einer todbringenden Schuld belastet, der „Erbsünde", von der wir Menschen nur durch die Gnade Gottes wieder befreit werden könnten.

Aus dieser naiven Sicht – die übrigens viel mit den sinnlos-fundamentalistischen Ansätzen gemein hat, welche die „Heilige Schrift" auch um den Preis der Lächerlichkeit *wörtlich* nehmen – bliebe der Sündenfall freilich nur ein geheimnisumwobenes, mythisches Schreckgespenst ohne irgendeinen Wert für unser Thema.

Doch es gibt auch eine andere, tiefergreifende Betrachtungsweise, die uns die Wichtigkeit des alttestamentlichen Bildes erhellt, und vor deren Hintergrund auch die Ergebnisse der modernen Gehirnforschung eine biblische Dimension erreichen. Der Sündenfall läßt sich demnach als eben jener Punkt in der frühen Menschheitsentwicklung definieren, an dem uns der gierige Genuß materieller Erkenntnis wichtiger wurde als das, was uns zu Menschen macht: ein empfindungsvolles Leben im Einklang mit *allen*, also auch den unsichtbaren Ebenen der Schöpfung. Vor jener „lustigen" Art, klug und wissend zu werden, die nur *fordernd für sich erreichen*, aber nicht demutsvoll empfangen will, die zwar über die Erde herrschen, aber niemandem dienen will, warnte der Schöpfer: Sie würde zur Selbstvernichtung führen.

Vernichtung – dieser süßen Früchte wegen? Aber wie? Und warum? „Mitnichten werdet ihr des Todes sterben!", nimmt die Schlange alle zweifelnden Gedanken auf und stellt lockend in Aussicht, es wäre durch den „Baum der Erkenntnis" im Gegenteil möglich, zu sein wie Gott und also selbst – ohne Aufblicken zu einem Schöpfer – Gut und Böse zu definieren. Was sollte dadurch schon geschehen?

Adam und Eva aßen – und siehe da, siehe die heutige Situation, die Schlange scheint recht behalten zu haben: In größter Selbstverständlichkeit erleben wir das, was das „listigste Tier auf dem Felde" verherrlicht hatte: eine selbstzufriedene Menschheit, die Gott spielt und „weiß", was gut und was böse ist, die eifrig weiter am Baum der Erkenntnis nascht, gierig nach neuem Wissen, um die Welt noch besser beherrschen zu können.

Und die in alle Winde geschlagene Warnung des Schöpfers?

Die Entstehung der Erbsünde

Vielleicht ist es gerade die Wissenschaft, die uns heute die hintergründige Dramatik des biblischen Geschehens erstmals erahnen läßt: Das gierig-neugierige Wissenwollen war der auslösende Impuls zu der von den Biologen unzweifelhaft festgestellten tumorartigen Wucherung des Großhirns, die einen zwar intellektuell bestens ausgerüsteten, aber in seiner Empfindungswelt verkümmerten Homo sapiens zur Entwicklung kommen ließ – mit all den grausamen Unmenschlichkeiten im Köcher, die sich in einer Gesellschaft zutragen, deren Credo eitle Selbstbezogenheit und dumpfes Macht- und Vorteilsstreben ist.

Dabei geht es gar nicht allein um fanatische Untaten, Rassenwahn oder Völkermord, die dem Konto unseres „Königsorgans" zugeschrieben werden müssen. Ebenso beklagenswert ist – vielleicht sogar in erster Linie – das untätige Geistesdämmern der trägen „breiten Masse", die auf bequemen, ausgetretenen Pfaden selbstzufrieden dahintrottet und sich mit so kräfteraubenden Anstrengungen wie der Suche nach Wahrheit oder der Arbeit an sich selbst nicht mehr herumplagen will.

Im Klartext: Das fehlgeleitete Wollen des Menschen führte zu einer furchtbaren erblichen Anlage, einem unausgewogenen Gehirnwachstum, das jedem Erdbewohner schon einen fehlgebildeten Körper als Bürde mit in die Wiege legt – daher der Name *Erb*sünde.[8]

Diese Interpretation ist nicht neu. Daß das unverstandene Bild des Alten Testaments maßgeblich mit der Überentwicklung unseres Gehirns zu tun hat, legte bereits vor rund 80 Jahren, lange vor den Erkenntnissen moderner Entwicklungsbiologie, Abd-ru-shin in seiner Gralsbotschaft dar. Er bezeichnete darin den Menschen, der kraft seines Wollens nicht den unsterblichen *Geist* (und damit zugleich alle Gemütswerte, die menschlichen Tugenden), sondern *nur* das körperbezogene Vorderhirn zur Entwicklung brachte, als einen „Gehirnkrüppel" und schrieb über die Ursachen dieses Fehlgehens:

> »*Der Menschheit größte Schuld aber ist es von Anfang an, daß sie diesen Verstand, der doch nur Lückenhaftes ohne Leben schaffen kann, auf einen hohen Sockel setzte und förmlich anbetend umtanzte. Man gab ihm einen Platz, der* nur dem Geiste *vorbehalten werden durfte. (...)*

48

2. Gefangen wider Wissen

> *Die damalige umstellende Handlung der Menschen, die sich so einschneidend gegen den Schöpferwillen, also gegen die Naturgesetze, richtete, war der eigentliche ‚Sündenfall‘, dessen Folgen an Furchtbarkeit nichts zu wünschen übrig lassen; denn er wuchs sich dann zur ‚Erbsünde‘ aus, weil die Erhebung des Verstandes zum Alleinherrscher auch wieder die natürliche Folge nach sich zog, daß die so einseitige Pflege und Betätigung mit der Zeit auch das Gehirn einseitig stärkte, so daß nur der Teil, der die Arbeit des Verstandes zu verrichten hat, heranwuchs, und der andere verkümmern mußte. (...)*
> *Das hatte zuletzt wiederum den Nachteil, daß schon seit Jahrtausenden ein jeder Kindeskörper, der geboren wird, durch immer weitergreifende Vererbung das vordere Verstandesgehirn so groß mit auf die Erde bringt, daß jedes Kind von vornherein durch diesen Umstand spielend wieder dem Verstande unterworfen wird, sobald dieses Gehirn die volle Tätigkeit entfaltet.«[9]*

Entscheidend für das Verständnis dieses Zitats ist es, sich in Erinnerung zu rufen, daß der *innere* Mensch unabhängig von seinem Körper besteht[10] und daß daher Verstand und Geist *zweierlei* sind.

Der Begriff „Geist" steht – in Entsprechung zum lateinischen „spiritus" – mit dem „Lebensatem" in Verbindung, während der Verstand rein körperlichen Ursprungs ist. Daher kann das „Königsorgan" Gehirn mit allen seinen Neuronen nicht wirklich König sein, sondern nur das Arbeiter- und Bauernheer stellen, das seinem Gebieter – dem *wahren* Geist, welchem unser Wollen entströmt – zu treuen Diensten steht.

Durch den Sündenfall aber haben wir die Lichter umgestellt, den Knecht zum Herrn gemacht.

Wie faszinierend deckungsgleich die Erklärungen der Gralsbotschaft zu der großen biblischen Metapher einerseits und die Forschungsergebnisse zum Gehirnwachstum andererseits sind, das machte Dr. Richard Steinpach[11] in einem Aufsatz mit dem Titel „Die ‚Entdeckung‘ der Erbsünde: Das verkrüppelte Gehirn"[12] zum Gegenstand gründlicher Betrachtungen. Der Autor zahlreicher Publikationen zu fundamentalen Lebensfragen faßte darin die gehaltvollsten naturwissenschaftlichen Erkenntnisse plausibel zusammen, die Aufschluß darüber geben, wie und warum unser Verhalten – im Einklang mit den Umweltbedingungen – tatsächlich zu erblichen Anlagen führen muß:

> *»Auf die Möglichkeit der Vererbung der durch Gebrauch oder Nichtgebrauch von Organen entstandenen Veränderungen hatte schon*

Lamarck[13] hingewiesen. Darwinisten und Neodarwinisten hatten der-
artige Mutationen schließlich mit den Genen in Verbindung gebracht,
und die Entdeckung des genetischen Codes gestattete ein noch tieferes
Eindringen in die Zusammenhänge. (...)
Wir wissen also heute, daß und wie Veränderungen im Aufbau einer
Art an ihre Abkömmlinge weitergegeben werden.
In jüngster Zeit hat schließlich die Entdeckung der Kybernetik zu ei-
nem neuerlich verbesserten Verständnis geführt. Die dieser Gesetz-
mäßigkeit zugrunde liegende ‚Kreiskausalität' führt dazu, daß die aus
einer Ursache hervorgehende Wirkung wiederum auf die Ursache
zurückwirkt. (...)
Dies hat auch in Bezug auf die Entstehung genetischer Veränderun-
gen des Erbgutes zu vertieften Einsichten geführt: ‚Zwischen dem
Verhalten und seiner biologischen Grundlage besteht also ein Rück-
kopplungsprozeß: Verhalten ist nicht nur Ursache für Veränderungen
in den Genfrequenzen, Verhalten ist auch die Folge solcher Verän-
derungen (...)' lesen wir bei John Eccles (‚Gehirn und Geist').
Vereinfacht gesagt: Erbgut – Verhaltensweisen – Umweltbedingun-
gen – Verhaltensweisen – Erbgut, sind ein einander bedingender, dau-
ernde Veränderung bewirkender Kreislauf, durch welchen auch
bestimmte Erbanlagen gefördert oder unterdrückt werden können.«[14]

Fazit: Was das einschneidende biologische Geschehen *an sich* anbelangt, stimmen Gralsbotschaft und Naturwissenschaft weitgehend überein – unser Großhirn ist eine Fehlentwicklung.

Was jedoch die Ursachen und Folgen des Sündenfalls betrifft, kann ein wesentlicher Qualitätsunterschied nicht übersehen werden: Während Koestler und seinesgleichen wertfrei von einem „Irrtum der Evolution" ausgehen und vehement die *physische* Selbstvernichtung ansprechen, die der Menschheit infolge ihres explosiven Gehirnwachstums droht, weist die geistige Deutung des Sündenfall-Bildes vor allem darauf hin, daß die Großhirnwucherung von der Menschheit *selbstverschuldet* ist. Und es winkt dabei ein noch viel mächtigerer Zaunpfahl: Die Mahnung des Schöpfers, du wirst „des Todes sterben", kann in geistigem Sinne ja nicht einfach nur „sterben" meinen.

Mit „des Todes" wird vielmehr auf den *wirklichen* Tod hingewiesen, auf das unbegreifliche, allerletzte, unumkehrbare Ende des menschengeistigen Ichbewußtseins, das sich aus geistigem Tiefschlaf und zunehmender Erstarrung zwangsläufig ergeben muß. Dieser „zweite Tod" oder „geistige Tod" bedeutet für einen Menschen, daß es ihm unmöglich ist, seine geistige Heimat, das Paradies, jemals wieder bewußt zu erreichen. Er drückt den Verlust des ewigen Lebens aus, des Lebendürfens in der Schöpfung. Furchtbareres ist nicht vorstellbar.

Wie weit wir auf dem Abwärtsweg zur endgültigen geistigen Erstarrung, fern dem Schöpfer, wohl schon fortgeschritten sind, stolz auf unseren „Fortschritt", aber im Herzen blind?

Vielleicht ist es zur Selbstfindung hilfreich, wenn wir unsere starke Körperbehinderung wenigstens kennen und akzeptieren, wenn wir wissen, daß wir allesamt in einem „Dialog im Dunkeln" gefangen sind, in einer lichtlosen Welt, umgeben von ebenso blinden Zeitgenossen.

Wird die Lichtsehnsucht am Ende größer sein als die Gier, weiterhin am „Baum der Erkenntnis" zu naschen?

Wirklichkeit, Bewußtsein und Objektivität

Als ich die Ausstellung „Dialog im Dunkeln" durchwandert hatte, interessierte es mich, das, was ich jetzt eineinhalb Stunden lang gefühlt, erlauscht und gerochen hatte, nun auch einmal offenen Auges zu sehen. Ich wollte wissen, wie das alles „in Wirklichkeit" aussieht. Man erklärte mir daraufhin freundlich aber bestimmt, daß ein solches Betrachten der Exponate nicht zum Ausstellungskonzept gehöre und daß ich wohl ohnehin nur enttäuscht wäre, würde ich die „nackte Wirklichkeit" zu sehen bekommen.

Sicher wäre das so gewesen. Und im nachhinein wurde mir auch klar, warum. Das, was ich hätte sehen können, wäre nicht mit meinem Erleben in Einklang zu bringen gewesen. Die „Welt", wie ich sie im Dunkeln erfahren hatte, das waren Wälder und Bäche, Gerüche und Düfte, Häuserzeilen und Geschäftslokale, bekannte und fremde Menschen; es war schlicht und einfach ein vertrautes Erleben der Schöpfung, ein selbstverständliches In-sie-eingebunden-Sein, so, wie wir eben alle die Welt in uns erleben.

Sobald wir uns aber zum außenstehenden Betrachter der Welt erheben, uns nicht mehr in sie eingebunden fühlen, verzichten wir auf das Lebendige. Das ist das Schicksal der beobachtenden Wissenschaft. Wer die Welt erforscht, indem er sie in ihre Einzelteile zerlegt, findet unentwegt neue „nackte Wirklichkeiten": subatomare Teilchen, Wellen, Strahlen usw. Er entdeckt immer mehr Interessantes, aber es fehlt dieser analysierenden, zergliedernden Sicht – wie Goethe es ausdrückte – „das geistig' Band".

Dieses Band aber, unser innerer, lebendiger Bezug zur Welt, ist das *geistig* Entscheidende. In der ganzen Schöpfungswirklichkeit geht es im Grunde ja nur um die Entwicklung des Bewußtseins. Oder noch deutlicher: Das, was wir als „die Wirklichkeit" bezeichnen, entsteht immer erst durch unsere Erlebnisfähigkeit, durch unseren bewußten Geist, der durch die Sinne in Wechselwirkung mit der Welt tritt; die Sinnesorgane helfen ihm, das aufzunehmen, zu erfahren, wonach er sinnt.

Wirklichkeit und Bewußtsein hängen also engstens zusammen, eines ist ohne das andere gar nicht denkbar. Daher – und man müßte es eigentlich dreifach rot unterstreichen – ist die persönliche Wirklichkeit immer *subjektiv*, die eigene Sicht der Dinge stets eine von unendlich vielen möglichen. Es gibt keine Begründung dafür, sie als einzig wahr anzunehmen. Jeder Mensch wird jede Situation – etwa auch die Lektüre dieses Buches – anders erleben. Jede Farbe, jeder Ton, jedes Geschehen wird zu so vielen Wirklichkeiten, wie es erlebende Menschen gibt.

Die Wirklichkeit ist also nichts anderes, als was für jeden einzelnen von uns *wirk*lich, *wirk*ungsvoll, *wirk*end ist, was ihn also in seinem Bewußtsein weiterführen kann.

Was nützt es, die Welt „objektiv" von außen zu beobachten und sich in „nackten Wirklichkeiten" zu ergehen, wenn dabei das geistige Band reißt und das Gemüt zerbricht, weil plötzlich scheinbar nirgendwo ein Schöpfer zu entdecken ist?

Die Früchte vom „Baum der Erkenntnis" schmecken tatsächlich nur scheinbar süß. Hinter der Verlockung, selbst als ein kleiner Gott mit der Welt spielen zu können, lauert die gähnende Leere des lichtlosen Nichts. –

Abraham – Vater vieler Völker

Der Sündenfall ereignete sich sehr früh in unserer Entwicklungsgeschichte – leider! Denn so ist der Mensch schon seit urdenklichen Zeiten ein Gefangener wider Wissen, dessen Geist, weggesperrt wie ein ungeliebter Dissident, unter der Diktatur eines übermästeten, korrupten, unrechtmäßig an die Macht gekommenen Verstandeskönigs zu leiden hat.

Seit dem Sündenfall klaffen die Empfindung, das unterdrückte Sprachrohr des gefangenen Geistes, und das Verstandeswollen auseinander, und es zeigt sich ein mächtiger Zwiespalt, der zu einer bisweilen schmerzhaft spürbaren „Bewußtseinsentzweiung" führt. Wer erlebt nicht oft zwei Stimmen in sich, die beide etwas „wollen" – eine rationale, die einzig nach Vorteilen strebt, sich auch meist lautstark in den Vordergrund drängt, und eine andere, die Stimme des Gewissens, die sich, eher still im Hintergrund, werteorientiert und weniger ichzentriert äußert!

Hier die geistgeführte „Stimme des Gewissens" – dort berechnendes, genußvolles Vorteilsstreben: Wofür entscheiden wir uns? Diese Frage durchzog die menschliche Geschichte und war immer auch das unruhig pendelnde Zünglein an der Waage, wenn es um die Entwicklung und Ausbreitung des Glaubens ging – oder, wie in den Jahrhunderten zuletzt, um die endgültige Spaltung von Wissenschaft und Religion.

Selbst als Abraham, der große Stammvater, als erster den unsagbar lichtvollen Kontakt zum geistigen Reich errungen hatte, war es keineswegs gewiß, wohin der weitere Weg der Menschheit führen würde: Sollte die Kunde darüber, daß jemand das große Ziel der Lebensreise geschaut, die weise Führung hinter allem erahnt hatte, sollte die in einzelnen aufkeimende Inbrunst zu einem Feuer der Begeisterung anwachsen und immer mehr Menschen, Familien, Völker innerlich emporreißen? Oder würde die mächtige Verstandesherrschaft alle aufwallenden Gemütsregungen doch wieder zunichtemachen?

Damit nehmen wir den im ersten Kapitel geknüpften Faden wieder auf. Nachdem sich also ein einfacher, doch geistig wacher Hirte aus der Masse der übrigen Menschen erhoben und den ewigen *Jahwe* erahnt hatte, als Abraham die Vorstufen der Naturreligionen und der Vielgötterei glücklich überwinden durfte, wurde er, wie dem Alten Testament zu entnehmen ist, zum Ausgangs- und Mittelpunkt eines neuen geistigen Aufwärtsstrebens der Menschheit. Rund 4.000 Jahre vor unserer Zeit sollte sich mit Israel ein Volk entwickeln, das anderen als Vorbild dienen konnte. Daher nannte Abraham sich der „Vater vieler Völker", und Israel durfte sich als „das berufene Volk" betrachten.

Natürlich ist es eine durch und durch religiöse Sicht der Weltgeschichte, von einer gezielten Führung aus dem Licht auszugehen, welche die Menschheit auf ihren weiteren Wegen geleitete. Doch diese Perspektive offenbart sich nicht nur aus der Gesamtschau der biblischen Inhalte, sondern sie ist dem Eingottglauben immanent: Wer vom Wirken eines liebenden Schöpfers überzeugt ist, von dem aus alles seinen Anfang nahm und sich weiter entfaltet, muß ja mit in Betracht ziehen, daß diese Entwicklung zugleich eine *Führung* ist, der alle Geschöpfe untertan sind, auch wenn wir Menschen uns im gegenwärtigen Zustand meist als unfähig erweisen, Gottes Lenkung bewußt zu erkennen.

Der Schöpfer ist uns fern. Er ist genau so weit weg von uns, wie wir selbst uns – durch unsere innere Ausrichtung und die intellektuelle Fehlentwicklung – von ihm entfernt haben. Wenn es, wie bei der Frage einer Führung aus dem Licht, um Erkenntnisse geht, die weit über das Materiell-Sichtbare, Geschichtlich-Faßbare hinausreichen, die einen Blick erfordern, der sich auf größere Zusammenhänge weitet, so wären wir auf eine vorurteilsfreie, vernünftige Zusammenschau aus empfindungsgetragenem Glauben einesteils und plausiblen Schlußfolgerungen andernteils angewiesen. Die gedankliche Ausrichtung unseres überzüchteten Großhirns scheint indes gerade das zu erschweren.

Dennoch wäre es natürlich verfehlt, nun etwa den Intellekt insgesamt als Teufelswerk zu verdammen oder fortan hirnlos durch die Welt stapfen zu wollen. Darin läge nicht nur Dummheit, sondern auch keine Lösung. Im Gegenteil: Zweifelsfrei ist ja gerade unser Gehirn ein ganz besonderes Wunderwerk der Natur, ein Geschenk des Schöpfers, das auch eine herausragende Aufgabe zu erfüllen hat, nämlich das Instrument für unseren immateriellen Geist zu sein.

Das Wesen des gehirngelenkten Denkens liegt darin, mit dem Geiste umzugehen, ihm Ein- und Ausdrucksmöglichkeiten zu bieten, den Kontakt zur physischen Welt zu ermöglichen. Der vor einigen Jahren verstorbene Wissenschaftspublizist Hoimar von Ditfurth beschäftigte sich in seinem Werk „Der Geist fiel nicht vom Himmel"[15] eingehend mit diesen Zusammenhängen und gelangte zu dem Schluß:

> »*Das Gehirn hat das Denken nicht erfunden (…). So wenig, wie die Beine das Gehen erfunden haben oder die Augen das Sehen. Beine sind die Antwort der Evolution auf das Bedürfnis nach Fortbewegung auf dem festen Boden gewesen. Und Augen waren eine Reaktion der Entwicklung auf die Tatsache, daß die Oberfläche der Erde von einer Strahlung erfüllt ist, die von festen Gegenständen reflektiert wird. Dieser Umstand erst gab der Evolution die Möglichkeit, Organe zu entwickeln, die sich dieser Strahlung zur Orientierung bedienten.*
> *So gesehen sind Augen also ein Beweis für die Existenz der Sonne. So, wie Beine ein Beweis sind für das Vorhandensein festen Bodens und ein Flügel ein Beweis für die Existenz von Luft. Deshalb dürfen wir auch vermuten, daß unser Gehirn ein Beweis ist für die reale Existenz einer von der materiellen Ebene unabhängigen Dimension des Geistes. (…)*
> *Geist gibt es in der Welt nicht deshalb, weil wir ein Gehirn haben. Die Evolution hat vielmehr unser Gehirn und unser Bewußtsein allein deshalb hervorbringen können, weil ihr die reale Existenz dessen, was wir mit dem Wort Geist meinen, die Möglichkeit gegeben hat, in unserem Kopf ein Organ entstehen zu lassen, das über die Fähigkeit verfügt, die materielle mit dieser geistigen Dimension zu verknüpfen.«*[16]

Es kann also nicht darum gehen, den Verstandeskönig ausschalten zu wollen, sondern wir haben lediglich zu lernen, unsere Denkhaube wieder im richtigen Sinn zu benutzen, damit sie den Geist aus seinem Gefängnis entläßt und ihm wieder dienlich anstatt hinderlich ist. Zweierlei scheint mir diesbezüglich nötig: Zum einen muß es um die Stärkung der Gewissens- und Gemütswerte gehen, um jene Anstrengungen also, die den Blick des Menschen weg von sich selbst und statt dessen auf den Schöpfer und die Schöpfung lenken, auf die Natur und alle Mitgeschöpfe. Zum zweiten sollten wir das *gleichnishafte* Denken wieder pflegen. Der uns so vertrauten kausalen Wenn-dann-Logik, die sich nur auf Ursache und Wirkung bezieht („wenn es regnet, dann werde ich naß"), sollte sich das bildhafte Entsprechungs-Denken („wie das Wetter trübe ist, so können auch meine Gedanken trübe sein") beigesellen: Wie oben, so unten!

Es ist bezeichnend, daß auch alle Wegweisungen des Lichtes, deren die Menschheit im überblickbaren Zeitraum der letzten 4.000 Jahre teilhaftig wurde, auf eben die Festigung beziehungsweise Entwicklung der inneren menschlichen Werte abzielen und daß höhere Wahrheit stets durch anschauliche Gleichnisse vermittelt wurde, deren Metaphorik den Geist unmittelbar zu berühren imstande war.

Moses und die Zehn Gebote Gottes

In diesem Zusammenhang taucht in der Geschichte des Alten Testamentes ein weiterer großer Name auf: *Moses*. Er wird etwa 700 Jahre nach Abraham geboren worden sein und ist bis heute mit einer erstrangigen Wegweisung für die Menschheit verbunden, den *Zehn Geboten Gottes*.

Über Jahrhunderte hatten die Juden keinen leichten Weg. Unter der Führung ihres Stammvaters Abraham war ein semitischer Stamm, durchweg einfache Hirten, aus Chaldäa ausgewandert und in das Land Kanaan[17] gezogen.

Ein Teil von ihnen war später in Ägypten ansässig geworden und dort als Fronarbeiter in eine bittere Knechtschaft geraten, von der die Juden erst durch Moses befreit werden konnten, nachdem der Widerstand des herrschenden Pharaos, der seine billigen Arbeitskräfte nicht so einfach aufzugeben bereit war, durch die bekannten zehn Plagen gebrochen werden konnte.[18]

Moses, der als Kind, obwohl jüdischer Abstammung, von der königlichen Tochter am Hofe des Pharaos aufgenommen und dort auch erzogen worden war, fühlte sich seinem Volk bald untrennbar verbunden und lebte der Berufung, es in höchster Not einer neuen Zukunft entgegenzuführen. Die äußeren Begleitumstände dieses inneren Aufbruchs sind legendär: Moses kündigt dem Pharao Plage um Plage an, und die unheimlichen Geschehen scheinen sich wie durch Zauberkraft zu verwirklichen – bis der neue Führer des Volkes Israel dieses in die Wüstensteppe hinaus und nach dreimonatigem Marsch an den Fuß des Berges Sinai geleitet, wo ihm zuletzt die Zehn Gebote offenbart werden.

Die biblischen Wunder

Leider wertet man diese Ereignisse bis heute nicht nur als Beleg für die treue Führung des berufenen Volkes durch lichtvolles Wirken, sondern man mißversteht sie vor allem als Hinweis darauf, daß man sich den Schöpfer als einen übermenschlichen David Copperfield[19] vorzustellen hat, der imstande ist, die Ordnung der Natur außer Kraft zu setzen. Der sensationslüsterne Glaube an göttliches Wunderwirken dieser Art ist bis zum heutigen Tag in vielen Köpfen fest verankert, und zugleich stellt sich damit der Annäherung von Wissenschaft und Religion eine der allermächtigsten Betonmauern entgegen.

Daß Naturforscher, auch wenn sie tief religiös sind, an keinen wunderwirkenden Schöpfer zu glauben vermögen, leuchtet ein.[20] Wunder sind im Forscheralltag eben nicht anzutreffen. Aber auch der wissenschaftlich unbedarfte Laie könnte den Glauben an einen übermächtigen Zauberer getrost fahrenlassen, denn nichts ist ungöttlicher als ein je nach Bedarf mit den Fingern schnippender Schöpfer, der ewig nachbessernd ins Weltgeschehen eingreift. Er würde damit nur jede Menge Beweise für seine eigene Unvollkommenheit liefern.

Jedoch zeigt die Schöpfung als Ausweis Gottes allerorts das Gegenteil: Höchste Vollkommenheit im Ineinanderwirken der Kräfte, wohin man den Blick auch schweifen läßt.

Selbst dort, wo der Mensch zerstörerisch eingreift, Unrecht tut und Disharmonie bewirkt, sorgen die Schöpfungsgesetze für ausgleichende Gerechtigkeit. Die gestaltenden Kräfte der Natur regenerieren unbeirrbar die von uns oft rücksichtslos in die Landschaft geschlagenen Wunden, und selbst ein Mensch, dem von anderen unverdientes Leid, also Unrecht, zugefügt wird, erfährt dadurch in irgendeiner Form auch eine Entwicklungsmöglichkeit, so daß es – durch die Zeiten gesehen – keinerlei Unausgeglichenheit geben kann. Denn nichts bleibt ohne gerechte Wechselwirkung.

Wenn wir ernst damit machen, die unabänderlichen, unbeirrt wirkenden Natur- oder Schöpfungsgesetze mit dem Willen Gottes gleichzusetzen,[21] was die Basis der Suche nach der *einen*, einenden Wahrheit ist, dann wäre es ohnehin vollends absurd anzunehmen, daß der Schöpfer auch nur ein einziges Mal gegen die Naturgesetze handeln würde. Er müßte damit ja etwas gegen seinen Willen … wollen!

2. Gefangen wider Wissen

Wunder im landläufigen Sinn gibt es nicht. Sehr wohl aber sind Ereignisse denkbar, die sich zwar streng innerhalb der Naturgesetze ereignen, die wir jedoch schlicht und ergreifend nur deshalb als „Wunder" bezeichnen, weil wir die vielgestaltigen Möglichkeiten im Rahmen der Schöpfungsgesetze noch gar nicht kennen. Abd-ru-shin tritt in seiner Gralsbotschaft vehement gegen alle verkleinernden, verzerrenden Gottesbilder an und bringt meines Erachtens eine für die Zukunft gewiß richtungweisende Sicht, wenn er zum gegenständlichen Thema sagt:

> »Wunder ist ein Vorgang, über den der Mensch in Verwunderung gerät. Es ist etwas, das er nicht für möglich hält. Aber auch nur hält, denn daß es möglich ist, hat ja das Eintreten des Wunders schon bewiesen. (…)
>
> Die armen Menschen denken sich unter Allmacht irrtümlich die Möglichkeit von Willkürakten und die Wunder als solche Willkürakte. Sie überlegen sich nicht, wie sehr sie Gott damit verkleinern; denn diese Art Wunder würde nichts weniger als göttlich sein.
>
> Im göttlichen Wirken liegt in erster Linie eine unbedingte Vollkommenheit, ohne Fehler, ohne Lücke. Und Vollkommenheit bedingt strengste Logik, unbedingte Folgerichtigkeit in jeder Beziehung. Ein Wunder muß sich demnach nur in lückenloser Folgerichtigkeit im Geschehen auswirken. Der Unterschied ist nur der, daß bei einem Wunder der für irdische Begriffe längere Zeit in Anspruch nehmende Entwicklungsgang sich zwar in üblicher Weise abspielt, doch in so ungeheurer Geschwindigkeit, sei es nun durch die einem Menschen besonders verliehene Kraft oder durch andere Wege, daß es von den Menschen durch außergewöhnlich schnelles Geschehen als wunderbar bezeichnet werden kann, kurz, als Wunder. (…)
>
> Alles, was einer strengen Folgerichtigkeit entbehrt, ist ungöttlich. Jedes Wunder ist ein unbedingt natürlicher Vorgang, nur in außergewöhnlicher Schnelligkeit und konzentrierter Kraft; niemals kann etwas Unnatürliches geschehen. Das ist vollkommen ausgeschlossen.
>
> Erfolgen Heilungen bisher als unheilbar geltender Krankheiten, so ruht darin keine Veränderung der Naturgesetze, sondern es zeigt nur die großen Lücken des menschlichen Wissens.«[22]

Hat man sich erst einmal von der irrigen Vorstellung verabschiedet, daß ein Umgehen der Naturgesetze, also des ewigen Willens Gottes, möglich ist, dann kann der Begriff „Wunder" einen ganz neuen, seinen *eigentlichen* Sinngehalt offenbaren: Das Leben *an sich* ist ja ein für uns Menschen unfaßbares Wundergeschehen, dem wir gleichmütig oder hilflos gegenüberstehen, weil wir unsere Existenz zwar erleben, aber bestenfalls als unsagbares, namenloses Geschenk begreifen können. Deshalb vermögen schon kleine Beobachtungen, die über das Alltägliche hinausreichen, atemloses Staunen zu verursachen, wenn sie uns innerlich für Momente emporreißen und dem Leben näher bringen. Man denke nur an einen Naturfilm, der im Zeitrafferverfahren, also in besonders schneller Bildfolge, das Wachstum von Pflanzen zeigt. Empfinden wir das, was wir sehen, nicht schon allein durch die *Beschleunigung* als wunderbar?

In ähnlicher Form mögen Menschen wirken, wenn sie einen Durchlaß für höhere, nichtphysische Kräfte bieten und auf diese Weise Heilvorgänge bei Kranken ermöglichen, die dem Beobachter als Wunder erscheinen. Auch in diesen Fällen kann verstärkte Kraft ein Beschleunigen oder Ingangsetzen der Genesung des Kranken bewirken – sofern das Innere des Patienten keine unüberwindliche Hürde bildet.[23]

Eines darf man jedenfalls vertrauensvoll voraussetzen – und zwar auch im Hinblick auf das Wirken Jesu (ein Abschnitt in der Menschheitsgeschichte, zu dem ich Sie im nächsten Kapitel einladen möchte): Ganz gewiß ging es in allen echten göttlichen Offenbarungen darum, den Menschen die Wunder des Lebens nahezubringen, damit sie darin die *natürliche* Größe Gottes erkennen lernten. Etwas anderes ist überhaupt nicht vorstellbar.

Was hat es dann aber mit den vielen Wundern auf sich, von denen das „Buch der Bücher" erzählt? Die Bibel ist die für unseren Kulturkreis zweifellos herausragendste Quelle wunderstrotzender Überlieferungen, und viele Interpretatoren versteifen sich auch heute noch darauf, daß just im Außerkraftstellen von Naturgesetzen eherne Zeugnisse göttlichen Wirkens zu erkennen seien: Gott wolle die Menschen damit zu sich bekehren und deutliche Zeichen seiner Allmacht setzen ...

Solche allzu seichten Ansichten machen betroffen. Einmal ganz abgesehen davon, daß ein „Gott", der es nötig hat, mit dem Zeigefinger auf sich selbst zu deuten, kläglich zu nennen wäre, stellte sich auch eine schwer zu beantwortende Frage: Wenn das Außerkraftsetzen natürlicher Gesetze tatsächlich ein taugliches Mittel ist, um Menschen „zum rechten Glauben" zu führen, warum geschehen dann nicht gerade heute Wunder über Wunder? Zu Bekehrende gibt es auf Erden ja so viele wie nie zuvor! Die Frage ist anmaßend, aber naheliegend.

Noch näher liegt es allerdings, die heute wie ehedem unter uns Menschen grassierende Faszination des Unglaublichen dafür mitverantwortlich zu machen, daß sich die Ansicht, der Schöpfer könnte oder würde willkürlich wunderwirkend ins Weltgeschehen eingreifen, so besonders hartnäckig hält. Warum diese Faszination so stark und beständig ist, liegt auf der Hand: Wer immer in einer Sache wissend werden will, kommt nicht umhin, eigene Erfahrungen zu machen, tiefsinniges, vorurteilsfreies Denken zu pflegen und zugleich ein empfindungsgetragenes Beurteilungsvermögen anzustreben. Kurz: Die Arbeit eigener Geisteskraft, eigenen Denkens und Handelns ist gefragt, vielleicht sogar jahrelanges Ringen um die Wahrheit.

Unglaubliches zu glauben ist hingegen höchst einfach: Man braucht sich erst gar nicht um ernsthaftes Denken zu bemühen, weil es dazu bei den „Wundern" sowieso keinen Ansatzpunkt gibt. Man braucht nur einfach zu glauben – eine *wunderbare* Trägheit …

Wer hingegen darum bemüht ist, sich einen klaren Weg durch das Dickicht der vielen in der Bibel als „Wunder" interpretierten Ereignisse zu bahnen, hat Schwerarbeit vor sich. Dennoch findet er immer wieder brauchbare Hilfen. Eine davon stammt von dem erfolgreichen deutschen Tierbuchautor Vitus B. Dröscher, der sich in zwölfjähriger Recherche den Tierwundern des Alten und Neuen Testaments verschrieb und danach, 1990, ein lesenswertes Buch mit dem Titel „… und der Wal schleuderte Jona an Land" vorlegte, in dem er naturwissenschaftliche Erklärungen für all jene wundersamen Ereignisse anbietet.

Dröscher ist dabei zugleich vom Wahrheitsgehalt der biblischen Schilderungen überzeugt und argumentiert gekonnt gegen die Meinung, es würde sich dabei nur um dramatische Dichtungen handeln. In bezug auf die Zeit Mose stellte er seinen Überlegungen deshalb die Frage voran, wie denn wohl ein Dichter die zehn ägyptischen Plagen bearbeitet hätte, und kommt zu dem Schluß:

> *»Auf die Stechmücken hätte er sicherlich nicht sofort die Stechfliegen folgen lassen, und zwar aus künstlerischen Gründen: Zum einen nicht, weil die thematische Ähnlichkeit zu groß ist, und zum anderen nicht, weil dadurch die allgemeine Vorstellung der Menschen vom Bedrohlichen keine Steigerung erfährt, eher sogar eine Abschwächung. Wahrscheinlich hätte ein Dichter, wenn überhaupt, erst die Fliegen und dann die Mücken kommen lassen.*
> *Indessen hat die Biologie in dieser Hinsicht etwas ganz Außerordentliches erforscht. Im vorigen Kapitel habe ich beschrieben, wie Moskitos ihre Eier sogar auf ausgedörrtem Halbwüstenboden ablegen können. Finden sie morastige, grasbewachsene Gegenden wie im Nildelta, legen sie ihre Eier auch dort ab. Und genau das ist der Ort, an dem auch die Brut der Stechfliegen, die wir ‚Bremsen' nennen, heranreift.*
> *Die Maden oder Larven der Bremsen sind erheblich größer als die der Mücken. Zudem tragen sie am Maul nadelscharfe Haken, die wie eine*

> *Miniaturausgabe des Krummschnabels von einem Adler aussehen. Es*
> *sind mörderische Waffen für das Erbeuten der Hauptnahrung: der*
> *Mückenlarven!*
> *Es ist biologisch ganz folgerichtig, daß nach einer Mückenplage nun*
> *eine Stechfliegenplage folgen muß. Niemals verläuft das Geschehen*
> *umgekehrt. Auch dies beweist, daß die Bibel keine Dichtung ist, son-*
> *dern die Dinge so schildert, wie sie sich seinerzeit tatsächlich zugetra-*
> *gen haben.*
> *Es wird an dieser Stelle bereits folgendes deutlich: Die erste Plage*
> *Ägyptens, die Vergiftung des Nils durch die Panzergeißler der ‚Roten*
> *Tide‘, war eine von der Natur hervorgerufene Umweltkatastrophe*
> *ungeheuren Ausmaßes, die weiteres Unheil folgerichtig nach sich zog:*
> *die Froschplage. Diese wiederum forcierte die Mückenplage und diese*
> *im Anschluß die Stechfliegenplage und alles zusammengenommen*
> *weitere Katastrophen, die in den nächsten Kapiteln behandelt werden.*
> *Heutzutage bezeichnen wir dergleichen Abläufe lediglich anders: als*
> *ökologische Reaktionskette oder als ökologische Vernetzung von*
> *Lebensvorgängen. Somit erweist sich die Bibel als erstes Lehrbuch der*
> *Ökologie.«*[24]

Solche stimmigen Interpretationen legen einmal mehr nahe, daß es stets die *natürlichen* Wunder der Schöpfung sind, die uns fallweise – etwa infolge eines besonderen Zusammenwirkens der Kräfte zu einer bestimmten Zeit – als „wahre Wunder" erscheinen. Im Rahmen unserer heutigen Betrachtungsweise lassen sich die Naturwunder also folgerichtig erklären, den Menschen damals aber erschienen sie allein durch die zeitliche Abfolge (Moses kündigt dem Pharao eine Plage an – kurz darauf ist sie zur Wirklichkeit geworden) als echte Zeichen Gottes. Beide Betrachtungen sind richtig.[25]

Es wäre wünschenswert, wenn Dröschers Forschungsarbeit über sein eigenes Fachgebiet hinaus als greifbarer Beweis dafür anerkannt würde, daß tragfähige Brückenschläge zwischen der „Wahrheit des Glaubens" und der „Wahrheit der Wissenschaft" möglich sind. Im Vorwort zu seiner Arbeit über die Tierwunder der Bibel tritt der Autor für ein Händereichen ein:

> *»Wenn es allerneueste Forschungsergebnisse sind, die den biologischen*
> *Wahrheitsgehalt der Heiligen Schrift bestätigen, dann kann der*
> *ungläubige Zweifel in früheren Zeiten nur ein Irrtum gewesen sein,*
> *ein Jahrtausendirrtum allerdings, der Kirche und Labor in feindliche*
> *Lager gespalten hat – völlig unnötigerweise. Somit wird es also höch-*
> *ste Zeit, dieses Kriegsbeil endlich zu begraben.«*[26]

2. Gefangen wider Wissen

Freilich steht, insgesamt betrachtet, nicht nur der „biologische Wahrheitsgehalt" der Bibel zur Diskussion, sondern es geht auch um die darin vermittelten ethischen Werte. Wiewohl diesbezüglich gerade im Alten Testament manches umstritten ist, beziehungsweise gröblich mißverstanden wurde (man denke zum Beispiel nur daran, den Bibelspruch „Auge um Auge, Zahn um Zahn" als Rechtfertigung für ungestüme Rache wörtlich nehmen zu wollen!), so gibt es doch einen Felsen, der sich durch die Jahrtausende wenigstens seine gröbste Form bewahren konnte: die *Zehn Gebote Gottes.*

Moses hatte sein Volk Israel in einem beschwerlichen Marsch durch die Wüste an den Fuß des Berges Sinai geleitet. Drei Monate waren seit der Befreiung aus der schmachvollen ägyptischen Knechtschaft vergangen, Zeit genug, daß die schmerzlichen Erinnerungen an das Alte langsam dahineilen und die Seelen der Menschen dafür geöffnet werden konnten, Weiterführendes zu empfangen.

Das ersehnte Neue kam in Form der Zehn Gebote,[27] die Moses in einer besonderen, lichtdurchglühten Zeit des innigen Emporschauens empfangen durfte: Zehn leicht faßbare Ratschläge, die zum einen das Verhältnis des Menschen zu Gott „regeln" (darauf beziehen sich die ersten drei Gebote), zum anderen aber auch eine Basis für das friedvolle Zusammenleben untereinander bilden sollten (das ist der Sinn der Gebote 4 bis 10).

Man kann unschwer feststellen, daß diese jahrtausendealten Gebote auch heute noch die Säulen unserer Strafnormen sind – und zwar ganz unabhängig von konfessionellen Gesichtspunkten. Wenn es in den „Paragraphen" 5 bis 8 heißt: „Du sollst nicht töten!", „Du sollst nicht ehebrechen!", „Du sollst nicht stehlen!" und „Du sollst nicht falsch Zeugnis reden wider Deinen Nächsten", so sind das eben jene unverändert gültigen Regeln, die den (zu) vielen gesetzlichen Bestimmungen heutiger Zeit zugrunde liegen.

Und auch die übrigen Gebote, für deren Übertretung man heute keine Strafen androht, weil sie vor allem das *innere* Verhalten des Menschen berühren und weniger sein sichtbares, äußeres Handeln, haben unverändert Gültigkeit: „Du sollst Vater(schaft) und Mutter(schaft) ehren!", „Laß Dich nicht gelüsten Deines Nächsten Weibes!" (was als allgemeiner Aufruf zur Reinheit der Gedanken verstanden werden sollte), „Du sollst nicht begehren Deines Nächsten Haus, Hof, Vieh und alles, was sein ist!" – die richtig begriffene Einhaltung dieser wenigen Verhaltensregeln (die Jesus dann übrigens zu einem einzigen Gebot gefügt hat: „Liebe Deinen Nächsten wie Dich selbst!") würde ein friedvolles, gottzugewandtes Zusammenleben von uns Menschen ohne weiteres garantieren.[28]

Göttliche Gebote und jüdische Gesetze

Unzweifelhaft haben diese jahrtausendealten, zeitlosen Zehn Gebote überkonfessionellen Charakter; sie sind nicht an einen bestimmten Glauben gebunden. Deren Übertretung spürt ja *jeder* Mensch bis in seine Fingerspitzen, wenn er sich selbst gegenüber ehrlich genug ist. Leider aber pflegen wir in unserer Gemütsferne auf die mahnende und wegweisende Empfindung nicht zu hören, vielmehr verdrängen wir die innere Stimme mit ausgeklügelten Tricks und benötigen folglich tonnenschwere Paragraphenwerke, um allen möglichen Schlichen des überbordenden Verstandes vorbeugend Herr zu werden und unser Zusammenleben in halbwegs geordnete Bahnen zu lenken. Freilich ohne durchschlagenden Erfolg.

Diese Entwicklung ist nicht neu. Sie läßt sich besonders prägnant anhand des dritten Gebotes nachvollziehen, das wir heute in aller Einfachheit als *„Du sollst den Feiertag heiligen!"* kennen. Der ursprüngliche Text[29] führte aus, daß der „Sabbat des Herrn" von jedem Menschen gleichermaßen beachtet werden sollte. Der Sinn des Gebotes liegt nahe: Wer wenigstens einmal in der Woche regelmäßig sein äußeres Tagwerk sein läßt und sich statt dessen nach innen ausrichtet, also einen bestimmten Tag heiligt, der schafft sich damit gemütsbetonte Marksteine auf seinem Lebensweg. Im besten Fall wird es ihm durch sein Bemühen um einen regelmäßigen, Gott zugewandten Feiertag gelingen, seine Andacht nach und nach auch in den Alltag zu tragen (und nicht umgekehrt).

Was aber wurde aus diesem einfachen Ratschlag? Gehen wir einfach einmal gut tausend Jahre in der Geschichte zurück und werfen einen Blick auf die Pharisäer, eine einflußreiche jüdische Religionspartei, die etwa zwischen 150 v. Chr. und 70 n. Chr. in besonders puristischer Ausprägung auf die Einhaltung des dritten Gebotes bedacht war.[30] Ernest Schmitt faßt die phantasievoll-sturen Auslegungskünste dieser jüdischen Glaubensgemeinschaft zur Zeit Jesu in seinem lesenswerten Buch „Heilsplan oder Mord" zusammen:

> *»Ein Vers Hesekiels[31] hatte den Sabbat als äußeres Zeichen des Bundes genannt: ‚Ich gab ihnen auch meine Sabbate zum Zeichen zwischen mir und ihnen, damit sie erkannten, daß ich der Herr bin, der sie heiligt.' (Hes. 20,12) Dieses äußere Zeichen war das Steckenpferd der Pharisäer geworden. Darauf konzentrierte sich ihre gesamte Bibelauslegung und ihre hochgeschraubte Extrafrömmigkeit.*
> *So hatten einige Pharisäer zunächst einmal 39 Hauptbeschäftigungen festgestellt, die am Sabbat verboten waren. Andere überboten diese Aufstellung noch, indem sie aus jeder darin angeführten Arbeit noch*

> *sechs weitere ableiteten, woraus sich bereits 234 Verbote ergaben.*
> *Diese Leistung bewog andere Pharisäer, jede am Sabbat untersagte*
> *Arbeit in 39 Einzelverbote zu unterteilen. So war es zum Beispiel*
> *einer Mutter verboten, ihr Kind am Sabbat auf ihren Knien reiten zu*
> *lassen. Auch wurde ernsthaft darüber diskutiert, ob man an einem*
> *Sabbat gelegte Eier essen dürfe. Die Pharisäer waren dahin gekom-*
> *men, daß sie der Heiligung des Sabbats dasselbe Gewicht und densel-*
> *ben Wert beilegten wie der Befolgung aller anderen Gebote. Sie*
> *brachten das Gerücht in Umlauf, daß, wenn die Kinder Israel ein ein-*
> *ziges Mal den Sabbat in aller Strenge einhielten, die verheißenen*
> *Gottgesandten kommen würden.«*[32]

Die „Gesetzeswerke" waren also auch schon lange vor unserer Zeit recht umfangreich. Ein Kommentar zur Sinnhaftigkeit einer solchen Paragraphenreiterei im Hinblick auf das ursprünglich so einfache dritte Gebot erübrigt sich. Allerdings mag man aus diesem Beispiel ersehen, wohin das berufene Volk Israel von der Zeit Mose an trieb: 2.000 Jahre nach Abraham mußte der Gottessohn Jesus Christus geboren werden, um den verklemmten Menschenherzen einer besserwisserischen, grübelnden, in sich uneinigen Glaubensgemeinschaft überhaupt noch etwas vom erhabenen Lichtgeschehen vermitteln zu können.

Denn schon zur Zeit Mose – und natürlich erst recht nach seinem Heimgang – hatte ein schleichender Verfall des hehren Glaubens an Jahwe, den Allerhöchsten begonnen: Immer wieder trieb es die „Kinder Israel", in alter Götzenanbetung goldene Kälber zu umtanzen. Auch der Kontakt mit anderen Völkern, mit denen sich die Juden bei ihrer Inbesitznahme des „gelobten Landes" Kanaan auseinandersetzen mußten, vollzog sich nicht ohne unangenehme Einflüsse.

Der Weg des jüdischen Volkes

Dennoch ist die jüdische Geschichte in ihrer glaubensbezogenen Kontinuität bis heute in höchstem Maße beeindruckend. Nie wieder gab das Volk seinen großen Glauben auf. Das Auf und Ab in der äußeren – und inneren – Historie bleibt natürlich trotzdem augenfällig. Allerdings braucht das nicht sonderlich zu verwundern: Man kennt ja aus allen Lebenslagen dieses seelische Gummizugprinzip, nach dem auch die höchste geistige Spannung unerbittlich wieder in den Zustand müßiger Ruhe zurückschnellt, wenn Erkenntnisse nicht unentwegt vertieft werden und die Lichtsehnsucht nicht dauerhaft Nahrung erhält. Wer rastet, der rostet!

Zur Bestätigung dieser Regel führe man seinen inneren Sinnen einmal vor, wie sich die Auffassung vom ursprünglich ebenso zentralen wie tiefgreifenden zweiten Gebot bis in die heutige Zeit verflacht hat – und zwar nicht unter den ungläubigen Menschen (für die eine Verhaltensrichtlinie, die den Glauben an den Schöpfer voraussetzt, natürlich keiner Diskussion wert ist), sondern in der Gesellschaft der sogenannten Gottesdiener.

Da heißt es unter 5. Mose 5,11 schlicht und klar: „Du sollst den Namen des HERRN, Deines Gottes, nicht mißbrauchen!" Was ist unter „Mißbrauch" zu verstehen?

Man könnte nun, in bester pharisäischer Tradition, eine erschöpfende Liste von Flüchen aufsummieren, kulturunabhängig, multinational und womöglich noch unter Einbeziehung aller Dialekte, um im Klartext festzulegen, welche Redensarten gegen das zweite Gebot verstoßen. Dem umfassenden Sinn des Textes, nämlich den Namen des Herrn zu *heiligen*, ihn unantastbar, als Ausdruck der tiefsten Sehnsucht in seinem Inneren zu tragen, diesem nach Kräften zu schützenden *Wert* des Begriffes „GOTT" könnte man damit trotzdem nie und nimmer gerecht werden.

Abd-ru-shin gab eine sehr ursprüngliche Deutung des umfassend-einfachen Sinnes der biblischen Pflichten und führte dabei zum zweiten Gebot unter anderem aus:

> *Der Mensch, welcher es fertigbringt, den Namen Gott bei allen möglichen und unmöglichen Taggelegenheiten zu verwenden, hat nie die kleinste Ahnung von dem Gottbegriff gehabt! Als Menschengeist muß er die Fähigkeit besitzen, Gottesahnen in sich zu empfinden, auch wenn es nur einmal in seinem Erdenleben sei! Aber dies eine Mal allein würde genügen, ihm jede Lust zur leichtfertigen Übertretung des zweiten Gebotes unbedingt zu nehmen! Er wird dann ewig das Bedürfnis in sich tragen, den Namen ,GOTT' nur auszusprechen in der höchsten Reinheit seines ganzen Inneren!*
> *Wer das nicht hat, ist weit entfernt, auch nur des Gotteswortes wert zu sein, um wieviel weniger, in Gottes Reich zu kommen, seine beseligende Nähe zu genießen!*[33]

Demgegenüber führe man sich die erstaunten Ausrufe, klanglosen Füllfloskeln und wohlmeinenden Grüße vor Ohren, die heute gewohnheitssprachlich um das Wort „Gott" gewoben werden – meist in absoluter Gedankenlosigkeit, manchmal auch, angeblich, bewußt. Wer den Pfarrer fragt, ob er sich denn bei seinem lautstark hinausposaunten Grußwort auch nur den Bruchteil einer Sekunde wirklich des Schöpfers besinnt, wird die wohlmeinende Antwort ertragen müssen, daß man als gläubiger

Mensch eben so grüßt – zu „Ehren" des Höchsten. Indes hat Inflation noch nie zu Wertsteigerung oder Hochachtung beigetragen: Etwas Ehrenwertes zur bloßen Alltagsgewohnheit zu erniedrigen, ist systematische Entwertung, Mißbrauch pur.

Desgleichen wurde in unserer Gesellschaft auch das erste Gebot konsequent ausgehöhlt: „Ich bin der Herr, Dein Gott! Du sollst nicht andere Götter haben neben mir!"[34]

Selbstverständlich geht es bei den „anderen Göttern", vor denen da gewarnt wird, nicht um irgendwelche hölzernen Götzenfiguren, die in der gemütlichen Bauernstube anstelle des obligaten Leidenskreuzes den „Herrgottswinkel" füllen, sondern – um alles andere in unserem Leben. Es braucht hier nicht nochmals ausgeführt werden, daß uns das unmenschliche Streben nach nacktem Eigennutz vom Höchsten weit entfernt hat; die Tatsache, daß überwiegenden Teilen der Gesellschaft heute überhaupt nichts so unwichtig ist wie der Schöpfer, ist schon im ersten Kapitel als folgenschwere Ausgangslage beschrieben worden. Sie sollte durch die Darstellung des Sündenfalles, durch den wir zu Gefangenen wider Wissen wurden, in ihrer gesamten Tragweite unterstrichen und begründet werden.

Im Grunde geht es in diesem ganzen Buch vor allem um einen neuen Zugang zum ersten Gebot. Damit jedoch eine Wiederkehr Gottes in unsere Gedanken, Worte und Taten möglich wird, sind neues Wissen, frischer Mut und menschenwürdige Ziele unerläßlich.

Messianismus, Könige und Propheten

Ganz in diesem Sinne bemühten sich die geistigen Führer der Juden darum, den gläubigen Menschen, so gut es eben ging, die reine Verbindung zum Licht zu bewahren. Darüber hinaus aber hatte (und hat) die „Wiederkehr Gottes" für das Volk Israel auch noch eine zweite, im Laufe der späteren Jahrhunderte zunehmend hervortretende Bedeutung, nämlich den Sinn eines besonderen Naherlebens des Schöpfers durch eine epochale Menschwerdung. Dieser *Messianismus*, also der feste Glaube an das Kommen eines gottgesandten Erlösers, gab der jüdischen Seele über Generationen festen Halt und die Kraft, einen Leidensweg sondergleichen zu ertragen, der schon früh begonnen hatte.

Als es König *David* (1004–965 v. Chr.) gelungen war, verschiedene jüdische Stämme im Norden und Süden zu vereinigen und Jerusalem zur Hauptstadt des Reichs zu machen, und nachdem Davids Sohn und Nachfolger, König *Salomo* (965–926 v. Chr.) mit dem Bau eines großartigen

Tempels auch einen nach außen unübersehbaren religiösen Mittelpunkt schuf – womit er seinem Land zu beachtlichem Ansehen verhalf –, kam es bereits kurz nach dem Tod der beiden großen Könige zu einer folgenschweren Spaltung des Reiches: Mit Israel und seiner Hauptstadt Samaria im Norden und Juda mit dem Zentrum Jerusalem im Süden entstanden zwei Staaten, die einander fortan erbittert bekämpften und sich damit zum willkommenen Spielball fremder Mächte degradierten: Israel verlor bereits 721 v. Chr. seine Selbständigkeit, Juda wurde 587 v. Chr. als Staat liquidiert.

Es folgte die Babylonische Gefangenschaft, die einerseits schmerzlich war, zum anderen aber auch ungeahnte Kräfte mobilisierte. Den Juden gelang es in dieser bewegten Zeit nicht nur, ihre religiöse Identität zu bewahren, sondern es entwickelte sich zugleich eine mächtige Erneuerungsbewegung, an deren geistiger Spitze die Priester und Propheten standen. Jerusalem und der Tempel Salomos wurden wiederaufgebaut[35] – bis dieses Zentrum des Geisteslebens um 70 n. Chr. unter dem römischen König Titus ein zweites Mal, und damit endgültig, zerstört wurde und sich die Juden einige Jahrzehnte danach unter alle Völker der Erde zu zerstreuen begannen.[36]

Doch bis zum Anfang unserer Zeitrechnung durchzog die Chronologie des Volkes Israel ein hell leuchtender, unübersehbarer Schicksalsfaden. Die großen und kleinen Propheten[37] prägten die vorchristlichen Jahrhunderte in der jüdischen Geschichte maßgeblich. Aus ihren Schriften wird deutlich, wie beharrlich sie darum bemüht waren, zu verkünden, aufzurütteln und auch zu tadeln, um das berufene Volk an seine absolute Vorbildwirkung zu gemahnen, die ein bedingungslos lauteres Leben aller voraussetzte. Entsprechend unbeliebt waren die Botschafter des Gotteswillens bisweilen.

Doch was sie verkündeten, gab ihrem Volk dennoch Kraft, auch besonders schmachvollen Zeiten mit Zuversicht zu begegnen. 63 v. Chr. geriet Judäa[38] unter die Herrschaft Roms. Eine Weltenwende nie gekannten Ausmaßes bahnte sich an, die vorerst allerdings für viele nur mit Leid und Schrecken größten Ausmaßes verbunden war.

Doch je mißlicher die Lage der Juden wurde, desto machtvoller wuchs auch ihr Vertrauen, daß der lang verheißene Messias nun endlich kommen und sie erlösen würde.

Als er kam, erkannten ihn nur wenige.

Rom sollte letzte Besatzungsmacht sein; der Schicksalsfaden für das „berufene Volk" riß, und es wurde ein neues Kapitel ins Geschichtsbuch des Eingottglaubens geschrieben.[39] –

Wegbereiter für die Wahrheit

Selbstverständlich wäre es völlig widersinnig anzunehmen, die gottgewollte Führung der Menschheit habe sich – als Ergebnis einer willkürlichen Auswahl – allein auf das Volk der Juden beschränkt. Deren herausragender geistiger Entwicklungsweg war zwar besonders geprägt durch den oft zitierten „Bund mit Gott", sollte uns hier aber dennoch nur als *Beispiel* einer Verbindung dienen, die der Schöpfer seinem Werk und allen Geschöpfen gegenüber *grundsätzlich* hält, um allerorts die bestmögliche Förderung und Entwicklung zu gewährleisten.

In Asien waren es vor allem *Buddha*[40] (ca. 566–496 v. Chr.) und *Lao Tse*[41] (ca. 604–531 v. Chr.), die als vorchristliche Wegbereiter über das gewöhnliche Maß weit hinauswuchsen und den Menschen Indiens und Chinas weitreichende neue Lehren offenbarten.[42] In Iran wirkte *Zoroaster*[43] (ca. 800– 700 v. Chr.) als Prophet und religiöser Erneuerer, und es gibt glaubwürdige Schauungen, die sogar noch viel weiter in die vorgeschichtliche, historisch nicht mehr faßbare Zeit zurückreichen[44] und bereits in diesen frühen Tagen maßgebliche Hilfestellungen für die Menschheit erkennbar werden lassen.

Immer also schien das Licht in die Finsternis. Doch selten nur hat man dort das Licht erkannt. Zumeist entwickelten sich aus den Ratschlägen, Lehren und dem Vorbildstreben der wegbereitenden Wahrheitsbringer nur starre konfessionelle und organisatorische Formen, die letztlich genau das Gegenteil von geistiger Befreiung zur Folge hatten: Erstarrung in leeren Lehrgebäuden, seelische Versklavung durch neue Bindungen und alte Irrungen. Folglich finden wir noch heute viele große und kleine Religionsgemeinschaften, Sekten und Splittergrüppchen, aber keine nachhaltig einenden Ziele.

Dabei brauchte es zwischen dem Menschen und seinem Schöpfer überhaupt keinen Instanzenweg zu geben. Für mich persönlich gehört es zu den beglückendsten Erfahrungen, dessen gewiß zu sein, daß wir alle *in uns selbst* einen Kompaß haben, der verläßlich und zielgenau den richtigen Weg finden läßt und noch dazu vor zeitraubenden Untiefen und gefährlichen Sümpfen schon im vorhinein warnt.

Gemeint ist unsere *Empfindungsfähigkeit*, jene machtvolle Stimme des Inneren, des Geistes, des Gewissens, auf die allein wir hoffen dürfen, wenn der Wille Gottes in unserem Bewußtsein je wieder fest verankert werden soll. Doch diese mächtige Stimme wurde verbannt, und wir sind durch allerhand trickreiche Betäubungsmethoden eifrigst darum bemüht, das Sprachrohr unseres Geistes nur ja nicht so zu hören, wie es von Natur aus tönt: kristallklar, unverbogen, laut und deutlich.

Nein, die menschliche Empfindungsfähigkeit ist mehr als nur ein Sprachrohr: Sie ist jener mächtige Herd unserer Gedanken, der uns unablässig mit Flammenwogen begeisternder Lebensfreude durchglühen, der uns emporreißen, empor*finden* lassen würde, hätten wir ihn zugunsten des kalten Intellekts nicht so sehr auf Sparflamme gedreht, daß wir Gefahr laufen, uns nun in der Dunkelheit zu verlieren …

Die Empfindung des Menschen

Ein Blinder, zumal, wenn er so geboren wurde, kommt mit seiner Einschränkung ausreichend gut zurecht. Erst das Wissen um die weiterreichenden Möglichkeiten seiner Mitmenschen führt ihm den eigenen mißlichen Zustand vor Augen …

Tatsächlich war ich nicht unglücklich, den „Dialog im Dunkeln" nach geraumer Zeit wieder verlassen und am Ausgang dieser „Ausstellung für vier Sinne" wieder *Licht* sehen zu können, also im Vollbesitz meiner Fähigkeiten zu sein. Ein brauchbares Gleichnis. Denn auch insgesamt geht es heute für jeden Menschen darum, sich seine geistigen Qualitäten wieder zurückzuerobern, um in der Welt nicht länger wie blind umherzutappen und dabei allen möglichen Schaden anzurichten.

Es sind innere „Augen", die uns aufgehen müßten: Die Empfindung ist das vom Verstand überwucherte *Geistesorgan*, das uns die Welt in einer Art erfahren läßt, wie dies mit den fünf Sinnen allein niemals möglich wäre. Erst aus der Wärme unserer Empfindung formt sich eine Erlebniswelt, die beglückt und beflügelt, beseelt und belebt. Liebe, Reinheit oder Gerechtigkeit *empfinden* zu können: das enthebt uns der geistigen Blindheit, der eigenen Beschränktheit – in der Beobachtung „nackter Tatsachen", zusammenhangloser Einzelteilchen oder „objektivierbarer Kriterien". Die Wahrnehmung weitet sich. Erst die Empfindung läßt die Wirklichkeit geistig erstehen, und ohne sie kann niemals eine feste Brücke von der Wissenschaft zur Religion gebaut werden.

Sich seines Empfindungsstrebens zu besinnen, das klingt einfach – und wäre es auch, wenn, ja, wenn da nicht noch eine andere „innere Stimme" zur Diskussion stünde, nämlich die des vorteilverhafteten Verstandeswollens, die sich noch dazu besonders gern vom Klavier der Gefühle begleiten läßt. Leider ist es heute kaum noch möglich, „Empfinden" zu sagen, ohne daß „Gefühl" verstanden wird. Doch das ist zweierlei, auch wenn die Unterscheidung – zugegeben – nicht immer ganz gelingt.

Während das „Gefühl" schlicht und einfach den körperlichen fünf Sinnen zuzuzählen ist und daher der egozentrischen Tätigkeit unseres Großhirns denkbar nahe steht, bedingt das echte Empfinden eine viel tiefere, unmittelbarere, selbstlosere Beeindruckung. Wenn das Herz aufgeht, die Seele beflügelt wird, wenn spontane Begeisterung alles Denken für Momente zum Stillstand zwingt – dann mag dabei zwar das Gefühl immer noch vermittelnd mitschwingen, aber dahinter strahlt mächtig jener Glanz des Lebens, der die Bilder der Empfindung stets unverkennbar prägt. Der Unterschied zum bloßen Gefühl dürfte erahnbar sein.

Bezeichnend und beschämend ist es jedenfalls, wie empfindungsleer unsere Absichten geworden sind, wie grob verarmt unsere Urteilsfähigkeit sich nunmehr zeigt. Die Sinnhaftigkeit von Situationen abschätzen und Mitmenschen richtig einschätzen zu können – solche Geistesbegabungen irren im Nebel der Unsicherheit, solange der innere Blick durch Vorurteile und vielgestaltige Egoismen verstellt ist.

Die Empfindung eben *davon* zu befreien, indem man nicht unentwegt sich selbst im Auge hat, sondern den Willen Gottes und das Wohl seiner Mitmenschen, nicht der Eigenliebe lebt, sondern die Nächstenliebe pflegt: das hatten (und haben) auch alle wahren Religionen zum Inhalt. Ihr äußeres Drumherum ist zweitrangig; entscheidend ist, daß sie darauf abzielen, den inneren Kompaß des Menschen exakt zu justieren. Denn nur so können sich selbstbewußte Persönlichkeiten entwickeln, die geradeheraus, also vom Geiste her wissen, wo es lang geht. Menschliche „Gruppenseelen" hingegen, die im Bannkreis einer Kirche aus kleinmütigem Gemeinschaftssinn ihre vermeintliche Stärke ziehen, verkümmern bestenfalls zu treuherzig-ergebenen Mitläufern, ohne damit einen Nutzen für sich selbst zu haben.

Auch die Zehn Gebote Gottes waren (und sind) unmittelbar an den einzelnen gerichtet. Sie halten ihn dazu an, sich *frei und willig* in die Schöpfungsordnung Gottes einzufügen. Denn nur aus dem Holz der Freiwilligkeit sind jene Menschen geschnitzt, die sicher, fest und verantwortungsbewußt im Leben stehen.

Ohne wache Empfindung, ohne das energische Bemühen um ein neues, geistiges Menschentum (zu dem die ernsthafte Befolgung der Zehn Gebote ohne weiteres führen würde), bleiben wir unweigerlich im heutigen Zustand der Blindheit gefangen – als Behinderte, die sich ihrer kümmerlichen Lage nicht einmal bewußt sind.

Einen rigorosen Neubeginn wagen, der im Feuer der Begeisterung einst um sich greifen und eine neue religiöse Überzeugung begründen könnte – oder lieber im Dunkeln weitermunkeln und sich von den modernen Madonnen, Kult- und Götzenfiguren am künstlichen Sternenhimmel bereitwillig zum gemeinsamen Tanz ums Goldene Kalb verführen lassen? Diese Entscheidung steht für jeden Menschen an, und sie fällt wohl um so leichter, je tiefer die Überzeugung ist, daß wir nun, zu Beginn des 21. Jahrhunderts, einen weitreichenden Wendepunkt in jenem Niedergang erreicht haben, der mit dem Genießen der Früchte vom Baum der Erkenntnis seinen Anfang nahm.

Wie wird alles enden?

Zweifellos wollte uns die Liebe des Schöpfers bisher nicht so einfach „des Todes sterben" lassen. Doch trotz der getreuen geistigen Führung vieler Völker, von der ein gottgläubiger Mensch überzeugt sein muß, wiewohl unsere Geschichtsbücher darüber schweigen, erwies es sich durchweg als vergebens, ein nachhaltig festes Fundament für die spirituelle Entwicklung der Menschheit errichten zu wollen. Die Namen der großen Philosophen, Wegbereiter und Wahrheitsbringer, die eben dies erstrebten, klingen aus dem Gestern zwar bis heute nach, doch ihre besten Gedanken sind unserem Lebenswandel ferner denn je.

Als dann ein noch Größerer kam, begann eine neue Zeit. Wir werden uns im nächsten Kapitel, dem Lauf der Weltgeschichte folgend, zu der wohl ergiebigsten und außerordentlichsten Quelle vorwagen, aus der die Ethik und das Gottesbild unserer christlichen Gesellschaft nach wie vor gespeist werden: zu Jesus von Nazareth.

Mit seiner Mission, die allerdings von jeher weitgehend mißverstanden wurde, sollte sich auch die erste Wiederkehr Gottes erfüllen – nachdem der Wille des Schöpfers zur Zeit Mose die Menschheit schon einmal erreicht hatte.

Wie wird alles enden?

Besagte Ausstellung führte ihren Besuchern eindrucksvoll vor Augen, wie man im Wissen um den eigenen Ausnahmezustand als „Blinder" zuletzt doch wieder ans Licht findet – nämlich durch den „Dialog im Dunkeln": füreinander da sein, aufeinander eingehen, einander stützen und vertrauen!

Oder, wie Jesus Christus diesen Weg, der zu einem guten Ende führt, beschrieb: *Liebe Deinen Nächsten wie Dich selbst!*

Anmerkungen und Literaturhinweise zu Teil 1, Kapitel 2

1 Nachzulesen in: „GRALSWELT", Heft 7, Verlag der Stiftung Gralsbotschaft, Stuttgart, 1998

2 Vgl.: Arthur Koestler: „Der Mensch – Irrläufer der Evolution", Goldmann, Bern/München, 1981

3 Zitiert aus: Arthur Koestler: „Der Mensch – Irrläufer der Evolution", Goldmann, Bern/München, 1981

4 Zitiert aus: Arthur Koestler: „Der Mensch – Irrläufer der Evolution", Goldmann, Bern/München, 1981

5 Diese Auffassung vertrat der Wissenschaftspublizist Theo Löbsak.

6 Zitiert aus: „Altes Testament", 1. Mose 2, 16–17

7 Zitiert aus: „Altes Testament", 1. Mose 3, 1–6

8 Vgl.: Werner Huemer, Martina Hagl, Christopher Vasey, Dr. Gerd Harms: „Das Geheimnis der Erbsünde", in: „GRALSWELT", Heft 6, Verlag der Stiftung Gralsbotschaft, Stuttgart, 1998

9 Zitiert aus: Abd-ru-shin: „Im Lichte der Wahrheit – Gralsbotschaft", Verlag der Stiftung Gralsbotschaft, Stuttgart, 1998 (Band 1, Vortrag „Es war einmal …!")

10 Vgl.: Teil 1, Kapitel 1

11 Dr. Richard Steinpach stammte aus Wien und verstarb Ende September 1992. Er begeisterte viele tausend Menschen – auch mich – vor allem durch seine Vorträge zu weltanschaulichen Fragen (u.a.: „Wieso wir nach dem Tode leben und welchen Sinn das Leben hat"), die er im gesamten deutschen Sprachraum und darüber hinaus hielt.

12 Der vollständige Titel des Beitrags lautet: „Die ‚Entdeckung' der Erbsünde: Das verkrüppelte Gehirn – Wissenschaft auf den Spuren der Gralsbotschaft", veröffentlicht in: Richard Steinpach: „Es hat sich erwiesen", Band 4 der Werkausgabe „Sieh: Die Wahrheit liegt so nahe", Verlag der Stiftung Gralsbotschaft, Stuttgart, 1994.

13 Jean-Baptiste Antoine Pierre de Monet de Lamarck war ein bedeutender französischer Naturforscher (1744–1829).

14 Zitiert aus: Richard Steinpach: „Es hat sich erwiesen", Band 4 der Werkausgabe „Sieh: Die Wahrheit liegt so nahe", Verlag der Stiftung Gralsbotschaft, Stuttgart, 1994

15 Hoimar von Ditfurth: „Der Geist fiel nicht vom Himmel – Die Evolution unseres Bewußtseins", Weltbild Verlag GmbH, Augsburg, 1990

16 Zitiert aus: Hoimar von Ditfurth: „Der Geist fiel nicht vom Himmel", Weltbild Verlag, Augsburg, 1990

17 Kanaan ist der biblische Name für Palästina.

18 Eine besonders zu Gemüt gehende Schilderung der Ereignisse aus höherer Warte findet man in: „Aus verklungenen Jahrtausenden", Wegbereiter-Buchreihe, Verlag der Stiftung Gralsbotschaft, Stuttgart, 1984

19 David Copperfield ist ein weltbekannter Magier, der allerdings kein Hehl daraus macht, daß seine Magie durchweg auf Fingerfertigkeit und aufwendiger technischer Kulisse beruht. Vgl. dazu auch Teil 3, Kapitel 8, in diesem Buch.

20 Vgl.: Teil 1, Kapitel 1

21 Vgl.: Teil 1, Kapitel 1

22 Zitiert aus: Abd-ru-shin: „Im Lichte der Wahrheit – Gralsbotschaft, Verlag der Stiftung Gralsbotschaft, Stuttgart, 1998 (Band 2, Vortrag „Wunder")

23 Vgl.: Johanna Arnold: „Geistheilen – was ist das?", in: „GRALSWELT", Heft 11, Verlag der Stiftung Gralsbotschaft, Stuttgart, 1999

24 Zitiert aus: Vitus B. Dröscher: „… und der Wal schleuderte Jona an Land – Die Tierwunder der Bibel naturwissenschaftlich erklärt", Goldmann Verlag, 1990

25 Vgl.: Werner Huemer: „Wunder und Wirklichkeit", in: „GRALSWELT", Heft 11, Verlag der Stiftung Gralsbotschaft, Stuttgart, 1999

26 Zitiert aus: Vitus B. Dröscher: „… und der Wal schleuderte Jona an Land – Die Tierwunder der Bibel naturwissenschaftlich erklärt", Goldmann Verlag, 1990

27 Vgl.: „Altes Testament", 5. Mose, 5

28 Vgl.: Dr. Helge Loytved, Werner Huemer: „Schöpfungsordnung und Menschengesetz" in: „GRALSWELT", Heft 7, Verlag der Stiftung Gralsbotschaft, Stuttgart, 1998

29 In 5. Mose 5,13–14 heißt es: „Sechs Tage sollst Du arbeiten und Deine Werke tun. Aber am siebenten Tag ist der Sabbat des Herrn, Deines Gottes. Da sollst Du keine Arbeit tun, noch Dein Sohn, noch Deine Tochter, noch Dein Knecht, noch Deine Magd, noch Dein Ochse, noch Dein Esel, noch all Dein Vieh, noch der Fremdling, der in Deinen Toren ist. Auf daß Dein Knecht und Deine Magd ruhe gleich wie Du."

30 Grundlage des theokratischen Gebäudes der Pharisäer war die „Thora" (hebr.: „Lehre"), das „Gesetz Gottes" bzw. das „mosaische Gesetz", das auf die „fünf Bücher Mose" des Alten Testaments zurückgeht. Allerdings gilt als gesichert, daß Moses diese nach ihm benannten „fünf Bücher" nicht selbst verfaßt hat.

31 Hesekiel war einer der sogenannten großen Propheten des Alten Testaments und prägte als solcher durch seine Schriften maßgeblich die Geschichte des jüdischen Gottesglaubens.

32 Zitiert aus: Ernest Schmitt: „Schriftgelehrte, Pharisäer und Sadduzäer", in: „Heilsplan oder Mord – Von Abraham bis Golgatha", Verlag der Stiftung Gralsbotschaft, Stuttgart, 1993

33 Zitiert aus: Abd-ru-shin: „Die zehn Gebote Gottes – Das Vaterunser", Verlag der Stiftung Gralsbotschaft, Stuttgart, 1990

34 Zitiert aus: „Altes Testament", 5. Mose 5, 6–7

35 Der Wiederaufbau soll um 515 v. Chr. vollendet gewesen sein.

36 Diese Zerstreuung, die „Diaspora", wirkt bis heute nach.

37 Man unterscheidet nach dem Umfang ihrer Aufzeichnungen vier „große Propheten" (Jesaja, Jeremia, Hesekiel und Daniel) und zwölf „kleine Propheten" (Hosea, Joel, Amos, Obadja, Jona, Micha, Nahum, Habakuk, Zephania, Haggai, Sacharja, Maleachi).

38 Heute wird mit Judäa der mittlere Teil des Berglandes von Israel und Westjordanland bezeichnet, ursprünglich war es die Bezeichnung für das jüdische Siedlungsgebiet um Jerusalem.

39 Vgl.: Ernest Schmitt: „Der Glaube an den Einen Gott", in: „GRALSWELT Themenheft", Heft 2, Verlag der Stiftung Gralsbotschaft, Stuttgart, 1998

40 Vgl.: Siegfried Hagl: „Auf den Pfaden des Erleuchteten", in: „GRALSWELT", Heft 13, Verlag der Stiftung Gralsbotschaft, Stuttgart, 1999

41 Vgl.: Siegfried Hagl: „Der rätselhafte Weise", in: „GRALSWELT", Heft 14, Verlag der Stiftung Gralsbotschaft, Stuttgart, 2000

42 Lesenswerte Publikationen über das Leben von Lao Tse und Buddha, die zwar keinen historisch-wissenschaftlichen Anspruch erheben, aber aus geistiger Schau einen hervorragenden Einblick in wichtige Zusammenhänge geben, sind in der „Wegbereiter"-Buchreihe im Verlag der Stiftung Gralsbotschaft erschienen: „Buddha", Stuttgart, 1994; „Lao Tse", Stuttgart, 1993

43 Vgl.: „Zoroaster", „Wegbereiter"-Buchreihe, Verlag der Stiftung Gralsbotschaft, Stuttgart, 1995

44 Vgl.: „Ephesus", „Wegbereiter"-Buchreihe, Verlag der Stiftung Gralsbotschaft, Stuttgart, 1994

3. Die erste Wiederkehr

Der große Durchbruch blieb ihm versagt – Dr. Herbert Ziegler[1] war bis zu seinem Ableben im August 1998 nur für einen ziemlich begrenzten Personenkreis ein Begriff. Nichtsdestotrotz dürfte der gebürtige Österreicher und ehemalige Jesuit einer der bedeutendsten Evangelienforscher der letzten Zeit gewesen sein. In 17jähriger Arbeit legte er nicht nur eine profunde Neuübersetzung der ursprünglichen Texte des Neuen Testaments vor, sondern er versuchte auch, die weitreichenden Ergebnisse seiner Recherchen einem breiten Publikum nahezubringen. Doch der Mühe Lohn blieb karg: Für sein Buchmanuskript „Das Evangelium Jesu" fand sich bis zuletzt kein Verlag,[2] und Zieglers lesenswertes Erstlingswerk „Wehe Euch, Ihr Heuchler – Die ureigenen Worte Jesu"[3] war vielerorts nur schwer (und ist zwischenzeitlich gar nicht mehr) erhältlich. Dr. Herbert Ziegler dürfte also demnächst in Vergessenheit geraten – als einer jener Schriftsteller, die sich mehr oder minder unbeachtet darum bemühten, das kirchlich-traditionell geprägte Christusbild vergangener Jahrhunderte neu zu bewerten.

Indes gehörte er der typischen Autorengarde dieses Geschäftsfeldes gar nicht an. Es wäre verfehlt, Dr. Ziegler in die Reihe jener Schreiber einzuordnen, die sich seit ein paar Jahrzehnten ebenso engagiert wie gewissenlos darum bemühen, die „Causa Christi" schreibkräftig zu demolieren. Jesus von Nazareth geriet in jüngerer Zeit ja zunehmend zur Lieblingsfigur fabulierfreudiger Journalisten und Autoren, denn die Ära der Urchristen erwies sich 2.000 Jahre „danach" als überraschend verkaufsträchtiges „Jahrtausend-Thema", das zudem ein willkommenes Feld für Spekulationen aller Art bot – nicht zuletzt deshalb, weil über das Leben Jesu historisch verschwindend wenig verbrieft ist. Entsprechend leicht tut man sich dabei,

3. Die erste Wiederkehr

alle nur denkbaren Mutmaßungen anzustellen, um den Gottessohn etwa als Mitglied der Essener (einer jüdischen Glaubensgemeinschaft) zu „entlarven" oder ihn als *einen* Wanderprediger unter vielen zu „erkennen", der – auch das wird ernsthaft behauptet – nach überlebter Kreuzigung in Indien einen weniger spektakulären zweiten Lebenslauf begann.

Nein, zu dieser Gruppe von Forschern, die aus vagen Vermutungen allzu weitreichende Schlüsse ziehen, denen historische Details zum Erdenleben Jesu von Nazareth alles bedeuten, die von ihm vermittelten Inhalte hingegen nur wenig, zu diesen Stecknadelsuchern zählte Dr. Herbert Ziegler gewiß nicht. Zwar war auch ihm – wie manch anderem kritischen Autor – an dem historischen Jesus gelegen, und nicht am Christus des Glaubens, wohl ging es auch ihm um glasklares Geschichtswissen, und nicht um das Trugbild der wöchentlichen Liturgien, doch er forschte, rang und schrieb aus der drängenden Empfindung eines wahrheitsuchenden Menschen heraus, und es lohnt sich für unsere Sache, in Dr. Zieglers Gedanken- und Gemütswelt tiefer einzutauchen:

> »Vor meinen Augen liegt eine beglückend heitere Frühlingslandschaft: Ein junger Pyrus Japonica und daneben ein Ribes zeigen ihre ersten roten Blüten, im frischgrünen Rasen blühen orangefarbene Tulpen, und Diamanten aus Morgentau glitzern im Sonnenlicht. (…)
>
> Da muß ich meine Augen schließen und daran denken, daß die Welt für so viele Menschen und für ganze Länder ganz anders aussieht und oft ein sehr grausames Antlitz zeigt. Ich denke an die Kranken, an die unheilbar Kranken, Invaliden und Vereinsamten. Ich denke an die wachsende Armut, an die Arbeits- und Obdachlosigkeit (…) Und ich denke an das vielfältige geistige Elend und die unsichtbaren Übel: an die Orientierungslosigkeit, Frustration und absolute innere Leere vieler Jugendlicher, an Hektik, Streß und Aggressivität, an rücksichtslose Profit-, Geld- und Machtgier, an Korruption und organisierte Kriminalität.
>
> Die Welt ist wahrlich kein Paradies; sie ist aber auch nicht eine Hölle. Sie ist zugleich strahlender Tag und schwarze Nacht, sie ist voller Rätsel. Was ist eigentlich diese Welt? (…)
>
> Die Beantwortung der Frage nach dem Sinn der Welt und des eigenen Lebens scheint mir heute einerseits schwieriger und andererseits sicherer zu sein als je zuvor in der Menschheitsgeschichte; schwieriger, weil sich uns wie noch nie zuvor so viele verschiedene Meinungen anbieten (…) und sicherer (…), weil uns heute ein so umfangreiches und differenziertes Wissen hilfreich zur Verfügung steht wie keiner Generation vor uns.

> *In dieser Situation verdienen die Worte, die Platon[4] vor fast zweiein-*
> *halb Jahrtausenden geschrieben hat, unsere ganze Aufmerksamkeit.*
> *Sie sind von einer zeitlosen Gültigkeit und von höchster Aktualität.*
> *Wir können uns für unsere Suche nach dem Sinn der Welt und des*
> *Lebens keinen weiseren Rat vorstellen.*
> *Er lautet:*
> ‚Im gegenwärtigen Leben die Wahrheit zu kennen, halte ich für
> unmöglich oder für äußerst schwierig. Trotzdem würde es von
> extremer Trägheit zeugen, das, was über die Wahrheit gesagt wird,
> nicht einer eingehenden Prüfung zu unterziehen und zu resignie-
> ren, bevor man sich abgemüht hat, diese Frage nach allen Rich-
> tungen hin zu untersuchen. Denn man kann in dieser Welt nur zwi-
> schen zwei Möglichkeiten wählen, entweder selber zu lernen bezie-
> hungsweise zu entdecken, wie es um die Wahrheit steht, oder, wenn
> das unmöglich ist, unter den Lehren der Menschen die beste und
> die am schwierigsten zu widerlegende Lehre auszuwählen und
> dann auf dieser wie auf einem Boot die Fahrt durch das Leben zu
> wagen – es müßte denn sein, man könnte sicherer und weniger
> gefährlich auf einem zuverlässigeren Schiff reisen, ich will sagen:
> auf einer göttlichen Offenbarung‘.
> *Ich weiß nicht, ob es bisher jemandem eingefallen ist, diesem zweiein-*
> *halb Jahrtausende alten Rat Platons systematisch zu folgen.«[5]*

Dr. Herbert Ziegler folgte ihm. Er befaßte sich eingehend mit allen
Philosophen, die uns geschichtlich bekannt sind, angefangen bei *Thales
von Milet* in Kleinasien (7. Jh. v. Chr.) bis herauf zum Wissenschaftstheo-
retiker *Karl Popper* (1902–1995).[6] Und er fand dabei eine Fülle weitreichender Weisheit und hochstehender Morallehren.[7] Am Ende seiner ein-
gehenden „Befragung großer Denker" kam Dr. Ziegler jedoch zum Schluß:

> *»Die großen Denker haben uns wertvolle Weisheiten gelehrt. Aber*
> *den Vorhang vor der letzten Wahrheit konnten sie nicht heben. Platon*
> *hatte recht:*
> *Wir müssen eine göttliche Offenbarung suchen. (…) Unsere eigenen*
> *Erkenntnisse können unsere Erfahrungswelt nicht überschreiten.«[8]*

Die gesuchte Offenbarung fand Dr. Herbert Ziegler in der Lehre
Christi. Deren Besonderheit eröffnete sich ihm also nicht – wie man dies
bei einem Jesuiten vielleicht vermuten würde – auf Grund eines vorgefaß-
ten Weltbildes, in dessen Mittelpunkt Jesus Christus unverrückbar als
Gottessohn steht, sondern die *inhaltlichen* Aspekte waren ausschlagge-

bend dafür, daß Dr. Ziegler sich hier mit einem einmaligen, herausragenden Wissen konfrontiert sah, das er für sich als gottgegebene, lautere Wahrheit erkennen konnte.

Man stelle dem gegenüber, was Jesus von Nazareth dem kirchengebundenen Durchschnittsgläubigen bedeutet: Gewöhnlich wird dieser in dem Gottessohn einen allmächtigen Wundertäter sehen, der durch allerlei Kunststücke wie Brotvermehrung, Krankenheilung oder Totenerweckung die Naturgesetze außer Kraft setzt, dadurch die Glaubensgunst seines staunenden Publikums erwirbt, und der zuletzt im Auftrag seines Vaters für die Menschheit sein Leben läßt, um diese stellvertretend von aller Schuld zu befreien …

So erbärmlich wird uns der Christus des Glaubens präsentiert.

Nein, bei dieser Kurzdarstellung darf man es eigentlich nicht belassen! Denn das, was man auch heute noch über Jesus von Nazareth lehrt, strotzt von Unsinnigkeiten größten Ausmaßes. Deshalb ist es notwendig, hier noch ein paar Absätze anzuschließen, um beispielhaft in Frage zu stellen, was man sich über viele Generationen als „christlichen Glauben" zurechtzimmerte – eine berechnend erklügelte Religion nämlich, von der man mit Recht sagen kann, daß sie mit der eigentlichen Mission Jesu mittlerweile gar nichts mehr zu tun hat.

Die Legende von der »Gottesmutter Maria«

Die Mystifizierung des Lebens Jesu, die den Gottessohn für das blindgläubige Gemüt attraktiver machen sollte, beginnt schon bei dessen Mutter, Maria von Nazareth. Sie wurde im Laufe der Jahrhunderte von der katholischen Kirche mit zunehmend größeren, aber auch immer zweifelhafteren Ehren überhäuft.

Ursprünglich (d. h. auch in den Texten des Neuen Testaments) spielte die Mutter Jesu keine zentrale Rolle. Erst im Ökumenischen Konzil des Jahres 431 wurde sie kirchlicherseits zur „heiligen Jungfrau" erklärt. Rund 1.000 Jahre später, im Konzil von Trient (1545–1563) sprach man ihr kühn die „Sündenfreiheit" zu, 1845 floß durch Papst Pius IX. in das katholische Glaubensdogma ein, daß Maria auch „frei von der Erbsünde" (!)[9] sei, 1854 folgte das Dogma von der „unbefleckten Empfängnis". Damit war die unglaubliche Karriere aber noch nicht zu Ende: 1950 verkündete Papst Pius XII., treffend der „Marien-Papst" genannt, die Mutter Jesu sei „mit Leib und Seele zur himmlischen Herrlichkeit aufgenommen" worden (damit war der Welt die Legende von einer weiteren leiblichen Himmelfahrt geschenkt), und seit 1954 gilt Maria von Nazareth bei den Katholiken offiziell als „Königin des Himmels und der Erde", womit ihr endgültig die Göttlichkeit zugesprochen wurde[10].

Nun kann man gegen Dogmen bekanntlich schwer argumentieren, und da derlei päpstliche Entschlüsse ja durchweg das Siegel der Unfehlbarkeit tragen, sind zweifelnde Gedanken eher unerwünscht. Der Gläubige hat fraglos zur Kenntnis zu nehmen, daß den „Stellvertretern Christi auf Erden" alle diese Entscheidungen zugunsten Marias schnurstracks auf dem Wege neuer göttlicher Offenbarungen zufielen ...

Näherliegend ist, daß Maria von Nazareth einfach eine begnadete Frau war – nicht mehr, aber auch nicht weniger. Denn sie war dazu auserkoren, ein ganz besonderes Kind zu gebären – genau so, wie ihr verkündet worden war. Der Erzengel Gabriel begegnete ihr der biblischen Überlieferung zufolge mit den Worten:

> »Gegrüßet seist du, Hochbegnadete! Der Herr ist mit dir! Sie aber erschrak über seine Rede und dachte bei sich selbst: Welch ein Gruß ist das? Und der Engel sprach zu ihr: Fürchte dich nicht, Maria, du hast Gnade bei Gott gefunden. Siehe, du wirst schwanger werden und einen Sohn gebären, des Namen sollst du Jesus heißen. Der wird groß sein und ein Sohn des Höchsten genannt werden.«[11]

Die Legende von der »jungfräulichen Empfängnis«

An diese Prophezeiung schließt gleich eine weitere Legende an, die in engerem Zusammenhang mit Jesus von Nazareth steht: die von der „jungfräulichen (unbefleckten) Empfängnis"[12] – ein Mythos nach der bekannten Dramaturgie, daß das besondere Schicksal eines Mannes sich schon durch eine außergewöhnliche Geburt anzukündigen hat.

Wie aber kam es im Zusammenhang mit dem Gottessohn zu diesem Bild? Der Evangelist Lukas, von dem auch das obige Zitat stammt, nennt Maria „Jungfrau",[13] und der Verfasser des Matthäus-Evangeliums berichtet darüber, daß Joseph, Marias Mann, bei der Kindeszeugung nicht beteiligt gewesen sei.[14] Wiewohl der „Heiligen Schrift" über die angeblich „vaterlose Geburt" Jesu insgesamt nicht viel zu entnehmen ist – Paulus und Johannes wissen darüber nichts zu berichten –, genügten die wenigen Sätze dennoch für eine Deutung beziehungsweise Konkretisierung, mit der sich im Jahre 389 Ambrosius[15] auf naturwissenschaftliches Glatteis begab. Er bestand darauf, daß sich Marias Empfängnis „ohne alle Beimischung männlichen Samens" vollzogen habe, und nannte zur logischen Untermauerung dieses Vorganges ein vermeintlich treffendes Beispiel aus dem Tierreich, über das wir heute getrost schmunzeln dürfen: Auch bei den Geiern würden „gewisse Weibchen, die keine Gemeinschaft mit den Männchen haben", Junge ausbrüten ...

Launige intellektuelle Brückenschläge vom Unglaublichen zum Begreiflichen werden auch heute noch gewagt. So bietet das Nachschlagewerk „Die Apokryphen – Verborgene Bücher der Bibel" ein anschauliches Beispiel dafür, wie man die „zeugungslose Empfängnis" Mariens mit Hinweis auf eine Textstelle im Alten Testament „glaubhaft" machen kann.

Der Autor beurteilt die Situation des Gatten Joseph im Hinblick auf Gen. 6, 1–4[16]:

> *»Daß Engel Frauen befruchten können, weiß Joseph sicherlich aus der Bibel. Dort heißt es nämlich, daß die Söhne der Götter (Engel) in Urzeiten herabgestiegen waren, um ‚Töchter der Menschen zu Weibern zu nehmen'.«*[17]

Über die Zulässigkeit solcher Auslegungen könnte man nun lange trefflichst streiten. Denn es ist eine nur schwer lösbare Aufgabe, jahrhundertealte Texte heute aus eben jener Sicht beziehungsweise Absicht zu begreifen, die deren Verfasser einst hatten. Ohne fundiertes Geschichtswissen und/oder ein treffsicheres Gespür für die Wahrheit braucht man sich keine Hoffnungen auf neue Erkenntnisschübe machen.

Im Hinblick auf unser „Jungfrauen-Problem" steht jedenfalls fest, daß die Bibel für diesen Begriff zwei Wörter mit unterschiedlichen Bedeutungen benutzt. Bei „betula" liegt der Schwerpunkt – ganz dem heute geläufigen Sinn entsprechend – auf der körperlichen Unberührtheit, während der andere, ebenfalls mit „Jungfrau" übersetzte hebräische Ausdruck „alma" sowohl ein junges Mädchen als auch eine junge verheiratete Frau bezeichnen kann. Im bekannten Gleichnis von den „klugen und den törichten Jungfrauen"[18] wird im Originaltext zum Beispiel das Wort „alma" verwendet, da es hier nicht um die körperliche Jungfräulichkeit, sondern um die seelische Reinheit geht, um die innere Wachsamkeit und Empfindungskraft des weiblichen Wesens. Eben dieses Wort „alma" aber verwendet auch der Prophet Jesaja bei seiner bekannten Prophezeiung:

> *»Darum wird Euch der Herr selbst ein Zeichen geben. Siehe! Eine Jungfrau ist schwanger, und wird einen Sohn gebären, den wird sie heißen Imanuel.«*[19]

Es ging in dieser Weissagung also um die *seelische* Jungfräulichkeit, nicht aber um körperliche Unberührtheit. Imanuel kann das vierte oder fünfte

Kind einer Familie sein, und die Prophezeiung über seine Geburt würde sich sinngemäß dennoch erfüllen. Nebenbei: Daß der Evangelist Matthäus eben diese Ankündigung Jesajas überhaupt mit dem Kommen Jesu in Verbindung brachte,[20] wiewohl doch dabei deutlich *zwei* Namen mit unterschiedlicher Bedeutung im Spiel sind – dort Imanuel, hier Jesus –, das bleibt ein Irrtum für sich, der uns im Moment noch nicht näher beschäftigen soll.

Nehmen wir für unser Thema aber jedenfalls in Anspruch, daß auch in Maria von Nazareth die seelische Reinheit als feste Grundlage gegeben war. In Abd-ru-shins Gralsbotschaft heißt es dazu:

> »Unbefleckte *Empfängnis ist eine Empfängnis in reinster Liebe, die im Gegensatz steht zu einer Empfängnis in sündiger Lust! Aber keine irdische Geburt ohne Zeugung.*
> *Wenn eine irdische Empfängnis, also eine irdische Zeugung an sich nicht unbefleckt sein könnte, dann müßte ja jede Mutterschaft als Beschmutzung angesehen werden!*«[21]

Der Grund dafür, daß man selbst bei Maria eine in diesem Sinne unbefleckte Empfängnis gar nicht erst zu vermuten wagt, wird darin zu suchen sein, daß man die Möglichkeit, zwei Menschen könnten sich auf der Basis einer reinen, gebenden, selbstlosen Liebe körperlich vereinigen, heute schon von vornherein ausschließt. Die „sexuell befreite" Gesellschaft lebt anders …

Trotzdem wird an der sogenannten Panthera-Fabel, die zur einstmaligen jüdischen Polemik gegen das frühe Christentum gehörte, etwas dran sein. In dieser Fabel wird berichtet, Maria habe ein uneheliches Kind geboren, das von einem römischen Soldaten namens Panthera stamme.[22] Die Vermutung, daß ein *anderer* den Platz im Herzen Marias einnahm, während der viel ältere Zimmermann Joseph um das Mädchen warb, liegt natürlich nahe – wiewohl sie bis in unsere Tage ein wenig ketzerisch zu sein scheint. Aber warum eigentlich?

Wäre es für die Bewertung der Lauterkeit und Tugendhaftigkeit Marias von Bedeutung, wenn sie tatsächlich ihre aufrichtige Liebe einem Römer geschenkt hätte?

Wohl nur dann, wenn damit eine geistig bestehende Ehe gebrochen worden wäre, wenn Maria ihren Mann Joseph also hintergangen und betrogen hätte (ein Vergehen, das in jüdischen Kreisen übrigens die Steinigung zur Folge hatte). Doch darauf gibt es keinen Hinweis.

Indes hatte es Maria in der durchaus vorurteilsbeladenen jüdischen Gesellschaft schwer genug mit einem unehelichen Kind. Jeder Sohn trug nach dem strengen Gesetz der Namensgebung üblicherweise den Namen des Vaters, und nur wenn dieser unbekannt war, fügte man dem Namen des Kindes den Vornamen der Mutter hinzu. Jesus wurde öffentlich *Jeschua ben Mirjam* genannt – Sohn Marias:

> *»Ist er nicht der Zimmermann, Marias Sohn, der Bruder des Jakobus und Joses und Judas und Simon?«*[23]

Diese Bezeichnung „Marias Sohn" war auch bestens dazu geeignet, Jesus selbst anzuschwärzen. Wer mag, kann also in den biblischen Hinweisen auf die „Jungfrau Maria" auch das Bemühen der Autoren sehen, dem „Herkunftsmakel" an Jesus von Nazareth dadurch entgegen-zuwirken, daß sie die Empfängnis seiner Mutter in ein besonderes Geheimnis zu hüllen versuchten.

Die Legende vom »süßen Jesuskind«

Es ist ein so unglaublich rührendes Bild: Da liegt das süße Jesuskind im Stall zu Bethlehem, schwach, aber dennoch strahlend, einer bösen Zeit bedingungslos Glückseligkeit spendend. Alle Jahre wieder drängen sich uns die Begebenheiten jener großen Nacht ins Bewußtsein – in stimmungs-vollen Bildern, altbekannten Liedern und weihnachtlichem Weihrauch-duft.

Daß man in diesem Schwelgen zwischen holder Kunst und bloßem Kitsch keine Sekunde lang an die wirkliche Mission Jesu denkt, die einzig im Bringen einer bedeutungsvollen Botschaft lag, das ist noch das geringe-re Übel. Ein weitaus größeres liegt darin, daß wir dieses süßlich-weiche Herz-Jesu-Bild vom Kindchen bedenkenlos auch auf den in seiner vollen Kraft stehenden Gottessohn übertragen haben. Schwach, aber dennoch strahlend, einer bösen Zeit bedingungslos Glückseligkeit spendend: das ist der Christus des Glaubens, der allen alles vergibt und verzeiht; der jedem das Himmelreich auftut, so er nur glaubt; der in ewiger Liebe Wunder wirkt.

War Jesus von Nazareth wirklich so? Man braucht in den biblischen Überlieferungen gar nicht besonders tief zu graben, um herauszufinden, daß am Beginn des Christentums ein völlig anderer Jesus von Nazareth stand, der nicht schwächlich oder nachgiebig, sondern kompromißlos kämpferisch auftrat, der nicht werbend unter die Menschen ging, sondern fordernd – und der, bisweilen in heiligem Zorn erglühend, auch eine feuri-ge Sprache führte:

> *»Ihr sollt nicht wähnen, daß ich gekommen sei, Frieden zu senden auf die Erde. Ich bin nicht gekommen, Frieden zu senden, sondern das Schwert.«*[24]

> *»Es werden nicht alle, die zu mir sagen ‚Herr! Herr!‘ in das Himmelreich kommen. Sondern die, die den Willen tun meines Vaters im Himmel!«*[25]

> *»Weh Euch, Schriftgelehrte und Pharisäer, ihr Heuchler, die ihr das Himmelreich zuschließet vor den Menschen! Ihr gehet nicht hinein, und die hineinwollen, lasset ihr nicht hineingehen!«*[26]

Eine solche Zusammenstellung ließe sich unschwer fortsetzen.[27] Die genannten Beispiele sollten jedoch ausreichen, um darzulegen, daß die seltsam weichlichen Züge, die man dem Gottessohn gerne andichtet, weder eine historische noch eine aus den Evangelien herauslesbare Grundlage haben.

Sie sind nichts weiter als die Produkte einer menschlichen Phantasie, die sich ihre Gottesbilder gerne so zurechtzimmert, wie es ihr gerade beliebt.

Die Legende von den Wundertaten

Zeig mir Wunder, und ich will glauben! Unbeirrbar halten viele Gläubige bis heute an dem Grundsatz fest, ihr Gott müsse doch mindestens über alle Naturgesetze erhaben sein.

Wundererwartungen gehören zu den am schwersten beiseite zu räumenden Mosaiksteinen jenes verzerrten Gottesbildes, das heute so viele Menschen davon abhält, ernsthaft an ihren Schöpfer zu denken oder sich mit spirituellen Zusammenhängen zu beschäftigen.

Auf die schiere Unsinnigkeit, die in der Annahme liegt, der Schöpfer könne etwas gegen seinen eigenen Willen wollen (weil es ja eben Sein Wille ist, der sich in allen Naturgesetzen zeigt!), wurde an anderer Stelle bereits hingewiesen.[28]

Selbstverständlich war und ist gerade Jesus von Nazareth Mittelpunkt jenes wonnigen Wunderglaubens, der die Phantasie gläubiger Menschen beflügelt und sie in angenehm-wohligen Schauer versetzt: Wenn jemand erhaben über Wogen schreitet, Wasser in Wein verwandelt und Brot sich wunderbar vermehren läßt, dann offenbart sich in diesen Taten Gott selbst den Menschen – wähnt man.

3. Die erste Wiederkehr

Merkwürdige Geschichten dieser Art sind vielfach auch außerhalb jener Texte aufzufinden, die ins Neue Testament Einlaß gefunden haben. Vor allem die Kindheitserzählung des Thomas[29] bietet dem staunenden Leser bunte Schilderungen, die bereits den Knaben Jesus als ganz und gar übermütiges Wunderkind darstellen:

> »*Das Knäblein Jesus, als es fünfjährig geworden war, spielte einst an der Furt eines Baches und leitete die dahinfließenden schmutzigen Wasser seitwärts in Gruben zusammen und machte sie sogleich klar, und zwar durch's Wort allein gebot er über sie. Und er machte aus Erde und Wasser einen schlammigen Lehmteig und formte daraus zwölf Sperlinge. Und es war Sabbat, als er das tat. Es waren aber noch viele andere Kinder mit ihm zusammen beim Spiel. Es sah aber ein Jude, was Jesus da beim Spielen am Sabbat tat, und ging spornstreichs hin und meldete seinem Vater Joseph: ,Siehe, dein Knäblein steht da am Bach und hat Lehm genommen und zwölf Vöglein draus geformt und mit dieser Arbeit den Sabbat entweiht.' Und Joseph kam an den Platz, sah's und schrie ihn an: ,Warum tust du am Sabbat solche Dinge, die zu tun doch nicht erlaubt ist?' Jesus aber klatschte in seine Hände und rief den Sperlingen zu und sagte ihnen: ,Auf! Davon!' Und die Sperlinge schlugen mit den Flügeln und machten sich schreiend davon. Als aber die Juden das sahen, da erschraken sie und gingen heim und erzählten ihren Oberen, was sie Jesus hatten tun sehen.*«[30]

Es fällt nicht schwer, in solchen Schilderungen die allzu deutliche Absicht des Autors zu erkennen, besonders Erstaunliches kundzutun, um damit Aufsehen zu erregen.

Daß bei der Entstehung dieser Fabeln die Frage, ob denn an alledem etwas Wahres dran sei oder nicht, eher müßig war, darüber sind sich die meisten Theologen einig. Getreu dem Motto: „Der Zweck heiligt die Mittel" wurde Jesus von Nazareth immer wieder der Nimbus des „Wunderapostels" zugedacht, um seine Person ein wenig zu bewerben – meist erfolgreich, wenn man es zum Beispiel als Erfolg werten will, daß das „Thomas-Evangelium" sich bis heute großer Beliebtheit erfreut und auch in viele Sprachen übersetzt wurde – allen theologischen Zweifeln zum Trotz.

Aber so vorsichtig man diesen Erzählungen zur Kindheit des Gottessohnes von seiten der Kirchen begegnen mag, so vehement verteidigt man in eben diesen Kreisen andererseits auch noch die unglaublichsten Wundertaten des erwachsenen Jesus – und unglaublich (weil unmöglich) sind alle Schilderungen, die das Wirken Jesu außerhalb des Natürlichen ansiedeln. Deutlicher gesagt: Wir können zwar annehmen, daß durch die besondere Kraft und Befähigung Jesu Heilungen von Kranken und auch unmittelbare, innige Kontakte zu den naturgestaltenden wesenhaften Kräften[31] möglich waren, daß der Gottessohn dadurch also manches bewirken konnte, das wundersam erschien; doch diese Taten vollzogen sich im Rahmen der Schöpfungsgesetze, während die anderen als Wunder kolportierten Ereignisse entweder blindem Glauben oder schlicht und einfach Mißverständnissen entsprangen.

So ist es zum Beispiel naheliegend, daß der berühmten „Speisung der Fünftausend"[32] keine wunderbare Brotvermehrung im Sinne einer sagenhaften Vervielfachung von Materie zugrunde liegt (das anzunehmen, dürfte nicht nur jedem Physiker erhebliche Kopfschmerzen bereiten), sondern ein schlichtes Gleichnis, das allerdings vollkommen entstellt weitergegeben wurde:

Jesus von Nazareth selbst lehnte es ausdrücklich ab, nur zum Beweis seiner Gottes-Vollmacht Wunderzeichen zu setzen[33] und beschrieb *sich selbst* beziehungsweise das von ihm gebrachte Wort der Wahrheit als das „Brot des Lebens":

> »*Ich bin das Brot des Lebens. Wer zu mir kommt, den wird nicht mehr hungern und wer an mich glaubet, den wird nimmermehr dürsten.*«[34]

Vor diesem Hintergrund gab auch Abd-ru-shin in seiner Gralsbotschaft eine einleuchtende Erklärung zum sogenannten Speisungswunder Jesu:

> »*Wohl hörten ihm fünftausend Menschen zu, er speiste sie dabei mit* dem Worte *Gottes, das dem* Geiste *Speise und Trank ist, aber nicht mit irdischen Dingen.*«[35]

Die Überlieferungen von wundersamen Ereignissen, die durch die außergewöhnliche Kraft des Gottessohnes tatsächlich möglich wurden, nun von all jenen Schilderungen zu trennen, die jeder wahren Grundlage entbehren oder Gleichnisse sind, die mißverstanden wurden, darum mag der geschätzte Leser selbst sich mühen; es kann eine durchaus lohnenswerte Übung zur Vertiefung des Glaubens werden.

Sich hingegen in trotziger Wundererwartung einfach auf eine fragwürdige Bibelübersetzung zu berufen, derzufolge „bei Gott kein Ding unmöglich ist"[36], dürfte zu kurz gegriffen sein …

84

Die Legende vom Opfertod und der Sündenvergebung

Gefragt, worin denn die zentrale Bedeutung des Wirkens Jesu zu erkennen sei, würde die Mehrzahl der Christen einem konfessionell ungebildeten Laien wahrscheinlich die Standard-Frohbotschaft verkünden: Durch das Kommen des Gottessohnes wurden der Menschheit die Sünden vergeben!

Jesus als Retter und Erlöser, der für uns am Kreuz gestorben ist – dies gehört bis heute zu den zentralen christlichen „Glaubenswahrheiten". Man nimmt an, daß ein weiser Gott seinen eingeborenen Sohn, also einen Teil seiner selbst, zur Erde gesandt hat, damit dieser sich foltern und ermorden läßt. Man geht weiter davon aus, daß infolge dieser unmenschlichen Schandtaten, die Teil eines „göttlichen Erlösungsplanes" gewesen sein müssen (und die Übeltäter folglich nur notwendige Erfüllungsgehilfen), ein neuer, fester Bund zwischen Gott und der Menschheit entstanden sei, wodurch diese auch gleich von all ihren Sünden erlöst wurde. Und schließlich wird noch gelehrt, man brauche an diese Mission Jesu nur einfach zu glauben, dann könne man sich seines Seelenheils sicher sein.

Unglaublich? In der Tat kann man sich etwas Widersprüchlicheres als den christlichen Gedanken vom stellvertretenden Opfertod kaum vorstellen. Wenn das Leiden und Sterben Jesu gottgewollt und notwendig war, wenn der Schöpfer das grauenvolle Martyrium seines Sohnes wollte (während er kraft seiner Allmacht eine Erlösung der Menschheit doch sicher auch ohne diesen scheußlichen Kreuzestod hätte bewerkstelligen können) – was feiern wir dann zu Weihnachten eigentlich?

Welches zweifelhafte Gottesgeschenk erhielt die Menschheit mit der Geburt Jesu?

Wer nun allerdings erforscht, worauf sich die Legenden vom Opfertod und von der Sündenvergebung gründen, wird in den Lehren Jesu dafür keinerlei Anhaltspunkte finden. Im Gegenteil: Alle Selbstzeugnisse des Gottessohnes weisen *ausschließlich* darauf hin, daß es ihm um seine Botschaft ging, und um sonst nichts:

> *Ich bin dazu geboren und in die Welt kommen, daß ich die Wahrheit zeugen soll. Wer aus der Wahrheit ist, der höret meine Stimme.*[37]

> *Ich bin kommen in die Welt als ein Licht, auf daß wer an mich glaubet, nicht in Finsternis bleibe.*[38]

> *Ich bin kommen, daß ich ein Feuer anzünde auf Erden. Was wollt' ich lieber, denn es brennete schon?*[39]

Das Feuer seines Wortes wurde nach dem Kreuzestod Jesu vor allem durch Paulus[40] zu jenem Flächenbrand, der eine kleine jüdische Sekte zur Weltreligion werden ließ. Der sehr belesene Apostel mutierte bekanntlich vom leidenschaftlichen Verfechter des altehrwürdigen jüdischen Gesetzes, vom Christenverfolger Saulus, zum unbremsbaren Missionar.

Allerdings trug Paulus, der Jesus selbst nie begegnet war, nicht unwesentlich zu jener fragwürdigen Prägung des späteren (und heutigen) Christentums bei, das sich bei näherem Hinsehen so widersprüchlich darstellt. Auf seine Briefe an die christlichen Gemeinden in Rom und Korinth – es handelt sich dabei immerhin um die frühesten Zeugnisse christlichen Glaubens –[41] geht die Lehre vom Opfertod und der allgemeinen Sündenvergebung zurück[42], und Paulus vertrat auch die Auffassung, daß der Mensch „allein durch den Glauben" selig werden könne.[43]

In den vier Evangelien findet man hingegen nichts dergleichen; daß Jesus im Gegenteil von jenen, die ihm nachfolgen wollten, *Arbeit an sich selbst* forderte, wird aus den Überlieferungen unschwer deutlich. Stellt sich die bange Frage: Sollte man beim kirchlich geprägten Christentum nicht richtigerweise eher von einer *paulinischen* Lehre sprechen als von einem auf der Botschaft Jesu beruhenden Glauben?

Die Legende von Auferstehung und Himmelfahrt

Natürlich würde kein dogmatisch gebundener Christ je zwischen „paulinisch" und „christlich" unterscheiden, denn ihm gilt die Bibel ja insgesamt als das „Wort Gottes". Und ebensowenig würde es ihm wohl in den Sinn kommen, an einer anderen Grundfeste seines Glaubens zu rütteln, die nicht nur bei Paulus eine zentrale Rolle spielt,[44] sondern auch bei den Evangelisten, die also tatsächlich Ereignisse aus der nächsten Umgebung Jesu widerzuspiegeln scheint: Angesprochen ist die Legende von der leiblichen Auferstehung und „Himmelfahrt Christi".

Wir wollen diese Geschichte hier trotzdem in Frage stellen. Denn in ihr spiegelt sich einmal mehr die offenbar unausrottbare Idee, ein wahrer Gott müsse als personifiziertes Wunder über die Straßen und Wasser der Welt wandeln. Und vielleicht erfreut sich diese Legende auch noch aus einem anderen Grund besonderer Beliebtheit: In dem Drama um Grausamkeit und Mord dürfte auch die Sehnsucht nach einem endgültigen Triumph des Guten eine mächtige Triebfeder des Glaubens sein. Wenn Jesus schon nicht das begehrte Schauspiel bot, herabzusteigen vom Kreuze, um seine göttliche Allmacht unter Beweis zu stellen, so bleibt zuletzt doch die Genugtuung, daß er von den Toten aufersteht und leibhaftig gen Himmel fährt …

3. Die erste Wiederkehr

Es war nicht wirklich so. Läßt man einmal alle dramaturgischen Wünsche beiseite, die den Auferstehungsglauben von jeher inspiriert haben, und zieht in Betracht, daß die Himmelfahrt zur Zeit Jesu eine durchaus gebräuchliche Vorstellung war, wenn es darum ging, die nachtodliche Entrückung eines großen Menschen in Worte zu kleiden,[45] dann kann man die ganze Legende schon etwas nüchterner beurteilen.

Nachvollziehbar ist auf Grund der biblischen Schriften erstens, daß das Grab Jesu nach dessen Kreuzestod leer angetroffen wurde,[46] und zweitens, daß es in der Folge eine Reihe äußerst merkwürdiger Begegnungen mit dem Gottessohn gab.

Für das leere Grab läßt sich unschwer eine Erklärung finden – zum Beispiel die, daß einige Getreue den Leichnam ihres Herrn heimlich in Sicherheit brachten, um ihn vor jedweden Übergriffen zu schützen.[47] Wie aber kann man sich die mehrfachen Begegnungen mit Jesus nach dessen Kreuzestod erklären?

Sie einfach als Humbug abzutun, wäre gewiß verfehlt, denn es waren von diesen Ereignissen ja mehrere Menschen aus dem näheren Umfeld des Gottessohnes betroffen, deren Leben eine tiefgreifende Änderung erfuhr: eine maßgebliche Stärkung im Glauben für die künftige Verbreitung des Wortes Jesu. Solch Bekennermut, der in der Folge zur Durchsetzung des Christentums führte, oft um den Preis des Märtyrertodes, entwächst nicht der bloßen Phantasie!

Wer sich in die überlieferten Texte zur sogenannten Auferstehung vertieft, findet darin unschwer einige Auffälligkeiten, die den Schluß zulassen, daß Jesus von seinen Getreuen nicht gesehen, sondern *geschaut* wurde. Der Gottessohn trat also nicht mehr in der zu Tode gemarterten physisch-grobstofflichen Körperhülle auf, die in wundersamer Weise wiederhergestellt worden war, sondern er zeigte sich den Seinen als *feinstofflicher Seelenkörper*. Diese Behauptung ist nicht allzu gewagt:

• Es gibt keinen ernstzunehmenden Hinweis darauf, daß Jesus von Nazareth sich nach seinem Kreuzestod auch außerhalb seines vertrauten Kreises zeigte oder gar seine Lehrtätigkeit wiederaufnahm. Wäre eine *leibliche* Auferstehung tatsächlich als letzter Beweis für die göttliche Mission Jesu vorgesehen gewesen, so läge darin doch nur dann ein Sinn, wenn möglichst viele Menschen den vermeintlich Gekreuzigten gesehen oder erlebt hätten. Indessen waren es im Laufe von 40 Tagen nur einige wenige Momente, in denen der Gottessohn sich einer kleinen Schar offenbarte – Menschen, zu denen es jene seelischen Bindungen gab, die den Kontakt über ein feinstoffliches Schauen erst ermöglichen.

• Daß es um ein solches Schauen ging, wird auch aus einer Textstelle im Lukas-Evangelium deutlich, wo es heißt:

▌ *»Da wurden ihre Augen geöffnet und sie erkannten ihn.«* [48]

Da nicht anzunehmen ist, daß alle Jünger zu diesem Zeitpunkt geschlafen hatten, konnte es sich wohl nur um die *inneren* Augen handeln, die ihnen da „geöffnet" wurden.

• Zum gleichen Schluß führt ein weiteres Zitat, in dem beschrieben ist, wie Jesus durch eine verschlossene Türe trat – daß dies mit einer physischen Erdenhülle ein Ding der Unmöglichkeit ist, braucht hier nicht näher ausgeführt werden:

▌ *»Am Abend aber selbigen Sabbats, da die Jünger versammelt und die Türen verschlossen waren aus Furcht vor den Juden, kam Jesus und trat mitten ein und spricht zu ihnen: Friede sei mit Euch!«* [49]

• Im übrigen fällt in den Texten auf, wie sehr Jesus darum bemüht war, seinen ungläubig staunenden Jüngern und Freunden zu verdeutlichen, daß es sich wirklich um ihn handelte und sie nicht etwa irgendein geisterhaftes Trugbild vor sich sahen. [50]

Kurzum: Wer anzuerkennen bereit ist, daß die Schöpfung nicht allein aus der physisch sichtbaren Welt besteht – und das tut eigentlich jeder, der von der Existenz einer unsichtbaren, schaffenden, höheren Macht überzeugt ist –, und wer weiter davon ausgeht, daß es eine von der grobstofflichen Körperhülle unabhängige Seele gibt, die nach dem irdischen Tod weiterlebt, der sollte mit der Erklärung, daß Jesu Auferstehung ein *feinstoffliches* Ereignis war, zumindest keine unüberwindbaren Probleme haben.

Dasselbe gilt sinngemäß für die „Himmelfahrt". Man lasse auch hier von dem naiven Bild ab, daß der Erdenkörper des Gottessohnes plötzlich einer Rakete gleich – oder auch sanft, von Levitationskräften emporgetrieben – abgehoben habe und über die Wolken entschwunden sei. Ebenso wie der Himmel im geistigen Sinn nicht das luftige Blau des sommerlichen Firmaments ist, sondern eine für sich bestehende, unstoffliche, ewige Welt, die nur *gleichnishaft* mit den Worten „über uns" lokalisiert wird, so gilt es auch die Himmelfahrt als ein geistiges Ereignis zu erkennen, das jedenfalls mit einem Außerkraftsetzen physikalischer Gesetzmäßigkeiten nicht das geringste zu tun hat.

Jede andere Interpretation von Auferstehung und Himmelfahrt würde – wie die übrigen unsinnigen Legenden auch – nur eine Vielzahl unbeantwortbarer Fragen aufwerfen: Wenn es Jesus tatsächlich möglich war, seinen brutal ermordeten Erdenkörper wiederzubeleben und dieses Schauspiel seiner Mission dienen sollte, warum stieg er aus der gleichen Kraft dann tatsächlich nicht vom Kreuze? Wenn Jesus leiblich in den Himmel fuhr, warum kam er dann nicht auch auf diesem Weg zu uns herab? Es widerspricht sich doch, daß Jesus die Mühen einer Menschwerdung, vom Kleinkind an beginnend, auf sich genommen haben soll, wenn er den Artunterschied zwischen dem Geistigen und dem Irdischen ohne weiteres hätte überbrücken können.

Zu naheliegenden Fragen und Schlußfolgerungen dieser Art führt eine gedankliche Inkonsequenz, die unausgesprochen im Hintergrund steht: Einerseits wollen wir an einen Gott glauben, der ganz und gar im Sinne der wohlbekannten Naturgesetze wirkt, der also selbst durch und durch *natürlich* ist, weil wir sonst ja gar kein Vertrauen zu ihm fassen könnten; im selben Augenblick aber erwarten wir, daß der *gleiche* Schöpfer nach Belieben alles Normale außer Kraft zu setzen vermag. Hier das sich natürlich entwickelnde „Gotteskind", welches seiner „Gottesmutter" bedarf; dort der durch geschlossene Türen schreitende und in die Lüfte entschwebende Zauberkünstler. Beides *ist* aber miteinander nicht vereinbar. –

Die Sprache des Herrn

Gott wirkt nur innerhalb seiner Gesetze, nicht anders. Das ganze lebendige Schöpfungsgetriebe ist die natürliche *Sprache des Herrn*, die wir zu erlernen und der wir uns anzupassen haben, wenn wir den Schöpfer erkennen wollen. Jegliche andere Vorstellung vom Wirken Gottes ist bloße Phantasie. Würde sich die Allmacht des Herrn tatsächlich als Willkür zeigen, die dort und da lohnend, bestrafend, lobend oder vernichtend ins Weltgeschehen eingreift, um ein Zeugnis seiner selbst abzulegen, wie man sich das oft in den grellsten Farben ausmalt, dann wäre ein furchtbares Durcheinander die Folge. Vor allem aber müßte ein gütiger Gott doch *unentwegt* ins Weltgeschehen eingreifen, um das Böse zu verhindern und das Gute zu fördern. Er tut es jedoch nicht, kann es nicht tun, weil gerade eine solche Willkür ein Stempel absoluter Ungöttlichkeit, Unvollkommenheit wäre.

Die allgültigen Gesetze der Schöpfung waren als Werk des Herrn von Anfang an vollkommen, und sie sind es immer noch; sie brauchen nicht stetig nachgebessert zu werden.

Die puritanischsten Dogmatiker beziehungsweise Fanatiker könnten nun lediglich noch einwenden, daß das Tun und Lassen Gottes, daß die Wege des allmächtigen Schöpfers eben so unerforschlich seien, daß wir sie nie begreifen werden. Dann allerdings wäre es absolut unverständlich, warum der Drang nach Erkenntnis überhaupt in uns Menschen schlummert. Überdies ist es ein Ziel dieses Buches aufzuzeigen, daß wir die Sprache des Herrn, die Gesetze der Natur, durchaus erkennen *können* – und daß sich uns damit der Weg zu einer Gotterfahrung abseits dogmatischer Einengung oder konfessioneller Bindung öffnet.

Jegliche Legendenbildung steht diesem Erkenntnispfad als hemmende Mauer entgegen. Sie muß zuvor zertrümmert werden. Und diese Abbrucharbeiten betreffen gerade auch die Auferstehung und die Himmelfahrt des Gottessohnes. Denn während die Evangelisten, die Jesus ja aller Wahrscheinlichkeit nach nicht persönlich gekannt hatten,[51] sich im großen und ganzen mit einer Schilderung der Ereignisse zufriedengaben, so, wie sie ihnen eben überliefert wurden, setzte der Apostel Paulus in seiner deklamatorischen Art noch einiges drauf, wenn er die leibliche Auferstehung ins Zentrum des christlichen Glaubens überhaupt rückt und meint:

> »*Ist aber Christus nicht auferstanden, so ist unsere Predigt vergeblich. So ist auch euer Glaube vergeblich.*«[52]

Es verwundert nicht, daß ein so festzementiertes Fundament des Glaubens, das keinen Zweifel zulassen will, das Christentum bis heute in Fesseln schlägt.

Allerdings gehen die Zeiten langsam vorbei, in denen geistliche Würdenträger das Denken einfach mit der gefährlichen Drohung einer Verbannung aus dem Schoß der Kirche untersagen konnten. Und so schlägt das Pendel heute ins andere Extrem aus, und das Ankrampfen am paulinischen Auferstehungsglauben wird zunehmend heftig gegeißelt.

Geschichtsforscher vermuten beispielsweise im Zusammenhang mit dem berühmten Turiner Grabtuch (das eine Abbildung Christi zeigen und auf Grund der deutlich sichtbaren (Blut-)Spuren auch beweisen soll, daß der Körper Jesu nach der Abnahme vom Kreuz noch gelebt hat[53]), daß die Kirche diese geheimnisvolle Reliquie deshalb so gerne als „unecht" abqualifiziert sehen würde, weil mit einer Infragestellung des Kreuzestodes beziehungsweise der nachfolgenden leiblichen Auferstehung Jesu das ganze christliche Glaubensgebäude ins Wanken geraten könnte.[54]

Der Auferstehungs- und Himmelfahrtsglaube ist indes nicht die einzige Wunde, in welcher die kritische Evangelienforschung unserer Tage mit Vorliebe rührt. Mit dem Bild vom „historischen Jesus", das sich heute immer deutlicher abzeichnet, werden rundum *alle* genannten Legenden in Frage gestellt, die sich um den „Christus des Glaubens" ranken – um jenes sagendurchtränkte Zerrbild also, an das zu glauben wahrlich nicht leicht fällt.

Der historische Jesus

W as ist im Zusammenhang mit Jesus von Nazareth nun wirklich historisch gesichert? Leider ernüchternd wenig. Wenn man die geschichtliche Aussagekraft der biblischen Überlieferungen bezweifelt, weil es sich dabei vor allem um interpretierende Bekenntnisse handelt, bleibt eigentlich nur der römische Geschichtsschreiber Tacitus[55], der in seinen Annalen über die Christenverfolgung durch Nero[56] beziehungsweise den großen Brand in Rom im Jahre 64 schrieb:

> »Um das schlimme Gerücht aus der Welt zu schaffen, der Brand sei auf seinen Befehl gelegt worden, schob Nero die Schuld auf andere und verhängte über die, die durch ihr schändliches Gebaren verhaßt waren und im Volksmund ,Christianer' hießen, die ausgesuchtesten Strafen. Dieser Name leitet sich von Christus ab, der unter der Regierung des Tiberius durch den Prokurator Pontius Pilatus hingerichtet worden war.«

Mit diesem Beleg, daß Jesus von Nazareth tatsächlich gelebt hat (denn auch das wurde angezweifelt), ergründeten die Geschichtsforscher während der vergangenen Jahrzehnte eingehend wie nie zuvor die Lebensverhältnisse und Glaubenslehren im Palästina des ersten Jahrhunderts, analysierten zudem alle greifbaren biblischen und apokryphen Texte und gelangten auf dieser Basis zu einem Jesusbild, das man vielleicht am besten als wertneutral bezeichnen kann[57].

Denn für den Wissenschaftler ist es unergründbar, ob Jesus nun wirklich der verheißene Gottessohn war oder nicht; ihn interessieren vornehmlich die äußeren, faßbaren Fakten. Und denen zufolge war Jesus ein jüdischer Rabbi,[58] der als Wanderprediger – wie viele andere auch – durch die Lande zog und seine Botschaft verkündete. Hingerichtet wurde er als Aufrührer, der die Juden geführt und einen umstürzlerischen Aufstand gegen Rom geplant haben soll. Zudem vermutet man eine gewisse Verbindung Jesu zu den Essenern,[59] die neben den Pharisäern und Sadduzäern die dritte wichtige jüdische Glaubensgemeinschaft waren, aber eigentümlicherweise in keiner Schrift des Neuen Testaments[60] Erwähnung finden.

Was den Inhalt der Lehren Jesu anbelangt, gilt es heute als wissenschaftlich gesichert, daß er selbst niemals ankündigte oder behauptete, durch seinen Tod würde die Menschheit von ihren Sünden erlöst. Die Geschichten über seine Wundertaten hält man für weitgehend frei erfunden, und ebenso vehement wird natürlich die historische Richtigkeit der biblischen Schilderungen über die Auferstehung bezweifelt. Es bleibt also, so scheint es, wenig übrig vom Wirken eines Mannes, mit dessen Leben eine neue Zeitrechnung begann und auf dessen Lehre die größte Weltreligion zurückgeht.

Oder? Bezeichnenderweise macht man sich auch 2.000 Jahre nach Jesus von Nazareth über das Wichtigste die wenigsten Gedanken: Es gibt bis heute kaum Autoren, die sich in die *Lehre* Christi vertiefen, sich also von den Inhalten seiner Botschaft faszinieren lassen – und diese sollte doch eigentlich wichtiger sein als die unzähligen kunstvollen Fragezeichen, mit denen man seinen Lebenslauf versieht.

Wenn Dr. Herbert Ziegler, der große Evangelienforscher, nach dem Studium aller Philosophen und herausragenden Denker zu dem Schluß gelangte, daß gerade die Botschaft Jesu eine einzigartige Offenbarung für die Menschheit ist, die allein auf Grund ihrer *Inhalte* überzeugt, so wies er sich mit diesem gedanklichen Ansatz als ungemein tiefschürfender Mensch aus, der über das heute übliche Mittelmaß weit hinausragte.

Worin zeigt sich das Besondere in der Lehre Jesu? Gibt es darin etwas, das es sachlich rechtfertigen würde, diesen Mann *nicht* in eine Reihe mit anderen jüdischen Rabbis zu stellen, sondern ihm den Status des Besonderen, ja, Einzigartigen zuzubilligen, wie die christliche Welt dies in der Bezeichnung „Gottessohn" zum Ausdruck bringt?

Aus heutiger Sicht ist diese Frage gewiß nicht ganz einfach zu beantworten. Wir sind schließlich seit zwei Jahrtausenden daran gewöhnt, routinemäßig im biblischen Zitatenfundus zu graben, und tun uns einigermaßen schwer damit, uns zu vergegenwärtigen, in welchem Umfeld Jesus von Nazareth einst tatsächlich aufgetreten ist. Eben jene Rahmenbedingungen aber sind ein nicht unwesentlicher Blickwinkel, denn sie lassen heute immer noch erahnen, um welche Großtat es sich handelte, die „Frohbotschaft der Liebe" unter die Menschen zu bringen – eine durchweg neue, nie dagewesene *Botschaft aus dem Licht ...*

Die Zeit vor 2.000 Jahren darf man, wenigstens allgemein betrachtet, getrost als *durch tiefstes geistiges Dunkel geprägt* beschreiben. Mit „geistig" ist hier abermals der innere Kern des Menschen gemeint, nicht sein Intellekt. Dieser schlug seit dem Sündenfall[61] ja allerorts die wildesten Kapriolen und verdüsterte jegliches Empfindungsstreben.

Selbst in Griechenland waren die großen Zeiten menschlichen Erkenntnisdranges und tiefgründiger Philosophie längst vorbei, die Götterwelt ih-

92

rer Hoheit beraubt, entstellt, vermenschlicht, während der Mensch sich selbst nur zu gern vergöttlichte.[62]

Und das „auserwählte Volk" der Juden, das zwar keine vergleichbaren Denker und Dichter hervorgebracht hatte, aber durch seine Propheten getreulich geführt worden war, schien gleichermaßen am Ende: Es erging sich in starren Glaubensregeln, geprägt durch ein Gesetz der Gerechtigkeit – Auge um Auge, Zahn um Zahn! –, das längst zur Unbarmherzigkeit verkommen war und nur sich selbst, nicht aber den Menschen gerecht wurde. Das religiöse Streben schien allgemein darauf beschränkt, jenen überlieferten Vorstellungen zu entsprechen, welche die Schriftgelehrten mit Eifer neunmalklug zerredeten. Auf diese Weise betrieb man spirituelle Selbstbefriedigung anstatt Gottesdienst, der Verstand sprühte höllische Funken, die Menschlichkeit dagegen verkümmerte. Der Quell des Lebendigen blieb ausgespart.

Kurzum: Der Schöpfer war den Menschen fern, unendlich fern, und nur eine vage Sehnsucht auf Grund der alten Prophezeiungen, die einen „Messias"[63] verkündeten, mochte manches Gemüt noch wachgehalten haben – die tiefe Hoffnung auf eine *Wiederkehr* Gottes, nachdem der Schöpfer zur Zeit Mose der Menschheit so „greifbar" gewesen war wie nie.

Mit dem Kommen Jesu von Nazareth *erfüllten* sich diese Verheißungen, denn der Gottessohn betrat tatsächlich die Erde! Zumindest für jeden Christen war und ist dies unumstößliche Glaubenswahrheit – ganz ungeachtet dessen, daß sich Prophezeiungen (damals wie heute) natürlich bestens dazu eignen, Gläubige zu mobilisieren und mit ihnen aufrührerische Politik zu betreiben, eine Tatsache, die vielen kritischen Evangelienforschern denn auch immer zuerst einfällt, wenn die Rede auf so ein geistiges Geschehen kommt. Für den Historiker ist es naheliegender, daß Jesus aus irgendwelchen machtpolitischen Gründen zum gottgesandten „Messias" hochstilisiert wurde, als daß er wirklich *der* große geistige Helfer war.

Nach den *äußeren* Fakten läßt sich die Frage, ob die jüdischen Messias-Verheißungen gerade durch Jesus von Nazareth erfüllt wurden und ob dieser Mann zu Recht „Gottessohn" genannt wird, nicht entscheiden. *Wenn* es einen allgemein gangbaren Weg gibt, zu der Überzeugung zu gelangen, daß sich vor 2.000 Jahren auf dieser Erde geistesgeschichtlich etwas absolut Außergewöhnliches ereignete, so führt er unbedingt durch die *Botschaft Christi*. Denn die Worte Jesu beziehungsweise die Art, wie sie vermittelt wurden, lassen in ihrer Gesamtheit tatsächlich etwas noch nie Dagewesenes erahnen – und zwar viel deutlicher als irgendwelche „himmlischen

Zeichen", wie etwa der Bethlehemstern, oder andere wundersame Begleitumstände, auf die man sich so gern beruft, um die Tragweite der „Herabkunft Gottes" zu unterstreichen.

Die Sprache Jesu

Das Licht der Wahrheit, das durch seine Botschaft strahlte, zeigte sich
schon in der *Sprache* des Gottessohnes. Damit soll natürlich nicht auf
das Aramäisch von Galiläa verwiesen sein, das die Muttersprache Jesu war,
sondern es ist die *Art* seiner Sprache, die auffällt. Sie sticht in zweifacher
Hinsicht als etwas Selbständiges hervor, einerseits deshalb, weil sie offenbar keinem gesellschaftlichen „Lager" entstammte, und andererseits durch
ihre unmittelbare, gehaltvolle Tiefe.

Damals wie heute stehen sich ja auf der einen Seite das „gemeine Volk"
und auf der anderen Seite die „intellektuelle Oberschicht" gegenüber. Hier
einfache Menschen, die so redeten, wie ihnen der Schnabel gewachsen war,
dort die Schriftgelehrten, die sich durch Wortwahl und Tonfall darum
bemühten, ihren Abstand zum Profanen überlegen zur Schau zu tragen.

Jesus von Nazareth hingegen hatte seine ureigene Sprache, die nur der
Vermittlung einer Botschaft verpflichtet schien. Sie war ebenso einfach wie
inhaltsreich, so klar wie machtvoll, sie war *fordernd* und nicht um Anhänger werbend. Der weltenweite Unterschied zu den Schriftgelehrten
mußte auffallen:

> »*Und es begab sich, da Jesus diese Rede vollendet hatte, entsetzte sich
> das Volk über seine Lehre. Denn er predigte gewaltig, und nicht wie
> die Schriftgelehrten.*«[64]

Es war ein Wort in herber Strenge, das Jesus führte, getragen von einer
Liebe, die *nützen* wollte, anstatt zu schmeicheln, die zur *Änderung* ansto-
ßen wollte und die dabei stets deutlich machte, daß der Weg zur Wahrheit
durch eigenes Bemühen errungen werden will, während ein bequemes,
gedankenloses Mittrotten im blinden Glauben der Masse sehr leicht zum
geistigen Tod führt:

> »*Gehet ein durch die engen Pforten! Denn die Pforte ist weit, und der
> Weg ist breit, der zur Verdammnis führt. Und ihr seid viele, die dar-
> auf wandeln. Und die Pforte ist eng, und der Weg ist schmal, der zum
> Leben führet. Und wenige sind ihrer, die ihn finden.*«[65]

3. Die erste Wiederkehr

So wie die Sprache Jesu nichts gemein hatte mit dieser lieblich-weltumarmenden Tonart, die man ihr so gerne andichtet, so wenig bediente sie sich irgendwelcher intellektuellen Klimmzüge, um dadurch herauszuragen.

Vielmehr gewann die Rede des Gottessohnes in natürlichster Form durch ihren *Inhalt* an Bedeutung, denn wer wirklich über Zusammenhänge Bescheid weiß, der kann sie auch in *einfachen* Worten vermitteln (ein Grundsatz, der heute unvermindert Gültigkeit hat).

Jesus bediente sich einer Sprache der Gleichnisse, die überdies den Vorteil bietet, daß der Menschengeist durch die darin vermittelten Bilder wertvolle Gesetzmäßigkeiten im eigenen Erleben nachempfinden kann und sie sich dadurch *nachhaltig* zu eigen macht.

Diese machtvolle Bildersprache dürfte auch die Ursache dafür sein, daß bis heute 33 Gleichnisse Jesu erhalten sind, obwohl diese doch erst lange Zeit nach dem Abscheiden des Gottessohnes schriftlich aufgezeichnet wurden.

Eines der wichtigsten Anliegen Christi war es, dem irdischen Drangsal der Menschen die Aussicht auf das lichte Reich Gottes entgegenzustellen, welches Wirklichkeit werden kann, wenn der einzelne damit im Kleinen beginnt – durch lichtvolle *Gedanken und Empfindungen*. Sie sind die „Senfkörner", die zu bedeutenden irdischen Taten emporwachsen können, sofern sie entsprechend genährt werden:

> *»Es ist mit dem Gottesreich wie mit einem Senfkorn: Wenn es auf die Erde gesät ist, wächst es hoch und wird größer als alle Küchenkräuter und treibt große Zweige, so daß in ihrem Schatten die Vögel des Himmels wohnen.«*[66]

Welche Bedeutung in der Arbeit an sich selbst die feinerstofflichen Lebensbereiche haben, auch das verdeutlichte Jesus – etwa, indem er in seiner berühmten Bergpredigt auf die Zehn Gebote Gottes Bezug nahm und darauf verwies, daß man auch in Worten und Gedanken töten oder ehebrechen kann:

> *»Ihr habt gehört, was zu den Alten gesagt ist: Du sollst nicht töten! Wer aber tötet, der soll des Gerichtes schuldig sein. Ich aber sage Euch: Wer seinem Bruder zürnt, ist des Gerichtes schuldig.«*[67]
> *»Ihr habt gehört, daß zu den Alten gesagt ist: Du sollst nicht ehebrechen! Ich aber sage Euch: Wer ein Weib ansieht, es zu begehren, der hat schon mit ihr die Ehe gebrochen in seinem Herzen!«*[68]

95

Es dürfte im Hinblick auf den Sinn seiner Worte zweitrangig sein, ob Jesus – wie das heute auf Grund von Rückübersetzungen des Evangeliums ins Aramäische vermutet wird – in Reimen sprach[69] oder ob seine Stimme durch Wohlklang und Tragweite ausgezeichnet war, wie man das aus einem Wort von Lukas schließen könnte[70]. Auf jeden Fall muß die Sprache Jesu als ein deutlicher Ausweis seiner überragenden inneren Größe gewertet werden.

Das Auftreten Jesu

Ich aber sage Euch ...! Heutzutage würde man wahrscheinlich unterstellen, daß wer immer sich solcher Worte bedient, damit ein besorgniserregendes Maß an Selbstherrlichkeit zum Ausdruck bringt – erhebt er doch den Anspruch, selbst jenes scharfe Schwert zu sein, an dem sich alles Richtig und Falsch der Welt zu scheiden hat. Und wer könnte das ernsthaft von sich behaupten?

Wie also ist nun Jesus von Nazareth zu beurteilen, der diese Worte immer wieder benutzte?

Wollte man im Hinblick auf sein Auftreten Advocatus diaboli spielen, den alles in Zweifel ziehenden „Anwalt des Teufels", dann gäbe es wohl zwei erfolgversprechende Strategien, um den „Mann aus Nazareth" unmöglich zu machen: Entweder indem man unterstellt, daß hier jemand an die Öffentlichkeit trat, mit dem irgend etwas nicht ganz in Ordnung war, der sich zumindest auf Grund eines maßlos übersteigerten Selbstdarstellungsdranges über den Rest der Welt erheben wollte – oder indem man niedere Verführungsmotive annimmt: Jesus als populistischer Sektenführer, der mit hochtrabenden Worten auf Seelenfang ging und seine Anhänger fanatisierte ...

Natürlich wurden solche Vermutungen immer wieder zum Ausdruck gebracht, wenn auch vielleicht nur verhalten, zwischen den Zeilen. Bei genauerem Hinsehen allerdings treffen beide „diabolischen Unterstellungen" ins Leere – und zwar ganz und gar! Der Annahme, daß Jesus von Nazareth in irgendeiner Form den „Bezug zur Realität" verloren oder bewußt Menschen für egoistische Zwecke mißbraucht hätte, steht eins unüberwindbar entgegen: *seine Botschaft.* Entkleidet aller nachträglich beigefügten Zutaten, erweist diese sich nämlich als durchweg lebensnah und geprägt von zielsicherer Menschenkenntnis, sie bringt auch nichts Haltlos-Abgehobenes, sondern statt dessen praktisch Erfahrbares, sie zeigt einen *Erkenntnisweg,* auf dem sich jeder selbst, durch eigene Erlebnisse, von der Wahrheit der Worte Jesu überzeugen kann – und soll. Kurzum: Sie erweist sich als ebenso menschenfreundlich wie hilfreich.

96

3. Die erste Wiederkehr

Als Beispiel mag ein (allzugern mißverstandenes) Wort aus dem Johannes-Evangelium dienen, demzufolge Jesus seinen Jüngern auftrug:

> *»Welchen Ihr die Sünden erlasset, denen sind sie erlassen! Und welchen Ihr sie behaltet, denen sind sie behalten.«*[71]

Natürlich wollte Christus damit keiner willkürlichen Sündenvergebung das Tor öffnen und noch weniger die Tür zum Beichtstuhl[72] aufschlagen. Angesprochen ist vielmehr ein ganz einfacher, für jedermann leicht nachzuempfindender Vorgang: Wer mit einem Mitmenschen durch unangenehme „Schicksalsfäden" verbunden ist, weil dieser ihm irgendwann einmal Unrecht tat, der kann diese Fäden – sofern er noch über ein einigermaßen entwickeltes Feinempfinden verfügt – deutlich spüren.

Wann immer er beispielsweise an den Übeltäter denkt oder ihn irgendwo trifft, wird sich das erlittene Unrecht, die „Sünde" also, unangenehm fühlbar machen – und zwar so lange, bis sie aus ehrlichem Herzen vergeben wird, sei es in Form einer Aussprache, durch einen Brief oder eine passende andere symbolische Handlung. Erst *damit* löst sich die unangenehme Bindung auf – und ein Stückchen mehr Freiheit wird spürbar, und zwar für *beide* Beteiligten.

Der Auftrag zur Sündenvergebung kann folglich immer nur den betroffenen Menschen gelten, und jeder, der innerlich frei werden will, tut gut daran, hemmende seelische Bindungen im Sinne der Erklärung Christi raschestmöglich zu lösen. Hingegen haben es unangenehme Schicksalsfäden so an sich, daß sie niemals durch unbeteiligte Dritte „aufgelöst" werden können; sie bleiben deutlich spürbar, auch wenn der bemühteste Beichtstuhlpfarrer dem Sünder noch so viele Vaterunser zur Buße auferlegt. Gebetsleiereien mögen vielleicht das Gewissen beruhigen, für das innere Wohlergehen sind sie letztlich bedeutungslos, da sie nichts wirklich lösen.

Das zitierte Beispiel aus dem Johannes-Evangelium mag auch zeigen, wie wichtig es ist, die Botschaft Jesu in geistigem Sinne *inhaltlich* zu erfassen. Denn Auslegungen, die nicht zum Kern einer Aussage beziehungsweise eines Gleichnisses vordringen, sondern statt dessen nur an den äußeren Wort*hüllen* kleben bleiben, führen fast zwangsläufig zu Mißverständnissen und im schlimmsten Fall zu der irrigen Annahme, die Lehre Jesu sei weltfremd, praktisch nicht umsetzbar oder gar von unlauterem Machtstreben geprägt gewesen.

Nach Hinweisen, aus denen man ein solches Ansinnen ableiten könnte, wird man in der Botschaft Jesu vergeblich stöbern. Ja, sie scheint im Gegenteil sogar ungeeignet dafür, Anhänger zu werben oder Gläubige zu fanatisieren. Dies wäre durch schmeichelnde Reden oder wunderbare Heilsversprechungen leicht erreichbar gewesen, vielleicht auch mittels Angstmacherei, aber ganz gewiß nicht durch eine Lehre, die den einzelnen in die Pflicht nimmt und die Mühen eines *eigenständigen*, spirituell orientierten Denkens und Handelns einfordert.

Ein wunderbares Beispiel dafür, daß Jesus jenen, die ihm nachfolgen wollten, genau das abverlangte, liefert seine ebenso berühmte wie weitgehend unverstandene Mahnung:

> *»Ihr habt gehört, daß da gesagt ist: Auge um Auge, Zahn um Zahn. Ich aber sage Euch, daß ihr nicht widerstreben sollt dem Übel. Sondern, so Dir jemand einen Streich gibt auf Deinen rechten Backen, dem biete den anderen auch dar. Und so jemand mit Dir rechten will und Deinen Rock nehmen, dem laß auch den Mantel. Und so Dich jemand nötiget eine Meile, so gehe mit ihm zwei!«[73]*

Diese Worte werden meist nur im Zusammenhang mit der Forderung Jesu gesehen, daß man auch seine Feinde lieben soll. Doch diese Auslegung ist zu oberflächlich, sie hinterläßt einen fahlen Nachgeschmack.

Soll man etwa weltfremd, mit guter Miene zum bösen Spiel, auch die unerträglichsten Gemeinheiten über sich ergehen lassen? Seine eigene Persönlichkeit verleugnen? Sich zum gesichtslosen Spielball anderer erniedrigen?

Natürlich nicht. Hinter den Worten Jesu steckt ein viel wertvollerer Wink: Es geht darum, in keiner Situation seine spirituelle, gottzugewandte Orientierung aufzugeben, also stets seine innere Haltung zu wahren und nicht selbst auf die niedere, unheilvolle Ebene von Kampf, Diebstahl oder Nötigung hinabzusteigen. Sie soll im Gegenteil *voll und ganz* dem anderen überlassen bleiben.

Statt – im Sinne von „Auge um Auge" – zu den gleichen zerstörerischen Waffen zu greifen und kräftig zurückzuschlagen, sollen die Nächstenliebe und die Achtung vor dem Mitmenschen richtungweisend und konfliktlösend wirken.

Allerdings erfordert gerade das regsamste geistige Arbeit, ein hohes Maß an Selbstüberwindung und Gottvertrauen. Doch nur wer auf den, der ihn verleumdet hat, unverdrossen *zugeht*, hat Aussicht darauf, das zwischenmenschliche Eis zum Schmelzen zu bringen.

Solches *Wissen* also brachte Jesus von Nazareth. In seiner Botschaft ist auch nichts zu entdecken, das jemand vorbringen würde, der – im politischen Sinn – „König der Juden" werden will, wie man das dem Gottessohn bekanntlich unterstellte.

3. Die erste Wiederkehr

Die Worte Jesu hatten nichts Berechnendes an sich, sie wollten einfach nur überall dort ein inneres Feuer entfachen, wo in einem Menschen noch ein Funken Wahrheit schlummerte und Erkenntnis möglich war.

Sein „Ich-aber-sage-Euch!" diente als Schlüssel zu den Herzen aller, die die Sehnsucht nach Höherem in sich trugen. Es waren Worte, die überlebte jüdische Glaubenstraditionen, erstarrte gesellschaftliche Konventionen und Mißverständnisse aller Art aussperren und dafür das ungetrübte Licht der Wahrheit einlassen wollten. Sie dienten Jesus nie und nimmer zur glorifizierenden Selbstdarstellung.

Nein, seine Botschaft mußte als Selbstzeugnis völlig ausreichen. *Sich in den Vordergrund zu stellen, lehnte Jesus klar und deutlich ab,* und es finden sich in der „Heiligen Schrift" auch keine Hinweise darauf, daß er für die eigene Person öffentlich jemals die Bezeichnung „Sohn Gottes" gewählt hätte.

Dementsprechend legte er auch den Pharisäern, die immer wieder Beweise für seine Legitimation verlangten, nahe, doch einfach auf seine *Worte* zu hören und vor allem *danach zu leben*, um dann zu einem gültigen Urteil zu gelangen:

> *»Wahrlich, ich sage Euch: Nie und nimmer wird diesen Menschen ein Beglaubigungszeichen gegeben. Urteilt aus Euch selber. Glaubt an die Frohbotschaft, die ich Euch verkünde.*
> *Wer zu mir kommt, meine Worte hört und danach handelt, gleicht einem klugen Mann, der sein Haus auf Felsengrund gebaut hat. Es fiel der Regen, die Fluten kamen, die Stürme tobten und schlugen gegen das Haus, aber es stürzte nicht ein.*
> *Jeder aber, der meine Worte hört und nicht danach handelt, gleicht einem törichten Mann, der sein Haus auf Sand gebaut hat. Der Regen fiel, die Fluten kamen, und die Stürme tobten und schlugen gegen das Haus, und es stürzte zusammen.«*[74]

Es liegt also an jedem einzelnen, Jesus von Nazareth auf Grund seiner Botschaft und der *eigenen* inneren Entwicklung, die sich aus dem Befolgen der Lehre Christi ergibt, als „Bevollmächtigten Gottes" zu erkennen.

Er selbst war sich der Aufgabe, den Menschen das Wort der Wahrheit zu bringen, im Geschehen seiner Taufe durch Johannes vollends bewußt geworden, und sein öffentliches Auftreten entsprach jederzeit dieser hohen Mission.

Aber Jesus trug seine gewiß unbeschreibliche Erkenntnis des „*Ich bin's*" stets nur *in sich*, niemals vor sich her.

Die Botschaft Jesu

Abgesehen von der mächtigen Sprache Jesu und seinem mitreißenden Auftreten in der Öffentlichkeit, sind es natürlich in erster Linie die *Inhalte* seiner Lehre, die uns Rückschlüsse auf ihren Urheber erlauben. Es ist daher ein lohnendes Ziel, den „roten Faden" in der Botschaft Christi herauszuarbeiten, auch wenn uns heutigen Zeitgenossen das trotz aller Evangelienforschung nicht sonderlich leicht fallen mag.

Einen gut brauchbaren Ansatz für eine Zusammenfassung der Botschaft Christi lieferte Dr. Herbert Ziegler, der sein persönliches Gesamtbild vom Leben und Wirken Jesu in einem Interview[75] einmal wie folgt in Worte faßte:

> *»Jesus zog Gutes tuend durch das Land und erregte überall Aufsehen, aber er wirkte keine Wunder, lehnte Wunderzeichen sogar ab. Er war als Jude auch den Anschauungen seines Milieus und seiner Zeit verpflichtet. Aber in all dem ging er nicht auf, sondern er durchbrach und überschritt das Übliche. Er kam aus kleinen Verhältnissen, aber er verkündete weltbewegende, unverwechselbar eigene Ideen, die vorhandene Anschauungen, Begriffe und religiöse Einrichtungen transzendierten. Er setzte an die Stelle des Grundsatzes von Kraft und Gewalt das Gebot unterschiedsloser Liebe. Er rief den Armen zu, sich zu freuen – und den selbstgerechten Frommen, daß Prostituierte und verrufene Zöllner noch vor ihnen in das Gottesreich kommen würden. Er sprach von Jahwe wie ein Kind von seinem Vater und stellte ein uneingeschränktes Vertrauen zu diesem Gott und die Erfüllung des Willens Gottes über alles!«*[76]

Damit sind vorerst einmal eher die äußeren Umstände beschrieben, wie sie sich heute auf Grund kritischer Geschichtsforschung darstellen mögen. Doch Dr. Zieglers Blickwinkel weist in die richtige Richtung und läßt sich vor dem Hintergrund der Bergpredigt Jesu, die den Inhalt seiner Lehre ja besonders gut erhellt, weiter vertiefen.

Man kann fünf herausragende Punkte beschreiben, die die Lehre Jesu charakterisieren – und zugleich abermals eine menschenüberragende Persönlichkeit ausweisen:

1. Jesus wollte mit seinem Wort *zurück zu Gott führen* – ungeachtet der überlieferten Dogmatismen, wie sie sich im jüdischen Glauben über die Jahrhunderte durchgesetzt hatten. Das war sein Hauptanliegen. In beson-

ders beeindruckender Form wird dieses Ansinnen deutlich, wenn Jesus vom Gebet spricht und dessen Wert an der *Innigkeit* des Betenden festmacht: Die *Empfindungen* des Menschen sind bei seinem „Gespräch zu Gott" ausschlaggebend, nicht etwa die Anzahl der Worte:

> *»Und wenn ihr betet, sollt ihr nicht viel plappern wie die Heiden. Denn sie meinen, sie werden erhöret, wenn sie viel Worte machen. Darum sollt Ihr Euch nicht ihnen gleichen. Euer Vater weiß, was Ihr bedürfet, ehe denn Ihr bittet.«*[77]

Dieser Mahnung Jesu schließen sich in der Bergpredigt jene Worte an, die bis heute als „Vaterunser" bekannt sind und mehr oder weniger gedankenlos hergebetet werden – wiewohl die zitierte Aussage des Gottessohnes ja unmißverständlich verdeutlicht, daß das Dahinplappern formelhafter Gebetsphrasen der richtigen inneren Einstellung zum Schöpfer unbedingt *hinderlich* entgegensteht. Das „Vaterunser" war denn auch gewiß nicht dazu gedacht, in einem Stück heruntergeleiert zu werden, sondern es beschreibt als geballte Zusammenfassung *die* Art, in der der Mensch sich seinem Schöpfer zuwenden soll:

• mit der aufrichtigen Beteuerung, Gott, dem Herrn, willig alle *Vaterrechte* über sich zu geben, und mit der damit verbundenen Versicherung, sich dem Schöpfer kindlich beugend zu fügen, was allein zu der Anrede „Vater unser" berechtigt („Vater unser im Himmel …");

• in dem Gelöbnis nichts, was mit dem Schöpfer zu tun hat, jemals der Oberflächlichkeit preiszugeben, weil der *Name Gottes* viel zu heilig dafür ist („Geheiligt werde Dein Name!");

• in der Bereitschaft, sich stets so zu verhalten, daß die Vollkommenheit des Reiches Gottes sich einst bis zu uns hierher auf Erden erstrecken kann („Dein Reich komme"); und, damit verbunden;

• in der ausdrücklichen Bereitwilligkeit, entsprechend dem Willen Gottes auch zu *leben* („Dein Wille geschehe").[78]

Erst auf der Basis dieser Empfindungen, wie sie der erste Teil des „Vaterunsers" beschreibt, sollte der Mensch im Gespräch zu Gott dann jene Bitten vortragen, die zugleich seinen tiefen Dank dafür zum Ausdruck bringen, in der Schöpfung überhaupt leben zu dürfen: Es sind dies die Bitten um das „täglich Brot", um die Vergebung von Schuld (in dem Gelöbnis, schuldig gewordenen Mitmenschen gleichermaßen zu vergeben) und um die Befähigung, im Leben stets den richtigen Weg zu finden.[79]

Auch in diesen Bitten aber sollte das Wesen eines wahrhaft empfundenen Gebets zum Ausdruck kommen: die *dankbare* Hinwendung des Menschen an seinen Schöpfer. Im Wort Gebet liegt der Sinn von Geben – man betone die erste Silbe! –, und das ist das Gegenteil von „Nehmet". Beten sollte also nicht nur ein bettelndes Bitten sein, sondern in erster Linie ein freudevoller Ausdruck des Dankes.

2. Jesus wies mit seiner Botschaft immer wieder auf die Notwendigkeit der *Verinnerlichung* hin, denn nur auf diesem Weg vermag der Mensch zurück zu Gott zu finden. So machte er eindringlich deutlich, daß seelischer Aufstieg nicht dadurch erreichbar ist, seinen Mitmenschen gegenüber etwas zur Schau zu tragen, sondern daß allein die inneren *Absichten* ausschlaggebend sind. Nur die Entscheidungen des Geistes haben vor dem Schöpfer Bedeutung.

Daß daher jeder, der es ernst mit seinem Glauben meint, nach einer Grundgesinnung leben muß, die dem Schöpfer *dienen* will, aber nicht vor den Menschen etwas gelten, verdeutlichte Jesus durch viele Beispiele:

> »*Und wenn Du betest, sollst du nicht sein wie die Heuchler, die da gerne stehen und beten in den Schulen und an den Ecken und auf den Gassen, auf daß sie von den Leuten gesehen werden. Wahrlich, ich sage Euch, sie haben ihren Lohn dahin. Wenn aber Du betest, so gehe in Dein Kämmerlein, und schließ die Tür zu und bete zu Deinem Vater im Verborgenen.*«[80]

Mithin erklärte Jesus auch, daß es vor Gott keinerlei Wert hat, Almosen zu geben, wenn man mit seiner „guten Tat" vor anderen leuchten will[81] oder „für den Herrn" zu fasten, wenn man dadurch gleichzeitig bei seinen Mitmenschen um Beachtung buhlt:

> »*Wenn Ihr fastet, sollt Ihr nicht sauer sehen, wie die Heuchler. Denn sie verstellen ihr Angesicht, auf daß sie vor den Leuten scheinen mit ihrem Fasten. Wahrlich, ich sage Euch, sie haben ihren Lohn dahin. Wenn Du aber fastest, so salbe Dein Haupt und wasche Dein Angesicht, auf daß Du nicht scheinest vor den Leuten mit Deinem Fasten, sondern vor Deinem Vater, welcher verborgen ist.*«[82]

Eine Verinnerlichung erfordert natürlich auch den achtsamen Umgang mit Worten und Gedanken (worüber ja schon die Rede war) – und vor allem ein gehöriges Maß an Selbstkritik, die Fähigkeit, *eigene* Fehler und Schwächen zu erkennen und nicht nur die der anderen zu verurteilen:

> »*Was siehest Du aber den Splitter in Deines Bruders Auge und wirst nicht gewahr des Balkens in Deinem Auge?*«[83]

102

3. Die erste Wiederkehr

Dieses bekannte Gleichnis dringt mit einfachen Worten in die Tiefe unwiderlegbarer Wahrheit vor. „Splitter" und „Balken" sind aus dem gleichen Holz. Will meinen: Genau *die* Fehler, die uns an den Mitmenschen so fürchterlich stören, tragen wir in Wirklichkeit – meist ohne dessen gewahr zu sein – *selbst* in uns.

Eine Warnung Jesu in diesem Zusammenhang:

> »*Richtet nicht. Auf daß Ihr nicht gerichtet werdet. Denn mit welcherlei Gerichte Ihr richtet, werdet Ihr gerichtet werden. Und mit welcherlei Maß Ihr messet, wird Euch gemessen werden!*«[84]

In der Sorge um das eigene Seelenheil könnte es also ratsam sein, allenfalls sich selbst heftiger Kritik zu unterziehen; den anderen lasse man lieber unbehelligt seines Weges gehen. –

Ein verinnerlichtes Leben, wie es Christus mit seinen einfachen Ratschlägen empfahl, hat freilich nichts mit Weltabgewandtheit zu tun. Im Gegenteil: Wer anstrebt, mit der nötigen Härte an der *eigenen* Vervollkommnung zu arbeiten und mit der nötigen Güte seine Mitmenschen zu fördern, wird gar nicht umhinkommen, auch sein Denk- und Urteilsvermögen geistvoll zu schärfen. Bewußt im Leben zu stehen heißt, seine Persönlichkeit umfassend zu bilden, sein Blickfeld stetig zu weiten. Wer hingegen im selbstersponnenen „Feinstofflichen" umherirrt und nur theoretisierend das Weltgeschick beäugt, hinterläßt damit selten Spuren, denen zu folgen es sich lohnt.

3. Im Bemühen um Verinnerlichung soll auch das *Gottvertrauen* wachsen, und an die Stelle stumpfer Kleingläubigkeit nach und nach die *Überzeugung* des reifen Geistes treten. Jesus war es ein unüberhörbar deutliches Anliegen, mit der toten Buchstabenreligiosität zu brechen und seine Hörer statt dessen zu einer frohen, trauten *Gewißheit* zu führen, die ihre Kraft aus dem Bewußtsein schöpft, ein wahrhaftiges Leben im Sinne Gottes zu führen: Wer den hilfreichen Kräften aus dem Licht geöffnet ist, braucht nicht mehr vorrangig Gedanken nur an sein irdisches Wohlergehen verschwenden; er führt getrost ein Leben im Geiste. Das brachte Christus mit folgenden Worten zum Ausdruck:

> »*Sorget nicht für Euer Leben, was ihr essen und trinken werdet. Auch nicht für Euren Leib, was Ihr anziehen werdet. (...) Sehet die Vögel unter dem Himmel an. Sie säen nicht, sie ernten nicht, sie sammeln nicht in den Scheunen. Und Euer himmlischer Vater nähret sie doch. Seid Ihr denn nicht viel mehr denn sie? (...) Darum sollt Ihr nicht sor-*

gen und sagen: Was werden wir essen? Was werden wir trinken? Womit werden wir uns kleiden? (...) Trachtet am ersten nach dem Reich Gottes und nach seiner Gerechtigkeit. So wird Euch solches alles zufallen.«[85]

Muß hinzugefügt werden, daß ein solches Leben im Sinne Jesu nichts mit träger Untätigkeit zu tun hat? Mit dem Gottvertrauen ist ja unsere *Einstellung* angesprochen; es geht nicht darum, was wir machen, sondern wie wir es tun. Natürlich wird gerade der gläubige Mensch sich fleißig um „Saat und Ernte" bemühen, also alle Notwendigkeiten des Alltags erledigen, doch in ihm wird sich keine Gedankenfabrik in Gang setzen, die unentwegt Ideen zu noch mehr Lustgewinn und Wohlgefühl produziert, während sie in Wirklichkeit nur zu Streß und Dumpfheit treibt. Statt der rastlosen Jagd nach mehr und immer mehr, soll der Mensch im Aufblick zum Schöpfer seinem Geiste lichterfüllte Mußestunden gönnen ...

Das „Gottvertrauen", zu dem Jesus führen wollte, beinhaltet aber noch mehr: Es geht dabei auch um die Überzeugung, daß hinter *allem*, was wir erleben, eine treue Führung waltet, daß wir geborgen sind und eingebettet in die Liebe des Schöpfers, daß also nichts zufällig geschieht und keine Tat ungesühnt bleibt – eine Auffassung vom Leben, die uns heute wohl völlig fremd geworden ist und gegen die der Verstand mit Hinweis auf die ungleichen Möglichkeiten der Menschen oder auf leidvolle Schicksalsschläge auch gerne protestiert. Doch wegen dieser sichtbaren Unterschiedlichkeiten gleich von einer „Ungerechtigkeit des Lebens" auszugehen, wäre ein allzu vorschneller Schluß. Man sollte sich lieber eingestehen, daß es der begrenzte Blickwinkel eines Menschenhirns nun einmal nicht zuläßt, die vielfältigen verborgenen Wechselwirkungen zu erfassen, die einem Ereignis zugrunde liegen beziehungsweise zu einer bestimmten Lebenssituation führen müssen.

An das blindwütende Schicksal zu glauben, an den Zufall schlechthin, ist insofern recht bequem, weil es den Menschen in letzter Konsequenz aus jeglicher Pflicht entläßt, ein sinnvolles Leben zu führen: Wo kein Sinn ist, braucht man sich auch gar nicht erst um einen solchen zu bemühen. Die andere Möglichkeit hingegen – und sie entspricht der Lehre Jesu – adelt den Menschen, indem sie ihm die volle Verantwortlichkeit zugesteht: Wenn letztlich nichts ohne die feste Führung des göttlichen Willens geschieht und dieser Wille das Wohl des Ganzen zum Ziel hat, dann sind natürlich auch wir dringend dazu aufgerufen, uns in die Harmonie der Schöpfung einzuschwingen.

Freilich ist hier mit „Führung" kein willkürliches Eingreifen Gottes gemeint, das immer denjenigen bevorzugt, der besonders verkrampft um

Glück und Segen bettelt. Es sind damit vielmehr die unumstößlichen *Schöpfungsgesetze* angesprochen, die als *Weisheit Gottes* unveränderbar von Anbeginn die Welt regieren. Für uns bedeutet das: Wir Menschen haben kraft unseres Willens zwar die Möglichkeit, zu tun und zu lassen, was wir wollen, aber damit endet unsere Macht auch schon. Den Folgen all unserer Entscheidungen bleiben wir unterworfen – und zwar unentrinnbar, weil diese im Rahmen der allumfassenden, gerechten Gottgesetze rückwirkend immer auch uns selbst treffen müssen. In Kenntnis dieser Tatsache schrieb der Apostel Paulus in einem Galaterbrief:

> *»Gott läßt sich nicht spotten. Denn was der Mensch säet, das wird er ernten!«*[86]

Dieses „Gesetz der Wechselwirkung", das im Seelisch-Geistigen gut und gerne als maßgeblicher Lenker unseres Schicksals betrachtet werden darf, beschrieb Jesus auch in seiner Bergpredigt, indem er seinen Hörern eine lohnende Empfehlung zum persönlichen Wohlergehen gab:

> *»Alles nun, das Ihr wollt, daß Euch die Leute tun, das tut Ihr ihnen!«*[87]

Dieser Ratschlag dient letztlich – wie im Grunde alle „Gebote Gottes" – keinem anderen Zweck, als beispielhaft zu verdeutlichen, wie ein Mensch sich verhalten muß, damit er selbst im Wirken der Schöpfungsgesetze bestmöglich gefördert wird. Und diese „Förderung" ist in allen Fasern der Existenz spürbar: als gutes Gewissen nach einer richtigen Entscheidung, als seelische Leichtigkeit infolge menschenwürdigen Verhaltens, als gemütvolle Beflügelung bei aufrichtiger Gottverehrung. Die innere Hebung vollzieht sich selbsttätig. Je klarer aber dieses eigene Erleben zeigt, wie zuverlässig, gerecht und unmittelbar solche Wechselwirkungen das eigene Leben beeinflussen, desto deutlicher wird auch, daß vermeintlich zufällige Seelenzustände beziehungsweise Ereignisse ja *doch* die Folge verborgener Gesetzmäßigkeiten sind.[88] Ein guter Erkenntnisboden, auf dem jenes Gottvertrauen wachsen kann, das nicht blindem Glauben entspringt, sondern der Überzeugung.

4. Fernab pharisäischer Lehrgebäude wies Jesus mit seiner Botschaft den natürlichen *Weg zur spirituellen Entwicklung*. Jedoch wollte er keine „Gegenkirche" gründen, es lag ihm völlig fern, eine neue Institution zwischen den Schöpfer und die Menschen zu stellen, und Christus wollte auch niemanden für eine bestehende Glaubensgemeinschaft gewinnen. Für Grup-

penbildungen, die dem seelischen Weg des einzelnen oft genug hinderlich im Wege stehen, hatte Jesus keinen Sinn. Ihm ging es einfach nur darum, seine Botschaft zu verkünden. Wer immer sie für sich nutzen wollte – sie sollte ihm als Fackel auf dem schmalen Pfad zur seelischen Befreiung voranleuchten, auf jenem Weg der Gottes- und Nächstenliebe, der die Erbsünde überwinden und mithin einen „neuen Bund" begründen sollte zwischen dem Schöpfer und einer *reifen* Menschheit.

Doch was ist die Grundlage für diese „Geistesreife" im Sinne Christi? Nicht der Verstandeskaiser, der sich intellektuell besonders hervortut und alles Wissen der Welt begierig in sich aufsaugt, markiert den Gipfel des Menschentums, sondern der verinnerlichte Empfindungsmensch, der in Demut sein Herz den wahren Werten zu öffnen vermag. Daher sagte Jesus in seiner Bergpredigt:

> *»Selig sind die, die da geistlich arm sind. Denn das Himmelreich ist ihrer. (…) Selig sind, die reinen Herzens sind. Denn sie werden Gott schauen!«*[89]

Nur den „reinen Herzen" ist es möglich, die mächtige Verstandesfessel, den Erdenbann des Sündenfalls zu überwinden und zurück in das „Himmelreich", also in das geistige Paradies zu finden. Dazu gehört ohne Frage die Bereitschaft, alles egozentrische Streben hinter sich zu lassen und ein getreues Leben im Aufblick zu Gott zu führen. Doch wer wäre zu einer solchen Hingabe bereit?

Jesus wurde im Laufe seiner Lehrtätigkeit wohl immer schmerzlicher bewußt, daß auf der Basis des „Alten Testaments"[90], also des Bundes, den der Schöpfer mit dem Volk Israel hielt, sich kein geistiger Bau mehr errichten lassen würde. Ein vollkommener Neubeginn auf festem, starkem Fels war vonnöten. Kurz vor seinem Erdentod sprach der Gottessohn im Kreise seiner Jünger denn auch von dem „Neuen Bund", für den er mit seiner Botschaft den Weg bereiten wollte „für viele" (durchaus nicht bedingungslos für alle, sondern nur für jene, die ihm zu folgen bereit sind!):

> *»Das ist mein Blut des neuen Testaments, welches vergossen wird für viele zur Vergebung der Sünden …«*[91]

Zu diesem Zeitpunkt war es Jesus bewußt, daß sein Blut vergossen werden würde. Doch er war bereit, die Wahrheit des von ihm gebrachten Wortes mit einem qualvollen Kreuzestod zu besiegeln. Christus mochte hoffen, daß trotz seines vorzeitigen Erdentodes in vielen Menschen auf Grund seiner Botschaft der sehnsuchtsvolle Wunsch aufkeimen würde,

106

dem Schöpfer anzugehören und Ihm zu dienen in der Form eines „Neuen Bundes", womit die „Vergebung der Sünden" einhergehen und die Überwindung der Erbsünde möglich werden würde. –

Nach der grausamen Ermordung Jesu zu Golgatha zerriß der biblischen Schilderung zufolge im Tempel jener Vorhang,[92] der das Allerheiligste vor profaner Alltagsneugier verschließen sollte – ein eindrucksvolles und eigentlich unmißverständliches Zeichen dafür, daß die Lichtverankerung des „Alten Bundes" nun wirklich endgültig gelöst war. Der Schöpfer besaß keine Wohnstätte mehr unter einer Menschheit, die ihn aus ihrer Mitte hinweggemartert hatte. Und es bleibt, nebenbei erwähnt, ein Meisterstück theologischer Verdrehungskunst, das Symbol des zerrissenen Vorhangs so zu deuten, daß damit der „Neue Bund" gewissermaßen *eröffnet* worden sei – weil Jesus die Menschheit erlöst habe, indem diese ihn ans Kreuz schlug …

Die Bibel spricht da eine andere Sprache. Das Zerreißen des Vorhangs wird im Zusammenhang mit einem gewaltigen Erdbeben geschildert, das sich in der großen Finsternis nach Jesu Tod entlud. Darin ein lichtvolles, zukunftsweisendes Zeichen zu sehen, ist Ausdruck einer fragwürdigen Geisteshaltung, die daran gewöhnt ist, den Blick von der Wirklichkeit skrupellos zugunsten eigener Zielsetzungen abzuwenden.

Und doch blieb den Menschen trotz (nicht etwa wegen!) der Ermordung Christi die Hoffnung auf einen „Neuen Bund", der von den „Knechten Gottes" gehalten werden sollte, wie sie in der Offenbarung des Johannes[93] beschrieben sind. Diesem „Neuen Testament" sollte sich jeder Mensch anschließen können, sofern er die Botschaft Christi als Grundlage lebendig in seinem Herzen trägt.

5. Nicht zuletzt verdeutlicht die Lehre Jesu, daß der Gottessohn darum bemüht war, mit seiner Frohbotschaft nicht nur zum überzeugten Glauben an den Einen Gott zu führen, sondern gleichzeitig auch weiterführendes *Wissen* zu vermitteln. Nicht jenes zweckgebundene Spezialistenwissen, das uns inmitten von Technik und Komfort ein gleichermaßen selbstgefälliges wie gottabgewandtes Leben ermöglicht; Christus reichte keine frischen Früchte vom Baum der Erkenntnis, sondern er bot Wissen im Sinne von *Schöpfungsweisheit*. Insofern schlossen seine Gleichnisse auch eine Welterklärung mit ein.

Natürlich formulierte Jesus nicht in der Sprache des 20. Jahrhunderts. Er benannte kein „Gesetz der Wechselwirkung", aber er sprach von „Saat und Ernte" – und drückte damit, dem Begriffsvermögen seiner Hörer gemäß, genau dasselbe aus. Jeder wußte ja aus der eigenen Erfahrung und ohne weitere Erklärungen, daß eine Saat nur wechselwirkend Ernte bringen und daß aus einem Weizenkorn immer nur wieder Weizen sprießen kann. Neu war allenfalls, daß diese Gesetzmäßigkeiten nicht nur für die Umwelt des Menschen Gültigkeit haben, sondern daß auch wir selbst ihnen unterworfen sind, das Seelenleben miteingeschlossen.

Man kann annehmen, daß das gleichnishafte, „vertikale Denken" – „Wie oben, so unten/Wie innen, so außen" – den Hörern Jesu noch weitaus vertrauter war als uns Kindern des dritten Jahrtausends, die wir diese geistorientierte Ausrichtung ja ungebührlich vernachlässigen. Der moderne Mensch begnügt sich lieber mit jener engstirnigen Verstandestätigkeit, die sich als „horizontale Sackgasse" beschreiben läßt; erstrebt wird nur noch die kausale Logik von Ursache und Wirkung. Gleichnishaft gesagt: Dem harmonischen Denken, das man durch ein gleichschenkeliges Kreuz symbolisieren könnte, ist der Längsbalken abhanden gekommen.

Folglich darf es als durchaus zweifelhafter „Segen" bewertet werden, wenn sich in unserer Zeit das Wissensvolumen der Menschheit schon bald alle zehn Jahre verdoppelt. Denn längst sind wir in Daten, Zahlen und Fakten versunken und müssen alle Kraft dafür aufwenden, uns Gänge durch das Gewühl digitalisierter Wissensfragmente zu graben, damit wir überhaupt noch Luft bekommen. Der befreiende Überblick ist uns längst abhanden gekommen, wir wissen um des Wissens willen.

Lediglich die Binsenweisheiten des Volksmunds, meist nur belächelt als schrullige Übrigbleibsel aus einer fernen Epoche vor dem Informationszeitalter, scheinen noch an das gleichnishafte Denkvermögen des Menschen zu rühren.

Wenn es da zum Beispiel heißt: „Gleich und gleich gesellt sich gern" oder „Art läßt nicht von Art", dann kommt unmißverständlich zum Ausdruck, daß auch unser Seelenleben klaren Gesetzmäßigkeiten – in diesem Fall dem „Gesetz der Anziehung der Gleichart" – folgt.

Tatsächlich treffen die Sprachkreationen des Volksmunds[94] oft den „Nerv", also die Gesetze der Schöpfung, es muß sich dabei nicht einmal um Sprichwörter handeln. Wenn seelische Befindlichkeiten etwa als „tiefe Schwermütigkeit" oder auch „heitere Leichtigkeit" beschrieben werden, so kommen darin gleichnishaft abermals Zustände zum Ausdruck, wie wir sie aus dem Alltag kennen: Im Wasser steigen oder sinken Gegenstände bekanntlich je nach ihrer „Schwere". Und wie in der physischen Außenwelt, so gilt dieses „Gesetz der Schwere" auch für unsere immaterielle Innenwelt: Man kann sich niedergedrückt oder beflügelt fühlen; am Boden zerstört, belastet – oder emporgehoben, frei!

Solche Wirkungen sind für jeden Menschen bei ein wenig Selbstbeobachtung ohne weiteres erfahrbar. Die Aufgabe ist, gründliche Ursachenforschung zu betreiben und durch entsprechende Lebensführung unliebsame, hemmende Gemütszustände, die den inneren Aufstieg blockieren, zu vermeiden beziehungsweise all das zu pflegen, was seelisch-geistig beflügelt.

Mit vielen seiner Gleichnisse beschrieb Jesus genau das: Er vermittelte, *wie* der Mensch sich zu verhalten hat, damit Schicksalsfäden ihn nicht hemmen, sondern fördern, so daß er kraft seiner Fähigkeiten jene Urprinzipien für sich nützen kann, die wir heute unter der Bezeichnung „Schöpfungsgesetz" wahrscheinlich am besten verstehen.

Inwieweit Christus jemals in diesem Sinne begriffen wurde, bleibt fraglich. Daß er bei der Auffassungsgabe seines Umfeldes oft auf allzu enge Grenzen stieß, geht unter anderem aus der gewiß schmerzlichen Erkenntnis hervor, die Jesus am Ende seines Lebensweges zum Ausdruck brachte. Kurz vor dem bitteren Gang nach Golgatha offenbarte er seinen Jüngern:

> *»Ich habe Euch noch viel zu sagen. Aber Ihr könnet es jetzt nicht tragen. Wenn aber jener, der Geist der Wahrheit, kommen wird, der wird Euch in alle Wahrheit leiten.«* [95]

Dieser Satz belegt nicht nur, daß Jesus gerne noch mehr Wissen vermittelt hätte bzw. daß dies durch die Unreife der Menschen nicht möglich wurde, sondern er bringt vor allem auch eine der wichtigsten, verkanntesten und am meisten vernachlässigten [96] Prophezeiungen des Christentums zum Ausdruck: Der Gottessohn kündigte an, daß sein Werk durch den „Geist der Wahrheit" beziehungsweise den „Tröster" eine Fortsetzung erfahren sollte:

> *»Wenn aber der Tröster kommen wird, welchen ich Euch senden werde vom Vater, der Geist der Wahrheit, der vom Vater ausgehet, der wird zeugen von mir.«* [97]

Jesus kündigte eine zweite Wiederkehr Gottes an!

Das Leben Jesu

Die Botschaft, das Auftreten und die Sprache Jesu sollten eigentlich genügend Ansatzpunkte für die Schlußfolgerung bieten, daß mit Jesus von Nazareth tatsächlich eine überwältigende Persönlichkeit unter die Menschen trat, deren Lehre die Geschichte des Abendlandes zu Recht über Jahrhunderte geprägt hat.

Es sollte gar nicht nötig sein, in den *äußeren* Lebensumständen dieses Mannes das Besondere zu suchen.

Wir wollen auf solche Anstrengungen denn auch weitgehend verzichten. Daß das Leben Jesu unbedingt eins mit seiner Botschaft war, wird beispielhaft an der Härte deutlich, mit der er gegenüber seiner Mutter Maria falsche Familienbande zerriß,[98] vor allem aber an der bedingungslosen Konsequenz, mit der Christus zuletzt um seines Wortes willen selbst eine Kreuzigung in Kauf nahm – die grausamste und erniedrigendste Form des Getötetwerdens, die man sich bis dato erdenken konnte.

Es mag der Illustration dieser Kompromißlosigkeit Jesu dienen, wenn man sich vor Augen führt, wie es zu dieser Kreuzigung überhaupt kam. Natürlich war Christus für die jüdischen Schriftgelehrten mit ihrem religiösen Führungsanspruch ein arger Störenfried; und nachdem diese seiner lebensnahen, lebendigen Weisheit mit ihrem vernagelten Lehrbuchwissen nichts entgegenhalten konnten, setzten sie kurzerhand alles daran, ihn zu Tode zu verleumden. Ihr Ansinnen, Jesus als Aufwiegler gegen die Besatzungsmacht Rom darzustellen, als gefährlichen „Führer der Juden", erhielt dabei unerwartet Unterstützung durch Judas Ischariot. Dieser Apostel Jesu mochte zwar – wie alle elf anderen – um ein Leben im Sinne der Botschaft seines Herrn bemüht gewesen sein, aber er träumte eben auch von handfester irdischer Macht und Anerkennung … Gedanken, die zuletzt immer mächtiger in ihm wurden. Judas hätte Jesus *wirklich* gern als „König der Juden" gesehen und nahm hinter seinem Rücken Kontakt zu einer Gruppe von Widerstandskämpfern auf, deren Ziel es war, das Land von der römischen Besatzung zu befreien, und die auch bereit dazu waren, Jesus nach ihrem Sieg als Herrscher anzuerkennen. Die Bedingungen schienen günstig, und die Menschen erwarteten jubelnd einen starken Führer …

Doch Judas, der sich selbst eingeredet hatte, damit im Sinne Jesu und gewissermaßen in vorauseilendem Gehorsam zu handeln, wurde durch den Gottessohn enttäuscht. Dessen Verhalten war eindeutig: Bei ihm gab es keine politischen Ziele, keine Hetzreden gegen Rom, keine Machtansprüche. Und schien der große Umsturz auch noch so greifbar: Christus lehrte nur seine Botschaft der Liebe …

Nachdem er sich selbst bei der Widerstandsgruppe in unausweichliche Bedrängnis gebracht hatte, weil seine Versprechungen zur „Herrschaft Jesu" sich zunehmend als haltlos erwiesen, suchte Judas zuletzt seinen Ausweg im Verrat. Kopflos geworden, wurde er willfähriger Diener der Interessen der Pharisäer und gab den Aufenthaltsort des Gottessohnes preis. Die Ereignisse nahmen ihren Lauf …[99]

Jesu Leben zeugte bis zuletzt von der Lauterkeit all seiner Absichten. Es ging darin um nichts Weltliches; berechnende Gedanken jedweder Art fanden in seinem Herzen keinen Widerhall. Doch das mag nur als ein letzter, im Grunde schon nebensächlicher Hinweis darauf verstanden werden, daß Jesus *mehr* war als nur eine große Persönlichkeit, die ihren Mitmenschen etwas zu sagen hatte.

Gottessohn Jesus

Muß der Mann aus Nazareth auf Grund all dessen, was wir aus der Bibel über ihn wissen oder was Evangelienforscher in jüngster Zeit zutage gefördert haben, zwangsläufig als „Gottessohn" eingestuft werden?

Natürlich nicht. Ganz im Gegenteil: Gerade der Weg bis zu *dieser* Erkenntnis, daß in Jesus Christus tatsächlich ein Teil des wesenlosen Schöpfergottes unter die Menschen trat, scheint um so weiter, je ehrlicher man es mit seiner religiösen Überzeugung meint.

Bezeichnend ist, daß selbst Dr. Herbert Ziegler, der die Botschaft Jesu nach jahrelangen Forschungen auf Grund ihrer *inhaltlichen* Besonderheit als „göttliche Sendung" anerkannte, sich scheute, den Rangtitel „Gottessohn" in den Mund zu nehmen. Jesus selbst bezeichnete sich nicht so, er wurde auch nicht so genannt – warum sollten wir es damit heute anders halten?

Tatsächlich wäre es dem Christentum wohl dienlicher, würde man diesen hohen Begriff weniger inflationär verwenden und sich lieber darum bemühen, die *Botschaft* Jesu zu ergründen, anstatt unentwegt die Bezeichnung „Gottessohn" im Mund zu führen – eine Betitelung, die durchweg viel zu leichtfertig verwendet wird und deshalb Glanz und Hoheit längst verloren hat.

Wer Jesus als „Sohn" des allmächtigen Schöpfers bezeichnen will, ohne damit gegen das zweite Gebot zu verstoßen, müßte sich nicht allein über die herausragende Bedeutung der Lehre Christi im klaren sein (die ihrerseits natürlich einen Weg zur Erkenntnis ihres Bringers weist, diese Erkenntnis aber durchaus nicht bedingt), sondern darüber hinaus auch erahnen, was der Begriff „Gottessohn" *wirklich* zum Ausdruck bringen will: Daß damit nämlich der Schöpfer *selbst* gemeint ist.

Denn der Glaube an den Einen Gott läßt sich mit der Vorstellung einer „Dreifaltigkeit" überhaupt nur dann vereinen, wenn man eine unbedingte, enge Zusammengehörigkeit des Schöpfers mit seinem „Sohn" beziehungsweise dem „Heiligen Geist" voraussetzt. Sonst würden wir abermals in der Vielgötterei enden.

Dazu schrieb Abd-ru-shin zusammenfassend in einem Vortrag der Gralsbotschaft:

»*Es gibt nur* einen *Gott, nur* eine *Kraft! Was ist aber nun die Dreifaltigkeit? Dreieinigkeit? Gottvater, Gottsohn und der Heilige Geist?*

Als sich die Menschheit selbst das Paradies verschloß, indem sie sich nicht mehr von der Empfindung leiten ließ, die geistig ist und demnach auch Gott nahesteht, sondern selbstwählerisch sich irdischen Verstand großzog und sich ihm unterwarf, sich somit also zum Sklaven ihres eigenen Werkzeuges machte, das ihr zur Benutzung mitgegeben war, entfernte sie sich ganz naturgemäß auch mehr und mehr von Gott. (...)

Mit jeder Generation wurde die Kluft größer, die Menschen ketteten sich immer mehr nur an die Erde. Sie wurden zu den erdgebundenen Verstandesmenschen, die sich Materialisten nennen, sogar mit Stolz so nennen, weil sie ihre Ketten gar nicht ahnen, da mit dem fest an Raum und Zeit Gebundensein auch gleichzeitig naturgemäß ihr Horizont verengte.

Wie sollte davon aus der Weg zu Gott gefunden werden?

Es war unmöglich, wenn die Hilfe nicht von Gott ausging. Und Er erbarmte sich. Gott selbst in seiner Reinheit konnte sich den niederen Verstandesmenschen nicht mehr offenbaren, weil diese nicht mehr fähig waren, seine Boten zu fühlen, zu sehen oder zu hören, und die wenigen, die es noch vermochten, wurden verlacht, weil der verengte, nur an Raum und Zeit gebundene Horizont der Materialisten jeden Gedanken an eine darüber hinaus bestehende Erweiterung als unmöglich, weil für sie nicht begreifbar, ablehnte.

Deshalb genügten auch die Propheten nicht mehr, deren Kraft nicht durchzudringen vermochte, weil zuletzt auch sogar die Grundgedanken aller religiösen Bestrebungen rein materialistisch geworden waren.

Es mußte also ein Mittler kommen zwischen der Gottheit und der verirrten Menschheit, der mehr Kraft besaß als bisher alle anderen, damit er durchzudringen vermochte. Soll man sagen: um der wenigen willen, die unter dem krassesten Materialismus noch nach Gott verlangten? Es wäre richtig, würde aber von Gegnern lieber als Anmaßung der Gläubigen bezeichnet werden, anstatt darin die Gottesliebe und doch auch strenge Gerechtigkeit zu erkennen, die in Lohn und Strafe gleichmäßig Erlösung bietet.

Deshalb trennte Gott in seiner Liebe durch einen Willensakt ein Stück *von sich selbst ab und senkte es in Fleisch und Blut, in einen Menschenkörper männlichen Geschlechtes: Jesus von Nazareth, als nunmehr fleischgewordenes Wort, fleischgewordene Gottesliebe, Gottes Sohn! (...)*

112

Das so abgetrennte und trotzdem eng verbunden bleibende Stück war dadurch persönlich geworden. Es blieb auch nach Ablegung des irdischen Körpers bei engster Wiedervereinigung mit Gottvater weiterhin persönlich.

Gottvater und Gottsohn sind also zwei und in Wirklichkeit nur eins! Und der ‚Heilige Geist'? Christus sagte von ihm, daß wohl Sünden gegen Gottvater und Gottsohn vergeben werden könnten, nie aber die Sünden gegen den ‚Heiligen Geist'!

Ist der ‚Heilige Geist' nun höher oder mehr als Gottvater und Gottsohn? Diese Frage hat schon so manches Gemüt bedrückt und beschäftigt, so manches Kind verwirrt gemacht.

Der ‚Heilige Geist' ist der Wille Gottvaters, der Geist der Wahrheit, der abgetrennt von ihm gesondert in der ganzen Schöpfung wirkt, und der wie auch die Liebe als Sohn trotzdem noch eng mit ihm verbunden, eins mit ihm geblieben ist.

Die ehernen Gesetze in der Schöpfung, die gleich Nervensträngen durch das ganze Weltall gehen und die unbedingte Wechselwirkung bringen, des Menschen Schicksal, oder sein Karma, sind ... von dem ‚Heiligen Geist' oder deutlicher: dessen Wirken!

Deshalb sagte der Heiland, daß niemand sich ungestraft gegen den Heiligen Geist zu versündigen vermag, weil in dessen unerbittlicher und unverrückbarer Wechselwirkung die Vergeltung auf den Urheber zurückkommt, auf den Ausgangspunkt, sei es nun Gutes oder Böses.

Wie Gottsohn Jesus vom Vater ist, so ist auch der Heilige Geist von ihm. Beide also Teile von ihm selbst, ganz zu ihm gehörend, untrennbar. Wie die Arme eines Körpers, die selbständige Handlungen vornehmen und doch zu ihm gehören, wenn der Körper ganz sein soll; die aber auch nur selbständige Handlungen vornehmen können in Verbindung mit dem Ganzen.

So ist Gottvater in seiner Allmacht und Weisheit, zur Rechten als ein Stück von ihm Gottsohn, die Liebe, und zur Linken, Gott der Heilige Geist, die Gerechtigkeit. Beide von Gottvater ausgegangen und als einheitlich dazu gehörend. Das ist die Dreifaltigkeit des einen Gottes.

Vor der Schöpfung war Gott eins! Während der Schöpfung gab er einen Teil seines Willens als in der Schöpfung selbständig wirkend von sich ab und wurde dadurch zweifältig. Als es sich nötig machte, der verirrten Menschheit einen Mittler zu geben, weil die Reinheit Gottes keine direkte Verbindung mit der sich selbst gekettet habenden Menschheit zuließ, spaltete er dazu aus Liebe ein Stück von sich selbst

113

zur vorübergehenden Menschannäherung ab, um sich der Menschheit wieder verständlich machen zu können, und wurde mit der Geburt Christi dreifältig!«[100]

Mit diesem Zitat aus der Gralsbotschaft ist auch die Brücke geschlagen zum zweiten Teil dieses Buches. Wir werden darin, den weiteren Spuren der Menschheitsgeschichte folgend, immer wieder auf die Bedeutung des „Heiligen Geistes" als Teil der Gottdreieinigkeit stoßen. Dessen Erscheinen auf Erden – und damit die Wiederkehr Gottes – hatte Jesus ja ausdrücklich angekündigt. Daß mit dieser bedeutenden Prophezeiung aber nicht das Pfingstgeschehen kurz nach seinem Abscheiden gemeint war, sei hier gleich vorausgeschickt.

Furcht und Ehrfurcht, aber auch Engstirnigkeit und Dogmatismus bestimmten die ersten paar tausend Jahre des Eingottglaubens – düstere, doch ebenso sehnsuchtserfüllte Kapitel im Buch der menschlichen Entwicklungsgeschichte. Sie wurden mit der Ermordung Christi zugeschlagen.

Eine neue Zeit begann.

Aber welche Früchte würde die Mission Jesu bringen?

Anmerkungen und Literaturhinweise zu Teil 1, Kapitel 3

1 Dr. Herbert Ziegler (1916–1998) studierte Theologie und Chemie, wurde als Jesuit ausgebildet, trat aus dem Orden jedoch später aus. Er befaßte sich von 1981 an eingehend mit den Evangelien und lebte zuletzt in der Schweiz.

2 Teile aus dieser Neuübersetzung wurden unter dem Titel „Was hat Jesus gesagt?" in der Zeitschrift „GRALSWELT", Heft 7, Verlag der Stiftung Gralsbotschaft, Stuttgart, 1998 bzw. „GRALSWELT Themenheft", Heft 2, Verlag der Stiftung Gralsbotschaft, Stuttgart, 1998, veröffentlicht.

3 „Wehe Euch, Ihr Heuchler – Die ureigenen Worte Jesu", Walter-Verlag, Solothurn/Düsseldorf, 1993

4 Platon lebte 427–347 v. Chr. und gilt als „König der Philosophen". Seine Schriften trugen wesentlich dazu bei, die westliche Kultur zu begründen.

5 Zitiert aus: Dr. Herbert Ziegler: „Wissensdrang und Offenbarung – Das Ringen des Menschen nach Wahrheit und die Botschaft Jesu", in: „GRALSWELT", Heft 7, Verlag der Stiftung Gralsbotschaft, Stuttgart, 1998

6 Für den interessierten Laien sei diesbezüglich auf das anschauliche Werk „Die Geschichte der Philosophie" verwiesen, erschienen im Weltbild-Verlag, Augsburg, 1998

7 Besonders hob Dr. Ziegler diesbezüglich die „Goldene Regel" des Herodot (geb. um 490 v. Chr.) hervor: „Ich will nichts tun, was ich am Nachbarn tadle." Weiter den „Kategorischen Imperativ" Immanuel Kants (1724–1804): „Handle so, daß die Maxime deines Willens jederzeit zugleich als Prinzip einer allgemeinen Gesetzgebung gelten könnte" sowie die Tugendlehre Zenons (4. Jh. v. Chr.), die im „Handeln in der Harmonie mit der Allnatur" besteht.

8 Zitiert aus: Dr. Herbert Ziegler: „Wissensdrang und Offenbarung – Das Ringen des Menschen nach Wahrheit und die Botschaft Jesu", in: „GRALSWELT", Heft 7, Verlag der Stiftung Gralsbotschaft, Stuttgart, 1998

9 Vgl. zum Thema „Erbsünde": Teil 1, Kapitel 2

10 Vgl.: Christian Baur: „Eine unglaubliche Karriere", in: „GRALSWELT", Heft 4, Verlag der Stiftung Gralsbotschaft, Stuttgart, 1997

11 Zitiert aus: „Neues Testament", Luk. 1, 28–33

12 Die Vorstellung, daß besondere Menschen durch „jungfräuliche Empfängnis" (Parthenogenesis) – zur Welt kommen könnten, hielten alle Völker des Altertums für möglich.

13 Vgl.: „Neues Testament", Luk. 1, 26–28

14 Vgl.: „Neues Testament", Matth. 1, 18–25

15 Der heiliggesprochene Ambrosius wurde um 340 als Sohn des obersten römischen Verwaltungsbeamten in Trier geboren und von Kaiser Valentinian im Jahr 373 als Statthalter in Oberitalien eingesetzt.

16 Als Genesis (Gen.) wird das 1. Buch Mose im Alten Testament bezeichnet.

17 Vgl.: Erich Weidinger: „Die Apokryphen – Verborgene Bücher der Bibel", Pattloch Verlag, Augsburg, 1990

18 Vgl.: „Neues Testament", Matth. 25, 1–13

19 Zitiert aus: „Altes Testament", Jesaja 7, 14

20 Vgl.: „Neues Testament", Matth. 1, 21 – 23: Der Evangelist Matthäus schildert hier, daß Marias Mann Joseph ein Engel erschien, der ihm die Geburt eines Sohnes ankündigte: „Und sie wird einen Sohn gebären. Des Namen sollst Du Jesus heißen …". Dieses Ereignis deutet Matthäus sodann als Erfüllung der Jesaja-Verheißung vom Kommen Imanuels. Mehr zu diesem Thema finden Sie auch im zweiten Teil dieses Buches.

21 Zitiert aus: Abd-ru-shin: „Im Lichte der Wahrheit – Gralsbotschaft", Verlag der Stiftung Gralsbotschaft, Stuttgart, 1998 (Band 1, Vortrag „Kult")

22 In eine ähnliche Richtung weisen jene eindrucksvollen Schauungen der Ereignisse zur Zeit Jesu, die im Buch „Aus verklungenen Jahrtausenden", Verlag der Stiftung Gralsbotschaft, Stuttgart, 1983, veröffentlicht sind. Der römische Soldat trägt darin den Namen Kreolus. Zwischen ihm und der Jüdin Maria entspann sich eine reine, wahre Liebesbeziehung, die allerdings keine Zukunft hatte, weil Kriegsereignisse eine Rückkehr des Kreolus zu Maria verhinderten.

23 Zitiert aus: „Neues Testament", Mark. 6, 3

24 Zitiert aus: „Neues Testament", Matth. 10, 34

25 Zitiert aus: „Neues Testament", Matth. 7, 21

26 Zitiert aus: „Neues Testament", Matth. 23, 13

27 Vgl.: Ernest Schmitt: „Die Sprache Jesu", in: „GRALSWELT Themenheft", Heft 2, Verlag der Stiftung Gralsbotschaft, Stuttgart, 1998

28 Vgl.: Teil 1, Kapitel 2

29 Diese Geschichten und Fabeln, die über die Jugend Jesu im Alter zwischen 5 und 12 Jahren „berichten", werden auch als „Thomas-Evangelium" bezeichnet und gehören zu den „Apokryphen" (= „unechten" Schriften). Thomas dürfte ein israelitischer Philosoph gewesen sein.

30 „Kindheitserzählung des Thomas: Die Sperlinge aus Lehm", zitiert aus: Erich Weidinger: „Die Apokryphen – Verborgene Bücher der Bibel", Pattloch Verlag, Augsburg, 1990

31 Vgl.: Teil 1, Kapitel 1

32 Vgl.: „Neues Testament", Matth. 14, 17–21

33 Vgl.: „Neues Testament", Mark. 8, 11–12

34 Vgl.: „Neues Testament", Joh. 6, 35

35 Zitiert aus: Abd-ru-shin: „Fragenbeantwortungen 1924–1937", Verlag der Stiftung Gralsbotschaft, Stuttgart, 1983

36 Martin Luther übersetzte die Bibelstelle Luk. 1,37 mit der unglücklichen Formulierung „Bei Gott ist kein Ding unmöglich". Dieser Satz, der oft zur Untermauerung von göttlichem Wunderwirken herangezogen wird, zitiert das Alte Testament (1. Mose 18, 14) und bedeutet sinngemäß, daß jedes Wort, das von Gott ausgeht, auch die Kraft zur Erfüllung in sich trägt.

37 Vgl.: „Neues Testament", Joh. 18, 37

38 Vgl.: „Neues Testament", Joh. 12, 46

39 Vgl.: „Neues Testament", Luk. 12, 49

40 Paulus (vormals Saulus) aus Tarsus (10–64 n.Chr.) gilt als der bedeutendste Missionar des Urchristentums.

41 Die Römerbriefe und die Korintherbriefe werden auf die Zeit 50–60 n.Chr. datiert; die anderen Niederschriften entstanden erst später.

42 Vgl.: „Neues Testament", Röm. 5, 8–10

43 Vgl.: „Neues Testament", Röm. 3, 28

44 Vgl.: „Neues Testament", 1. Kor. 15, 13–18

45 Vgl.: „Neues Testament", Luk. 24, 51

46 Vgl.: „Neues Testament", Joh. 20, 1–8

47 Eine besonders bemerkenswerte Schilderung dieser Ereignisse sowie des Lebens Jesu findet der Leser im Buch „Verwehte Zeit erwacht" (Band 3), Verlag der Stiftung Gralsbotschaft, Stuttgart, 1984

48 Zitiert aus: „Neues Testament", Luk. 24, 31

49 Zitiert aus: „Neues Testament", Joh. 20, 19

50 Vgl.: „Neues Testament", Luk. 24, 39

51 Das Matthäus- und das Lukas-Evangelium dürften um etwa 80–90 n. Chr. geschrieben worden sein; das Markus-Evangelium wird auf etwa 70 n. Chr. datiert, das Johannes-Evangelium auf 100 n. Chr. Die Offenbarung des Johannes dürfte 95 n. Chr. entstanden sein. Diesen Annahmen der Geschichtsforschung zufolge hat also keiner der Autoren Jesus persönlich gekannt, sondern es wurden nur mündliche Überlieferungen niedergeschrieben. Die Autoren dieser Schriften waren demnach nicht die Jünger Jesu selbst, sondern durchweg unbekannte Christen, die eventuell verschiedenen Schülerkreisen einzelner Apostel angehörten. Als authentisch gelten hingegen die Briefe des Apostels Paulus an die Gemeinden in Rom und Korinth. Sie dürften aus den Jahren 60–64 n. Chr. stammen und werden daher als die frühesten christlichen Zeugnisse betrachtet.

52 Zitiert aus: „Neues Testament", 1. Kor. 15, 14

53 Vgl.: Siegfried Hagl: „Die geheimnisvollste aller Reliquien", in: „GRALSWELT", Heft 7, Verlag der Stiftung Gralsbotschaft, Stuttgart, 1998

54 Vgl.: Holger Kersten/Elmar R. Gruber: „Das Jesus-Komplott – Die Wahrheit über das ,Turiner Grabtuch'", Wilhelm Heyne-Verlag, München, 1992

55 Publius Cornelius Tacitus (55–120 n. Chr.) war Konsul in Rom und römischer Historiker.

56 Claudius Drusus Germanicus Caesar Nero (37–68 n. Chr.) war von 54–68 n. Chr. römischer Kaiser und ließ eine große Zahl Christen hinrichten.

57 Vgl.: Siegfried Hagl: „Der historische Jesus und der Christus des Glaubens", in: „GRALSWELT Themenheft", Heft 2, Verlag der Stiftung Gralsbotschaft, Stuttgart, 1998

58 Vgl.: Johannes Lehmann: „Das Geheimnis des Rabbi J. – Was die Urchristen versteckten, verfälschten und vertuschten", Knaur Verlag, München, 1985

59 Die Essener waren lange Zeit nur durch die antiken Schriftsteller Philon von Alexandrien, Flavius Josephus und Plinius der Ältere bekannt und erlangten erst im 20. Jahrhundert durch die Funde von Schriftrollen am Toten Meer größere Bedeutung. Man geht heute davon aus, daß vor allem Johannes der Täufer sich der religiösen Bruderschaft der Essener verbunden fühlte.

60 Das „Neue Testament" ist eine Sammlung von insgesamt 27 „kanonischen" (verbindlichen) Schriften, die es in der heute gebräuchlichen Zusammenstellung allerdings erst etwa seit 400 n. Chr. gibt.

61 Vgl.: Teil 1, Kapitel 2

62 Vgl.: Dr. Christian Baur: „Und werdet sein wie Gott ...", Verlag der Stiftung Gralsbotschaft, Stuttgart, 1999

63 Die Würdebezeichnung „Messias" heißt „der Gesalbte" und steht einem „Bevollmächtigten Gottes" zu, nach christlicher Überzeugung also Jesus von Nazareth. Die Bezeichnung wurde für den „König und Hohenpriester Israels" benutzt.

64 Zitiert aus: „Neues Testament", Matth. 7, 28–29

65 Zitiert aus: „Neues Testament", Matth. 7, 13–14

66 Zitiert aus der Übersetzung des Neuen Testaments von Dr. Herbert Ziegler, „Was hat Jesus gesagt?", veröffentlicht in: „GRALSWELT Themenheft", Heft 2, Verlag der Stiftung Gralsbotschaft, Stuttgart, 1998

67 Zitiert aus: „Neues Testament", Matth. 5, 21–22

68 Zitiert aus: „Neues Testament", Matth. 5, 27–28

69 Vgl.: Günther Schwarz/Jörn Schwarz: „Das Jesus-Evangelium", Ukkam Verlag, München, 1993

70 Der Evangelist Lukas spricht in 4, 22 davon, daß man sich bei Jesus über die „holdseligen Worte, die aus seinem Munde gingen", wunderte.

71 Zitiert aus: „Neues Testament", Joh. 20, 23

72 Die Form der Beichte entwickelte sich in der heute bekannten Form erst lange nach Christi Tod. Die bestehende Praxis der „Sündenvergebung" geht auf das 13. Jahrhundert zurück; Beichtstühle gibt es erst seit dem 17. Jahrhundert.

73 Zitiert aus: „Neues Testament", Matth. 5, 38–43

74 Zitiert aus der Übersetzung des Neuen Testaments von Dr. Herbert Ziegler, „Was hat Jesus gesagt?", in: „GRALSWELT Themenheft", Heft 2, Verlag der Stiftung Gralsbotschaft, Stuttgart, 1998

75 Erschienen in der Zeitschrift „GRALSWELT", Heft 3, Verlag der Stiftung Gralsbotschaft, Stuttgart, 1997. Ein gekürzter Nachdruck des Gesprächs erschien in der Zeitschrift „GRALSWELT Themenheft", Heft 2, Verlag der Stiftung Gralsbotschaft, Stuttgart, 1998.

76 Zitiert aus: „GRALSWELT Themenheft 2", Verlag der Stiftung Gralsbotschaft, Stuttgart, 1998

77 Zitiert aus: „Neues Testament", Matth. 6, 7–8

78 Eine hervorragende Auslegung des „Vaterunsers" bietet Abd-ru-shin in: „Die zehn Gebote Gottes – Das Vaterunser", Verlag der Stiftung Gralsbotschaft, Stuttgart, 1990;

die Originalstellen des „Vaterunsers" finden sich im Neuen Testament bei
Matth. 6, 7–13.

79 Die Formulierung „Führe uns nicht in Versuchung" (Matth. 6, 13) will gewiß nicht zum Ausdruck bringen, daß Gott den Menschen versuchen oder verführen könnte, sondern bedeutet nach Abd-ru-shin (vgl. dazu die voranstehende Anmerkung) sinngemäß: „Laß uns nicht falsche Wege einschlagen, nicht falsch suchen, laß uns nicht die Zeit versuchen, vertrödeln, vergeuden! Sondern halte uns, wenn nötig, gewaltsam davon zurück, auch wenn uns solche Notwendigkeit als Leid und Schmerz treffen muß!"

80 Zitiert aus: „Neues Testament", Matth. 6, 5–6

81 Vgl.: „Neues Testament", Matth. 6, 1–4

82 Zitiert aus: „Neues Testament", Matth. 6, 16–18

83 Zitiert aus: „Neues Testament", Matth. 7, 3

84 Zitiert aus: „Neues Testament", Matth. 7, 1–2

85 Zitiert aus: „Neues Testament", Matth. 6, 25; Matth. 6, 26; Matth. 6, 31; Matth. 6, 33

86 Zitiert aus: „Neues Testament", Gal. 6, 7

87 Zitiert aus: „Neues Testament", Matth. 7, 12

88 Zu diesen Gesetzmäßigkeiten zählt, wie unter Punkt 5 etwas näher beschrieben, das „Gesetz der Schwere". Vgl.: Teil 3

89 Zitiert aus: „Neues Testament", Matth. 5, 3; Matth. 5, 8. Mit „geistlich arm" meint die Übersetzung des Textes den Verstand des Menschen, etwa im Sinne von „intellektuell nicht verbildet".

90 „Testament" im biblischen Sinne bedeutet „Verfügung Gottes" und zugleich „Bund Gottes mit den Menschen". Daher bezeichnet man die vorchristlichen Schriften der Bibel als „Altes" und die auf die Lehre Christi Bezug nehmenden Schriften als „Neues Testament".

91 Zitiert aus: „Neues Testament", Matth. 26, 28

92 Vgl.: „Neues Testament", Matth. 27, 51

93 Vgl.: „Neues Testament", Offb. 7, 3

94 Vgl.: Herbert Vollmann: „Ein Blick in die andere Welt", hier: „Wahrheiten und Weisheiten in Sprichwörtern und Redensarten", Verlag der Stiftung Gralsbotschaft, Stuttgart, 1995

95 Zitiert aus: „Neues Testament", Joh. 16, 12–13

96 Vgl.: Teil 2

97 Zitiert aus: „Neues Testament", Joh. 15, 26

98 Vgl.: „Neues Testament", Joh. 2, 4, wo Jesus seiner Mutter sagt: „Weib, was habe ich mit Dir zu schaffen?"

99 Eine ausführliche Darstellung dieser Ereignisse findet der Leser bei Ernest Schmitt: „Heilsplan oder Mord", Verlag der Stiftung Gralsbotschaft, Stuttgart, 1993. Eindrucksvolle Schilderungen zum Leben und Wirken Jesu bietet auch die Buchreihe „Wegbereiter", Verlag der Stiftung Gralsbotschaft, hier: „Verwehte Zeit erwacht" (Bände I, II, III), Stuttgart, 1994 sowie: „Aus verklungenen Jahrtausenden", Stuttgart, 1994

100 Zitiert aus: Abd-ru-shin: „Im Lichte der Wahrheit – Gralsbotschaft", Verlag der Stiftung Gralsbotschaft, Stuttgart, 1998 (Band 2, Vortrag „Gott")

Teil 2

Verfall des Glaubens

4. Hinter dem Mythos

Als ich mich vor etwa 20 Jahren erstmals bewußt mit dem „Gral" beschäftigte, weckte das ungewöhnliche Empfindungen in mir: Ein vorerst noch reichlich verschwommenes Bild von etwas Ungreifbarem, Unnahbarem tat sich auf, und Begriffe wie „urewig", „hocherhaben" und „unermeßlich" rundeten es wie selbstverständlich ab. Bald wurde mir klar, daß es zwischen diesem besonderen Wort „Gral" und unserer Suche nach Erkenntnis und Wahrheit einen Zusammenhang gibt – wie es ja auch die zahlreichen Legenden andeuten, die sich um diesen Begriff ranken.

Mythen als spirituelle Wegweiser?

Warum nicht! Wie die Religion versucht auch der Mythos eine Welt- und Lebensdeutung, und wie die Religion benutzt er dazu Symbole, Visionen und tiefgründige Gleichnisse. Was die Menschen über Generationen bewegt hat, was immer weiter überliefert wurde und den Formenwandel der Zeiten unbeschadet überdauerte, kann wohl so seicht nicht sein.

Im ersten Teil dieses Buches haben wir uns auf die Suche nach brauchbaren Bausteinen für eine neue spirituelle Lebensorientierung begeben, die sich als tragfähig für das 21. Jahrhundert erweisen soll und die uns dem Schöpfer wieder näher bringt, weil sie dem blinden Glauben endlich entwachsen ist.

Auf dieser Suche begegneten wir dem berufenen Volk des Alten Testaments, den Juden, und auch der Lehre Christi, von der das Neue Testament kündet. Beide Glaubensquellen des Christentums erwiesen sich als Born geistigen Wissens – jedenfalls solange nicht intellektuelle Querschüsse die im Grunde einfache Wahrheit verdunkelten und uferlose Phantasien ihre Blüten trieben.

123

Doch sind es nicht nur die Fundamente des Christentums wert, daß man sie von allerlei Unrat – in diesem Fall von inhaltlosem Wunderglauben – befreit. Gleich den biblischen Erzählungen gibt es noch weitere Überlieferungen, die sich als tiefe Quellen zur Erquickung des Geistes erweisen, sofern man sich nur zu ihnen durchgräbt und sie nicht in oberflächlicher Beurteilung schubladisiert – etwa als Überbleibsel einer Kulturstufe, der wir längst entwachsen sind.

Mythen sind viel mehr als das. Am herausragenden Beispiel der Gralssage soll in diesem Kapitel deutlich werden, wie sich Religion und Mythologie zu einem harmonischen Ganzen zusammenfügen, ohne daß man dabei in esoterische Grauzonen oder geistige Untiefen abgleiten muß, die einen *wahrheitsuchenden* Menschen gewöhnlich eher abschrecken, als zu näherem Hinsehen anregen.

Wenn wir nun also geistesgeschichtlich bedeutsame Entwicklungen in der Zeit nach Christus verfolgen, um unsere Suche nach tragfähigen Elementen für einen neuen Gottesbegriff fortzusetzen, dann wollen wir dabei alle Scheuklappen ablegen und unseren Blick vom Pfad der Religion, auf dem wir bislang gereist sind, auf den der Mythologie weiten.

Beide Wege führen ja über lange Strecken nebeneinander, kreuzen sich bisweilen sogar. Später werden wir noch eine weitere Parallelstraße kennenlernen[1], die ebenfalls zur Wahrheit führen will – die Wissenschaft. Und auch hier werden wir manches entdecken, das unerläßlich ist für einen überzeugten Gottesglauben im 21. Jahrhundert.

Zunächst war es jedoch nicht die „Objektivität" des naturwissenschaftlichen Experiments, die als unabdingbare Meßlatte für richtig und falsch erachtet wurde, sondern auf dem Weg zur Wahrheit leiteten vor allem die großen Schöpfungsbilder, wie Religion und Philosophie sie vermittelten. Mythologie, Glaube und Erfahrungswissen prägten ein sich stetig weiterentwickelndes Weltbild, das, aus Herz und Verstand geboren, sowohl das menschliche Gemüt ansprach, als auch den Intellekt bediente.

Herausragendes Beispiel für den harmonischen Zusammenklang von Mythos, Religion und intellektuellem Erkenntnisstreben ist die Weltsicht der Griechen: Sie entwickelten aus ihren mythischen Schöpfungsgeschichten den bekannten Götterkult, bis Aristoteles[2], der vielleicht wichtigste unter den antiken Philosophen, sich zu der Überzeugung von der Existenz des Einen Gottes durchringen konnte. Nicht von ungefähr waren unter den Jüngern Jesu auch Griechen, und nicht umsonst spielte dieses spirituell so aufgeschlossene Volk auch in der späteren Verbreitung des Christentums eine zentrale Rolle.[3]

124

Und doch muß man rückblickend feststellen, daß die Entwicklung des Monotheismus, beginnend mit dem Tode Jesu bis in die heutige Zeit, wohl am trefflichsten mit der Überschrift „Verfall des Glaubens" zusammenzufassen ist. Denn die vergangenen 2.000 Jahre beschreiben – von den durchgeistigten Höhenflügen einzelner einmal abgesehen – eine mehr oder minder kontinuierliche Abwärtsentwicklung, die sich für das 19. und 20. Jahrhundert durch eine Exponentialkurve veranschaulichen läßt: Die Zahl der Menschen, denen Gott im Grunde genommen gar nichts mehr bedeutet, steigt rapide.

Das öde, erstarrte Seelenland, dem die materialistischen Leitgedanken unserer Zeit entstammen, dieses durch Atheismus, Fanatismus und Dogmatismus zerstörte Innenreich, es ist längst nicht mehr vom Licht des Geistes durchflutet. Nur der gewaltige Babylonische Turm, an dem wir seit biblischen Zeiten mit emsigem Fleiß arbeiten, dieses monumentale Blendwerk unseres Intellekts, dem wir unsere Spiritualität geopfert haben, vermag den Blick des Menschen von der abgrundtiefen Leere seiner Seele wegzulocken. Was immer uns seit dem Sündenfall[4] so erstrebenswert erscheint – Geld und Gut, Wohlstand und Macht, Sexualität und Sinnenrausch … oder was sonst noch der Steigerung des Lustgewinns dienen mag –, es hat unser Innenleben längst in unsichtbare Fesseln geschlagen und bricht nun allerorts unbändig als „Zeitgeist" hervor. Doch es ist eine geist*lose* Welt des Scheins, die da aus Lautsprechern und Fernsehschirmen quillt, fatal die Künste streift oder uns die seltsamsten „Sterne" am Unterhaltungsboulevard anhimmeln läßt – hier den Abgott Muskelmensch, dort die androgynen Ideale plastischer Schönheitschirurgie, dazwischen alle denkbaren Unnatürlichkeiten. Bis in die tiefsten Keller des Babylonischen Turms wird heftig getanzt!

Die fragwürdigen Lehren des Paulus

Hat die Lehre Christi versagt? Nein, sie wurde nur kaum jemals gelebt! Nach dem gewaltsamen Kreuzestod des Gottessohnes dauerte es nicht lange, und seine große Botschaft der Liebe – die wohl schon zu Jesu Erdenzeiten von den wenigsten wirklich verstanden worden ist – wurde vollends entstellt und auf jenes religiöse Dogma reduziert, das uns noch heute in vielen christlichen Kirchen als das einzig Seligmachende angepriesen wird.

Die ersten gewichtigen Schritte in eine fragwürdige Richtung setzte niemand Geringerer als Paulus von Tarsus (10–64 n. Chr.). Zwar ist es dem großen Apostel und Missionar, der nach einem einschneidenden Er-

125

weckungserlebnis[5] vom gefürchteten Christenverfolger Saulus zum ehernen Streiter für die Sache Jesu wurde, vor allen anderen Jüngern zu danken, daß aus einer kleinen Sekte später eine Weltreligion erstehen konnte, doch Paulus lehrte auch viele Dinge, die mit der Botschaft Jesu wenig zu tun hatten und die das Christentum für ernst denkende Menschen bis heute kläglich und fragwürdig erscheinen lassen:

• Während Jesus von Saat und Ernte sprach, von der Notwendigkeit, daß der Mensch aktiv etwas zu *tun* habe, um ins Himmelreich zu gelangen, glaubte Paulus (der Jesus persönlich natürlich nicht mehr hatte kennenlernen können), die Gnade Gottes wirke *willkürlich*, erbarme sich des einen und „verstocke" den anderen[6] ohne irgendein gesetzmäßiges Walten.

• Das „Seligwerden", also den geistigen Aufstieg, sah Paulus dementsprechend ebenfalls nicht in der aktiven Tat des Menschen begründet, sondern „gerecht" würde dieser „allein durch den Glauben".[7] Der *Glaube* steht demnach im Zentrum, die Befolgung der Gebote oder ein lauteres Leben im Sinne der Nächstenliebe sind nur zweitrangige Bemühungen.

• Auf Paulus geht auch der Gedanke zurück, daß die Kreuzigung des Gottessohnes nicht als primitiver Mord zu sehen sei, sondern als gottge*wollte* Notwendigkeit zur Erlösung der Menschen.[8] Jesus selbst hingegen bat bekanntlich um Vergebung für die Menschen, „denn sie wissen nicht, was sie tun".[9]

• Im Zusammenhang mit dem angeblichen „Opfertod Christi" steht auch die Auffassung vom „sündigen Fleisch", deren Ursprung im Christentum ebenfalls Paulus zuzuschreiben ist: Er meinte, in der „fleischlichen Gesinnung" die „Feindschaft wider Gott" zu sehen, weil das Körperliche „dem Gesetze Gottes nicht untertan" sei und – hier führt eine etwas eigenwillige Logik Regie – durch die Fleischwerdung Gottes erlöst werden müsse:[10]

> *»Das tat Gott und sandte seinen Sohn in der Gestalt des sündlichen Fleisches, und verdammte die Sünde im Fleisch durch Sünde!«*[11]

• Nicht zuletzt legte Paulus mit seinem ersten Brief an die Korinther auch einen wesentlichen Grundstein für den Zölibat, also für die in der römisch-katholischen Kirche von Geistlichen mit höheren Weihen nach wie vor verlangte Ehelosigkeit,[12] wenn er davon schrieb, wie wichtig es sei, „unbehindert" dem Herrn dienen zu können, oder klipp und klar formulierte:

> *»Wer verheiratet, der tut wohl. Welcher aber nicht verheiratet, der tut besser!«*[13]

126

Die Schlußfolgerung, daß das, was wir heute als typisch christlichen Glauben bezeichnen würden, eigentlich großteils paulinisches Gedankengut ist, liegt nahe.[14]

Dabei muß dem großen Missionar natürlich zugute gehalten werden, daß er, ein in jüdischer Tradition gebildeter und auch in griechischer Philosophie gut geschulter Mann, seine Auffassungen in bestem Wollen mit der Lehre Christi verband, und sich auch durchaus darüber im klaren war, daß all sein Wissen und Weissagen letztlich nur „Stückwerk" waren.[15] Es war das Werk späterer Generationen, die Lehren des Apostels Paulus, der um 64 in Rom den Märtyrertod starb, mit der Botschaft Christi gleichzusetzen, ja, sie dieser sogar vorzuziehen, wenn es denn gerade passend erschien.

Wie die päpstliche Kirche entstand

Je weiter sich aber das Christentum inhaltlich von der eigentlichen Lehre des Gottessohnes entfernte, um so bedeutsamer wurden – wie schon bei den jüdischen Pharisäern – äußere Form und interne Verwaltung. Bald standen Fragen der Organisation an, der Macht und Vormachtstellung über andere. Und natürlich fand man für jede Entscheidung, jede Absicht, jeden Schachzug die treffende „Begründung" in einem „Wort Jesu".

So entstand auch die Institution Kirche mit dem Primat des römischen Papstes, also seiner Vorrangstellung gegenüber anderen Bischöfen.

Jesus selbst hatte freilich nie geplant, eine neue Institution zwischen Gott und Mensch zu treiben, geschweige denn, einen „Stellvertreter auf Erden" einzusetzen. Wenn er in seinem berühmten „Felsenwort"[16] zu Petrus sagte: „Du bist Petrus, und auf diesem Felsen will ich meine Gemeinde bauen!", so wollte Jesus damit doch nur die vorbildhafte *innere* Festigkeit seines Jüngers ansprechen (die ja stets die Voraussetzung für geistigen Aufbau ist), nicht aber einen ersten Papst etablieren, wie man ihm das später absichtsvoll unterstellte.

Auch Jesu Hinweis: „Dir will ich des Himmelreichs Schlüssel geben" ist in diesem Sinn zu verstehen. Er sprach damit eine *geistige* Befähigung an, die mit Petri tiefer Gotterkenntnis in Zusammenhang stand, sich naturgemäß aber nicht auf andere Menschen übertragen läßt.

Eine „Gemeinde" im Sinne Jesu kann bestenfalls als *geistige* Gesinnungsgemeinschaft bestehen, was in der ursprünglichen Bedeutung des Begriffes „Kirche" (grch. kyriake = „dem Herrn gehörig") auch zum Ausdruck kommt, heute aber bestenfalls im ökumenischen Gedanken noch lebendig ist. Die ganze kirchliche Organisation, wie man sie seit Generationen sorgsam pflegt, ist indes durch und durch Menschenwerk, welches erst lange nach Christus Schritt um Schritt Form annahm. So kann man beispielsweise aus den wenigen Zeugnissen, die über die ersten drei Jahrhunderte Christentum bekannt sind, noch keinen Primat Roms über alle anderen Kirchen herauslesen.

Der Historiker Klaus Schatz kommt denn auch zum Schluß:

> *»Hätte man einen Christen um 100, 200 oder auch 300 gefragt, ob es einen obersten Bischof gibt, der über den anderen Bischöfen steht und in Fragen, die die ganze Kirche berühren, das letzte Wort hat, dann hätte er sicher mit Nein geantwortet.«*[17]

Wenn also von der Innenseite der St.-Peter-Kuppel in Rom das „Felsenwort" Jesu bedeutungsschwer von Mosaiksteinen strahlt, als Beleg dafür, daß das Papsttum auf göttlichem Willen beruhe und das Erbe Petri darin bewahrt sei, so mag das ein monumentaler Gedanke sein. Mit der Wahrheit ist er dennoch nicht vereinbar.

Tatsächlich entstand die Idee des Papsttums im vierten Jahrhundert nach Christus, und erst die Synode von Rom (495 n. Chr.) begrüßte den Papst erstmals so, wie man ihn heute noch nennt: „Stellvertreter Christi auf Erden". In dieser Zeit begann der „Pontifex Maximus"[18] auch mit großer Autorität darüber zu bestimmen, was richtig und falsch ist.

> *»Wir können nicht verschweigen, was die gesamte Kirche auf dem Erdteil weiß, daß der Stuhl Petri das Recht hat zu lösen, was auch immer durch die Entscheidungen irgendwelcher Bischöfe gebunden worden ist, und daß er das Recht hat, jede Kirche zu richten, während niemand das Recht hat, über ihn zu Gericht zu sitzen.«*[19]

Es verwundert kaum, daß das emsige Ringen um Befugnisse, Zuständigkeiten und Machtordnungen, wie es in diesen Worten von Gelasius I. indirekt zum Ausdruck kommt, manche bedeutende inhaltliche Frage hintanstellte.

Daß man in der Kirche zentrale Themen schon vor 1.500 Jahren lieber elegant umschiffte als vertiefte, wird an einem herausragenden Beispiel deutlich, das die gesamte abendländische Geschichte maßgeblich beeinflußte: Angesprochen ist die Lehre von der Wiederverkörperung.

Wir gehen heute davon aus, daß dem Christentum der Gedanke an wiederholte Erdenleben – ganz im Gegensatz zu den großen Religionen des Ostens – grundsätzlich fremd sein muß. Aber warum glauben wir das eigentlich? Nur weil Jesus nicht ausdrücklich darüber gesprochen hat?

Wiederverkörperung: Ein christlicher Gedanke?

Diese Antwort ist schon deshalb unbefriedigend, weil der Gottessohn gewiß nicht über alles hat sprechen können, was ihm am Herzen lag und weil auch von dem, was er lehrte, nur Bruchstücke überliefert sind. Wie also kommt es, daß wir zur Kenntnis nehmen müssen, daß das christliche Weltbild und der Reinkarnationsgedanke als unvereinbar gelten, wiewohl letzterer die Überzeugung von einer unbedingten Gerechtigkeit Gottes machtvoll unterstreichen würde?[20]

Wenn ich hier den Begriff „Weltbild" anspreche, so muß vorerst einmal zugegeben werden, daß das, was das Neue Testament uns (und auch dem Christentum der ersten Jahrhunderte) von der Lehre Jesu vermittelt, keineswegs schon ein klares, abgerundetes *Bild* darstellt.

Grundsätzlich läßt sich alles, was aus den Lehren des Gottessohnes bekannt ist, in viele Vorstellungen über die Schöpfung harmonisch und befruchtend einfügen.

Das „christliche Weltbild", wie wir es kennen, ist aber nicht allein durch Jesus und auch nicht primär von seinen Jüngern geprägt, sondern es formte sich durch eine Vielzahl von Entscheidungen und Beschlüssen, die lange nach der Zeit des Gottessohnes gefällt wurden und bei denen es durchweg kräftig „menschelte". Da konnte es schon vorkommen, daß politische Erwägungen oder irgendwelche anderen Sachzwänge das aufrichtige Ringen um Wahrheit weit in den Hintergrund drängten.

Was den Reinkarnationsgedanken anbelangt, so war dieser den Menschen in der Spätantike, besonders im griechisch-hellenischen Kulturkreis, durchaus nicht fremd; wiewohl man natürlich davon ausgehen muß, daß sich mit der Wiederverkörperung – damals wie heute – zahllose seltsame Vorstellungen verbanden: von der Annahme, gewisse Inkarnationen seien „Strafen Gottes", bis hin zur Idee, die Seele des Menschen könne auch in Tierkörpern „Fleisch werden".

Wahrscheinlich hätte ein Wissender viel Kraft und Zeit dafür aufwenden müssen, solche haltlosen Gedankengespinste ad absurdum zu führen, und sicher hatte Jesus von Nazareth Wichtigeres zu lehren.

Indes legt eine sachliche Betrachtung einiger Textstellen des Neuen Testaments den Schluß nahe, daß auch den einfachen Menschen rund um Christus der Gedanke an wiederholte Erdenleben nicht wirklich fremd war.

Eine diesbezüglich aufschlußreiche Stelle findet man zum Beispiel beim Evangelisten Johannes, der schildert, wie die Jünger Jesu von ihrem Herrn wissen wollten, weshalb ein Mensch, den sie gerade erblickt hatten, blind auf die Welt gekommen sei:

| »*Und seine Jünger fragten ihn und sprachen: Meister, wer hat gesündigt, dieser oder seine Eltern, daß er ist blind geboren?*«[21]

In dieser Frage kommt deutlich die Möglichkeit zum Ausdruck, daß der Blinde vielleicht *selbst* gesündigt haben könnte, vor seiner Geburt, in einem früheren Erdenleben also. In der Folge verneint Jesus diese Möglichkeit nicht etwa als grundsätzlich unsinnigen Gedanken, sondern er erklärt einfach, daß an diesem Menschen „die Werke Gottes offenbar würden".

Auch andere Fragestellungen in biblischen Überlieferungen bezeugen, daß der Reinkarnationsgedanke zur Zeit Christi keineswegs weltfremd, sondern, ganz im Gegenteil, höchst lebensnah war. Wie sonst hätten die jüdischen Priester Johannes den Täufer allen Ernstes fragen können, ob er Elias sei[22] – die Wiederverkörperung eines Propheten, der im 9. Jahrhundert vor Christus gewirkt hatte? Und wie hätte das Volk auf die Idee kommen können, in Jesus wirke womöglich „Jeremias oder der Propheten einer"?[23]

Geschichtlich läßt sich die Vorstellung wiederholter Erdenleben bis zurück ins Altertum verfolgen. In Griechenland lehrten Pythagoras und Empedokles (um 450 v. Chr.) die Reinkarnation; Plato (um 300 v. Chr.) und Plotin (um 250 v. Chr.) gaben dieser Erkenntnis dann neue, entscheidende Impulse, indem sie mit der Wiederverkörperung eine schlüssige Erklärung für das Schicksal des Menschen anbieten konnten.

Auch im Alten Testament ist die Reinkarnation präsent: Im Buch Hesekiel, das etwa 600 v. Chr. entstanden sein dürfte, wird die „Wiedererweckung" König Davids angekündigt (der um 1000 v. Chr. gelebt hatte),[24] und ein Psalm-Wort preist Gott als den, „der du die Menschen lässest sterben und sprichst: Kommt wieder, Menschenkinder!"[25]

Wie schon ausgeführt, das christliche Weltbild formte sich schrittweise, und es stand selbstverständlich in engstem Zusammenhang auch mit den geistigen Höhenflügen der vorchristlichen Geschichte, in denen Mythos, Religion und intellektueller Wissensdrang einander stets befruchtet hatten. Einer der bedeutendsten Kirchenväter[26] der ersten Jahrhunderte, Origenes aus Alexandria (185–254), verband die christliche Theologie der damaligen Zeit gekonnt mit seinem Studium der neuplatonischen Philosophie. Entsprechend finden sich in seinen Schriften, die unbestritten zu den einflußreichsten im frühen Christentum zählen, auch reichlich Gedanken zur vorgeburtlichen Existenz der menschlichen Seele und zur Wiederverkörperung.

Origenes war von der unbedingten Gerechtigkeit und Güte Gottes überzeugt, das geht aus seinem Werk eindeutig hervor. Und ihm war klar, daß die unterschiedlichen Schicksale der Menschen, die ungleich verteilten

Bedingungen bei jeder Geburt, sich nur dann mit der Gerechtigkeit des Schöpfers vereinbaren lassen, wenn das gesamte Sein des Menschen tatsächlich *mehrere* Erdenleben umfaßt. Die jeweiligen Lebensumstände erklären sich dabei als Folgen von jeweils selbst verursachten Handlungen in früheren Abschnitten des Seins. Gott in seiner Güte verglich Origenes mit einem Arzt, der allen jenen Seelen helfen will, die durch ihre eigene Sündhaftigkeit zu Schaden gekommen sind, indem er ihnen als „bitteres Heilmittel" das Leid sendet.

Wenngleich man manchem in den Lehren des Origenes skeptisch gegenüberstehen muß – etwa seiner Meinung, die materielle Welt sei nur wegen des Versagens der Engel entstanden, im Grund also das Ergebnis von Sünde[27] –, so wird am Beispiel des großen frühchristlichen Kirchenlehrers doch einmal mehr deutlich, daß der Reinkarnationsgedanke dem christlichen Glauben keineswegs entgegenstehen *müßte*.

Leider aber sind die tiefsinnigen Schriften des Origenes in Vergessenheit geraten, weil sie im Jahre 553 beim Konzil zu Konstantinopel (aus vorwiegend politischen Gründen) verboten wurden – rund 300 Jahre nach dem Tod ihres Verfassers. In der diesbezüglichen Entscheidung taucht zwar der Begriff „Reinkarnation" nirgendwo auf, aber es wird ganz allgemein der Gedanke verworfen, daß eine menschliche Seele schon vor der Geburt des Erdenkörpers existieren könne:

> *»Wenn einer die erdichtete Präexistenz der Seelen und ihre daraus folgende phantastische Wiederherstellung vertritt – so sei er im Banne.«*[28]

Ohne vorgeburtliches Sein kann es natürlich auch keine Wiederverkörperung geben. Also ergingen sich die christlichen Kirchen in der fragwürdigen Vorstellung, die menschliche Seele werde gemeinsam mit dem Körper gezeugt, und das Schöpfungsbild der weltgrößten Glaubensgemeinschaft entwickelte sich fortan unter leichtsinnigem Verzicht auf den Reinkarnationsgedanken weiter. Mit der folgenschweren Entscheidung zu Konstantinopel war der *einzige* Schlüssel, der das Tor zum Begreifen der göttlichen Gerechtigkeit wie auch des menschlichen Schicksals öffnen könnte, achtlos verworfen worden.

Letztlich sind wir angesichts der krassen Unterschiede zwischen den Menschen und der vermeintlichen Ungerechtigkeiten auf dieser Welt vor die Entscheidung gestellt, das ganze Leben entweder als Lotteriespiel zu betrachten, in dem der eine eben mehr Glück hat als der andere und in dem es vorrangig darum geht, sich selbst ein möglichst großes Stück vom Kuchen abzuschneiden, oder aber wir anerkennen dieses Erdenleben nur als kurzen Abschnitt einer zielgerichteten, sinnerfüllten Gesamtheit, als bedeutende, aber nicht endgültige Etappe in dem *großen* Sein-Dürfen, das uns von Gott geschenkt wurde.

Leider kann heute kein Zweifel mehr darüber bestehen, daß sich das Abendland für die „Glücksspielhypothese" entschieden hat, mit der sich's ja auch viel bequemer leben läßt: Wo es kein hohes Ziel gibt und keinen Sinn, dort kann es auch keine Verantwortung geben. Es reicht dann voll und ganz, sich seine Zeit damit zu vertreiben, ein Maximum an persönlichem Vorteil anzustreben.

Und was hatten die christlichen Kirchen dieser eitlen und egoistischen Orientierungslosigkeit entgegenzusetzen, nachdem das Thema „Verantwortung" mit dem Verbot des Reinkarnationsgedankens ja eigentlich unter den Tisch gefallen war? Nur ihren paulinischen Erlösungsgedanken! Daß Jesus uns durch seinen Tod entsühnt habe und ein Leben „allein durch den Glauben" christlich genug sei …

Das Wissen um aufeinanderfolgende Erdenleben und die damit verbundenen schicksalhaften Rückwirkungen hielt im christlichen Abendland nur noch eine Handvoll großer Philosophen und Künstler in Ehren – Giordano Bruno (1548 in Nola geboren, 1600 in Rom als Ketzer verbrannt), Johann Gottfried Herder, C. G. Jung, Leo Tolstoi oder zum Beispiel auch Johann Wolfgang von Goethe, der seine innige Beziehung zu Charlotte von Stein in die bekannten Verse goß:

> *»Sag, was will das Schicksal uns bereiten?*
> *Sag, wie band es uns so rein genau?*
> *Ach, du warst in abgelebten Zeiten*
> *Meine Schwester oder meine Frau.«*

Und Christian Morgenstern formulierte:

> *»Es leiht mir wunderbare Stärke*
> *Die Zuversicht, daß nimmermehr ich sterbe,*
> *Daß ungehemmt ich meine Werke*
> *Vollbringe, ob auch oft mein Leib verderbe;*
> *Es wirkt, daß ich mit ernster Ruhe*
> *Von meiner Pläne Fehlschlag mich ermanne –*
> *Ich weiß, was ich erstrebe, was ich tue*
> *Ist nicht gebannt an eines Lebens Spanne.«*

In solchen Zeugnissen gelingt der Kunst das, was religiöser Dogmatismus zumeist vergeblich erstrebt: die Herzen anzurühren, in uns die Empfindung tiefer Lichtsehnsucht zu wecken.

4. Hinter dem Mythos

Die christliche Theologie weigert sich jedoch nach wie vor standhaft, auch nur in Betracht zu ziehen, daß die Gerechtigkeit des Schöpfers vielleicht doch einen größeren Bezugsrahmen umfassen könnte als nur die kurze Spanne eines Menschenlebens, und flüchtet sich lieber in den nichtssagenden Hinweis auf die „unerforschlichen Wege des Schöpfers", wenn angesichts des Unrechts auf dieser Welt Erklärungsbedarf besteht.

Dabei gab es in der Geschichte durchaus immer wieder wertvolle Impulse dafür, die Wiederverkörperung endlich doch noch als einen durch und durch christlichen Gedanken zu erkennen, der in unvergleichlich schlüssiger Form das gerechte Wirken Gottes verdeutlicht. Die diesbezüglich vielleicht bedeutendste Anregung stammt aus der Gralsbotschaft von Abd-ru-shin.

Sie beweist, daß die Reinkarnationslehre mit der Botschaft Christi unschwer vereinbar wäre, würden wir nur bereit sein, traditionelle religiöse Begriffe – etwa den von der „Auferstehung des Fleisches" – mit freiem Geist neu zu überdenken:

> *Der allgemeine Begriff ‚Auferstehung des Fleisches' findet seine Berechtigung in den irdischen Geburten, die nicht aufhören zu sein, solange es Erdenmenschen gibt. Es ist eine große Verheißung der Zulassung wiederholter Erdenleben, nochmaliger Inkarnationen zum Zwecke schnelleren Fortschrittes und notwendiger Ablösung von Wechselwirkungen niederer Arten, gleichbedeutend mit Sündenvergebung. Ein Beweis der unermeßlichen Liebe des Schöpfers, deren Gnade darin liegt, daß abgeschiedenen Seelen, die ihre Erdenzeit ganz oder zum Teil vergeudeten und deshalb unfertig zum Aufstieg in das Jenseits kamen, nochmals Gelegenheit gegeben wird, sich mit einem neuen grobstofflichen Körper oder Mantel zu umhüllen, wodurch ihr abgelegtes Fleisch in dem neuen Fleische eine Auferstehung feiert. Die schon hinübergegangene Seele erlebt damit eine neue Auferstehung im Fleische!*
> *Welcher Segen in dieser sich dauernd wiederholenden Erfüllung einer so hohen Gnade ruht, vermag der nicht alles überschauende Menschengeist erst später zu erfassen!*«[29]

Doch was konnten freie, unbeengte Gedanken jemals ausrichten, wenn nicht Menschlichkeit, sondern starrer Dogmatismus regierte? Welches innere Feuer sollen der Mythos, die *wahre* Religion, der Drang nach Erkenntnis noch entflammen, wenn die Lichtsehnsucht zur Konfession verkümmert ist, eigenständiges Denken hinter festzementierten Glaubenssätzen zurückgetreten ist?

Von der Wahrheit selbst, dem Ewig-Unveränderlichen, immer und überall Gültigen, hatte nicht nur der Gottessohn Jesus Christus gekündet, sondern auch viele Propheten, Philosophen und andere Wegbereiter vor und nach ihm. Sie alle vermochten Bruchstücke des einen Ganzen zu erfassen und konnten so ihrem Volk neue Impulse zur geistigen Entwicklung vermitteln.

Immer aber erstarrten deren hohe Lehren danach zum konfessionellen Dogma, dem jede gottzugewandte Lebendigkeit verlorenging. Unter den Völkern war kaum einmal das Bestreben erkennbar, einander im Wissen um den Schöpfer aller Welten zu ergänzen; die Regel ist vielmehr, daß unterschiedliche religiöse Ansätze in Spaltungen, Streit und Zwistigkeiten münden, wenn nicht sogar in erbitterte Glaubenskriege.

Mohammed und der Islam

So erging es dem Judentum, dessen altehrwürdige Traditionen mit dem römisch-katholischen Dogma bald nicht mehr in Einklang zu bringen waren, obwohl die Schriften des Alten Testaments *beiden* Konfessionen als Grundlage dienen. Das gleiche Schicksal ereilte auch das Christentum, aus dem heraus ungezählte Splittergruppen, Kleinkirchen und Sekten ein immer größeres Eigenleben entwickelten.

Reformatorische Bestrebungen hatten es in den dogmatisierten Religionen niemals leicht, und wer immer die flammende Überzeugung davon in sich trug, daß eine etablierte Konfession nicht mehr wirklich der Wahrheit diente, *konnte* wohl gar nicht anders, als eigene Wege zu gehen.

So mag es auch dem Propheten Mohammed (570–632 n. Chr.) ergangen sein, der Anfang des siebten Jahrhunderts den Islam[30] gründete – eine Einheit von Religion, Weltanschauung und Rechtsprechung, die ihren inhaltlichen Bezug zur Lehre Christi wie zu den Propheten des Alten Testaments nicht verleugnet.

Der jüdische Schriftsteller Essad Bey beschrieb in seiner erstaunlichen Mohammed-Biographie die eigentlichen Absichten des Propheten mit den Worten:

> *»Er entdeckte, daß alle Völker der Welt seit Anbeginn der Zeiten nur eine Wahrheit besaßen, stets ein und dieselbe Wahrheit von Gott empfingen, sie jedoch im armseligen, irdischen Dasein vergaßen, vernachlässigten und mit Unwahrheiten vermischten. Die Erforschung der ursprünglichen, reinen und einzigen Wahrheit heißt Islam. Mohammed war kein Religionsstifter, er wollte keine neue Wahrheit ent-*

> *decken, er wollte nur die alte in neuem Glanz auferstehen lassen. Er war Reformator, und der Islam, den er predigte, war für ihn nur die Auferstehung des Urglaubens der Welt.*
>
> *Durch Jahrtausende, durch Jahrmillionen gibt es in der Welt nur eine Wahrheit. Gott, der Unfaßbare, der Unerkennbare, sandte sie der Menschheit. Durch das ganze Dasein der Welt, durch alle Völker und Kulturen, durch alle Zeiten und Reiche zieht sich die unendliche Reihe der Propheten, der Frommen, denen Gott befahl, der Menschheit die Urwahrheit zu verkünden. Der Prophet ist kein Heiliger, kein Wundertäter, kein Besessener, er ist nur ein Mensch, durch dessen Mund Gott zur Menschheit spricht.* "[31]

Wenn das westlich orientierte Europa den Islam heute vor allem mit religiösem Fanatismus assoziiert, so ist das natürlich ein äußerst einäugiger Zugang zu dieser Weltreligion, der völlig außer acht läßt, daß die Lehre Mohammeds[32] in ihren Kernanliegen ganz und gar dem Christentum und auch dem Judentum entspricht, ja, daß sie ihrerseits sogar beide als Offenbarungsreligionen anerkennt:

- Mohammed lehrte den Eingottglauben. Das islamische Glaubensbekenntnis („Es gibt keine Gottheit außer Gott") sagt im Grunde das gleiche aus wie das erste Gebot. Damit überwand der Prophet verschiedene Götterkulte[33] aus der vorislamischen Zeit (die von den Muslimen als „Zeit des Nichtwissens" beschrieben wird).
- Mohammed pries die Allmacht und die Güte Gottes und forderte ein bedingungslos gottzugewandtes, demütiges Leben.
- Er warnte vor dem Jüngsten Gericht und lehrte, daß dann nur jene Menschen „Zuflucht zum Herrn" finden würden, die sich in ihrem Leben als dafür wert erwiesen haben.
- Mohammed rief zu steter Sittlichkeit und Dankbarkeit gegenüber dem Schöpfer auf.
- Er lehrte die Nächstenliebe und forderte, sich ständig darum zu bemühen, gute Werke zu tun.[34]

Es muß also andere als inhaltliche Gründe dafür geben, daß uns der Islam heute so exotisch erscheint. Vielleicht liegt es an der kompromißloseren und wahrhaftigeren Geisteshaltung der Araber, wenn uns das Leben nach der Lehre Mohammeds als zu sittenstreng erscheint, also zu unfrei. Haben *wir* es vielleicht verlernt, spirituellen Idealen mit ganzer Kraft nachzustreben?

Derlei Selbstkritik, also zuerst einmal vor der eigenen Tür zu kehren, hört man aus dogmatisierten Religionsgemeinschaften kaum. Man sucht nicht nach den guten Seiten des Nächsten, nach Stärken, Fähigkeiten, Vorbildern, sondern man baut lieber simple Feindbilder auf. Einende Brückenschläge in dem Bewußtsein, ja dem*selben* Gott dienen zu wollen, gab es in der Geschichte des Monotheismus kaum. Es ist ja auch viel bequemer, in gedankenloser Einfalt (oder auch fanatischer Sturheit) sein eigenes kleines Weltbild gegen „schadbringende“ Einflüsse von außen zu verteidigen oder es missionarisch anderen Menschen überzustülpen, als ernsthaft daran zu arbeiten, den *eigenen* Blick zu weiten.

Und so entwickelten sich das Christentum und der Islam weder miteinander noch nebeneinander, sondern durchweg gegeneinander: 638 wurde die Stadt Jerusalem, die über Jahrhunderte christlich gewesen war, von islamischen Arabern erobert, und die Idee vom „Heiligen Krieg“ nahm zunehmend abscheuliche Dimensionen an – sehr wohl auch durch Initiativen auf seiten der christlichen Kirche. In dieser hatte sich bis zur Jahrtausendwende die Idee des Papsttums durchgesetzt, und dieser absolute Führungsanspruch in geistlichen Dingen berief sich stets auf den vermeintlichen „Willen Gottes“, den Rom der Christenheit verkündete.

Die Entartung der Kirche

Die römische Kirche hat niemals geirrt und wird nach dem Zeugnis der Schrift in Ewigkeit nicht irren! So heißt es in einem Text von Papst Gregor VII.[35] im 11. Jahrhundert – plakative Worte, die den Weg in die spirituelle Erstarrung beschreiben, den die katholische Kirche von nun an beschritt. In jener Zeit, also etwa 1.000 Jahre nach dem Erdensein Christi, wurde der Grundstein für den römischen Zentralismus gelegt, durch welchen, wie es Georg Denzler, Ordinarius für Kirchengeschichte, ausdrückt, „die Kirche zu einem politisch-juristischen System entartete“. Denzler schreibt:

> »*Wie eng Gott, Kirche und Papst für Gregor VII. zusammengehörten, beweist sein Ausspruch: ‚Gott gehorchen heißt der Kirche gehorchen, und das wiederum heißt dem Papst gehorchen, und umgekehrt.‘ Der Papst war für Gregor der alleinige Gesetzgeber und der höchste Richter, der von niemandem gerichtet werden könne.*«[36]

Im Grunde war es die Berufung zur geistlichen (?) Weltherrschaft, die das Papsttum im 11. Jahrhundert für sich reklamierte. Rom, das seit den ausgedehnten Reisen des Apostels Petrus zu einem wichtigen Zentrum der katholischen Welt geworden war, hatte sich zunehmend als Mittelpunkt

136

des Christentums etabliert; alle wichtigen Fäden wurden nun vom Vatikan[37] aus gesponnen. Und während das Reich Christi „nicht von dieser Welt"[38] gewesen war, bauten seine „Stellvertreter" durchaus an Handfestem: Bis heute hat sich der Vatikan zu einem der größten multinationalen Konzerne der Welt entwickelt. Er ist ein Wirtschaftsimperium, dessen eigene Bank – die Vatikanbank – einen Aktienbesitz von schätzungsweise zwei Milliarden Euro verwaltet.[39]

Zur Begründung seiner umfassenden Machtansprüche wurde kirchlicherseits immer wieder auf die „Schlüsselgewalt" des römischen Papstes verwiesen, also auf seine vermeintlich von Petrus ererbte Gewalt, durch Entscheidungen und Willensbekundungen den Zugang zum Himmel zu öffnen oder zu verschließen – ein Totschlagargument im wahrsten Sinn, denn mit dem gern zitierten Wort Jesu vom „Schlüssel"[40] pflegte man nicht nur alle Einwände gegen päpstliche Befugnisse vom Tisch zu fegen, sondern auch Menschen zu vernichten: Die Päpste Innozenz III. (1198–1216) und Innozenz IV. (1243–1254) erkannten in der „Verachtung der Schlüssel" ein typisches Merkmal für einen Ketzer.[41]

Die Institution des Papsttums, die im altkirchlichen Credo noch keinerlei Erwähnung gefunden hatte, war also im 12. Jahrhundert zu einem festen Glaubensartikel geworden, an dem nach dem Willen der römisch-katholischen Kirche kein Weg mehr vorbeiführen sollte.

Die »ketzerischen« Katharer

Das mußten insbesondere diejenigen erkennen, die bislang einen freieren Zugang zur Lehre Christi gepflegt hatten. Sie liefen nun Gefahr, von geistlichen Würdenträgern als „Ketzer" gebrandmarkt, verfolgt und ermordet zu werden. Denn während der Begriff „ketzerisch" heute im Sinne des Querdenkens und Gegen-den-Strom-Schwimmens durchaus wieder gesellschaftsfähig ist, war damit vor 700 Jahren vor allem eines verbunden: eine tödliche Gefahr. Die Bezeichnung „Ketzer" geht auf die südfranzösische Glaubensgemeinschaft der „Katharer" zurück, die im 13. und 14. Jahrhundert von der christlichen Kreuzfahrer-Soldateska getötet wurde.

Die „guten Christen" oder „Freunde Gottes", wie die Katharer sich nannten, hatten sich seit dem 10. Jahrhundert im südlichen und westlichen Europa ausgebreitet und waren bekannt als eine spirituelle Gemeinschaft, die sich um ein vorbildhaftes Leben nach der Lehre Jesu bemühte, die Kirche Roms und vor allem viele ihrer Glaubensdogmen hingegen ablehnte. Manches aus der Religion der Katharer[42] darf als Lichtblick in einer Zeit

„geistiger Umnachtung" angesehen werden, zum Beispiel ihre Aufge-
schlossenheit gegenüber dem Gedanken der Wiederverkörperung oder die
feste Überzeugung, daß Christus in der Mission des Wahrheitsbringers auf
die Welt gekommen war, nicht aber, um sich von einem dumpfen Pöbel
ermorden zu lassen, nur um diesen „gnädig" zu erlösen.

Im Volk fanden die Katharer wohl vor allem auch deshalb großen Anklang, weil sie gegen die Leibeigenschaft auftraten und keine Steuern oder
Gebühren erhoben. Die Kirche Roms dagegen hatte für derlei Fundamentalismus kein Verständnis und setzte im Fall der „guten Christen" auf
die bewährten Mittel Kreuzzug und Inquisition.

Im Jahre 1095 hatte Papst Urban II. (1088–1099) zum ersten Kreuzzug
aufgerufen, der nach erbitterten Kämpfen am 15. Juni 1099 mit der Eroberung Jerusalems endete. Das war aber nur der Auftakt zu insgesamt sieben Kreuzzügen mit immer fragwürdigeren Zielen. Im Windschatten des
aggressiv-militanten Bestrebens, die israelitische Stadt den „Ungläubigen"
wieder zu entreißen, wollte man nämlich in einem Aufwasch auch alle un-
liebsamen Charaktere loswerden, die sich nicht vorbehaltlos zum päpstlichen Dogma bekannten. Dabei bediente sich die „Geistlichkeit" aller zur
Verfügung stehenden Möglichkeiten, „Sünder" für ihre Ziele in den Kampf
zu schicken. Man rekrutierte sogar Verbrecher und gewährte – kraft der
päpstlichen „Schlüsselgewalt" – Ablaß als Ausgleich für jeden persönlichen
Einsatz in den Kreuzzügen, wobei den in diesem „heiligen Kampf"
Gefallenen bisweilen sogar unmittelbarer Einlaß in das Paradies in
Aussicht gestellt wurde!

Und all das verkaufte man als den „Willen Gottes", wie bei Bernhard
von Clairvaux (1091–1153) nachzulesen ist, einem wortgewaltigen, 1174
heiliggesprochenen Zisterzienserprior, der „honigfließender Lehrer" genannt und dessen Schriften als ein „Fluß des Paradieses" bezeichnet wurden:

> »Ich sage Euch: Der Herr gibt Euch eine Chance, er blickt auf die
> Menschenkinder, um zu sehen, ob sich unter ihnen welche befinden,
> die ihn verstehen, ihn suchen und für ihn leiden! Seht und bestaunt,
> welches Geschick er zu Eurem Heil aufbietet! Sünder, haltet Euch
> diese unermeßliche Güte vor Augen! Seid voll Vertrauen! Er will
> nicht Euren Tod, sondern Eure Bekehrung! (…)
> Er ist so gütig und bittet alle, ihm zu dienen, als ob sie voll
> Gerechtigkeit wären: Mörder und Betrüger, Meineidige und Ehe-
> brecher, Menschen, die alle möglichen Verbrechen begangen haben.
> Hat er sich nicht etwas Wunderbares ausgedacht, was nur er finden
> konnte?«[43]

138

Mit Abstand betrachtet, erweist sich dieser Aufruf zu den Kreuzzügen freilich als billiger Kuhhandel im Namen Gottes, der jeder Gerechtigkeit spottet – und Bernhard von Clairvaux offenbart sich als strammer Demagoge, der gekonnt alle Saiten des religiösen Fanatismus zum Klingen brachte, wenn sie nur – der Zweck heiligt angeblich ja die Mittel! – seiner Kirche zum Nutzen gereichten. Der „heilige Bernhard" war es auch, der Mitte des 12. Jahrhunderts gegen die Katharer zu predigen begann und damit eine Tragödie sondergleichen einleitete …

Das Heer der Kreuzfahrer, das sich zu Beginn des 13. Jahrhunderts in Bewegung setzte, um nun gegen die „guten Christen" anzutreten, war immens: 200.000 militante Fanatiker rückten 1209 zum „ersten Albigenser Kreuzzug"[44] ein und eroberten zahlreiche Städte und Festungen. Ein zweiter Kreuzzug folgte und löste 1226 eine Kapitulationswelle unter den Katharern aus. Ab 1233 schließlich, nachdem Papst Gregor IX. (1227– 1241) den Dominikaner-Orden mit der systematischen Verfolgung der „Freunde Gottes" betraut hatte, begann die Inquisition, das „Glaubensgericht" der katholischen Kirche, ihr verheerendes Werk: Prozesse und Hinrichtungen, Denunziationen und immer neue Schlachten zwangen die Katharer in den Untergrund – bis 1244 die Festung Montségur, das Zentrum des „ketzerischen Widerstands", in Schutt und Asche gelegt und mehr als 200 Menschen auf dem Scheiterhaufen am Fuß des „sicheren Bergs" verbrannt waren. Der letzte „gute Christ" ging 1321 öffentlich in Flammen auf.

Begegnung mit dem Gralsmythos

Doch in jener dunklen Zeit erlebte das Christentum auch eine tiefgreifende Begegnung mit der Mythologie – nämlich durch die Gralssage. Zwar ist der häufig postulierte Bezug der Katharer zu einer geheimnisvollen Grallehre oder dem sagenhaften Gralsgefäß nach dem heutigen Stand der Geschichtsforschung fragwürdig bis unhaltbar; doch ist nicht zu übersehen, daß just zu der Zeit, als in Frankreich die Repression gegen die „guten Christen" immer stärker wurde, dort auch die Gralsromane en vogue waren: Chrétien de Troyes (ca. 1150–1190), ein überragender Epiker des ausklingenden 12. Jahrhunderts,[45] schuf den ersten bekannten Gralsroman, „Perceval".[46] Darin ist der Gral ein Gefäß aus reinstem, feinstem Gold, geschmückt mit wertvollen Edelsteinen. Dieses Gefäß, erzählte der Dichter, verbreite einen Glanz, der heller sei als die Sonne.

Die Erzählung Chrétien de Troyes' blieb durch den frühen Tod des Dichters unvollendet, und über die Quellen, die er seinem Werk zugrunde legte, kann man nur Vermutungen anstellen; sie wurden nie gefunden. Von Chrétiens Arbeit ausgehend, schuf dann der französische Dichter Robert de Boron um 1200 seine „Große Geschichte des Grales". Darin brachte er den Gral erstmals mit der Abendmahlschale Christi in Verbindung, in welcher Joseph von Arimathia später bei der Waschung des Leichnams Jesu dessen Blut aufgefangen haben soll.[47] Diese „Christianisierung" eines alten Sagenstoffs lag vor dem Hintergrund der Ereignisse jener Zeit nahe – es galt wohl, die Gralssage nachhaltig vom Geruch des „Heidnischen" zu befreien und allzu ketzerische Eindrücke zu vermeiden.

Ob die französischen Dichter in ihren Werken wirklich in nennenswerter Form von den Katharern beeinflußt waren, bleibt fragwürdig. Und ebenso zweifelhaft ist, ob Wolfram von Eschenbach (ca. 1170–1220), dessen epochales Ritterepos „Parzivâl" – entstanden zwischen 1197 und 1205 – den französischen Gralsdichtungen folgte, die „Freunde Gottes" und ihre Burg Montségur vor Augen hatte, als er sein Meisterwerk[48] schrieb.

Einen Zusammenhang zwischen den Katharern und der Gralstradition „recherchierte" 1933 der deutsche Journalist und Schriftsteller Otto Rahn für sein Buch „Kreuzzug gegen den Gral"[49] – und beeinflußte damit über viele Jahre auch die Literaturwissenschaft. „Recherchierte" ist hier deshalb in Anführungszeichen gesetzt, weil der Begriff „Gral" bei den Katharern in Wirklichkeit nirgendwo auftaucht. Rahn hatte offenbar – wie es bei Journalisten nicht selten der Fall ist – die fertige „Story" bereits im Kopf, als er nach Hinweisen zu suchen begann, die seine Geschichte untermauern konnten. Außerdem war er ein SS-Führer mit Hang zum Okkulten. Es lag ihm daran, die Katharer als todesmutige, der Amtskirche stolz trotzende Helden darzustellen, die man getrost zur „reinen Herrenrasse" hätte zählen können.

Uns interessiert nun aber weniger der literaturhistorische Zusammenhang als vielmehr die Frage, was denn die typischen Ingredienzien des Gralsmythos – die Gralsschale, die Gralsuche und der Gralskönig – mit unseren Bemühungen um ein Gottesbild für das 21. Jahrhundert zu tun haben. Gibt es tatsächlich Zusammenhänge zwischen der Gralstradition und dem christlichen Glauben – oder haben sich derlei Verbindungen nur die Dichter absichtsvoll zusammengereimt, von Wolfram von Eschenbach bis hin zu Richard Wagner (1813–1883), der in seinen Werken „Lohengrin" und „Parsifal" den Gralsmythos im 19. Jahrhundert dramaturgisch neu belebte?

Woher kommt die Faszination, die der Begriff „Gral" noch heute (und vielleicht mehr denn je) ausübt, so daß die Vorstellung, das Christentum habe mit irgendeinem geheimnisvollen Gefäß zu tun, für viele geradezu selbstverständlich ist?

Das Geheimnis des Heiligen Grals

Wie es bei tiefgründigen Mythen oft der Fall ist, verlieren sich auch bei den Gralssagen und -legenden die Wurzeln im Dunkel der Geschichte. Um sie freizulegen, reicht es nicht, sich mit kulturellen Höhepunkten des Mittelalters zu beschäftigen, als der „Gral", ausgehend von Frankreich, plötzlich zum Wunderthema der abendländischen Literatur wurde. Die Ursprünge dieses Mythos liegen noch viel weiter in der Vergangenheit, sind im Detail auch gar nicht mehr nachvollziehbar, verknüpfen sich aber bisweilen unverkennbar mit frühen religiösen Bestrebungen.

Ungefähr seit dem 6. Jahrhundert vor Christus waren in Mittel- und Westeuropa die Kelten ansässig, die für lange Zeit als das bedeutendste Volk Europas galten, wiewohl sie weder eine ethnische Einheit bildeten, noch einen staatlichen Zusammenschluß. Allerdings gab es einheitliche kulturelle Traditionen, eine ähnliche Sprache und auch gemeinsame religiöse Kulte.[50] So hatten geweihte Kessel für die Kelten eine besondere Bedeutung; man glaubte an ein lebensspendendes Gefäß der Unsterblichkeit, und die Sehnsucht beziehungsweise Suche nach diesem geheimnisvollen „Zauberkessel" kam auch in frühen Dichtungen zum Ausdruck.

Manche Forscher vermuten, daß die älteste Version der Gralssage ein kymrisches Gedicht mit dem Titel „Preideu Annwfn" ist, dessen Verfasser vermutlich ein Barde namens Taliesin aus dem 6. Jahrhundert war.[51] In diesem Werk geht es um eine abenteuerliche Fahrt von Männern unter der Führung des Königs Artus nach Annwfn, einer Jenseits- oder Unterwelt der Kelten. Ihr Ziel ist es, einen Zauberkessel zu finden, der von neun Jungfrauen bewacht wird.

Der Zusammenhang zwischen dem keltischen Kessel und dem späteren Gralsgefäß ist natürlich unschwer erkennbar. Hier wie dort geht es um ein *Speisungswunder*, um eine besondere Labung, die mit dem Leben verbindet, mit anderen Worten: der *Quell des Lebens* fließt aus der Gralsschale. Die Sehnsucht danach, diesem paradiesischen Brunnen näherzukommen, also ewiges Leben zu erlangen, ist zutiefst menschlich und fand in religiösen Kulten wie in dichterischen Erzählungen ihren Ausdruck.

Man kann der Symbolik noch weiter nachspüren. Auch die neun Jungfrauen, die den Zauberkessel bewachen, haben eine Bedeutung – schon deshalb, weil alles Lebenspendende natürlich mit dem weiblichen Wirken zu tun hat.

Doch das Bild weist noch auf etwas anderes hin, das von entscheidender Aussagekraft ist: Die Weiblichkeit bildet die unumgängliche *Brücke* zum Reich des ewigen Lebens, denn es ist die feine Empfindungsfähigkeit der Frau, das – wie Johann Wolfgang von Goethe es ausdrückte – „Ewig-

Weibliche", das die Menschheit „hinan zieht", also Lichtsehnsucht weckt und geistig aufwärts führt.

Die Weiblichkeit muß allerdings innerlich *rein* sein, unbelastet von Eitelkeiten und Egoismen, damit sie ihre Brückenfunktion erfüllen kann. Sie muß *führen*, nicht verführen, und daher spricht die Sage von neun Jungfrauen; der Begriff „Jungfräulichkeit" drückt bekanntlich geistige Reinheit aus.[52]

Zuletzt kann man auch noch in der Zahl Neun ein gültiges Gleichnis erkennen. Die Neun ist die Zahl des Vollendens, bildhaft ausgedrückt durch den von unten nach oben führenden Weg, der in einen Kreis mündet. Der Kreis ist ein uraltes Symbol für Vollendung. Man kann die *Form* der Zahl Neun also so interpretieren, daß alles, was aufwärts strebt, in diesen Kreis mündet, sich zum Vollkommenen hin entwickelt. Auch rechnerisch läßt sich die Neun als jene Zahl beschreiben, die alle vorangegangenen Zahlen (im Sinne aller bisherigen „Entwicklungsschritte") umfaßt. Denn die Quersumme aller Zahlen von Eins bis Neun ergibt wieder Neun.[53] Und die Neun ist als „Zahl des Vollendens" bekanntlich auch bei der Entwicklung des menschlichen Körpers, also des irdischen „Gefäßes" für unseren geistigen Kern, ausschlaggebend – dauert es doch gewöhnlich neun Monate, ehe der für das selbständige Leben auf Erden reif gewordene Kindeskörper den Mutterleib verläßt.[54]

Wenn wir nun der Symbolik rund um den keltischen Zauberkessel christliche Traditionen gegenüberstellen, finden wir durchaus nicht unbekannte Parallelen: Eine Schale beziehunsweise ein Kelch hatte ja auch bei dem Abendmahlgeschehen zentrale Bedeutung:

> »*Da sie aber aßen, nahm Jesus das Brot, dankte und brach es und gab es den Jüngern und sprach: Nehmet, esset. Das ist mein Leib. Und er nahm den Kelch und dankte, gab ihnen den und sprach: Trinket alle draus. Das ist mein Blut des neuen Testaments, welches vergossen wird für viele zur Vergebung der Sünden.*«[55]

Es waren bedeutungsvolle Worte, die Jesus Christus bei dem letzten gemeinsamen Mahl mit seinen Jüngern wählte – wissend, was nun auf ihn zukommen würde.

Und das Empfinden des Besonderen, das sich an jenem Abend ereignete, führte in der katholischen Kirche später nicht nur zu einer Kulthandlung, einem Mahl im Gedenken an das Geschehen, sondern man meinte (und meint) allen Ernstes, daß sich Brot und Wein im Rahmen der Eucharistiefeier[56] tatsächlich auch *substantiell* in das Fleisch und Blut Christi verwandeln und sündenvergebend wirken.[57]

4. Hinter dem Mythos

Diese Vorstellung hilft dem Menschen natürlich nicht weiter, sondern bedient nur jene einfältige Bereitschaft zum Wunderglauben, die sich im Grunde längst überlebt hat und einer wahrhaftigen inneren Gotteszuwendung im Wege steht. Selbst Paulus mahnte, wie wichtig es für den Christen sei, *würdig* zu sein, aus dem Kelch des Herrn zu trinken.[58] Er hätte das in seinem Brief an die Korinther wohl nicht erwähnt, wenn er daran geglaubt hätte, daß Brot und Wein in verwandelter Form *selbsttätig* Erlösung und Vergebung für jedermann bewirken könnten.

Was also war das Besondere am Abendmahlgeschehen, wenn die Ausdrucksweise „mein Leib" und „mein Blut" nur symbolisch genommen werden darf? Ging es *doch* darum, daß Jesus sein Leben – sein Blut – hingab, um durch den Kreuzestod die Menschheit zu erlösen, indem er deren Sünden auf sich nahm?

Auch das wäre eine allzu bequeme Interpretation und mit der Lehre Christi absolut unvereinbar.[59] Der Sinn der Worte Jesu ist ein anderer: Er sprach zwar davon, daß sein Blut vergossen werden würde, jedoch *nicht* im Sinne einer notwendigen Erfüllung, sondern einer *Anklage!* Etwas anderes ist ja überhaupt nicht möglich, da Christus doch gerade eben ein fürchterliches „Wehe" über jenen Menschen ausgesprochen hatte, der ihn verraten wollte.[60] Jesus war schmerzlich bewußt, daß der Gang nach Golgatha vor ihm lag – der aber nur der schauerlichen geistigen Blindheit der Menschen zuzuschreiben war, nicht aber dem Willen Gottes entsprach. Und er war dazu bereit, den Kreuzestod auf sich zu nehmen, um damit die Wahrheit des von ihm gebrachten Wortes auch durch das Äußerste zu bestätigen. Vergebung der Sünden würden jene Menschen finden, die ernsthaft seiner Lehre folgen – aber auch *nur* die. Der Gottessohn sprach von der Vergebung „für viele" – durchaus nicht „für alle".

Warum aber brachte Jesus das alles just im Zusammenhang mit einem Mahl zum Ausdruck? Wenn man die genannten theologischen Fehlmeinungen außer acht läßt, fällt die Antwort nicht allzu schwer: Die Mission Jesu lag darin, das *Wort der Wahrheit* zu bringen – und dieses Wort ist Nahrung für den Geist, so wie Brot und Wein, Speise und Trank unentbehrlich für den Körper sind. Darin liegt der symbolische Zusammenhang – im Aufnehmen und Umsetzen der geistigen Nahrung, die der *inneren* Erneuerung des Menschen dient.

Das „neue Testament", von dem Jesus während des Mahles sprach, beschrieb die Möglichkeit *eines neuen Bundes mit Gott*, zu dem Jesus den Menschen mit seinem Wort den Weg weisen wollte, nachdem der alte Bund, das „alte Testament", durch die Erstarrung des jüdischen Glaubens in Äußerlichkeiten[61] dringend einer Erneuerung bedurfte.

Es gilt also, dem Vermächtnis Christi folgend, eine neue Verbindung zum Leben zu finden, zum allgegenwärtigen göttlichen „Kraftstrom", um dem geistigen Tod zu entkommen und zum Gottesreich, zum ewigen Leben zu finden. Das wäre die eigentliche Bedeutung einer Wiederholung des Mahles – verbunden mit der Erinnerung daran, *was* Jesus auf sich zu nehmen bereit war, um das Wort der Wahrheit unter die Menschen zu bringen.

Die Verbindung zwischen dem Abendmahlkelch (in seiner symbolischen Bedeutung als Gefäß, aus dem der Geist sich labt) zum lebenspendenden Gralsgefäß liegt auf der Hand. Aber es ist ein Zusammenhang, der aus einem *gemeinsamen* Urgrund kommt, kein physisch-geschichtlicher. Ich persönlich halte nichts von den Bemühungen, die sagenhafte Gralsschale *irdisch* zu finden oder „historische Zusammenhänge" zu konstruieren, auf welchen verschlungenen Pfaden der Kelch des Abendmahles nach dem Tod Christi wohin gelangte und wo er vielleicht heute zu entdecken sein müßte. Daher möchte ich mich mit solchen Spekulationen hier nicht beschäftigen.

Der Brunnen des lebendigen Wassers

Weitaus faszinierender ist ja die Frage, ob es – wenn auch nicht in physischen Schöpfungsebenen – *wirklich* so etwas wie einen „Born des Lebens" gibt, beziehungsweise ob die Ahnungen *davon* in religiöse Kulte mündeten, in künstlerische Dichtungen – oder auch zu jener besonderen inneren Anrührung führen, die noch heute vielfach verspürt wird, wenn vom „Gral" die Rede ist.

Eine solche Frage entzieht sich natürlich jeder wissenschaftlichen Betrachtungsweise, obwohl geschichtlich manches darauf hindeutet, daß das Wissen vom Heiligen Gral einst tatsächlich aus höheren Sphären empfangen wurde.

Darauf läßt zum Beispiel ein Hinweis Wolframs von Eschenbach schließen, der in seinem „Parzivâl" (IX. Buch) eine himmlische Offenbarung als eigentliche Quelle der Sage vermuten läßt, von welcher die Sterne kündeten. Seine Angaben legen nahe, daß die Kunde vom Gral von Palästina über Ägypten und Spanien nach Frankreich und Deutschland gekommen ist, und auch die meisten Forscher gehen heute davon aus, daß das Wissen vom Gral letztlich aus dem Orient stammt. Vielleicht hatte einst der weise Salomon das Wissen vom „Born des Lebens" empfangen,[62] möglicherweise sogar schon Moses. Wer gern spekuliert, findet hier ein weites Betätigungsfeld.

Fest steht, daß auch die Bibel von einem „Brunnen des lebendigen Wassers" spricht, der die „durstigen" (= wahrhaft suchenden) Menschen, die ernsthaft bereit sind zur „Überwindung" (= Arbeit an sich selbst), zu ewigem Leben führt und sie zu Kindern Gottes macht, während die Unwerten dieses Kraftstromes nicht teilhaftig werden können und zuletzt den „anderen (= geistigen) Tod" sterben müssen.

In der Offenbarung des Johannes, der sogenannten Apokalypse, heißt es mahnend:

> *»Ich bin das A und das O, der Anfang und das Ende. Ich will dem Durstigen geben von dem Brunnen des lebendigen Wassers umsonst. Wer überwindet, der wird alles ererben, und ich werde sein Gott sein, und er wird mein Sohn sein. Den Verzagten aber und Ungläubigen und Greulichen und Totschlägern und Huren, und Zauberern und Abgöttischen und allen Lügnern, der Teil wird sein in dem Pfuhl, der mit Feuer und Schwefel brennet, welches ist der andere Tod.«[63]*

Die Prophezeiung vom Menschensohn

Ewiges Leben oder endgültiger Tod, ein glückseliges Sein-Dürfen im paradiesischen Reiche Gottes als reif und bewußt gewordener Menschengeist – oder die Verdammnis, die Streichung aus dem „Buch des Lebens": Auf diese Scheidung der Geister, des Bösen von allem Guten, wird in der Apokalypse des Johannes ganz besonders eindringlich hingewiesen, und von diesem Endgericht kündete auch Jesus in machtvollen Worten:[64] Er sagte Greul und Zerstörung voraus, warnte anschaulich vor verführerischen falschen Propheten und mahnte zu steter Wachsamkeit, damit die Menschheit nicht jene Stunde versäume, mit der Jesus seine wichtigste – und wohl auch am häufigsten mißverstandene – Prophezeiung verknüpfte: die Ankunft des Menschensohns zur Zeit des Gerichts:

> *»Bald aber nach dem Trübsal der selbigen Zeit werden Sonne und Mond den Schein verlieren, und die Sterne werden vom Himmel fallen, und die Kräfte des Himmels werden sich bewegen. Und alsdenn wird erscheinen das Zeichen des Menschensohns am Himmel. Und alsdenn werden heulen alle Geschlechter auf Erden und werden sehen kommen den Menschensohn in den Wolken des Himmels mit großer Kraft und Herrlichkeit. Und er wird senden seine Engel mit hellen Posaunen, und sie werden sammeln seine Auserwählten.«[65]*

Es ist – auch im Hinblick auf den Gralsmythos, wie wir noch sehen werden – lohnend, sich mit den Prophezeiungen Jesu eingehender zu beschäftigen. Einerseits sprach Christus also vom Menschensohn, der zu bestimmter Stunde, welche allerdings „allein der Vater"[66] weiß, als Weltenrichter über die Erde kommt. Andererseits nannte er im gleichen Zusammenhang den *Geist der Wahrheit:*

> »*Und wenn derselbige kommt, der wird die Welt strafen um der Sünde und um der Gerechtigkeit willen! Und wird bringen das Gericht.*«[67]

Dieser „Geist der Wahrheit" bringt jedoch nicht nur das Gericht, sondern auch neues Wissen, das allerdings auf der Botschaft Christi aufbaut und wie das, was der Gottessohn zu sagen hatte, aus Gott selbst stammt. Jesus drückte es so aus:

> »*Ich habe Euch noch viel zu sagen. Aber Ihr könntet es jetzt nicht tragen. Wenn aber jener, der Geist der Wahrheit, kommen wird, der wird Euch in alle Wahrheit leiten. (...) Derselbige wird mich verklären, denn von dem Meinen wird er's nehmen und Euch verkündigen.*«[68]

Mit diesen Aussagen Jesu, wie sie durch die Evangelisten Johannes und Matthäus überliefert sind, wußte die Kirche nie so recht etwas anzufangen, und man behalf sich mit einer geschickten Notlösung, indem das, was eigentlich zusammengehört – das Bringen des neuen Wissens *und* des Gerichts –, kurzerhand getrennt dargestellt wurde: Alles, was in den Prophezeiungen Jesu mit dem Wissend-Werden durch den Geist der Wahrheit zu tun hatte, bezog man auf das spätere Pfingsterleben, welches die Jünger angeblich „erleuchtete"; jene Worte hingegen, die mit dem Weltgericht in Zusammenhang standen, interpretierte man als „Wiederkunft Jesu". Mit der Bezeichnung „Menschensohn" habe Christus *sich* gemeint, und er selbst werde also als Richter wiederkommen.

Beide Deutungsansätze sind nicht wirklich schlüssig. Daß die Ankündigung des „Geistes der Wahrheit", der neues Wissen, aber auch das Gericht bringt, nichts mit dem Pfingstgeschehen zu tun hat, wird am augenscheinlichsten, wenn man im ersten Brief des Apostels Paulus an die Korinther liest:

> »*Unser Wissen ist Stückwerk und unser Weissagen ist Stückwerk. Wenn aber kommen wird das Vollkommene, so wird das Stückwerk aufhören!*«[69]

146

Diese Worte sind nicht nur ein gelungener Anklang an die Aussage Jesu, daß die Menschen damals noch nicht alle Wahrheit „tragen" (also erfassen) konnten; sie bringen vor allem auch eine *Erwartung* zum Ausdruck. Die Jünger selbst hielten ihr Pfingsterlebnis durchaus nicht für das Kommen des „Geistes der Wahrheit". Der Korinther-Brief wurde ja von Paulus erst etwa 20 Jahre nach dem einschneidenden Ereignis zu Jerusalem geschrieben, und mit Sicherheit hätte gerade der wortgewaltige, selbstbewußte Apostel nicht von stückwerkhaftem Wissen gesprochen, wenn er und die anderen zu diesem Zeitpunkt sich schon „in alle Wahrheit geführt" gefühlt hätten.

Dazu paßt, daß Jesus in seiner eigentlichen Ankündigung des Pfingsterlebnisses von der *Kraft* des Heiligen Geistes sprach, die bald über die Jünger kommen sollte, nicht aber von einem umfassenden Wissend-Werden:

> *»Ihr werdet die Kraft des Heiligen Geistes empfangen, welcher auf Euch kommen wird. Und werdet meine Zeugen sein zu Jerusalem.«*[70]

Von Kraft erfüllt zu sein, um Zeugnis abzulegen – das ist natürlich nicht vergleichbar mit einem umfassenden *Wissend-Werden*, das, geführt von einer Botschaft aus dem Licht, nur durch einen stufenweisen Lern- und Erlebnisprozeß erreicht werden kann, aber nicht durch einen Akt plötzlicher Erleuchtung. Wäre das so einfach möglich, dann hätte Jesus ja gar nicht auf die Erde zu kommen brauchen, um die Menschen zu unterrichten: Ein Kraftstrahl des „Heiligen Geistes" hätte genügt, um blitzschnell jedermann wissend zu machen und ihn so in einen gottgewollten Zustand zu versetzen. Nur: Dagegen sprechen alle Gesetze in der Schöpfung.

Wir haben also zwei verschiedene Aussagen des Gottessohnes vor uns! Die Ankündigung des Pfingstereignisses hatte nichts mit dem Kommen des „Geistes der Wahrheit"[71] beziehungsweise des Menschensohnes zu tun.

Das Geheimnis des Pfingstfestes und der Heilige Gral

Ehe wir uns nun der Frage zuwenden, ob Christus mit dem Menschensohn wirklich sich selbst gemeint haben kann – er sprach ja deutlich von einer *anderen* Person –, sollte noch geklärt werden, was denn zu Pfingsten in Jerusalem wirklich geschah. Immerhin hat das Pfingstfest, das in Erinnerung an die „Herabkunft" beziehungsweise „Ausgießung des Heiligen Geistes" gefeiert wird, im Christentum seit vielen Jahrhunderten eine herausragende Bedeutung.[72]

Die Apostelgeschichte des Lukas schildert die damaligen Ereignisse in beeindruckenden Bildern:

> *»Und als der Tag der Pfingsten erfüllet war, waren sie alle einmütig beieinander. Und es geschah schnelle ein Brausen vom Himmel, wie ein gewaltiger Wind, und erfüllte das ganze Haus, da sie saßen. Und man sah an ihnen Zungen verteilet, als wären sie feurig. Und sie senkten sich auf einen jeglichen unter ihnen herab, und alle wurden voll des Heiligen Geistes und fingen an zu predigen mit anderen Zungen ...«*[73]

In der Folge schildert die Bibel, wie die Jünger, erfüllt von der „Feuerkraft des Heiligen Geistes", in einer begeisternden Art und Weise von den „großen Taten Gottes" redeten, so daß sie selbst von Menschen mit anderer Muttersprache verstanden wurden. Vielen drangen die Worte der Jünger ins Herz, andere vermuteten in dem ungewöhnlichen und mitreißenden Verhalten der Männer zunächst ein Zuviel an Alkohol.[74]

Zweifellos also geschah an jenem Pfingsttag in Jerusalem Großes, vor allem in geistiger Hinsicht. Wenn ein Herabsenken von Feuer- oder Flammenzungen beschrieben wird – ein Bild übrigens, das auch in vielen Kunstwerken seinen Niederschlag fand –, dann zeigt sich darin eine tiefe Symbolik: Die Flamme oder der Funke über den Häuptern stellt ein besonderes Licht dar und damit auch eine außergewöhnliche Verbindung zum Licht, und wohl nicht von ungefähr beschreibt die Apostelgeschichte, die Jünger seien „voll des Heiligen Geistes" gewesen. (In Anlehnung an dieses Ereignis entwickelte sich in der katholischen Kirche übrigens auch das „Sakrament der Firmung"[75], das dem Firmling die „Fülle des Geistes zum Glaubenszeugnis" verleihen und damit das vorausgegangene „Sakrament der Taufe" weiter entfalten soll.)

Vielleicht kann man ein wenig nachempfinden, wie es den Jüngern Jesu damals ergangen sein muß: Innerlich immer noch aufgewühlt durch den unerwartet frühen, gewaltsam provozierten Heimgang ihres Herrn, gestärkt und voller Zuversicht durch das Erscheinen Jesu nach seinem Kreuzestod und mit dem großen Auftrag im Herzen, hinauszugehen in alle Welt und die Frohbotschaft zu verkünden, waren die Jünger zur Pfingstzeit in besonderer Weise geistigem Geschehen gegenüber offen. Die Kraft des „Heiligen Geistes" fand in den Seelen der Getreuen Jesu also einen bestens bereiteten Boden und beflügelte sie, hinauszutreten und von der Allmacht Gottes zu sprechen – in einer Weise, daß *alle* davon angesprochen wurden, selbst jene, in deren Herz das Wort Christi bislang noch nicht eingedrungen war.

Aber was war es, das die Jünger da innerlich erfuhren? Ein Wunder? Griff der Schöpfer in diesem Moment auf ganz besondere Weise ins Weltgeschehen ein, um einigen wenigen Menschen ein herausragendes Erleben zu ermöglichen – und erinnern uns die Pfingstfeiertage an dieses einmalige

Geschehen? Oder gibt es doch eine naheliegendere Erklärung, die zwar ebenfalls spiritueller Natur sein mag, aber trotzdem nicht auf ein willkürliches Einwirken Gottes baut?

Diese Frage ist deshalb entscheidend, weil sie an die Grundfesten unseres Gottesbildes rührt. Wollen wir an einen Gott glauben, der in unser Alltagsgeschick eingreift, dem durch seine „Allmacht" alles möglich ist und der willkürlich auch die Naturgesetze außer Kraft setzen kann? Oder erkennen wir, daß ein Schöpfer, der es nötig hat, von sich aus wunderwirkend in sein Werk einzugreifen, doch eigentlich weder groß noch vollkommen zu nennen wäre?

Wenn wir in Zukunft dem blinden Glauben endlich abschwören und vermeiden wollen, daß der Gottesglaube im 21. Jahrhundert irgendwann überhaupt keine Rolle mehr spielt, kommen wir nicht umhin, uns für jenes erhabene Bild des Schöpferwillens zu entscheiden, das allein aus dem Wirken der Schöpfungsgesetze erkennbar wird. Geht man davon aus, daß unveränderliche Gesetze die Schöpfung regieren – wenigstens in diesem Punkt sind sich Naturwissenschaft und Religion ja heute einig –, und erkennt man bei konsequentem Weiterdenken zuletzt den Schöpfer als den Urheber dieser Gesetze, sieht man also die Begriffe „Wille Gottes" und „Naturgesetz" als ein und dasselbe an, dann *kann* es überhaupt keine göttlichen Willkürakte, keine gesonderten Eingriffe, kein Außerkraftsetzen der Naturgesetze oder ähnliches geben.[76]

Vor diesem Hintergrund ist anzunehmen, daß auch die sogenannte Kraftausgießung zu Pfingsten ein gesetzmäßiges Ereignis war und sich als großes geistiges Geschehen weder zeitlich noch räumlich beschränkt vollzog. Demnach würde sich die „Ausgießung durch den Heiligen Geist" nicht nur einmal, sondern regelmäßig ereignen, und sie wäre auch nicht auf die zu Jerusalem versammelte Jüngerschar beschränkt, sondern hätte allumfassende Bedeutung, auch für uns. Die Getreuen Jesu jedoch genossen gegenüber der spirituell dumpfen Menschheit des 21. Jahrhunderts den Vorzug, diesen geistigen Kraftstrom an jenem Tag durch ihr offenes Inneres bewußt erleben zu können.

Interessant ist, daß dieser naheliegende Gedanke eine bedeutende Bestätigung aus dem Gralsmythos erfährt: Ein zentrales Geschehen darin ist die regelmäßige „Enthüllung des Grals", mit der eine Kraftausgießung beziehungsweise lebenspendende „Speisung" einhergeht, wobei dieses Ereignis ebenfalls mit dem Erscheinen der Taube – das ist die sichtbare Form des Heiligen Geistes – in Zusammenhang gebracht wird.

Richard Wagner läßt seinen „Lohengrin" von der Enthüllung des Grals und der „wunderkräftigen" Speisung der Gralsritter in der Gralsburg berichten:

> *»Ein lichter Tempel stehet dort inmitten,*
> *So kostbar, als auf Erden nichts bekannt:*
> *Drin ein Gefäß voll wundertät'gem Segen,*
> *Wird dort als höchstes Heiligtum bewacht,*
> *Es ward, daß sein der Menschen reinste pflegen,*
> *Herab von einer Engelschar gebracht.*
> *Alljährlich naht vom Himmel eine Taube,*
> *Um neu zu stärken seine Wunderkraft:*
> *Es heißt der Gral, und selig reinster Glaube*
> *Erteilt durch ihn sich seiner Ritterschaft.«*

Abermals begegnet der Mythos der Religion, und wieder drängt sich der Gedanke an einen gemeinsamen Urgrund für religiöse Kulte und dichterische Inspiration auf: Hatten die Jünger Jesu durch ihre besondere seelische Vertiefung an einem geistigen Geschehen teil, das die ganze Schöpfung betraf? War es eine kraftspendende „Enthüllung des Grales", ein geistiges Speisungswunder, das sie miterlebten?

Abd-ru-shin sagt dazu in seiner Gralsbotschaft Ja und erhellt den Bezug der Gralssagen und -legenden zum Pfingstgeschehen mit dem Hinweis auf die *Notwendigkeit* einer regelmäßig sich wiederholenden Krafterneuerung für die Schöpfung, die sich über den Heiligen Gral vollzieht, den „einzigen Verbindungspunkt der Schöpfung mit dem Schöpfer", den „Ausgangspunkt göttlicher Kraft". Über den weltbewegenden Moment der „Enthüllung des Grales" heißt es:

> *»Von Zeit zu Zeit erscheint nun an dem Tag der Heiligen Taube die Taube über dem Gefäß als erneutes Zeichen der unwandelbaren göttlichen Liebe des Vaters. Es ist die Stunde der Verbindung, die Krafterneuerung bringt. Die Hüter des Grales empfangen sie in demutsvoller Andacht und vermögen dann diese erhaltene Wunderkraft weiterzugeben.*
> Daran hängt das Bestehen der ganzen Schöpfung!
> *Es ist der Augenblick, in dem im Tempel des Heiligen Grales des Schöpfers Liebe strahlend sich ergießt zu neuem Sein, zu neuem Schaffensdrange, der pulsschlagartig abwärts durch das ganze Weltall sich verteilt. Ein Beben geht dabei durch alle Sphären, ein heiliges Erschauern ahnungsvoller Freude, großen Glückes. Nur der Geist der Erdenmenschen steht noch abseits, ohne zu empfinden, was gerade ihm dabei geschieht, welch unermeßliches Geschenk er stumpfsinnig entgegennimmt, weil seine Selbsteinengung im Verstande das Erfassen einer derartigen Größe nicht mehr zuläßt.*

4. Hinter dem Mythos

> Es ist der Augenblick der Lebenszufuhr für die ganze Schöpfung!
> *Die stete, notwendige Wiederkehr einer Bestätigung des Bundes, den*
> *der Schöpfer seinem Werke gegenüber hält. Würde diese Zufuhr ein-*
> *mal abgeschnitten, bliebe sie aus, so müßte alles Seiende langsam ver-*
> *trocknen, altern und zerfallen. Es käme dann das Ende aller Tage,*
> *und nur Gott selbst verblieb, wie es im Anfang war! Weil Er allein das*
> *Leben ist.*
> *Dieser Vorgang ist in der Legende wiedergegeben. Es ist sogar ange-*
> *deutet, wie alles altern und vergehen muß, wenn der Tag der Heiligen*
> *Taube, die ‚Enthüllung' des Grales, nicht wiederkehrt, in dem Alt-*
> *werden der Gralsritter, während der Zeit, in der Amfortas den Gral*
> *nicht mehr enthüllt, bis zu der Stunde, in der Parzival als Gralskönig*
> *auftritt.*
> *Der Mensch sollte davon abkommen, den Heiligen Gral nur als etwas*
> *Unfaßbares zu betrachten; denn er besteht wirklich! Es ist aber dem*
> *Menschengeiste durch dessen Beschaffenheit versagt, ihn jemals er-*
> *schauen zu können. Den Segen jedoch, der von ihm ausströmt und der*
> *von den Hütern des Grales weitergegeben werden kann und auch*
> *weitergegeben wird, können die Menschengeister empfangen und*
> *genießen, wenn sie sich dafür öffnen.«* [77]

Bei oberflächlicher Betrachtung mag die hier zitierte Darlegung, derzufolge der Heilige Gral nicht nur wirklich besteht, sondern auch eine zentrale Funktion im Schöpfungsgeschehen hat, etwas haltlos erscheinen, und
jemand, der nicht allein schon an der Art des zum Ausdruck Gebrachten
das Besondere zu erkennen vermag, wird die Schilderung vielleicht sogar
als fragwürdig beurteilen. Was sich abseits des experimentell Beweisbaren
ereignet oder gar nach Offenbarung klingt, was das Gemüt anrührt und
nicht den Intellekt bedient, hat es nicht leicht im Informationszeitalter. –
Allerdings sollte man in Betracht ziehen, daß das Grundprinzip der
Kraftübertragung von einer Ebene in die andere, wie es bei der pulsschlag-
artig-regelmäßigen „Enthüllung des Grales" zum Ausdruck kommt, ein
Urbild darstellt, das wir überall in unserem Leben wiederfinden können.
Im menschlichen Körper ist es das Herz, das alle Zellen im Takt des Pulses
belebt und das, wie der Gral, ebenfalls zwei unterschiedliche „Ebenen"
miteinander verbindet: den „groben", begrenzten Körperkreislauf des
Blutes mit dem „feinen" Lungenkreislauf, der mit dem „unbegrenzten"
Element Luft in Verbindung steht. [78]
In der Technik benutzt man den Transformator, um eine höhere Span-
nung in eine niedrigere umzusetzen, was gleichnishaft dem Wirken des
Grales entspricht. Als weiteres Beispiel kann die Organisation eines

Unternehmens dienen: Auch hier gibt es aufeinander aufbauende Ebenen, sogenannte Berichtsebenen. Während das betriebliche Geschehen auf jeder dieser Ebenen ein in sich geschlossenes, harmonisches Kreisen ergeben soll, ist der regelmäßige Kontakt mit der nächsthöheren Ebene doch unumgänglich nötig, um von dort Aufträge, Weisungen und Befugnisse zu erhalten, im übertragenen Sinne also „Kraft". In diesem Bild kann man einmal mehr das große Schöpfungsgeschehen betrachten: Überall ist die untere, dichtere, dem Stofflichen stärker zugewandte Ebene abhängig von der darüberliegenden, feineren – wie die Schöpfung als Ganzes von dem „über" ihr liegenden Göttlichen ihre Impulse empfängt.

Stets aber gibt es in dem Getriebe *einen* markanten Punkt, an welchem die Ströme der „transzendenteren" Ebene jenen der „physischeren" am nächsten sind. Und – um bei den genannten Beispielen zu bleiben – Herz oder Transformator, diesen *Brennpunkt der Kraftübertragung* bildet auf höchster Ebene der Heilige Gral. Er vermittelt das, was wir als „Lebenskraft" bezeichnen, und „speist" die ganze Schöpfung.

Dieses Geschehen liegt den Gralsdichtungen zugrunde, der Symbolik im Abendmahl und auch dem Pfingsterlebnis der Jünger Jesu.[79]

Gottessohn und Menschensohn

Wenn wir auf die große Prophezeiung Christi vom „Menschensohn" beziehungsweise „Geist der Wahrheit" zurückkommen, bleibt nun die Frage zu beantworten, ob Jesus damit wirklich seine *eigene* Wiederkunft zur Zeit des Gerichtes angekündigt hat, wie es einige biblische Textstellen vermuten lassen.

Die Antwort darauf ist nein. Die Annahme, er hätte von sich selbst tatsächlich als dem „Geist der Wahrheit" gesprochen, ist schon deshalb recht abwegig, weil dieser ja richtigerweise mit dem „Heiligen Geist" in Verbindung gebracht wird, der bekanntlich ein Teil der „Dreieinigkeit Gottes", nicht aber identisch mit dem Gottessohn Jesus ist. Und auch den Namen „Menschensohn" – der, wie wir gesehen haben, begrifflich direkt mit dem „Geist der Wahrheit" zusammenhängt – kann sich Christus nicht wirklich selbst zugeschrieben haben. Ein anderer war damit gemeint. Aber wer?

Hier kommen wir nun nochmals zurück auf die Bedeutung des „Heiligen Geistes".[80]

Tatsächlich ist es eine Eigenheit des Christentums, in der Deutung von Prophezeiungen ungeachtet der Dreifaltigkeit alles und jeden mit der Person Jesu zu verknüpfen – vor allem wohl deshalb, weil der „Heilige

Geist" stets das unfaßbare Etwas blieb. Wurde in der frühen christlichen Kunst die „Heilige Dreifaltigkeit" oft noch in Gestalt *dreier* nebeneinander sitzender Personen dargestellt, so war ein solches Bildnis ab dem 10. Jahrhundert verboten, und fortan symbolisierte vor allem die Taube den „Geist".[81]

Schon im Alten Testament jedoch ist in manchen Prophezeiungen vom Kommen eines Gottgesandten die Rede, mit dem ganz sicher nicht Jesus von Nazareth gemeint war. Jedoch fügen sich die betreffenden Texte perfekt zur Ankündigung des „Geistes der Wahrheit" beziehungsweise zum Begriff des „Menschensohnes". Der Prophet Daniel hat dessen weltumspannende Macht in einer beeindruckenden Vision beschrieben:

> *»Es kam einer in des Himmels Wolken wie ein Menschensohn. Er gelangte bis zu dem Alten und wurde vor denselben gebracht. Der gab ihm Macht, Würde und Königreich, daß ihm alle Völker, Nationen und Sprachen dienen sollten. Seine Herrschaft ist ewig und unvergänglich, und sein Königreich geht niemals unter.«*[82]

Konnte mit diesem „Königreich" das Reich Gottes gemeint sein, von dem Christus immer sprach? Wohl kaum! Wenn Jesus von den Pharisäern gefragt wurde, wie, wo und wann er denn das „Reich Gottes" zu errichten gedenke, dann antwortete er, daß dieses Reich nicht mit äußerlichen Gebärden komme, denn es „ist inwendig in Euch!"[83] Mit der Mission Jesu, die sich an den einzelnen Menschen richtete und in dessen Innerem etwas bewegen wollte, kann die Vision Daniels folglich nichts zu tun haben. Der Prophet schilderte vielmehr bildhaft, daß Gott seinen *Willen*, den „Heiligen Geist", als ewigen Herrscher über alle Welten bestimmt hat. Denn das einzige „unvergängliche Königreich" ist *die Schöpfung selbst*, und diese ist dem „Geiste Gottes", also den ewigen, unveränderlichen Schöpfungsgesetzen, untertan.

Es liegt nahe, daß die Bezeichnungen „Menschensohn" beziehungsweise „Geist der Wahrheit" nichts anderes sind als Synonyme für den „Heiligen Geist". Und dieser kann – durchaus im Sinne des Begriffes der Gottes-Dreifaltigkeit – ebenfalls als „Sohn Gottes" bezeichnet werden. Wie sich in Jesus von Nazareth die göttliche Liebe in persona der Erde zuneigte, ebenso ist es vorstellbar, daß auch der göttliche Wille sich uns *in Menschenform sichtbar* nähert. Demnach gibt es also den Gottessohn, dessen Reich nicht „von dieser Welt", sondern im Göttlichen selbst begründet ist – *und* den Menschensohn, dessen Reich die Schöpfung ist, also die Welt.[84]

Aus dieser Unterscheidung und allem bisher Gesagten sollte nun auch der Wirkungsbereich des Menschensohnes deutlich werden:

• Er ist königlicher *Herrscher* über alle Welten, also das „A und O" der Schöpfung, „der Anfang und das Ende, der Erste und der Letzte",[85] der „Heilige Geist" Gottes. Als solcher vermittelt er der Schöpfung zu deren Erhaltung und Entwicklung regelmäßig Kraft aus dem „Brunnen des lebendigen Wassers", dem „Heiligen Gral". Der Menschensohn wirkt demnach auch unmittelbar *für* die Menschen, woraus sich sein Name Imanuel – „Gott mit uns" – ableitet.[86]

• Da alles Bestehende aus ihm hervorgegangen ist, kann der Menschensohn auch als der große *Weltenlehrer* auftreten, als „Geist der Wahrheit, der in alle Wahrheit führt", wie Jesus es beschrieb. Ähnliches kommt übrigens im sogenannten äthiopischen Henochbuch zum Ausdruck, einem (im übrigen eher fragwürdigen) apokryphen Text zum Alten Testament, in dem es heißt:

> »*Dies ist der Menschensohn, der die Gerechtigkeit hat, bei dem die Gerechtigkeit wohnt, und der alle Schätze dessen, was verborgen ist, offenbart (…) In ihm wohnt der Geist der Weisheit und der Geist dessen, der Einsicht gibt, und der Geist der Lehre und Kraft …*«[87]

• Das prophezeite *Gerichtsgeschehen*, das den Sieg göttlicher Gerechtigkeit verheißt, muß natürlich ebenfalls mit dem personifizierten *Willen* Gottes in engem Zusammenhang stehen. Dieser wird, wie der Prophet Jesaja verheißt, über den Menschenwillen siegen:

> »*Seid böse, Ihr Völker – und Ihr werdet doch zerschmettert! Höret ihr's alle, die Ihr in fernen Landen seid? Rüstet Euch! Ihr werdet doch zerschmettert! Rüstet Euch! Und Ihr werdet doch zerschmettert! Beschließet einen Rat, und es werde nichts daraus. Beredet Euch, und es wird nicht Bestand haben. Denn hier ist Imanuel!*«[88]

Der Gedanke, daß es *zwei verschiedene Messias-Gestalten* sind, von denen die Prophezeiungen des Alten Testaments künden, ist durchaus nicht neu, er geriet nur in Vergessenheit.

Die Glaubensgemeinschaft der Essener beispielsweise erwartete ihren Schriften zufolge einerseits den „Messias Aarons" („Lehrer der Gerechtigkeit") und andererseits den „Messias Israels" („Fürst der ganzen Gemeinde").

Aus einem Fragment über das sogenannte *apokalyptische Mahl* geht zudem hervor, daß die Essener (die ja daran glaubten, daß sie selbst bereits in der Endzeit lebten) sogar die Vorrechte festgelegt hatten, nach denen die beiden Gestalten sich zu Tisch setzen sollten …[89]

4. Hinter dem Mythos

Für uns ist die sorgfältige Unterscheidung von Gottessohn und Menschensohn vor allem deshalb von großer Wichtigkeit, weil sie nicht nur verdeutlicht, daß Christus in seinen Prophezeiungen über die Zeit des Gerichts vom Kommen *eines anderen* gesprochen haben muß, sondern auch, weil aus dieser Differenzierung klar wird, daß sich mit dem Erdensein Jesu durchaus noch nicht alle vorchristlichen Ankündigungen erfüllt haben.

Nebenbei: Nicht nur dem Juden- und Christentum sind Prophezeiungen zu einem Gerichtsgeschehen vertraut, sondern auch den Parsen, Anhängern des Parsismus, einer persischen Religion, die auf das Wirken Zarathustras in vorchristlicher Zeit zurückgeht. Dieser verkündete für das Weltgericht ebenfalls das Kommen eines siegreichen göttlichen Helfers, „Saoshyant" genannt.[90]

Hatte die Menschheit also schon seit langem allen Grund, auf eine Wiederkehr Gottes zu hoffen – nicht nur dahingehend, daß der Schöpfer in unseren Gedanken wieder den ihm gemäßen Raum einnimmt, sondern in der Form einer tatsächlichen „Fleischwerdung"? Sollte die Erwartung des Menschensohnes, Saoshyants oder Paraklets (eine griechische Bezeichnung) für uns zentralen Stellenwert haben? Und müßte sich ein guter Christ nicht wachsam darum bemühen, ihn jederzeit zu erkennen? Ich meine ja.

In jedem Fall bemerkenswert ist, daß sich Religion und Gralsmythos auch im Hinblick auf die Gestalt des Menschensohnes beziehungsweise „Heiligen Geistes" die Hand reichen. Denn das, was als die drei „Aufgabenbereiche" des Paraklet beschrieben werden kann, trifft gleichermaßen auf Parzival[91] zu, den Helden der Gralssage:

• Als „König des Grals" ist er ebenfalls *Herrscher* und vermittelt als solcher regelmäßig die Lebenskraft aus dem Heiligen Gral.

• Auch Parzival (der Name formte sich aus Per-ce-val = „Der das Tal Durchschreitende") tritt – nach langen „Irrfahrten" und nachdem er durch Mitleid (= Miterleiden) wissend geworden ist – als *Weltenlehrer* auf. Zwar unterrichtet er nicht im eigentlichen Sinn, aber er bringt der Ritterschaft durch sein Handeln, durch die richtige Anwendung göttlicher Macht (symbolisiert im „Heiligen Speer") die Erlösung. Eine solche Befreiung von innerer Qual – sie erlangt in der Gralsmythologie zentrale Bedeutung – hat aber *immer* mit Wissendwerden zu tun, denn anders als durch *Erkennen* und *Bekennen*, durch Aufnehmen und Umsetzen, ist eine echte Erlösung nicht erreichbar.

• Nicht zuletzt steht auch Parzival in unmittelbarem Zusammenhang mit einem großen „Gerichtsgeschehen": Im persönlichen Kampf mit Klingsor –

einem mächtigen Magier, in dem man die Gestalt Luzifers erkennen mag – entwindet er diesem den „Heiligen Speer" und vernichtet sieghaft dessen „Zauberreich" – und damit alles Böse, Trugreiche, Verführerische. Eine Schlüsselszene, die stark an die Johannes-Offenbarung erinnert, in welcher das „Tausendjährige Reich" ohne den Einfluß Luzifers verkündet wird:

> *»Ich sah einen Engel vom Himmel fahren, der hatte den Schlüssel zum Abgrund und eine große Kette in seiner Hand. Und er ergriff den Drachen, die alte Schlange, welche ist der Teufel und der Satan, und band ihn für tausend Jahre, und warf ihn in den Abgrund, verschloß ihn und versiegelte ihn, daß er die Heiden nicht mehr verführen sollte ...«[92]*

Richard Wagners große Gralsdichtung

W ährend Wolfram von Eschenbachs Ritterepos „Parzivâl" eher auf den Entwicklungsweg des Titelhelden konzentriert war, verlagerte einige Jahrhunderte später Richard Wagner die Handlung seines „Parsifal" ganz auf den Erlösungsgedanken: Bei ihm steht der gestrauchelte Gralskönig Amfortas im Zentrum, der an einer fürchterlichen Wunde leidet. Im Zauberreich Klingsors ist Amfortas von einem „furchtbar schönen Weib" namens Kundry verführt worden, und Klingsor ist es gelungen, den „Heiligen Speer" an sich zu reißen und Amfortas damit eine Wunde zu schlagen, die sich nun nicht mehr schließen kann. Bei jeder erneuten Enthüllung des Grales, die ein Segen für die Ritterschaft ist, steigern Amfortas Schmerzen sich ins Unendliche – bis Parsifal den Gralskönig erlöst und seine Wunde heilt, nachdem er Klingsors Zauberreich in eigenem Erleben überwunden und ihm den „Heiligen Speer" entrissen hat.

Dieser komprimierte Handlungsfaden, mit dem Richard Wagner eine packende und besonders tiefe Neugestaltung der Gralssage gelang (nachdem diese vom 14. Jahrhundert an mehr und mehr in Vergessenheit geraten war), stellt ins Rampenlicht, was entscheidend ist, wenn man mehr hinter dem Mythos sucht als nur eine nette Heldengeschichte mit religiösen Bezügen:

• *Der Heilige Gral* ist bei Wagner – im Gegensatz zu Wolfram, der ihn als Stein darstellt – ein wundertätiges, lebenspendendes Gefäß, dem eine offenbar *neutrale* Kraft entströmt. Sie beglückt die Ritter mit dem Genuß ewigen Lebens, erhöht unlauteres Streben aber ebenso zur unendlichen Qual – wie im Fall des Amfortas. In gleicher Art und Weise wirkt die „neutrale Schöpferkraft", die alles Bestehende durchströmt und belebt. Wir sind

ihre Nutznießer, wenn wir sie zu Gutem anwenden, müssen aber wechselwirkend auch leiden, wenn wir sie mißbrauchen. Schlimmstenfalls droht
uns der geistige Tod.

• Die *Wunde des Amfortas* stellt sich als Gleichnis für ein weltumspan-
nendes Geschehen dar, das mit dem Sündenfall[93] – und daher auch mit der
Erlösungsbedürftigkeit des Menschen – verknüpft ist.

Abd-ru-shin erinnert diesbezüglich in seiner Gralsbotschaft an den
großen Entwicklungskreislauf des Menschengeistes:

> *»Man überlege, daß die Menschengeister als unbewußte Geistsamen-
> körner oder Funken aus dem niedersten Rande des Geistig-
> Wesenhaften in die Schöpfung der Stofflichkeit abfließen oder über-
> springen, in der Erwartung, daß diese ausfließenden Teile nach ihrem
> Laufe durch die Stofflichkeit zum persönlichen Bewußtsein erwacht
> und entwickelt wieder in Vollendung des Kreislaufes in das Geistig-
> Wesenhafte zurückkehren. Ähnlich dem Kreislaufe des Blutes in dem
> grobstofflichen Körper!*
> *Das Luzifer-Prinzip jedoch lenkt nun einen großen Teil dieses geisti-
> gen Kreislaufstromes ab. Dadurch kann der notwendige Kreislauf
> nicht geschlossen werden, und es wirkt sich aus wie das dauernde
> schwächende Abfließen einer offenen Wunde.«*[94]

• In diesem Zusammenhang läßt sich auch das Bild vom „Heiligen
Speer" symbolisch deuten, mit dem Parsifal die Wunde des Amfortas zu
guter Letzt heilt:

> *»Kommt aber nun der ‚Heilige Speer', also die göttliche Macht, in die
> richtige Hand, die in dem Willen des Schöpfers steht und dem durch
> die Stofflichkeit als belebender Faktor wandernden Geistig-Wesen-
> haften den rechten Weg weist, der es aufwärts führt zu seinem Aus-
> gangspunkte, in das lichte Reich Gottvaters, so geht es nicht mehr ver-
> loren, sondern fließt damit zurück in seinen Ursprung wie das Blut
> zum Herzen, wodurch die im Geistig-Wesenhaften bisher schwä-
> chend abfließende Wunde geschlossen wird. Somit kann die Heilung
> nur durch den gleichen Speer erfolgen, der diese Wunde schlug.«*[95]

Um Richard Wagner nicht unrecht zu tun und den Eindruck zu vermeiden, er sei so etwas wie ein Prophet der Wahrheit gewesen, muß hier natürlich nachdrücklich darauf hingewiesen werden, daß der Dichterkomponist
eine ganz andere Auffassung von dem hatte, was er da zu Gehör beziehungsweise zu Gesicht brachte: Die Gralsschale war für ihn nichts weiter

als die Abendmahlschale Christi, den „Heiligen Speer" betrachtete er als die Lanze des Longinus (die dem am Kreuze leidenden Gottessohn in die Seite gestoßen worden war), und im übrigen schien Wagner mit Haut und Haaren einer schauerlich falschen Erlösungsidee verfallen zu sein: Werden schon andere seiner Helden von Frauen erlöst, die den Opfertod sterben (Senta stirbt für den „Fliegenden Holländer", Elisabeth für „Tannhäuser"), so verbindet Wagner den im Grunde wahnwitzigen Gedanken, daß ein Mensch durch seinen Tod einen anderen erlösen könne, im „Parsifal" auch noch mit der bekannten kirchlichen Fehlinterpretation von Christi Opfertod am Kreuz, derzufolge ein Gottessohn sich für die Menschheit hingegeben hat, um diese durch sein leidvolles Sterben zu erlösen. Im „Parsifal" geht der Erlösungswahn im übrigen so weit, daß Wagner den Schlußchor die Worte „Erlösung dem Erlöser" singen läßt – der „Erlöser Parzifal", der Amfortas Wunde schließt und den Gral enthüllt, der die Gralsritter labt und Kundrys seelische Zerrissenheit beendet, erlöst sich selbst gleich mit …

Doch das nur nebenbei. Was bleibt, ist die erstaunliche und richtungweisende Tatsache, daß sich die Gralsmythologie in vielfacher Hinsicht nahtlos in den christlichen Glauben fügt – vorausgesetzt, der Blickwinkel stimmt.

Die katholische Kirche hat die Begegnung mit dem Mythos nicht wirklich beeinflußt. Die keltischen Zauberkessel gehörten ohnehin von jeher in die „glaubensferne" Welt der Heiden, die großen mittelalterlichen Werke Robert de Borons oder Wolframs von Eschenbach blieben für sich stehende künstlerische Leistungen ohne Bezug zum Glauben, und die nachmittelalterlichen Gralsdichtungen waren bestenfalls dazu geeignet, die Artusromantik wiederzubeleben, nachdem die Figur des Parzival ja auch ursprünglich am Hof des sagenhaften Königs angesiedelt war.[96]

Richard Wagner aber trat in einer Zeit auf, da es die christliche Kirche, gespalten und zerrüttet, längst mit einem ganz anderen „Gegner" zu tun hatte, der ihr weitaus gefährlicher werden sollte als Gläubige, die nicht ganz linientreu waren, oder schwer einzuordnende Mythen: Die Naturwissenschaft hatte damit begonnen, die Welt jenseits des blinden Glaubens zu erkunden, und vieles von dem ins Wanken gebracht, was über Jahrhunderte als unantastbare Wahrheit gegolten hatte.

Dieser Prozeß ist bis heute im Gang, und er hat nicht nur die Kirchen nachhaltig erschüttert, sondern – was viel schwerer wiegt – er hat vor allem die Gottzugewandtheit der Menschen unterlaufen. Viele glauben heute allen Ernstes, daß sie Gott nicht mehr brauchten, ja, daß die ganze Religion als vorrationale Entwicklungsphase des Homo sapiens endgültig überwunden werden müsse.

4. Hinter dem Mythos

Allerdings ist nicht das Ringen um Wahrheit an dem weitreichenden Verfall des Glaubens schuld, sondern die bittere Tatsache, daß es den geistlichen Würdenträgern nie gelang, sich zu einem neuen, tragfähigen Gottesverständnis durchzuringen. Viel lieber beharrte man auf traditionellen Ansichten, verbrannte Menschen, die das nicht taten, und verstieg sich sogar zu dieser absoluten Groteske, über die ein halbwegs vernünftiger Mensch eigentlich nur verständnislos den Kopf schütteln kann: Im Jahre 1870 wurde beschlossen, daß der Papst unfehlbar sei!

Kaum etwas dokumentiert besser die große Entzweiung, die im 15. Jahrhundert begann: Die Menschheit erstrebte nicht mehr die *eine* Wahrheit, sondern sie *teilte* ihr Ringen um Erkenntnis. Hier das wissenschaftliche Experiment, der „objektive", rationale Blick auf die Welt – dort das religiöse Streben nach seelischer Geborgenheit und transzendenter Erfahrung, streng geleitet allerdings von „unfehlbarem" Obrigkeitswissen.

Die beiden „Lager" stehen einander bis heute skeptisch oder ablehnend gegenüber. Vielleicht mag man in manchen Bereichen gelernt haben, einander zu respektieren; zu einer wirklichen Handreichung, zu offenem Austausch oder zielgerichtetem Miteinander kam es nie. Das ist schade, denn warum sollte der Gedanke an einen Schöpfer aller Welten nicht auch die Herzen jener Menschen ergreifen, die das Weltgeschehen mit wissenschaftlicher Gründlichkeit erforschen wollen, für die das Experiment genau die gleiche Faszination ausübt wie für andere beispielsweise der Begriff „Gral"?

Tatsächlich könnte auch die Naturwissenschaft – genau wie der Mythos – ein spiritueller Wegweiser sein, der den Menschen nicht von seinem Schöpfer entfernt, sondern ihn zu Gott führt. Doch dazu ist ein grundlegend neuer Denkansatz vonnöten …

Anmerkungen und Literaturhinweise zu Teil 2, Kapitel 4

1 Vgl.: Teil 2, Kapitel 5

2 Aristoteles (384–322 v. Chr.) entstammte einem Ärztegeschlecht, wurde Schüler Platons und Erzieher Alexanders des Großen. Er gründete eine eigene Philosophie-Schule und mußte nach Alexanders Tod aus Athen fliehen, da man ihn der Gottlosigkeit bezichtigte.

3 Eine gelungene Zusammenfassung über die geistesgeschichtliche Bedeutung der Griechen findet der Leser im Aufsatz „Zwischen Orient und Okzident" von Samira Eisenbach, erschienen in der Zeitschrift „GRALSWELT", Heft 14, Verlag der Stiftung Gralsbotschaft, Stuttgart, 2000.

4 Vgl.: Teil 1, Kapitel 2

5 Vgl.: „Neues Testament", Apg. 9, 1 ff.

6 Vgl.: „Neues Testament", Röm. 9, 18. Der Auffassung des Apostels Paulus von einer „verdienstunabhängigen Gnade" folgt später auch Martin Luther.

7 Vgl.: „Neues Testament", Röm. 3, 28

8 Vgl.: „Neues Testament", Röm. 5, 8–11; Röm. 8, 32

9 Vgl.: „Neues Testament", Luk. 23, 34

10 Vgl.: „Neues Testament", Röm. 8, 1 ff.

11 Zitiert aus: „Neues Testament", Röm. 8, 3

12 Vgl.: „Neues Testament", 1. Kor. 7, 32–35; 1. Kor. 7, 38. Als Begründung für den Zölibat wird von seiten der Kirche auch auf Matth. 10–12 verwiesen, wo Jesus davon spricht, daß manche Menschen „um des Himmelreichs willen" die Ehelosigkeit pflegen – ohne jedoch zu einem solchen Weg aufzufordern: „Wer es fassen mag, der fasse es!"

13 Zitiert aus: „Neues Testament", 1. Kor. 7, 38

14 Der interessierte Leser findet zu diesem Thema auch weiterführende Anregungen in: Peter Deiries: „Wie man in den Himmel kommt – Statt einer Gebrauchsanleitung", Fouqué & Hänsel-Hohenhausen, Egelsbach/Frankfurt a. M./Washington, 1998

15 Vgl.: „Neues Testament", 1. Kor. 13, 9

16 Vgl.: „Neues Testament", Matth. 16, 18

17 Zitiert aus: Georg Denzler: „Das Papsttum – Geschichte und Gegenwart", Verlag C. H. Beck, München, 1997

18 Dieser bis heute gebräuchliche Ehrentitel des Papstes wurde im antiken Rom für den höchsten Priester verwendet. Ab dem Jahr 445 wurde er auf den Papst übertragen.

19 Zitat aus einem Schreiben des Papstes Gelasius I. (492–496), das er am 1. Februar 496 an illyrische Bischöfe richtete. Zitiert aus: Georg Denzler, „Das Papsttum – Geschichte und Gegenwart", Verlag C. H. Beck, München, 1997

20 Vgl.: Werner Huemer: „Wiederverkörperung – ein christlicher Gedanke", in: „GRALSWELT", Heft 1, Verlag der Stiftung Gralsbotschaft, Stuttgart, 1996; und Dr. Gerd Harms: „Wiederverkörperung: Warum erinnern wir uns nicht?", in: „GRALSWELT", Heft 13, Verlag der Stiftung Gralsbotschaft, Stuttgart, 1999

21 Zitiert aus: „Neues Testament", Joh. 9, 2

22 Vgl.: „Neues Testament", Joh. 1, 21

23 Vgl.: „Neues Testament", Matth. 16, 14

24 Vgl.: „Altes Testament", Hesekiel 34, 23

25 Vgl.: „Altes Testament", Psalm 90, 3. Weitere Hinweise auf die Reinkarnation bietet das Buch der Weisheit Salomons, wo es heißt: „Denn Gott hat den Tod nicht gemacht und hat kein Gefallen am Untergang der Lebenden" (1, 13). Und weiter: „Ich aber war ein wohlgestalteter junger Mann und hatte eine edle Seele empfangen; oder vielmehr, da ich edel war, kam ich in einen unbefleckten Leib" (8, 19–20).

26 Als „Kirchenväter" (lat. patres ecclesiae) werden vor allem die Lehrer und Schrift-steller der alten Kirche bezeichnet, die vom 2. bis zum 6. Jahrhundert n. Chr. lebten.

27 Wer über Origenes und seine Lehre bzw. über das Schicksal dieser Lehre und die poli-tischen Hintergründe in knapper Zusammenfassung mehr erfahren will, wird in folgen-dem Beitrag fündig: Waltraud Große: „Origenes und der Reinkarnationsgedanke", erschienen in der Zeitschrift „GRALSWELT", Heft 13, Verlag der Stiftung Gralsbotschaft, Stuttgart, 1999.

28 So lautete „Canon 1", mit dem die „15 Glaubenssätze der Anhänger des Origenes" im März/April 553 verurteilt wurden. Zitiert aus: „Origenes und der Reinkar-nationsgedanke", in: „GRALSWELT", Heft 13, Verlag der Stiftung Gralsbotschaft, Stuttgart, 1999

29 Zitiert aus: Abd-ru-shin: „Im Lichte der Wahrheit – Gralsbotschaft", Verlag der Stiftung Gralsbotschaft, Stuttgart, 1998 (Band 2, Vortrag „Auferstehung des irdischen Körpers Christi")

30 Das Wort Islam wird meist in der Bedeutung von „Ergebung" oder „Hinwendung" zu Gott übersetzt. Es steht – nach der Bedeutung des Verbs „salm" oder „salma" – aber auch für das Streben nach „höherem Frieden".

31 Zitiert aus: Essad Bey: „Mohammed", München, 1993 (Berlin, 1932)

32 Eine lesenswerte Zusammenfassung über die geistige Bedeutung dieses Propheten fin-det man in: „Mohammed – Leben und Wirken des Wegbereiters in Arabien", Verlag der Stiftung Gralsbotschaft, Stuttgart, 1986

33 Die drei Hauptgottheiten, die in Mekka eigene „heilige Bezirke" besaßen, waren Hubal (der Wassergott), Uzza (eine mit dem Venusstern identifizierte Göttin) und Manat (die Todesgöttin).

34 Eine gelungene Zusammenfassung zum Thema Islam findet der interessierte Leser in dem Beitrag „Die Araber und die Sehnsucht nach dem Gottesstaat" von Samira Eisenbach, erschienen in der Zeitschrift „GRALSWELT", Heft 11, Verlag der Stiftung Gralsbotschaft, Stuttgart, 1999.

35 Er war Papst von 1073 bis 1085; das Zitat entstammt einem Brief des Papstes an Bischof Hermann von Metz, datiert mit 15. März 1081. Zitiert nach: Georg Denzler: „Das Papsttum – Geschichte und Gegenwart", Verlag C. H. Beck, München, 1997, S. 48

36 Zitiert aus: Georg Denzler: „Das Papsttum – Geschichte und Gegenwart", Verlag C. H. Beck, München, 1997

37 Das Wort „Vatikan" (lat. „vates" = Weissager) bzw. „Vatikanhügel" beschrieb ursprünglich ein sumpfiges Gebiet am Westufer des Tibers nahe der Stadt Rom, das schon in vorchristlicher Zeit bekannt war. „Weissager" versuchten dort früher, die Aufmerksamkeit des Publikums auf sich zu lenken. Seit den 1929 ratifizierten „Lateranverträgen" mit Italien ist der Vatikan mit seinen knapp 0,5 Quadratkilometern Fläche der kleinste souveräne Staat der Welt.

38 Vgl.: „Neues Testament", Joh. 18, 36

39 Vgl.: Nino Lo Bello: „Der Vatikan", hpt-Verlagsgesellschaft m.b.H., Wien, 1988, Seite 59

40 Vgl.: „Neues Testament", Math. 16, 19: „Und will Dir des Himmelreichs Schlüssel geben. Alles, was du auf Erden binden wirst, soll auch im Himmel gebunden sein. Und alles, was du auf Erden lösen wirst, soll auch im Himmel los sein." Diese Worte Jesu bezogen sich allerdings auf die geistige Berufung des Petrus allein.

41 Vgl.: Georg Denzler: „Das Papsttum – Geschichte und Gegenwart", Verlag C. H. Beck, München, 1997

42 Eine empfehlenswerte Zusammenfassung zur Religion und Bedeutung der „Katharer" findet der interessierte Leser in dem Beitrag „Die Tragödie von Montségur" von Dr. Monika Schulze, erschienen in der Zeitschrift „GRALSWELT Themenheft", Heft 4, Verlag der Stiftung Gralsbotschaft, Stuttgart, 1999.

43 Zitiert aus: Jean Leclerq: „Bernhard von Clairvaux", München, Zürich, Wien, 1990, S. 97 ff.

44 In Albi befand sich eines von vier katharischen Bistümern.

45 Chrétien de Troyes gilt als Begründer und bedeutendster Vertreter der höfischen Epik des Mittelalters, in deren Mittelpunkt er die Idealgestalt des Artus stellte. Sein Name beherrschte die französische Literatur des 12. Jahrhunderts.

46 Der Originaltitel des Werkes lautete: „Perceval li Galois ou Les Contes del Graal"; es erschien 1185.

47 Der Originaltitel des Werkes lautete: „Grand estoire dou Graal". Neben der Gralsdichtung des Chrétien de Troyes dürfte Robert de Boron als Grundlage auch die „Pilatus-Akten" verwendet haben, einen apokryphen Bericht über die Verurteilung und den Tod Christi, der um etwa 200 abgefaßt worden sein dürfte.

48 Vgl.: Dr. Christian Baur: „Wolframs Meisterwerk", in: „GRALSWELT Themenheft", Heft 4, Verlag der Stiftung Gralsbotschaft, Stuttgart, 1999

49 Vgl.: Hans Jürgen Lange (Hrsg.): „Otto Rahn – Leben und Werk", Arun-Verlag, Engerda, 1995

50 Gallien (Frankreich), das Zentrum keltischer Macht, verlor 52 v. Chr. seine Unabhängigkeit im Krieg gegen Caesar, in der Folge gerieten alle keltischen Gebiete unter römische Herrschaft – bis auf Irland, wo sich im frühen Mittelalter eine neue, vom Christentum beeinflußte keltische Kultur entwickelte.

51 Vgl.: Karl Otto Brogsitter: „Artusepik", Sammlung Metzler, J. B. Metzlersche Verlagsbuchhandlung, Stuttgart, 1965

52 Vgl.: Teil 1, Kapitel 3

53 Diese Addition läßt sich in zwei Schritten durchführen: $1 + 2 + 3 + 4 + 5 + 6 + 7 + 8 + 9 = 45; 4 + 5 = 9$.

54 Vgl.: Herbert Vollmann: „Die Zahl – Das Wesen aller Dinge", erschienen in: „Ein Blick in eine andere Welt" (Band 4 der Gesamtausgabe Herbert Vollmann), Verlag der Stiftung Gralsbotschaft, Stuttgart, 1995

55 Zitiert aus: „Neues Testament", Matth. 26, 26 – 28

56 Eucharistie bedeutet „Danksagung" (für das empfangene Mahl).

57 In der katholischen Theologie spricht man in diesem Zusammenhang von der „Transsubstantiationslehre", derzufolge sich „die ganze Substanz des Brotes und Weines in die ganze Substanz des Leibes und Blutes Christi" verwandelt. Das Dogma der Transsubstantiation schließt dabei den Glauben an die wirkliche Gegenwart Christi, seine „Realpräsenz" mit ein.

58 Vgl.: „Neues Testament", 1. Kor. 27–29

59 Vgl.: Teil 1, Kapitel 3

60 Vgl.: „Neues Testament", Matth. 26, 24: „Wehe dem Menschen, durch welchen des Menschen Sohn verraten wird. Es wäre ihm besser, daß der selbige Mensch noch nie geboren wäre!"

61 Vgl.: Teil 1, Kapitel 2

62 Es gibt Vermutungen dahingehend, daß die Templer – ein 1119 gegründeter Ritterorden, der direkt dem Papst unterstellt war und die Aufgabe hatte, das „Heilige Grab" in Jerusalem gegen Ungläubige zu schützen (sie benannten sich nach jenem Platz in der umkämpften Stadt, an dem einst der Tempel Salomons stand) – dieses Wissen aus dem Orient mitbrachten und daß Wolfram von Eschenbach möglicherweise selbst ein Templer war.

63 Zitiert aus: „Neues Testament", Offb. 21, 6–9; eine weitere diesbezügliche Textstelle findet man unter Offb. 22, 17.

64 Vgl.: „Neues Testament", Matth. 24

65 Zitiert aus: „Neues Testament", Matth. 24, 29–31

66 Vgl.: „Neues Testament", Matth. 24, 36

67 Vgl.: „Neues Testament", Joh. 16, 8

68 Zitiert aus: „Neues Testament", Joh. 16, 12–14

69 Zitiert aus: „Neues Testament", 1. Kor. 13, 9–10

70 Zitiert aus: „Neues Testament", Apg. 1, 8

71 Der „Geist der Wahrheit" wird in den Prophezeiungen Jesu auch „Tröster" genannt; vgl.: Joh. 15, 26.

72 Das Pfingstfest ging aus dem jüdischen Erntedankfest (Schawuot) hervor und wurde über lange Zeit als Teil des Osterfestes gefeiert. Im Mittelalter waren dafür allgemein noch drei Feiertage vorgesehen. Heute schließen die Pfingstfeiertage – 50 Tage nach Ostern – den sogenannten „Osterfestkreis" ab.

73 Zitiert aus: „Neues Testament", Apg. 2, 1–4

74 Vgl.: „Neues Testament", Apg. 2, 13

75 Die evangelische Kirche hat die Firmung als nicht von Christus eingesetzt verworfen.

76 Vgl.: Teil 1, Kapitel 2

77 Zitiert aus: Abd-ru-shin: „Im Lichte der Wahrheit – Gralsbotschaft", Verlag der Stiftung Gralsbotschaft, Stuttgart, 1998 (Band 2, Vortrag „Der Heilige Gral")

78 Wer sich für faszinierende, gleichnishafte Brückenschläge zwischen Schöpfungsbildern aus der Gralsbotschaft und dem täglichen Leben interessiert, sei auf die Werkausgabe Richard Steinpach „Sieh: Die Wahrheit liegt so nahe" (6 Bände, Verlag der Stiftung Gralsbotschaft, Stuttgart, 1994) verwiesen.

79 Mehr zu diesem Thema findet der interessierte Leser in der Zeitschrift „GRALSWELT Themenheft", Heft 4: „Der Heilige Gral – Mythos und Wirklichkeit", Verlag der Stiftung Gralsbotschaft, Stuttgart, 1999.

80 Vgl.: Teil 1, Kapitel 3

81 Vgl.: Ernest Schmitt, Werner Huemer: „Vater, Sohn und Heiliger Geist oder: Du sollst Dir kein Bildnis machen …", in: „GRALSWELT Themenheft", Heft 2, Verlag der Stiftung Gralsbotschaft, Stuttgart, 1998

82 Zitiert aus: „Altes Testament", Daniel 7, 13–14

83 Vgl.: „Neues Testament", Luk. 17, 20–21

84 Eine hervorragende Abhandlung zum Thema Gottessohn und Menschensohn findet der interessierte Leser in: Erich Wendland: „Wahre Hilfe in turbulenter Zeit – Ein Weg zu höherem Wissen", Integral-Verlag, München, 1987

85 Vgl.: „Neues Testament", Offb. 22, 13

86 Der Prophet Jesaja kündete von der Geburt Imanuels (vgl.: „Altes Testament", Jes. 7, 14); der Evangelist Matthäus bezog sich später in seiner Schilderung zur Geburt Jesu (vgl.: „Neues Testament", Matth. 1, 20 ff.) irrtümlicherweise auf diese Prophezeiung und brachte sie – trotz des offensichtlich anderen Namens – mit der Geburt Jesu in Verbindung.

87 Vgl.: „Das äthiopische Buch Henoch", erschienen in: Erich Weidinger: „Die Apokryphen – Verborgene Bücher der Bibel", Pattloch-Verlag, Augsburg, 1990

88 Vgl.: „Altes Testament", Jesaja 8, 9–10

89 Vgl.: Ernest Schmitt: „Heilsplan oder Mord – Von Abraham bis Golgatha", Verlag der Stiftung Gralsbotschaft, Stuttgart, 1993

90 Vgl.: „Saoshyant – Menschensohn", erschienen in: Christian Baur: „Und werdet sein wie Gott …", Verlag der Stiftung Gralsbotschaft, Stuttgart, 1999

91 Richard Wagner bevorzugte die Schreibweise „Parsifal".

92 Zitiert aus: „Neues Testament", Offb. 20, 1–3

93 Vgl.: Teil 1, Kapitel 2

94 Zitiert aus: Abd-ru-shin: „Im Lichte der Wahrheit – Gralsbotschaft", Verlag der Stiftung Gralsbotschaft, Stuttgart, 1998 (Band 2, Vortrag „Das Geheimnis Luzifer")

95 Zitiert aus: Abd-ru-shin: „Im Lichte der Wahrheit – Gralsbotschaft", Verlag der Stiftung Gralsbotschaft, Stuttgart, 1998 (Band 2, Vortrag „Das Geheimnis Luzifer")

96 Vgl.: Dr. Monika Schulze, Werner Huemer: „Die Kunde vom Gral", in: „GRALSWELT Themenheft", Heft 4, Verlag der Stiftung Gralsbotschaft, Stuttgart, 1999

5. Der gespaltene Weg zur Wahrheit

Den Abendhimmel in tiefrotes Licht tauchend, versinkt die Sonne in ruhigem Gleichmaß hinter dem Horizont, ein immer ferner, glühend schimmernder Feuerball, lebenspendend, heilend, Körper und Gemüt erwärmend. Zurück bleibt der ergriffene Mensch, dessen Gedanken dem lichtbringenden Himmelskörper sehnsuchtsvoll nachsinnen. Was wäre die Welt ohne dieses still spendende, urgewaltig mächtige, unbeeinflußbar seine Bahn ziehende Rund, das alltäglich wie ein Gruß des Höchsten von dessen urewiger Liebe kündet, von Ost nach West und über alle Lande? Welche unergründlichen Geheimnisse birgt die Schöpfung noch in ihren fernsten Tiefen, ihren unabsehbaren Unendlichkeiten?

Langsam verblaßt das Abendrot, nächtliche Kühle kriecht über das sonnenleere Erdreich, und die Blicke des Menschen ziehen den winzigen Lichtpunkten entgegen, die nun vom Himmelsgewölbe ihre Strahlen senden. Welche Weiten! Welche Höhen! Wie ewig unfaßbar! Und wie klein doch der Mensch sich dünken muß, wenn er das erschaut! Was tut er im Angesicht des unerreichbar Fernen, dieses Himmelsspiels formgewordener Harmonie, gleichklingender Bewegung? Er mag die Sterne eifrig zu zählen beginnen, und er wird große Zahlen errechnen, Werte, die er kaum für möglich hält. *Oder* er mag still zu danken beginnen und die Demut erlangen, die sein Inneres dem Schöpfer näher führt.

Oder? Geht es wirklich um ein Entweder-Oder? Was ist es, das den Menschen nachsinnen läßt über das lebendige Wunderwerk der Schöpfung, über die urewigen Harmonien der Himmelsglocke? Bietet nicht gerade das Licht unseres Verstandes die beste Möglichkeit zur Welterkenntnis? Hatte Thomas von Aquin[1] nicht recht, wenn er in der Klugheit des Menschen eine irdische Entsprechung für die Führung aus dem Licht erkannte?

Verstand, Geist und Wahrheit

Es wäre verfehlt, im menschlichen Intellekt das einzig bedeutende Instrument zur Welterkenntnis zu vermuten. Mensch zu sein bedeutet mehr, als vernunftbegabt seine grauen Zellen einzusetzen. Ebenso unangebracht aber wäre es, die immense Bedeutung unseres Verstandes leichtfertig in Frage zu stellen, wenn es um die Suche nach der *Wahrheit* geht. Dieser Begriff, der das Ewig-Unveränderliche in der Schöpfung beschreibt, geht auf die Philosophen des antiken Griechenlands zurück. Für sie waren vor allem die Mathematik und die Geometrie geeignete Mittel, gesetzmäßige Zusammenhänge zum Ausdruck zu bringen, die völlig unabhängig vom subjektiven Erleben des einzelnen sind. Dies verdeutlicht, daß der menschliche Verstand von jeher eine zentrale Rolle spielte, wenn es um das *Beschreiben* der Wahrheit ging.

Das *Empfinden* der Wahrheit verbleibt indes eine Angelegenheit des Gemüts, des Geistes. Denn wenn immer die eigene Erkenntnis das Ewig-Unveränderliche berührt, ergibt sich daraus – je nach Tiefe dieser Erfahrung – ein mehr oder minder starkes inneres Erleben. Kurzum: Wir tragen die Anlagen in uns, die Welt mit „Herz *und* Hirn" zu durchleben, mit wachem Geist und geschultem Verstand *zugleich*. Beides läßt sich für einen nach Wahrheit strebenden Menschen niemals trennen; er wird sich voller Überzeugung dagegen sträuben, sich *entweder* für den spirituellen *oder* den intellektuellen Weg zu entscheiden. Und zu Recht! Denn es geht nicht um ein Entweder-Oder, sondern einzig und allein darum, daß die „Lichter" richtig eingestellt sind: Der Geist muß dem Verstand voranleuchten, ihn *führen!*

Würde man diesen einfachen Grundsatz beherzigen, sähe heute vieles anders aus: Die Menschlichkeit stünde *über* der Machbarkeit, das Feuer der inneren Lebendigkeit würde lodern, und wir hätten nicht verlernt, angesichts der allgewaltigen Schöpfung in *Demut* zu forschen.

Dieser *eine*, einende, einheitliche Weg zur Wahrheit, welcher die Vernunft des Verstandes *und* die Lichtsehnsucht des Gemüts trägt, wird heute schon längst nicht mehr beschritten – Religion und Wissenschaft spalteten sich: Wer der Stimme seines Herzens folgen wollte, lief Gefahr, im Sumpf konfessioneller Dogmen unterzugehen, während die intellektuellen Tauchgänge ebenfalls nur vordergründig in die Tiefe führten: Viele Forscher verloren sich in der Faszination ihrer physisch-materiellen „Unterwasserwelt" und sie vergaßen ganz darauf, das luftige Element ihrer Herkunft zu atmen, also den *Geist* wachzuhalten.

Wenn einst ein neuer Morgen die Welt erfrischt und die Sonne abermals machtvoll den Himmel erklimmt – wird der Mensch dann gereifter sein, sich *aller* seine Fähigkeiten bewußt?

Wer auf einen solchen geistigen Auferstehungsmorgen hinarbeitet und die Wiederkehr Gottes in sein Herz erstrebt, sollte dabei mit einer zentralen Tatsache rechnen, die das menschliche Ringen um Erkenntnis bisher immer wieder behindert hat: Nur allzu leicht steht man sich selbst im Weg, sobald es um das Erfassen größerer Zusammenhänge geht! Offenbar neigt unser „gesunder (?) Menschenverstand" dazu, etwas allzu schnell für „wahr" zu halten, uns also Weltbilder vorzugaukeln, die von verführerischer innerer Logik, aber dennoch grundfalsch sind.

Wenn es um Fragen der objektiven Wirklichkeit geht, ziehen wir erfahrungsgemäß voreilige Schlußfolgerungen, die der Wahrheit nur selten nahekommen. Ist auch das eine Folge der fehlenden *geistigen* Ausrichtung? Fest steht, daß die meisten großen Durchbrüche in der Erkenntnis des Schöpfungswirkens dadurch gekennzeichnet waren, daß sie eben das überwanden, was zuvor für unumstößlich „wahr" gehalten wurde, weil es der menschlichen Alltagserfahrung zu entsprechen schien. Neue Horizonte öffneten sich uns immer erst, wenn es gelang, den Blick *über* das subjektive Erleben zu erheben.

Aristoteles und Ptolemäus

Wer heute gen Himmel schaut und das Universum zu ergründen sucht, dem wird bewußt sein, daß es eine sehr schmale Basis ist, von der aus er seine Forschungen beginnt. Unsere Erde ist ein winziger Punkt im All, der einen klaren Blick über alles Schöpfungsgeschehen letztlich gar nicht zuläßt. Aber wie lange dauerte es bis zu *dieser* Erkenntnis! Wie steinig gestaltete sich der Weg von der „Wahrheit" der unmittelbaren Sinneserfahrungen bis hin zum Weltbild unserer Tage?

Aristoteles (384–322 v. Chr.) glaubte noch, die Erde stehe still und die sichtbaren Himmelskörper bewegten sich in Kreisbahnen um sie herum – eine Annahme, die gut zu dem paßte, was der Mensch jeden Tag selbst beobachten kann. Zudem gingen die griechischen Philosophen mit Vor

167

liebe von klaren geometrischen Vorstellungen aus: Der Kreis galt ihnen als die vollkommenste aller Formen, und schon aus diesem Grund mußten sich die Sterne „logischerweise" in Kreisbahnen um die Erde bewegen.

Allerdings war die Weltsicht des Aristoteles bereits von einem entscheidenden Aspekt geprägt, der weit über die unmittelbaren Alltagserfahrungen hinauswies: Der große antike Denker brachte nämlich gute Argumente dafür vor, daß die Erde keine flache Scheibe sei (wie das die alten Ägypter, Juden und Germanen vermuteten), sondern eine Kugel. Ihm war beispielsweise aufgefallen, daß bei einer Mondfinsternis, wenn also die Erde zwischen Mond und Sonne steht, der auf dem Mond sichtbare Erdschatten immer rund ist, und Aristoteles folgerte, daß die Erde daher eine Kugel sein müsse – eine Auffassung, die neben den Griechen übrigens auch die Römer vertraten.

Gut 400 Jahre später lebte in Alexandria der bekannteste Geograph, Mathematiker und Astronom des Altertums: Claudius Ptolemäus (um 140 n. Chr.). Er baute das Weltbild des Aristoteles aus und brachte unter anderem den ältesten überlieferten Fixsternkatalog heraus. Sein kosmologisches Modell, das „ptolemäische Weltsystem", hatte die Erde als Mittelpunkt, umgeben von acht „Sphären", die sie umkreisten: Mond, Merkur, Venus, Sonne, Mars, Jupiter, Saturn und, als äußerstes, die Sphäre der Fixsterne, welche gemeinsam am Himmel kreisen. Was jenseits dieser letzten Sphäre lag, wurde nicht erklärt; man hielt es wahrscheinlich auch für sinnlos, sich Gedanken über Dinge zu machen, die der menschlichen Beobachtung ohnehin unzugänglich waren.

Das ptolemäische Weltmodell bewährte sich viele Jahrhunderte lang. Es war hinreichend genau, um die Position der Himmelskörper vorherzusagen, und es hatte den Vorteil, daß man es bestens mit den alttestamentlichen Schilderungen zum Schöpfungswerden im 1. Buch Mose in Einklang bringen konnte, die ja gerne so interpretiert wurden, als drehe sich alles Geschehen letztlich um die Erde – eigentlich: den Menschen.

Die einheitliche Weltbetrachtung im Mittelalter

Vor allem im Mittelalter erlangten die Ideen des Aristoteles und des Ptolemäus wieder große Bedeutung, weil man antikes Wissen mit der christlichen Tradition verschmelzen wollte: Die Ursprünge von Mensch und Welt schienen durch die biblischen Schöpfungsgeschichten eindeutig erklärt, die Fragen nach der *Erschaffung* alles Seienden also beantwortet, während das ptolemäische Weltbild den *Zustand* des Schöpfungswerkes veranschaulichte: Mit der Erde als Zentrum bestand die Welt aus neun

Sphären oder „Kugelschalen", wobei man Erde und Mond als unvollkommen beziehungsweise „sterblich" erachtete, die übrigen Sphären, begonnen beim Merkur bis hin zur äußersten Sphäre der Fixsterne, hingegen als „unveränderlich" und „unsterblich" – eine Vorstellung, die perfekt zum Bild der „sieben Himmel" paßte, das aus altjüdischen Überlieferungen bestens bekannt war.

Der Mensch erlebte seine Existenz also im Zentrum des Universums, inmitten des Vergänglichen, Unvollkommenen, in dessen tiefster Tiefe, also im Erdinneren, das finstere Reich der Hölle lag.[2] Er war den dunklen Mächten unter ihm bedrohlich nahe, während die himmlischen, unvergänglichen Sphären über ihm bisweilen unerreichbar fern erschienen.

Aber der mittelalterliche Mensch hatte eine klare Orientierung, die einer stimmigen Einheit von philosophischer Welterkenntnis, altjüdischem Wissen und christlicher Tradition, basierend auf der Lehre Jesu, entsprang. Man konnte sich geborgen fühlen unter dem Schutz der Himmelsglocke,[3] es gab *eine* Wahrheit, ein einheitliches, geschlossenes Weltbild. Theologie und Philosophie ergänzten einander, Astronomie und Astrologie befaßten sich gemeinsam mit den Sternen und deren Wirkungen, spirituelle Erkenntnisse und weltliches Forschen, himmlische Offenbarung und menschlicher Wissensdrang waren nur unterschiedliche Aspekte einer *einheitlichen* Weltbetrachtung, in welcher der Glaube an den Schöpfer in den Herzen der meisten Menschen tief und fest verwurzelt war. Dabei wurde auch die geistliche Gewalt der Kirche, die im etablierten Papsttum[4] gipfelte, vorerst nicht grundsätzlich in Frage gestellt.

Ein neues Denken

Doch das späte Mittelalter sollte die letzte Epoche sein, in der sich die Sehnsucht des Menschen nach Universalität, nach einer umfassenden Einheitlichkeit der Erkenntnisse, erfüllen konnte. Denn mit dem Aufbruch in die Neuzeit, also etwa ab dem 14. oder 15. Jahrhundert, begann das so klar und unantastbar scheinende Weltbild nach und nach zu zerbröckeln.

Was war geschehen?

Während die kirchlich geprägte Sicht der Dinge natürlich bei allen neuen Gedanken zum Schöpfungsgeschehen, über die es zu urteilen galt, stets die Brücke zum Wort der Bibel suchte – oder, unfreundlicher ausgedrückt: alles das ablehnte, was nicht im Einklang mit der Heiligen Schrift zu stehen schien –, begann nun eine neue Art des Denkens Platz zu greifen, die *alles* in Frage stellte – auch, daß jede Überlegung zum Lauf der Dinge aus dem Alten Testament zu begründen sein müsse.

169

Beeinflußt durch die antiken Philosophen, die man ja wiederentdeckt hatte, setzte sich ein kritisch-skeptisches Denken durch, das besonders auch den kirchlichen Fundamentalismus ins Visier nahm: Das Zeitalter der „Renaissance" war angebrochen, und die Menschen widmeten sich einesteils wieder mit größerer Hingabe weltlichen Fragen, während sie andernteils jenen *wahren* Glauben suchten, den sie im Schoß der Kirche nicht mehr zu finden meinten.

Dies verwickelte die Geistlichkeit in eine Art Zweifrontenkrieg. Zum einen nahm die innerkirchliche Kritik bedrohliche Ausmaße an, Reformations- und Neuorientierungstendenzen, mit denen man sich dem „eigentlichen Christentum" zuwenden wollte, wurden stärker; zum anderen wuchs der Druck von außen, denn während die geistliche Obrigkeit in fragwürdigem Eifer an ihrer Auslegung der „Offenbarungs-Wahrheit" festhielt und gar nicht gewillt war, Traditionen in Frage zu stellen, ließen sich neue Erkenntnisse nicht dauerhaft unterdrücken, und immer deutlicher standen naturwissenschaftlich orientierte Menschen den glaubensverbundenen *gegenüber*.

Materialismus gegen Idealismus – eine folgenreiche Spaltung des Weges zur Wahrheit, deren Endauswirkung erst im 20. Jahrhundert so richtig spürbar wurde. Einer Umfrage des österreichischen Nachrichtenmagazins „profil" zufolge glaubte Ende 1999 nicht einmal mehr etwa die Hälfte der Österreicher (48 Prozent) an Gott, und nur 13 Prozent stimmten der Aussage zu, daß Gott ein katholischer Gott sei.[5] Eine Tendenz, die gewiß auch für andere Länder gültig ist.

Aus derselben Umfrage wurde deutlich, daß das eigene Auto in unserer Gesellschaft im allgemeinen als „heiliger" eingestuft wird als die kirchliche Gemeinschaft. Des weiteren waren 67 Prozent der Befragten der Meinung, daß die Religion auf die meisten Probleme unserer Zeit keine Antwort geben kann. Man erachtet konfessionelle Ansätze als „überholt".

Der Verfall des Glaubens ist in unseren Tagen also längst statistisch faßbar, und die Kirche ist immer noch in jenen aufreibenden Zweifrontenkrieg verstrickt, der im 16. Jahrhundert seinem ersten Höhepunkt zusteuerte und in dem sie schließlich unterliegen wird.

Gegen Ende des 15. Jahrhunderts wurde die absolute Herrschaft des Papsttums nicht zuletzt durch den Lebenswandel der „Stellvertreter Christi" fragwürdig: Papst Innozenz VIII. (1484–1492) war der erste katholische Oberhirte, der seine illegitimen Kinder öffentlich anerkannte und ihre Hochzeiten zu rauschenden Festen im Vatikan gestaltete.[6] Vor dem Hintergrund des Zölibats,[7] der zu jener Zeit schon in voller Strenge Gültigkeit hatte, mag dies ungeheuerlich erscheinen. Allerdings könnte man ironisch einwenden, daß der Zölibat ja eigentlich nur die *Ehe*losigkeit vorschreibt, aber nicht ausdrücklich verbietet, Kinder zu zeugen.

Doch wie dem auch sei, seinen besonderen Platz in der Geschichte errang Innozenz VIII. sich ohnehin in einem weitaus folgenschwereren Zusammenhang: Sein Erlaß aus dem Jahre 1484 beauftragte die beiden Inquisitoren Jakob Sprenger und Heinrich Institoris damit, alle jene Menschen aufzuspüren, von denen man annehmen konnte, daß sie „Hexen" beziehungsweise „Hexer" waren.

Eine Welle des Aberglaubens hatte die christliche Welt erfaßt!

100.000 Hexenprozesse

Als „Leitfaden" für die ausufernden Hexenprozesse wurde von den beiden päpstlich beauftragten Inquisitoren der sogenannte „Hexenhammer"[8] verfaßt, eine Schrift, die fortan die „wissenschaftliche" Grundlage für die mörderischen Gerichtsverfahren jener Zeit bildete.

Die drei Teile dieses Unwerks erläuterten detailreich, „was zur Hexentat gehört" (1. Teil), welche „Arten der Behexungen" es gibt (2. Teil) und schließlich, welche „Arten der Ausrottung oder wenigstens Bestrafung durch die gebührende Gerechtigkeit vor dem geistlichen oder weltlichen Gericht" („Kriminalkodex", 3. Teil), anzuwenden seien.

Im „Hexenhammer" wurde zum Beispiel exakt festgeschrieben, „was der Richter vor der Vorlegung von Fragen in der Kerker- und Folterkammer zu beachten hat", „wie die Angezeigte peinlich[9] zu verhören sei" oder wie die „vorzunehmenden Einäscherungen" abgewickelt werden müssen.

Zu derlei Wahnwitz mögen wir heute wenig Zugang haben, damals aber gehörten unbestimmte Ängste zum Alltag.

Man fürchtete sich davor, daß Mitmenschen mit bösen Mächten oder gar mit dem Teufel selbst in Verbindung stehen könnten, und malte sich lebhaft aus, wie die Hexen Flugsalben aus Krötenspeichel herstellen, auf Besen und Mistgabeln durch die Lüfte fliegen, Menschen in Tiere verwandeln, Kinder ermorden und einander beim Hexensabbat zu wüsten Orgien treffen. Entsprechend „wachsam" wurden allerlei „Auffälligkeiten" beobachtet: So konnte Heilkunst, die das gewöhnliche Maß überstieg, ohne weiteres als Hinweis für Hexerei angesehen werden; mitunter genügten schon banale Anlässe wie ungewöhnliches Wetter, um seinen Nachbarn wegen „Wetterzaubers" zu denunzieren[10] und dem Kirchengericht auszuliefern.

In ganz Europa dürften insgesamt mehr als 100.000 Menschen, vorrangig Frauen, wegen „Teufelsanbetung" beziehungsweise „Ausübung der Magie" angeklagt worden sein. Viele von ihnen erlitten schrecklichste Folterqualen. Und mehr als die Hälfte, über 60.000 Menschen, wurden zuletzt ermordet und auf dem Scheiterhaufen verbrannt.

Die Hexenprozesse, welche die Kirche Roms im 15. Jahrhundert als besondere Form der Ketzerverfolgung etabliert hatte, standen in ihrer gotteslästerlichen wie menschenverachtenden Niederträchtigkeit bis ins 18. Jahrhundert auf der Tagesordnung eines Christentums, das „Glauben" offenbar weitgehend mit „Aberglauben" verwechselte.

Die römisch-katholische Kirche schrieb in jener Zeit ein besonders dunkles Stück Geschichte: Als Nachfolger von Papst Innozenz VIII. konnte sich der Spanier Rodrigo Borgia etablieren, Vater zahlreicher illegitimer Kinder. Er hatte den Sprung auf den päpstlichen Stuhl durch Bestechung geschafft und regierte als Alexander VI. von 1492 bis 1503.

Martin Luther und die Kirchenspaltung

Ihm folgte Julius II. (1503 bis 1513), unter dessen Herrschaft der Grundstein für die Peterskirche in Rom gelegt wurde – ein imposantes Bauwerk, das nicht nur eine herausragende bauliche Leistung darstellte, sondern die römische Kirche notgedrungen auch einfallsreich in Sachen Geldbeschaffung werden ließ: Um die finanziellen Mittel für die Fertigstellung des Petersdoms aufbringen zu können, wurden die Gläubigen dazu angeregt, sich mit großzügigen Spenden Sündennachlaß zu erkaufen. Diese neuartige Marketing-Offensive nannte sich „St.-Peter-Ablaß", brachte Rom allerdings nicht nur Geld, sondern auch ein weitreichendes innerkirchliches Problem:

Der „St.-Peter-Ablaß" bot nämlich den Anstoß für Martin Luther (1483–1546), gegen seine Kirche aufzutreten. Als Seelsorger hatte er im Beichtstuhl immer wieder reichlich Gelegenheit gehabt zu erleben, welche moralischen Verheerungen bei manchen der Glaube auslöste, man könne sich mit Geld von den Sünden freikaufen.

Über diese Unsinnigkeit aufs äußerste empört, drückte Luther öffentlich seine Entrüstung aus, indem er am 31. Oktober 1517 seine berühmten 95 Thesen publizierte.

Es war seinerzeit eine durchaus gebräuchliche Sitte, einen Kontrahenten zu einem Disput über etwas herauszufordern; sich aber gerade den Papst als Gegner auszusuchen, darf als einigermaßen mutig eingestuft werden.

Mit Luthers Thesen waren jedenfalls die ersten Schritte zu einer Entwicklung getan, die später in die Spaltung der Kirche münden sollte: Aus der römisch-katholischen ging die „reformierte" evangelische hervor.[11]

Papst Leo X. (1513 bis 1521) quittierte die Ansichten seines energischen Gegenspielers übrigens – ganz in der Gesinnung eines zweckorientierten Renaissancemenschen – mit der Bemerkung: „Luther mag recht haben, wieviel er will, aber er soll mir meine Einkünfte nicht schmälern!"

Nikolaus Kopernikus

Wegen seines entschlossenen Auftretens gegen das Diktat einer selbstherrlichen Geistlichkeit wird Martin Luther heute oft als wichtiger Wegbereiter für die Neuzeit eingestuft.

Aber man sollte doch die Kirche im Dorf lassen und davon ausgehen, daß der große Reformator – selbst durchaus mittelalterlich gesinnt – zwar für eine Erneuerung der Kirche eintrat, deren Dogmen und bis zu einem bestimmten Grad auch das Papsttum in Frage stellte,[12] jedoch keinerlei Anlaß dafür sah, das kirchlich geprägte Weltbild *grundsätzlich* zu bezweifeln.

So bezeichnete Luther auch den Astronomen Nikolaus Kopernikus (1473–1543) ob seiner Ansichten als einen „Narren" – ausgerechnet jenen Mann, der zu seiner Zeit einen ganz wesentlichen Beitrag zur Erweiterung des menschlichen Blickfeldes geleistet hatte.

Kopernikus vertrat erstmals die Ansicht, daß nicht die Erde der ruhende Kern des Universums sei, um den sich alles andere dreht, sondern daß die Sonne jener Mittelpunkt ist, um welchen sich die Planeten in kreisförmigen Bahnen bewegen.

Angesichts der allerorts brennenden Scheiterhaufen darf es nicht verwundern, wenn er seine heliozentrischen Thesen vorerst anonym in Umlauf brachte und fast ein Jahrhundert vergehen mußte, bis man das revolutionäre Weltmodell des Kopernikus endlich ernst zu nehmen wagte.

Doch der Zug der Zeit führte unaufhaltsam weiter in die Richtung eines völlig neuen Bildes von der Schöpfung, in welchem Mathematik und Mechanik die Welt beschreiben, während religiöse oder philosophische Gedankengebäude, die sich vor allem auf Lehrmeinungen, Überlieferungen und theoretische Überlegungen gründen, mehr und mehr in den Hintergrund treten.

Man muß sich in diesem Zusammenhang vergegenwärtigen, daß das, was im Wissenschaftsbetrieb heute zur Alltagsroutine gehört – nämlich das *Experiment* – bis zum 16. Jahrhundert praktisch keine Rolle spielte. Was die „Alten" empfangen, erdacht und vermittelt hatten, die Philosophen und Kirchenväter, die Propheten und Evangelisten, das hatte bislang als unantastbare Wahrheit gegolten, und man hatte überhaupt keinen Anlaß gesehen, sich von der Richtigkeit des einst Gesagten überzeugen oder gar bewußt etwas in Frage stellen zu müssen.

Leonardo da Vinci, Francis Bacon und das Experiment

Es ist wohl vor allem einem großen Zeitgenossen von Luther und Kopernikus zuzuschreiben, daß erstmals die Notwendigkeit erkannt wurde, ein Gedankengebäude in Form einer „Frage an die Natur" zu *überprüfen*: Leonardo da Vinci (1452–1519), Italiens überragender Maler, Bildhauer, Naturforscher und Erfinder,[13] bediente sich intuitiv des Experiments, um sicherzugehen, daß bestimmte Annahmen ihre Richtigkeit haben. Sein Credo lautete kurz und knapp: „Das Experiment irrt nie."

Nach Leonardo da Vinci wies der englische Philosoph und Staatsmann Francis Bacon (1561–1626) – von ihm stammt der berühmte Satz „Wissen ist Macht" – richtungweisend auf die Bedeutung des Experiments hin. Er formulierte, daß die durch Beobachtung gewonnene Erfahrung *die wichtigste Grundlage der Wissenschaft* sei.

Mit dieser Neuorientierung wurde – vorerst noch unbewußt – ein wesentlicher Schritt getan: Man suchte die Wahrheit *in der Schöpfung selbst.* Nicht mehr religiöse oder philosophische Gedankengebäude sollten über wahr und falsch entscheiden und auch nicht das, was der „gesunde Menschenverstand" für wahr hält, sondern man strebte an, vorurteilsfrei „Fragen an die Natur" zu richten. Das Experiment sollte sachliche, logisch einwandfreie und objektive Antworten liefern.

Diesen wichtigen Schritt *hin* zur Schöpfung, hin zur Natur, konnte die vom Aberglauben überschattete und in sich selbst uneinige Kirche nicht mitvollziehen. Die Geistlichkeit begnügte sich weiterhin mit traditionellen Bibelauslegungen, fragwürdigen Schlußfolgerungen und einem Gottesbild, dem ein kritisch Denkender immer schwerer zu folgen vermochte. Und letztlich konnte sich im Schoße Roms nur noch geborgen fühlen, wer sich mit „blindem Glauben" zufriedengab, mithin bereit war, zugunsten einer vermeintlichen Wahrheit *nichts* zu hinterfragen.

Dabei hätte sich gerade die neue Wissenschaftlichkeit als vorzüglicher spiritueller Wegweiser geeignet. Denn seit der „Kopernikanischen Wende", dem Zeitpunkt also, von dem ab nicht länger die Erde als Mittelpunkt der Schöpfung betrachtet wurde, hätte der still die Natur beobachtende Mensch *jeden* Anlaß gehabt, sich seiner Kleinheit innerhalb der unermeßlichen Schöpfung bewußt zu werden und in wachsender Demut aufzublicken zum erhabenen Schöpfer.

Doch es kam anders. Das neue Bewußtsein seiner grandiosen Erkenntnisfähigkeit umnebelte den Menschen, und seine überwältigende Erfahrung, fernab religiöser Traditionen – einfach durch die Natur – Ursachen und Gesetzmäßigkeiten finden und beschreiben zu können, führte zu dem gefährlichen Trugschluß, Gott habe nur dort einen Platz, wo es natürliche Erklärungen nicht gibt.

Forschung und Religion gerieten so in Opposition, wobei sich die Wissenschaft einen zunehmend größeren Teil des Terrains zu eigen machen konnte, während der Gottesglaube, gewissermaßen aus der Natur hinausgedrängt, in dem immer kleiner werdenden Teil des Unbeschreibbaren Zuflucht suchen mußte. Dieser Entwicklung konnte die Kirche bis heute nichts entgegensetzen.

Hätte die Geistlichkeit indes die Wissenschaft von Anfang an als Partner betrachtet, wäre sie mutig genug gewesen, erstarrte Standpunkte zugunsten eines gemeinsamen, demütigen Erkenntnisstrebens aufzugeben, so hätten all die berufenen Forschergeister nach der kopernikanischen Wende eine gute Chance gehabt, auch spirituelle Wegweiser zu sein, und die große Spaltung auf dem Weg zur Wahrheit wäre ausgeblieben.

So aber mußte viel Blut fließen, ehe die Lehren des Nikolaus Kopernikus tatsächlich anerkannt wurden und sich die Macht des Wissens gegenüber dem Klerus durchsetzen konnte.

Giordano Brunos kühne Gedanken

Der große italienische Philosoph Giordano Bruno, 1548 in Nola geboren, wurde 1600 in Rom als Ketzer verbrannt, nachdem er – einst selbst Dominikanermönch, aber auch überzeugter Verfechter von Kopernikus – mit seiner Kirche gebrochen hatte.

Brunos Gedanken[14] müssen seine Zeitgenossen allerdings auch hoffnungslos überfordert haben.

Er glaubte nicht nur, daß die Erde um die Sonne kreist, sondern ging noch einige Gedankenschritte weiter, indem er die mittelalterliche Idee vom Himmelsgewölbe vollständig sprengte und die Fixsterne am Himmel als Sonnen wie unsere Sonne betrachtete, umgeben von Planeten, auf denen ebenfalls Menschen wohnen.

Andere Sonnen – andere Planeten – andere Menschen!? Wo blieb da die Einmaligkeit der „Krone der Schöpfung", von der jahrtausendelang die

175

Rede gewesen war? Wo blieb die Besonderheit unserer Erde, wo der herausragende Stellenwert der Sendung Jesu, der großen biblischen Offenbarungen? Wo blieben die „sieben Himmel"?

Anders gefragt: *Konnte* die Kirche auf solch „ketzerische" Ansichten anders antworten als durch schärfste Verurteilung – zumal Giordano Bruno noch dazu jeden Beweis für seine Ansichten schuldig blieb (weil diese ja damals auch gar nicht zu beweisen waren – und, was das Leben auf anderen Planeten anbelangt, auch heute noch nicht zu beweisen sind)?[15]

Ich meine ja.

Die richtige Antwort auf die bahnbrechend neuen Ideen (und später auch Forschungsergebnisse) hätte unbedingt darin liegen müssen, der naturwissenschaftlichen Orientierung auf die Außenwelt, die ja zum Wesen des Forscherdranges gehört, die Konzentration auf die Innenwelt entgegenzusetzen. Die Zeit wäre reif dazu gewesen, die Sphären des Himmels als *nichtphysischen* Teil der Schöpfung zu erkennen, und nicht mehr als „Gegend" innerhalb der sichtbaren Welt. Ebenso hätte man sich nun im Hinblick auf die Sendung Jesu oder die biblischen Offenbarungen auf deren herausragenden *geistigen* Gehalt konzentrieren und sich darum bemühen können, die alte Sprache der Gleichnisse neu zu verstehen.

Doch solche Erkenntnisschritte blieben aus, und so wurde die Suche nach der Wahrheit ganz auf die äußere, sichtbare Welt eingeengt. Auf einem solchen Kampfplatz aber mußte die Kirche unterliegen, weil deren Weltbild sich ja nicht auf überprüfbare Wahrheit gründet, sondern – damals wie heute – aus einer schwer differenzierbaren Mixtur von Offenbarungsweisheit und theoretisch Ersonnenem besteht; einmal davon abgesehen, daß keine überlieferte Glaubensgrundlage des Christentums wirklich den Charakter einer Welterklärung für sich in Anspruch nehmen kann.

Johannes Kepler und die Harmonie der Welt

Während die Kirche sich also zunehmend auf die Insel des Glaubens zurückzog, trat mit Johannes Kepler (1571–1630), der in Deutschland als kaiserlicher Hofastronom tätig war, jener Mann auf, dessen unermüdliche Beobachtungs- und Rechenarbeit der Theorie des Nikolaus Kopernikus die entscheidende wissenschaftliche Stütze gab: Innerlich getrieben vom Bemühen, die „Harmonie der Sphären" zu enträtseln und mathematisch zu beschreiben, fand Kepler seine berühmten drei Gesetze der Planetenbewegung,[16] mit denen in der Astronomie noch heute gerechnet wird. Das erste Gesetz besagt, daß alle Planeten unseres Sonnensystems die Sonne auf elliptischen Bahnen umrunden, wobei die Sonne in einem der beiden Brennpunkte dieser Ellipse steht.

Im Jahre 1619 verbot der Vatikan Keplers Werk „Grundriß der Kopernikanischen Astronomie" – es paßte nicht zum dogmatisch verengten Bild der Schöpfung, von dem die hohe Geistlichkeit überzeugt war.

Dabei hatte die Kirche mit dem großen Forscher durchaus keinen atheistischen Materialisten vor sich, keinen Glaubensgegner, sondern einen überaus ernsthaften, gottzugewandten Menschen, für den der Schöpfer untrennbar mit jener großen Sphärenharmonie verbunden war, die er gesucht und gefunden hatte.

Tiefbewegt von den überwältigenden Gesetzmäßigkeiten der Natur, die sich ihm in seiner Arbeit offenbarten, sagte Kepler:

> *Mag die Welt der Menschen noch so disharmonisch verlaufen und fortgesetzt neue Disharmonien erzeugen: die Sternenwelt folgt Gesetzen, welche die Offenbarung eines harmonischen Ursprungs sind – und dieser ist Gottes!«[17]*

Für Johannes Kepler war es erlebte Tatsache, daß gerade die Wissenschaft den Menschen zum Glauben führt, und er sah die Aufgabe der Astronomen folglich darin, daß sie „das Offenbarungsbuch der Natur dem Menschen lesbar" machen sollten. Der Astronom Sebastian Deiries schreibt in seinen „Gedanken zu Keplers Weltsicht":

> *Kepler sieht die Welt als ein vollkommenes Werk. Die Vollkommenheit des Weltbaues zeigt sich in der größten Liebe und in der unbestechlichsten Gerechtigkeit, die sowohl in den kleinsten als auch in den gewaltigsten Geschehen ohne Unterschied liegt. Eine Liebe allerdings, die anders aussieht, als sie bisher gedacht wurde.*
> *Je näher der Mensch und Forscher der Wahrheit und Erkenntnis kommt, desto deutlicher wird die große Einfachheit aller Abläufe. Er erkennt dann die unverrückbaren und überall einheitlichen Urgesetze des Kosmos, die selbsttätig in strenger Folgerichtigkeit arbeiten. Dadurch entsteht im Betrachter der Eindruck von Schönheit im Weltbau. Dieses Gesetz der Schönheit wird sichtbar in geometrischen Symmetrien und einfachen zahlenmäßigen Proportionen. Noch einfacher ausgedrückt: Alles beruht auf Harmonie.«[18]*

Der Blick zum Himmel gehört natürlich zu den tiefgreifendsten Urerlebnissen des Menschen. Und in der Beobachtung, wie Sonne und Mond ihre Bahnen ziehen oder das nächtliche Firmament sich verändert, *muß* für

177

den Betrachter natürlich vorerst der Eindruck entstehen, er selbst (bzw. die Erde) stehe still, während sich die übrige Schöpfung um ihn herum bewegt.

Durch die Überwindung dieser allzu subjektiven Sicht der Dinge, die dem menschlichen Geist die Tore tieferer Erkenntnis zu öffnen vermochte, zeichneten sich nicht nur viele bedeutende Leistungen der Wissenschaft aus. Es ergaben sich immer auch immense Chancen für eine spirituelle Evolution.

Nicht von ungefähr waren Johannes Kepler und viele andere große Naturforscher vor und nach ihm tief gläubige Menschen. Denn wo könnte die „Sprache des Herrn" uns jemals machtvoller entgegentönen als in der Harmonie der Natur und ihrer Gesetze?

Es lohnt sich, diesen Gedanken zu vertiefen. Denn wenn man sich bewußtmacht, daß wir Menschen tatsächlich die Fähigkeit haben, forschen und erkennen zu *können*, so müßte man dies doch eigentlich als *Auftrag* ansehen, nach *wahrer Überzeugung* zu ringen. Der konfessionelle Glaube, das, was wir heute noch unter „Religion" verstehen, müßte also zugunsten eines ernsthaften Strebens nach *Wissen* endgültig überwunden werden. Abd-ru-shin verdeutlichte dies in seiner Gralsbotschaft mit den Worten:

> *»Heilige Pflicht des Menschengeistes ist es, zu erforschen, wozu er auf der Erde oder überhaupt in dieser Schöpfung lebt, in der er wie an tausend Fäden hängt. So klein dünkt sich kein Mensch, sich einzubilden, daß sein Dasein zwecklos wäre, wenn er es nicht zwecklos macht. Dazu hält er sich selbst auf jeden Fall für zu wichtig. Und doch vermögen sich nur wenig Erdenmenschen aus der Trägheit ihres Geistes mühevoll so weit zu lösen, um sich ernsthaft mit Erforschung ihrer Aufgabe auf Erden zu befassen.*
> *Trägheit des Geistes ist es auch allein, die sie von anderen verfaßte feststehende Lehren anzunehmen willig macht. Und Trägheit liegt in der Beruhigung, zu denken, daß es Größe ist, am Glauben ihrer Eltern festzuhalten, ohne die darin enthaltenen Gedankengänge scharfen, sorgfältigen Eigenprüfungen zu unterziehen. (...)*
> *Glückseligkeit des wahren Gotterkennens aber kann niemals aus angelerntem, blindem Glauben wachsen, noch viel weniger erblühen, sondern überzeugtes Wissen, wissende Überzeugung gibt dem Geiste allein das, was er dazu benötigt.«*[19]

Zweifellos bot das Zeitalter der Renaissance für die Menschheit Gelegenheiten, zu neuen Ufern und geistigen Weiten aufzubrechen. Denn mußte das Bewußtsein darüber, daß sich *nicht* alles um den Menschen dreht, daß die Erde vielleicht nur ein recht unbedeutendes Staubkörnchen im weiten All ist, die Führung und Liebe Gottes nicht noch viel bedeutender, die Mission Jesu nicht ungleich überwältigender erscheinen lassen?

Leider nein. Zu sehr steckte die geistliche Führung jener Zeit in ihren Dogmen fest. Es war leichter, Bücher zu verbieten und Menschen zu verbrennen, als von eigenen Vorstellungen zu lassen.

Johannes Kepler mußte nicht nur mit ansehen, wie gegen genau die Erkenntnisse vorgegangen wurde, die ihn selbst seinem Schöpfer so nahe gebracht hatten, sondern er hatte ab 1620 auch einen nervenaufreibenden Kampf um seine Mutter zu führen: Diese in der Kräuterheilkunde bewanderte ältere Frau war als Hexe angeklagt und bis 1621 in einen höchst gefährlichen Prozeß verwickelt, in dem Kepler nur durch seine angesehene Stellung das Schlimmste verhindern konnte.

Der Fall Galileo Galilei

Indessen kam für seine Forschungsergebnisse hilfreiche Unterstützung aus Italien. Dort nämlich machte sich ein Zeitgenosse Keplers, der große Naturforscher Galileo Galilei (1564–1642) mit seinen Vorträgen und Schriften für das Kopernikanische System stark.[20] Im Jahre 1609 hatte Galilei während nächtelanger Beobachtungen des Sternenhimmels mit dem Fernrohr Monde entdeckt, die um den Planeten Jupiter kreisen. Bisher war man davon ausgegangen, daß ein Zentrum, um das herum sich etwas bewegt, sich nicht auch selbst bewegen könne. Schon deshalb hielt man es für undenkbar, daß die Erde um die Sonne kreisen kann. Man meinte, sie müsse durch diese Bewegung ihren Mond „verlieren". Nun aber war durch die Entdeckung Galileis klar, daß nicht alles um die Erde kreist, und die Theorie, daß ein Bewegungszentrum selbst stillstehen müsse, durch die Natur widerlegt.

1616 wurde Galilei von der Kirche zum Schweigen verurteilt.

Nachdem er 1630 sein Werk „Dialog über die beiden großen Weltsysteme" veröffentlicht hatte, in dem er abermals versuchte, die Richtigkeit des heliozentrischen Weltbildes zu beweisen, wurde er der Ketzerei angeklagt und blieb nach dem Urteil im Jahre 1633 bis zu seinem Tod 1642 Gefangener der Inquisition.

Erst im 20. Jahrhundert setzte Papst Johannes Paul II. eine Kommission ein, die den „Fall Galilei" untersuchen sollte – nachdem die Geschichte den großen Forscher freilich längst rehabilitiert hatte.

Dies dokumentiert, wie schwer sich die Kirche damit tut, eigene Fehlmeinungen einzugestehen, und man ist ein wenig an Albert Einstein erinnert, der meinte, es sei „schwieriger, eine vorgefaßte Meinung zu zertrümmern als ein Atom".

Indessen riß der „Fall Galilei" endgültig einen tiefen Graben zwischen Kirche und Wissenschaft. Der Jesuit Rupert Lay formulierte dazu treffend:

> »Seit 1633 sind für viele Naturwissenschaftler Theologie und Kirche, Religion und Glaube eine Sache, über die es sich nicht mehr lohnt zu diskutieren.«[21]

Galileo Galilei selbst ging es überhaupt nicht um den Widerstand gegen das Weltbild der Kirche, sondern er ist in die Reihe jener großen Forschergeister zu stellen, die aus Liebe zur Wahrheit kämpften. Dabei war er nicht nur als Astronom tätig, sondern er darf insgesamt als ein wichtiger – vielleicht sogar als der wichtigste – Wegbereiter der modernen Physik betrachtet werden. Galileis großes Verdienst lag unter anderem einmal mehr darin, daß er dem wissenschaftlichen Experiment einen besonderen Stellenwert einräumte. Infolge seiner Arbeit wurde es Usus, Gedankengebäude und Theorien nicht mehr ungeprüft als „wahr" zu betrachten, sondern sie auf den „objektiven" Boden der Tatsachen zu stellen.[22]

Berühmt geworden sind in diesem Zusammenhang Galileis „Fallversuche", mit denen zwei weitere Gegebenheiten in Frage gestellt wurden, die man auf Grund subjektiver Eindrücke ohne weiteres als lautere Wahrheit akzeptiert hatte. Seit Aristoteles war man der Überzeugung, daß Körper, entsprechend ihrem Gewicht, mit unterschiedlicher Geschwindigkeit fallen. Eine Bleikugel, die man aus zwei Metern Höhe fallen läßt, erreicht die Erde schneller als eine Feder. Außerdem glaubte man, daß immer neue Kraft zugeführt werden muß, um einen Körper in Bewegung zu halten. Ein Ball fliegt nur so weit, wie ihn die Hand zu schleudern vermag – und bleibt dann irgendwo liegen.

Na klar, so verhält es sich – wie denn sonst? Sicher werden viele mit den Grundlagen der Physik nicht vertraute Menschen auch heute noch dieser Meinung sein. Und doch wissen wir seit Galileis Experimenten, daß es anders ist! Dem Naturforscher gelang es, die Fallgeschwindigkeit von Körpern zu messen, und er machte deutlich, daß eine Bewegung um so länger anhält, je besser es gelingt, Hemmnisse – also „Reibung" – zu beseitigen.

So konnte Galilei mit gutem Grund behaupten, daß erstens jeder Körper *gleich schnell* fällt, und zwar unabhängig von seinem Gewicht, und zweitens, daß ein Körper im Zustand der Ruhe oder in Bewegung *verbleibt*, solange keine Kräfte auf ihn einwirken (= „Trägheitsgesetz"[23]).

Die Tatsache, daß eine Feder langsamer zu Boden schwebt als eine Kugel Blei ist demnach nur auf den Luftwiderstand zurückzuführen, und das Langsamerwerden von Gegenständen, die sich in Bewegung befinden, erklärt sich ebenfalls aus der Einwirkung anderer Kräfte. Beides gilt heute als unumstößliches physikalisches Wissen.[24]

Newtons Grundlage der Physik

Im 17. Jahrhundert hatte man noch wenig Erfahrung im Umgang mit Phänomenen, die dem „gesunden Menschenverstand" scheinbar widersprechen. Doch das Zeitgeschehen drängte zu weiterer Erkenntnis.

Bald trat ein weiterer großer Vertreter der „Klassischen Physik" richtungweisend auf den Plan: Sir Isaak Newton (1643–1727), englischer Physiker, Mathematiker und Astronom, griff die Gedanken Keplers und Galileis auf und entwickelte sie zu fundamentalen Gesetzen weiter, die er 1687 in seiner Arbeit „Philosophiae naturalis principia mathematica" darlegte.

Dieses Werk gilt als der Ausweis eines überragenden Genies, vor allem aber auch als elementare Grundlage der Physik.

Übrigens wäre es, wie wir heute aus umfangreichen persönlichen Aufzeichnungen Newtons wissen,[25] auch im Hinblick auf die Persönlichkeit *dieses* großen Geistes völlig verfehlt, ihn als materialistisch gesinnten, dem Physischen verhafteten Wissenschaftler einzuordnen.

Das Gegenteil trifft zu: Newton war außerordentlich spirituell orientiert. Er war viele Jahre seines Lebens Theologe, lehnte aber kirchliche Dogmen ab, ja, in seiner durchaus nicht zimperlichen Art, Menschen zu verurteilen, identifizierte er die katholische Kirche sogar mit dem Drachen der Apokalypse und den Papst mit dem Antichristen.

Die religiöse Gesinnung war durchaus kein Nebenprodukt in Newtons Gedankenwelt, sondern aus ihr strömte vielmehr die Antriebskraft für seine wissenschaftliche Tätigkeit:

> »*Der wahre Newton ist der Alchimist und Theologe, weil aus diesen Studien nicht nur die Ziele der Philosophiae naturalis principia mathematica geboren wurden, sondern auch die Methode dieser Bibel der modernen Physik. (…)*
> *Die wissenschaftliche Methode war (…) für Newton nichts anderes als eine vereinfachte Version der korrekten Interpretationsmethode der Prophezeiungen: Die Kenntnis der Heiligen Schrift bildete das Fundament und die Voraussetzung der sicheren und vollständigen Erkenntnis der physischen Welt.*«[26]

Was war es nun, das Sir Isaak Newton für die Zukunft der Physik leistete?

Zum einen gelang es ihm, die Gesetze der Bewegung zu formulieren und mathematisch auszudrücken[27], vor allem aber entwickelte er mit seiner „Gravitationstheorie" jenen Überbau, der sowohl die Keplerschen Gesetze als auch Galileis Fallgesetze in sich vereinte. Zum Beispiel wurde damit begreifbar, *warum* alle Körper gleich schnell fallen müssen: Wenn zwei Körper fallen und, nehmen wir an, der zweite ist doppelt so schwer wie der erste, so wird dieser zwar mit doppelter Schwerkraft zu Boden gezogen, aber er erfährt durch die doppelte Masse (= Materiemenge) gleichzeitig nur die halbe Beschleunigung, so daß die Wirkungen einander stets aufheben und beide Körper gleich schnell fallen müssen.

Weitaus entscheidendere Auswirkungen als auf die Sicht von fallenden Bleikugeln und Hühnerfedern hatte das Newtonsche Gravitationsgesetz freilich auf das große Bild vom Universum, das damit abermals einen entscheidenden Wandel erfahren sollte, wenngleich noch niemand imstande war, die Gedanken des großen Naturwissenschaftlers konsequent zu Ende zu denken. Newton beschrieb, daß alle Körper einander anziehen, wobei die Wirkung stets der Gegenwirkung gleich ist. Das heißt: Der fallende Stein zieht die Erde ebenso stark an wie diese den Stein. In letzter Konsequenz führt dieses Gesetz zu der Schlußfolgerung, daß es im Raum keinen absoluten Ruhepunkt gibt; jede Bewegung ist relativ aufzufassen. Der Gedanke daran, daß die Erde im Weltall eine besondere Stellung innehabe oder daß es einen „absoluten Ort" im physisch sichtbaren Universum geben müsse, an dem man den Schöpfer vermuten durfte, mußte endgültig aufgegeben werden. Andererseits erschien offenbar die Überlegung allzu fern, Gott *außerhalb* der gesamten Schöpfung zu vermuten, und so hatte selbst Newton große Mühe damit, seine Gravitationstheorie mit der damaligen Vorstellung vom Wirken Gottes in Einklang zu bringen.[28]

Die Zeit wurde reif für ein neues Weltbild, das dem erweiterten Wissen jener Tage gerecht werden konnte und zugleich eine vertiefte spirituelle Sicht erlaubte.

Die »Unfehlbarkeit« des Papstes

Doch wer sollte einer solchen Entwicklung die nötigen Impulse geben? Die Kirche war dazu außerstande, allein schon der äußeren Probleme wegen. Das Papsttum schlitterte im 18. Jahrhundert in eine schwere Krise: Das „Ancien régime", die traditionelle mittelalterliche Verbindung von

Thron und Altar, löste sich auf, und dem Vordringen ehrgeiziger Forschung hatte man mit den verfallenden Trutzburgen des dogmatischen Glaubens wenig entgegenzusetzen.

Diese Entwicklung dokumentiert eindrucksvoll die Regierungszeit der Päpste Pius VI. (1775 bis 1799) – der, von den Franzosen aus Rom verschleppt, im Exil starb – und Pius VII. (1800 bis 1823), der Napoleon[29] vor dessen Krönung zum Kaiser nur noch salben durfte, während dieser sich die Krone selbst aufsetzte und die Kirche allenfalls dann als relevant betrachtete, wenn er sich davon konkreten politischen Nutzen versprach.

Mit der Herrschaft Napoleons war die „Allmacht" des Papsttums gebrochen worden; in einem 1801 geschlossenen Konkordat mußte die Kirche sich unter anderem sogar zur Gleichberechtigung der Konfessionen bekennen, dem Abschluß der Zivilehe zustimmen und die Enteignung von Kirchengütern hinnehmen.

Das Ende der napoleonischen Ära ließ die Herrschaft Roms dann allerdings in neuer – und um so fundamentalistischerer – Form wieder aufleben: Es begann eine Epoche, die manchmal als „Ultramontanismus" beschrieben wird. Damit bezeichnet man jene engstirnige, papstzentrierte Haltung von Gläubigen, die sich nur aus Rom Antwort auf alle Fragen erwarten[30] und für eine absolutistische Stellung des Papstes eintreten.

Diese Tendenzen führten am 18. Juli 1870 im Rahmen des 1. Vatikanischen Konzils zum Beschluß der Unfehlbarkeit des Papstes:

> »*Indem wir die Überlieferung von den ersten Anfängen des christlichen Glaubens treu festhalten, lehren und verkünden wir zur Ehre Gottes, unseres Heilandes, zur Erhöhung der katholischen Religion, zum Heil der christlichen Völker, unter Zustimmung des heiligen Konzils, als göttlich offenbartes Dogma: Der römische Bischof, wenn er ex cathedra, das heißt, wenn er, seines Amtes als Hirt und Lehrer aller Gläubigen waltend, in seiner apostolischen Vollmacht in Sachen der Glaubens- und Sittenlehre eine Entscheidung für die ganze Kirche fällt, besitzt durch göttlichen Beistand, der ihm im heiligen Petrus verheißen ist, dieselbe Unfehlbarkeit, mit der der göttliche Heiland seine Kirche in der Entscheidung über die Glaubens- und Sittenlehre ausgestattet haben wollte. Daher sind derartige Entscheidungen des Römischen Bischofs schon von sich aus, nicht erst durch die Zustimmung der Kirche, unabänderlich.*«[31]

Ist dieser Beschluß eine tragische Trotzreaktion, mit der die Kirche auf die weitreichenden Erfolge der Naturwissenschaft reagierte? Diese hatte sich im 18. und 19. Jahrhundert auf Basis der Mechanik, der Thermodynamik und später der Elektrizitätslehre längst eine Vorrangstellung in der Welterkenntnis erobert.

Die Folge war ein weit verbreiteter und bis heute andauernder Fortschrittsglaube, in dem der Mensch, überzeugt von seiner „Allmacht", sich oft genug selbst vergöttlichte.

Dieser Weltsicht hatte der Klerus nichts Wirksames entgegenzusetzen. Man lehnte den Rationalismus einfach rundweg ab und verlangte von den Gläubigen statt dessen ein „Opfer der Vernunft": die bedingungslose Hingabe an das, was der Papst sagt. Kritische Einwände von Bischöfen, die schon im stürmisch verlaufenden 1. Vatikanischen Konzil ihre Bedenken gegen dieses „Opfer" äußerten, fegte man mit markigen Worten vom Tisch; der kroatische Bischof Stroßmayer etwa, der zum Thema „Rationalismus" sprach, wurde beschrieen, als Ketzer, sogar als „Luzifer" bezeichnet und verflucht.[32] Der Papst seinerseits apostrophierte kurzerhand die Protestanten als Urheber des Rationalismus.

Spätestens mit diesem Beschluß der Unfehlbarkeit waren alle Brücken zur Welt der Wissenschaft und Forschung abgebrochen, das gemeinsame Streben nach Wahrheit und Erkenntnis war aufgegeben worden. Die Menschheit beschritt fortan zwei Wege: Hier entstand die moderne Welt der Chronometer und Dampfmaschinen, in der theoretische Erkenntnisse nutzbringend in die Praxis umgesetzt wurden, dort errichtete man um die Welt des Glaubens einen ehernen Schutzwall, um die geliebten konfessionellen Traditionen ungestört weiter pflegen zu können – eine Mauer, welche das geistliche Wirken leider auch jeder Logik verschloß. Denn wenn der Papst in seinem Amt tatsächlich unfehlbar ist, dann sind alle Päpste unfehlbar; was immer ein Papst jemals entschieden hat, wäre dann richtig, und selbst die dramatischsten Fehlentwicklungen – man denke an Kreuzzüge und Hexenjagd – hätten sich demnach im „Willen Gottes" vollzogen.

Würde man aber zugeben, daß das „göttlich offenbarte Dogma" der Unfehlbarkeit falsch ist, dann könnten ebensogut auch viele andere kirchliche Beschlüsse in Frage gestellt werden. Und dann begännen die Fundamente des katholischen Glaubens gefährlich einzusacken!

Gibt es einen Ausweg aus dieser Sackgasse? Besiegelte die Kirche nicht ihre Unglaubwürdigkeit?

Die Chance eines Erkenntnisschubes, der die physische *und* die geistige Welt hätte erfassen können, war jedenfalls mit dem Unfehlbarkeitsbeschluß erst einmal vertan.

Die mit Isaac Newton in Gang gesetzte „moderne Physik" führte mitten hinein in eine spirituelle Krise. Die Menschen gaben sich den „Segnungen" der Technik vorbehaltlos hin und begannen alsbald, ihr neues Goldenes Kalb fraglos zu umtanzen. Man war überzeugt davon,

184

mit der Naturwissenschaft nun den richtigen Weg gefunden zu haben, um alle Rätsel der Schöpfung zu lösen, und gab sich ganz dem Fortschrittsglauben hin. Daß in Wirklichkeit das so ungemein geschätzte menschliche Forschungsstreben erst ganz am Anfang stand, war wohl nur denen bewußt, die selbst ernsthaft davon beseelt waren. Wer tief schürft, ist dem Wissen, daß er *nichts* weiß, bekanntlich immer ein Stück näher als der nur oberflächlich Urteilende.

Tatsächlich waren auf physikalischer Ebene zentrale Punkte weiterhin ungeklärt; aus Newtons Gravitationstheorie ergaben sich mehr Fragen als Antworten. Wenn die Sterne sich gegenseitig anziehen, warum stürzen sie nicht alle in einem Punkt zusammen? Wenngleich Newton errechnet hatte, daß die Anziehungskraft um so kleiner wird, je weiter die Sterne voneinander entfernt sind, so ließ sich doch eindeutig schlußfolgern, daß irgendwelche anderen Kräfte dem Zusammensturz entgegenwirken und eine „Implosion" verhindern müssen. Aber welche?

Lange Zeit fand man dafür keine wirklich befriedigende Erklärung. Indes wurde eines immer deutlicher: Das Weltall kann nicht – wie man sich das bis spät ins 19. Jahrhundert hinein vorgestellt hatte – seit jeher in unveränderter Form bestanden haben oder irgendwann in *dem* Zustand erschaffen worden sein, den wir heute beobachten. Es mußte – und muß – vielmehr irgendeiner *Entwicklung* unterliegen.

Charles Darwin und der Entwicklungsgedanke

Was durch die Astronomie deutlich wurde, darauf stieß man bald auch in einem ganz anderen Bereich. Der Engländer Charles Darwin (1809–1882) schloß aus seinen Naturbeobachtungen, daß alle Lebewesen auf Erden ebenfalls *Entwicklungsprinzipien* unterliegen. In seinem 1859 erschienenen epochalen Werk „Von der Entstehung der Arten" meinte er, daß für die Evolution[33] zwei Prinzipien maßgeblich seien: Mutation und Selektion – Veränderungen im Erbgut und natürliche Auslese. Dieser einfache Grundgedanke ist zwar bis heute nicht unumstritten,[34] aber er durchzog die Biologie des gesamten 20. Jahrhunderts.

Vor allem Darwins Gedanke, daß ein brutal und rücksichtslos anmutender Überlebenskampf in der Natur, bei dem sich stets der Stärkste, am besten Angepaßte durchsetzt, die wichtigste Triebfeder für die Entwicklung des physischen Lebens sei, war und ist umstritten. Man weiß aus zahllosen Beispielen – etwa aus dem Jagdverhalten der Delphine –, wie entscheidend wichtig auch in der Tierwelt die *Kooperation* zur Arterhaltung ist, also gerade die *Überwindung* der Konkurrenz durch gegenseitige Hilfe.[35]

Auch an anderen Grundfesten der Evolutionslehre wurde und wird immer wieder gerüttelt. Entstand das Leben wirklich vor rund dreieinhalb Milliarden Jahren in einer „Ursuppe"? Und wie ging dieser Prozeß genau vor sich? Werden wir die vielen Wunder bei der Entstehung des Lebens überhaupt jemals begreifen können?

Von den offenen Detailfragen einmal abgesehen, herrscht in Wissenschaftskreisen jedenfalls Einigkeit darüber, *daß* alles Leben auf Erden einer *Entwicklung* unterliegt. Einem „Urlebewesen" (Eobiont) folgten im Wasser und an Land alle bekannten Formen des physischen Lebens: Einzeller, Algen, Pflanzen, Tiere – und zuletzt, aus einem weit entwickelten Tierkörper, der Mensch.[36]

Es verwundert nicht, daß die Evolutionstheorie bis in unsere Tage vor allem von Bibel-Fundamentalisten heftig angegriffen wird.[37] Steht das Prinzip der Entwicklung nicht ganz und gar dem Schöpfergedanken entgegen? Muß etwas nicht *entweder* geschaffen *oder* entwickelt sein? War der Evolutionsgedanke tatsächlich der letzte Todesstoß, den die Wissenschaft der Theologie versetzte, wie das etwa Friedrich Engels 1859 in einem Brief an Karl Marx sinngemäß formulierte?

Natürlich nicht.

Aber die Erkenntnis von der Entwicklung alles Bestehenden, mit der der Mensch im 19. Jahrhundert konfrontiert wurde, war ein weiterer massiver Anstoß dafür, falsche religiöse Dogmen über Bord zu werfen und innig nach einem neuen Gottes- und Weltbild zu suchen.

Tatsächlich brauchte in der Frage der Entwicklung nur *ein* grundsätzlicher Gedankenschritt getan zu werden. Er liegt darin, das Wirken Gottes in der Schöpfung nicht in immer neuen Schaffungsvorgängen zu suchen – das wäre letztlich wohl abermals nur eine Variation des unseligen Wunderglaubens –,[38] sondern es eben *in den Naturgesetzen* zu erkennen, die Seinen *Willen* zum Ausdruck bringen.

Die biblische Schöpfungsgeschichte in neuem Licht

Das *Prinzip* der Entwicklung kann ja dem Schöpferwillen schon deshalb nicht entgegenstehen, weil es eine Selbstverständlichkeit des Alltags ist: Jede Pflanze, jedes Tier, jeder Mensch wächst, alles verändert und entwickelt sich, nichts ist statisch und fix. Das Wirken Gottes kann also unmöglich darin liegen, nur fertig Bestehendes zu schaffen, sonst müßten wir alle erwachsen geboren werden, beziehungsweise würde unser Erdenleben überhaupt nicht im Mutterleib beginnen. Wir würden uns vielmehr fertig auf die Erde gestellt finden.

5. Der gespaltene Weg zur Wahrheit

Bei näherem Hinsehen kommt auch in den biblischen Schöpfungsgeschichten deutlich der *Entwicklungs*gedanke zum Ausdruck. Vor allem zeigen die fundamentalen Schilderungen im 1. Buch Mose, daß die Welt nicht auf einmal, sondern in verschiedenen Entwicklungsstufen geschaffen wurde.

Diese epochalen Abschnitte sind in der Bibel – je nach Übersetzung – als „Zeiten" oder „Tage"[39] bezeichnet. Daß damit gewiß nicht irdische Tage gemeint sind, könnte man schon aus der Tatsache schlußfolgern, daß im Text des Alten Testaments bereits von „Tagen" die Rede ist, als die Sonne als Zeichen „für die Tage und Jahre"[40] noch gar nicht erschaffen war.

Gesteht man den Schilderungen im 1. Buch Mose Gleichnischarakter zu, so wird man erstaunt darüber sein, wie diese – hier in der Folge auszugsweise zitierte – alte Offenbarung sich in wesentlichen Aussagen mit den Erkenntnissen moderner Evolutionsbiologie trifft. Allerdings dürfte sie noch weit über wissenschaftlich faßbare Zusammenhänge hinausreichen.

Wir gehen heute auf Grund rechnerischer Rekonstruktionen unter Einbeziehung von Kenntnissen aus der Teilchenphysik davon aus, daß das All vor etwa 15 Milliarden Jahren zu bestehen begann, daß es in jenen ersten Tagen also „Licht" wurde und sich in der Folge all das bildete, was wir als Himmelskörper bezeichnen. Unzählige Sonnen begannen als Lichter zu scheinen, bildeten ganze Galaxien und strahlten fortan taghell ins finstere All.

Aber meint die Bibel wirklich bereits die Entstehung des *physischen* Universums, wenn es im 1. Buch Mose über den „ersten Schöpfungstag" heißt:

> »*Und Gott sprach: Es werde Licht. Und es ward Licht. Und Gott sah, daß das Licht gut war. Da schied Gott das Licht von der Finsternis und nennet das Licht Tag und die Finsternis Nacht. Da ward aus Abend und Morgen der erste Tag.*«[41]

Wenn wir davon ausgehen, daß der große Schöpfungsakt Gottes nicht nur die physisch-sichtbare Materie betraf, sondern auch viele andere, nichtstoffliche Seinsebenen einschloß, dann liegt es nahe, daß das Geschehen, das die Bibel dem „ersten Tag" beziehungsweise – besser übersetzt – der „ersten Zeit" zuordnet, *den Beginn des Schöpfungswerdens in höchsten Sphären* beschreibt, also das Geschaffene in der Nähe Gottes.

Danach – als Merkmal der „zweiten Zeit" – ist in der Bibel von einem *Scheidevorgang* die Rede, der „die Wasser" *unter* dem entstehenden „Himmel" von denen *darüber* trennt:

> *»Und Gott sprach: Es werde eine Feste zwischen den Wassern und sei ein Unterschied zwischen den Wassern. Da machet Gott die Feste und scheidet das Wasser unter der Feste von dem Wasser über der Feste. Und es geschah also. Und Gott nennet die Feste Himmel. Da ward aus Abend und Morgen der andere Tag.«*[42]

Den „Unterschied zwischen den Wassern" können wir als „Artunterschied" interpretieren. *Über* dem Himmel verblieb alles das, was offenbar keiner Entwicklung bedurfte, wie sie in der Folge für die „Wasser unter dem Himmel" geschildert ist. Nur von diesen erfahren wir aus der Bibel, wie in der „dritten Zeit" der Schöpfung neue, ideale Lebensräume entstanden, in denen sich fortan vielfältige, eigenständige Arten entwickeln sollten:

> *»Und Gott sprach: Es sammle sich das Wasser unter dem Himmel an besonderen Orten, daß man das Trockene sehe. Und es geschah also. Und Gott nennet das Trockene Erde und die Sammlung der Wasser nennet er Meer. Und Gott sah, daß es gut war. Und Gott sprach: Es lasse die Erde aufgehen Gras und Kraut, das sich besame, und fruchtbare Bäume, da ein jeglicher nach seiner Art Frucht trage und habe seinen eigenen Samen bei ihm selbst auf Erden. Und es geschah also. (…) Und Gott sah, daß es gut war. Da ward aus Abend und Morgen der dritte Tag.«*[43]

Es bleibt natürlich immer der persönlichen Betrachtung überlassen, ob man in der biblischen Schilderung der ersten drei „Tage" tatsächlich das Schöpfungswerden in *höheren* Ebenen erkennen will und davon ausgeht, daß die Entwicklung im Physischen sodann eine Folge *davon*, gewissermaßen also ein *abbildhafter Vorgang* ist.

Ich selbst neige zu dieser Annahme, denn sie erklärt schlüssig, warum erst jetzt, in der „vierten Schöpfungszeit", von der Entstehung der Sonne, des Mondes und der Sterne die Rede ist, von materiellen Himmelskörpern also:

> *»Und Gott machet zwei große Lichter, ein großes Licht, das den Tag regiere, und ein kleineres Licht, das die Nacht regiere, dazu auch Sterne. (…) Und Gott sah, daß es gut war. Da ward aus Abend und Morgen der vierte Tag.«*[44]

Das äußere Licht der Sonne, der Mond und die Sterne zogen nun bereits ihre Bahnen. Noch befand sich auf Erden allerdings kein Lebewesen, das bewußt die Schönheiten der Schöpfung hätte erfahren können.

188

Doch das innere Licht der Erkenntnis sollte sich in der „fünften Schöpfungszeit" schrittweise auch in der physischen Welt ausbreiten.

Die Entstehung von Sonnensystemen war für die Entwicklung des irdischen Lebens natürlich von grundlegender Bedeutung. Man nimmt heute an, daß die Planeten aus der Explosion von Ursternen hervorgingen, deren Materie ins All geschleudert wurde. Unser Sonnensystem dürfte demnach vor etwa vier bis fünf Milliarden Jahren entstanden sein. Als die Erde – einst ein glühender Feuerball – sich abgekühlt hatte, wurde unser Planet (wohl gemeinsam mit unzähligen anderen) schrittweise zu einer Basis für die „Wasser des Lebens": Die Erdkruste und die Urozeane bildeten sich aus, und so entstanden die Grundlagen für alle späteren Pflanzen- und Tierarten.

Vorerst waren es nur chemische Bestandteile, die in den ersten Wassern umherschwammen, Nukleotide und Aminosäuren, aus denen Makromoleküle und – vor etwa zwei Milliarden Jahren – die ersten „lebenden Zellen" entstanden, die Einzeller, Vorläufer aller Pflanzen- und Tierarten der Erde. Aus den Einzellern entwickelten sich im Laufe von etwa eineinhalb Milliarden Jahren die ersten Pflanzen. Vor etwa 600 Millionen Jahren, im geologischen Zeitalter des Kambriums, mochten die ersten Tiere aufgetreten sein: Würmer und Schalentiere. Und während sich bislang alles Leben im Wasser abgespielt hatte, begann vor etwa 500 Millionen Jahren die Besiedelung des Landes: Farne und Moose entstanden, und schließlich, vor 350 Millionen Jahren, auch Bäume. Im Tierreich entwickelten sich die Wirbeltiere, die bald auch den Schritt aufs Festland wagten. Vor 225 Millionen Jahren gab es dann die ersten Säugetiere.

> »Und Gott sprach: Es errege sich das Wasser mit webenden und lebendigen Tieren, und mit Geflügel, das auf Erden unter der Feste des Himmels fliegt. (…) Und Gott sah, daß es gut war. Und Gott segnete sie und sprach: Seid fruchtbar und mehret euch, und erfüllet das Wasser im Meer. Und das Geflügel mehre sich auf Erden. Da ward aus Abend und Morgen der fünfte Tag.«[45]

Die Tier- und Pflanzenarten, wie wir sie heute kennen, besiedeln die Erde erst seit rund zwei Millionen Jahren. Der jüngste Sproß aus dem Stammbaum des Lebens aber ist der Mensch, dessen Körper sich aus der Tierwelt weiterentwickelte. Die anthropologische Forschung siedelt den gemeinsamen Vorfahren von Affen und Menschen vor rund sechs Millionen Jahren an und geht anhand von Schädelfunden von einer langsamen Entwicklung aus, die vom „Ardipithecus ramidus" (4,5 Millionen Jahre) über den Homo erectus (1,7 Millionen Jahren) bis zum heutigen Menschen führte.[46]

189

Dabei hat man naturgemäß nur die Körperentwicklung vor Augen, während das Wesen des Menschseins, wie wir ja schon gesehen haben, auf einer anderen Ebene zu finden ist. Der entscheidende Unterschied zu Pflanzen und Tieren liegt in der *geistigen* Innenwelt des Menschen. So betrachtet, bringt der große Entwicklungsschritt der „sechsten Zeit" zum Ausdruck, daß in die physischen Körperhüllen nun erstmals anstelle der Tierseelen etwas inkarnierte, das *führend* auf Erden werden sollte: Menschengeistiges!

> *»Und Gott schuf den Menschen ihm zum Bilde, zum Bilde Gottes schuf er ihn. Und er schuf Mann und Frau. Und Gott segnete sie und sprach zu ihnen: Seid fruchtbar und mehret Euch und füllet die Erde und macht sie Euch untertan. (…) Und Gott sah auf alles, was er gemacht hatte. Und siehe da, es war sehr gut. Da ward aus Abend und Morgen der sechste Tag.«*[47]

Aus diesem Versuch einer sinnvollen Gegenüberstellung von biblischen Texten mit dem Wissen aus der Entwicklungsbiologie wird wohl zumindest klar, daß es – sofern man die Bibel eben *bildlich* und nicht wörtlich nimmt – keine wesentlichen inhaltlichen Differenzen zwischen der Schöpfungsgeschichte im 1. Buch Mose und naturwissenschaftlichen Erkenntnissen gibt: Lebensformen entstanden vorerst im Wasser, eroberten sich dann das Land, und sie entwickelten sich über Pflanzen und Tiere bis hin zum Menschen.

Der Knackpunkt läßt sich dennoch nicht übersehen: Während man die Bibel ja so interpretieren muß, daß allen Entwicklungsschritten ein klarer, zielgerichteter göttlicher Wille zugrunde liegt, geht man in der Naturwissenschaft davon aus, daß die notwendigen genetischen Veränderungen in der Entwicklung der Lebensformen, die Variationen in den Erbanlagen also, einem Spiel des Zufalls folgen. Und dahinter steckt einmal mehr die Frage, ob alles Weltgeschehen ganz aus sich selbst heraus erklärbar ist oder ob zwingend ein Schöpfer angenommen werden muß, der in sein Werk „hineinwirkt".

Doch diese Frage ist falsch gestellt. Denn wenn wir ernsthaft annehmen, daß *alles* aus Gott kommt, göttliches Wirken also *allumfassend* ist, dann muß sich Sein Wille ja in *jedem* natürlichen Geschehen zeigen, nicht aber in Willkürakten. Sein Wille *ist* Gesetz; er zeigt sich in eben jenen Naturgesetzen, die wir erforschen und verstehen wollen. Und weil Gottes Wille auch vollkommen ist, braucht der Schöpfer nicht mehr gesondert in sein Werk hineinzuwirken. Alle Entwicklungen, die für die Schöpfung nötig sind, schließen Seine Gesetze von Anfang an ein, ohne daß dafür ein

weiteres Eingreifen nötig wäre. Das heißt: *Jedes* aus sich selbst heraus erklärbare gesetzmäßige Weltgeschehen muß *zugleich* als Ausdruck des vollkommenen Gotteswillens erkannt werden.

»Zufall« und Gotteswille

Aber was ist überhaupt aus sich selbst heraus erklärbar, wenn man sich
auf die Betrachtung der physischen Welt beschränkt? *Diese* Grund-
frage scheint durchaus legitim, wenn es um das Thema „Zufall" in der
Entwicklungsgeschichte geht. Denn letztlich können wir im Hinblick auf
Mutationen im Erbgut nur das *Ergebnis* betrachten – also die sichtbare
Veränderung –, über die *Ursache* jedoch nur mutmaßen. Ist es tatsächlich
planloser Zufall, der die Evolution dirigiert?

Wohl kaum, denn wir wissen heute, daß es – begonnen von den ersten
Sekunden des Universums bis zur Entstehung des Planeten Erde – unzählige Schritte gab, die sich so und nicht anders vollziehen mußten, sonst
hätte die Materie letztlich niemals Leben beherbergen können. Dasselbe
gilt auch für die weitere Entwicklung auf unserem Planeten: Die Wahrscheinlichkeit, daß sich Moleküle „zufällig" zu jenen Verbindungen und
zuletzt Lebensformen zusammenfügen, wie sie für Mensch oder Tier cha-
rakteristisch sind, ist gleich Null![48]

Wer das Entwicklungsgeschehen näher betrachtet, wird sich also unschwer der Meinung anschließen können, daß die Evolution klar erkennbar einem höheren Willen folgt, also *zielgerichtet* ist.

Als Einwand gegen eine solche Schlußfolgerung wird oft vorgebracht,
daß sich in der Geschichte auch immer wieder Entwicklungen zeigten,
die ganz offensichtlich in einer Sackgasse endeten; die Saurier seien das
monumentalste Beispiel dafür. Fehlentwicklungen aber dürfte ein ziel-
orientierter Wille doch nicht zulassen. Eine solche Argumentation
spricht zwar auf den ersten Blick für die Annahme, daß doch der blinde
Zufall bei allem Geschehen Regie führt; auf den zweiten Blick ist dem
aber durchaus nicht so.

Dieser „zweite Blick" ergibt sich vorläufig aus einer Hypothese, zu deren Verständnis ich an Kapitel 1 dieses Buches erinnern möchte:

Gehen wir davon aus, daß im Schöpfungswerden „über" dem physisch-materiellen All tatsächlich noch andere, „jenseitige" Ebenen entstanden, und nennen wir die der sichtbaren Stofflichkeit zunächst gelege-
ne Welt „Astralebene". Alles, was im physischen Bereich zur Form wird,
folgt dabei – gewissermaßen „magnetisch" angezogen – einer astralen
Vorformung.[49]

Diese astrale „Welt der Modelle" gewährt der Evolution in der physischen Welt in einem gewissen Rahmen freien Spielraum: Sie läßt nicht nur zu, daß das Stärkere, besser Angepaßte überlebt, sondern auch, daß auf Grund irdischer Gegebenheiten sich vorübergehend manches entwickeln kann, das bei weiterem Fortschreiten der Gesamtentwicklung doch keinen Bestand hat. Bei allem aber erwirkt der „Astral-Rahmen" eine Zielorientierung, in der immer nur ganz Bestimmtes eine Förderung erfährt, wobei die „Astral-Ebene" nicht nur die Form, sondern – in Korrespondenz mit den jeweiligen Lebensverhältnissen auf der Erde – auch die *Abfolge* der Entwicklung vorgibt. Somit würde also eine „Welt der Modelle" – und nicht der blinde Zufall – die Evolution steuern.

Für diese Hypothese sprechen nicht nur weltanschauliche Argumente, sondern es lassen sich auch in der biologischen Forschung beeindruckende Hinweise auf die Existenz eines solchen „Evolutionsrahmens" finden (wobei heutige Wissenschaftler diesen freilich nicht in einer „jenseitigen" Welt vermuten wollen, sondern nach „handgreiflicheren" Erklärungen suchen). Zwei Beispiele möchte ich etwas ausführlicher beschreiben:[50]

Vor langer Zeit lebten auf unserer Erde säugetierähnliche Reptilien, die man „Therapsida" nennt. Sie sind mittlerweile längst ausgestorben, gelten jedoch als gemeinsame entwicklungsgeschichtliche Vorfahren einerseits der Beuteltiere[51], wie wir sie aus Australien kennen, und andererseits der „Plazentalier" (deren Embryos bis zur Geburt im Bauch der Mutter heranwachsen). Beide Unterklassen bildeten sich zu Beginn der Säugetier-Evolution aus.

Interessant ist nun, daß sich die Beuteltiere in Australien nachweislich eine Million Jahre lang *völlig unabhängig* von den Plazentaliern entwickelten, nachdem sich Australien vom Kontinent getrennt hatte. Zu diesem Zeitpunkt hatte es dort lediglich kleine, mäuseähnliche Beuteltiere gegeben, aus denen sich in der Folge jedoch unter anderem Mäuse, Maulwürfe, Katzen, Wölfe und Löwen entwickelten – allesamt Beutler, die, wie wir wissen, wie ihre plazentalen „Kollegen" auf dem Kontinent aussehen, denen lediglich der Beutel fehlt.

Welcher Zufall könnte das je bewirken?

Anhand dieses Beispiels kommt eine Zielorientierung zum Ausdruck, der die Entwicklung des irdischen Lebens unterliegt.

Der Forscher und Wissenschaftspublizist Arthur Koestler folgert aus diesem Beispiel, daß es ein „allgemeines Schema der Säuger-Fortpflanzung" geben muß, einen *Rahmen* also, innerhalb dessen die Evolution „strategische Variationen" bewirkt.

In unserem Fall wären Beutelsack und Plazenta solche Variationen. Koestler schreibt:

> *»Die Evolution ist, anders ausgedrückt, weder ein Freistil-Wettkampf, der vom blinden Zufall geleitet wird, noch ein starr festgelegtes Computerprogramm. (…) Man könnte sie mit dem Schachspiel vergleichen, das festen Regeln gehorcht, aber gleichfalls unendlich viele Variationen erlaubt. (…)*
> *Die Zielgerichtetheit aller Lebensprozesse, die Strategie der Gene und die Macht des Explorationstriebs bei Tier und Mensch, all das scheint darauf hinzuweisen, daß die Anziehungskraft der Zukunft ebenso real ist wie der Druck der Vergangenheit. Kausalität und Finalität sind Komplementärprinzipien in den Wissenschaften vom Leben; wenn man Finalität und Zielstrebigkeit ausklammert, klammert man aus der Biologie und der Psychologie das Leben aus.«[52]*

Das zweite Beispiel, das die gängige Vorstellung vom Wirkungsprinzip der Zufalls-Mutation akut in Frage stellt, trug sich vor einigen Jahren in einem eidgenössischen Labor zu:[53] Hier gelang es durch den Einsatz einfacher elektrostatischer Felder, die längst ausgestorbene Urform einer Pflanzenart (es handelte sich um einen Farn) zur Entwicklung zu bringen – und zwar ganz ohne gentechnische Eingriffe. Dies scheint zweierlei nahezulegen: Erstens, daß ein bestimmtes Umfeld immer ein ganz bestimmtes „Programm der Evolution" in Aktivität setzt, dem die genetische Ausstattung dann *folgt* (man kann annehmen, daß die im Labor künstlich erzeugten Felder den elektrischen Feldern in der Erdatmosphäre früherer Zeit entsprachen); und zweitens, daß es solche „Programme" – also eben einen vordefinierten Entwicklungsrahmen – *gibt*.

Solche Beispiele zeigen, daß es für die biologische Forschung durchaus Anstöße dafür gibt, etablierte Theorien ernsthaft in Zweifel zu ziehen. Daß man sich auf Dauer von der Idee des „blinden Zufalls" als Erklärung für die Veränderungen im Entwicklungsgeschehen wird verabschieden müssen, scheint jedenfalls absehbar.

Doch welche Theorien werden folgen, solange die Naturwissenschaft nur das als bestehend anerkennt, was auch beobachtet oder gemessen werden kann?

Vermutlich wird man sich auf eine Formulierung einigen, die zum Ausdruck bringt, daß die offenbar zielgerichtet arbeitende Evolution „dem Leben immanent" sei, daß sie also einfach zum Wesen des Lebens gehöre – wodurch zwar etwas beschrieben, aber nichts erklärt ist.

Tatsächlich hätte sich schon zu Darwins Zeiten die heraufdämmernde Erkenntnis, daß alles Weltgeschehen einer *Entwicklung* folgt, vorzüglich dazu geeignet, allzu enge Vorstellungen vom „Schöpfungsgetriebe" zu sprengen. Denn der Feststellung, daß offenbar nichts fertig geschaffen, sondern alles vom Strom des Neuwerdens und Weiterentfaltens getragen ist, mußte doch unmittelbar die Frage nach dem Grund folgen: Wo liegt die *Ursache* für die Evolution?

Hätte man sich nicht Hals über Kopf in die Zufallstheorie geflüchtet, wäre die Annahme nichtmaterieller Einflüsse wohl naheliegender gewesen. So aber wuchs sich das ausschließliche Bekenntnis zum Meßbaren zu einem handfesten Wissenschaftsdogma aus, und die entscheidende Erkenntnis, daß unsere materielle Welt eingewoben ist in ein *größeres* Schöpfungsganzes, hat sich bis heute nicht durchgesetzt.

Großzügig sehen wir darüber hinweg, daß seit dem ausklingenden 19. Jahrhundert epochale Forschungsergebnisse (von denen in der Folge die Rede sein wird) längst ein völlig neues Weltverständnis einfordern. Der Bequemlichkeit zuliebe halten wir jedoch durchweg immer noch an jenem materialistischen Weltbild fest, das sich vor mehr als 100 Jahren mit der „Klassischen Physik" verband:

Diese strebte an, durch die Formulierung wichtiger Wirkungsprinzipien alles Weltgeschehen aus sich selbst heraus zu erklären. Die entscheidenden Zauberworte lauteten dabei „Kausalität", „Objektivierbarkeit" und „Kontinuität".

Sigmund Freud und die Klassische Physik

Es ist lohnend, sich mit solchen Begriffen wenigstens im Überblick zu beschäftigen, denn wir werden sehen, daß eben diese Grundfesten der Klassischen Physik – auf die wir uns bis heute stützten – in der Folge nach und nach ins Wanken gerieten:

Hinter dem Begriff *Kausalität* (lat.: = Ursächlichkeit) verbirgt sich nicht nur die an sich richtige Vorstellung, daß jedes Ereignis die Wirkung einer Ursache ist, sondern man verband damit auch die Idee, jedes Geschehen müsse *berechenbar* sein. Ausgehend von den weitreichenden wissenschaftlichen Erfolgen – etwa in der Astronomie, wo es ja gelungen war, in Kenntnis der Gesetze die Planetenbahnen exakt vorauszuberechnen –, war man bald auch von der unbedingten Berechenbarkeit aller anderen Ereignisse überzeugt. Selbst die Willensentschlüsse des Menschen müßten demnach mathematisch entschlüssel- und vorherbestimmbar sein!

Es darf also nicht verwundern, wenn auch Sigmund Freud (1856–1939) von dem Gedanken beseelt war, das Innere des Menschen, die „Psyche", vollends „handhabbar" zu machen. Der Erfinder der „Psychoanalyse"[54] wollte – wie der Begriff es nahelegt – die Seele „analysieren", sie also wie ein Stück Materie zergliedern, um in Kenntnis der Einzelteile danach mit der

194

ganzen Seele besser umgehen zu können. So schrieb Freud im Hinblick auf sein entstehendes Lehrgebäude einmal euphorisch, daß jetzt „das Ding wie eine Maschine" laufe. Mit dem „Ding" meinte er die menschliche Seele.[55]

Dieser radikale Ansatz mußte in der psychoanalytischen Praxis scheitern, denn das Innere des Menschen läßt sich nicht so einfach handhaben wie eine Maschine – und schon überhaupt nicht mathematisch exakt berechnen. Aber das Beispiel verdeutlicht, welche weitreichenden Möglichkeiten man einst dem mechanistischen Kausalitätsprinzip zuschrieb.

Ein anderer Begriff, dem in der Klassischen Physik ähnliche „Allmacht" zugestanden wurde, war die *Objektivierbarkeit*, also die Annahme, daß man die Welt objektiv beobachten beziehungsweise messen kann – vorausgesetzt natürlich, es gelingt, die dazu nötige Technik zu entwickeln. Man ging davon aus, daß es eine verläßliche und unbedingte „Subjekt-Objekt-Trennung" gibt, daß also ein Forscher als „Außenstehender" nach Herzenslust beobachten und experimentieren kann, ohne das Ergebnis seiner Arbeit dadurch zu beeinflussen.

Und noch eine weitere „Selbstverständlichkeit" lag der Klassischen Physik zugrunde: das Prinzip der *Kontinuität*. Man nahm als gegeben an, daß alles Geschehen sich kontinuierlich vollzieht, daß die Natur also im Ablauf ihrer Bewegungen keine „Sprünge" macht.

Der Gedanke, zuletzt die ganze Welt durch solche Prinzipien beschreib- und berechenbar machen zu können, war gewiß verlockend. Der Triumphzug der Physik, der durch das ganze 19. Jahrhundert führte, endete denn auch nicht im Bereich der Mechanik, sondern eroberte sich bald noch ein weiteres entscheidendes Terrain: die sogenannte Thermodynamik (= Wärmelehre). Auf diesem Gebiet wurden ebenfalls fundamentale Grundsätze[56] formuliert, die bis heute unser Weltverständnis prägen – aber nicht nur das: In jener Zeit der großen Dampfmaschinen entwickelte sich auch ein neuer physikalischer Begriff, der mittlerweile längst zu den Alltagsselbstverständlichkeiten unseres Lebens gehört: Man begann von „Energie" zu sprechen!

Damit hatte sich ein neues naturwissenschaftliches Weltbild durchgesetzt, mit dem die mittelalterlichen Vorstellungen von „ewigen Himmelssphären" endgültig überwunden waren. Das Meß- und Beschreibbare stand für den „aufgeklärten Menschen" nun ganz und gar im Vordergrund. Und so betrachtete man das Universum als abgeschlossenes System, in welchem Materie und Energie wirken – Materie als die „Substanz" des Alls, Energie als „bewegende Kraft" darin. Das weise Walten des Schöpfers hatte in dieser Anschauung keinen wirklich bedeutenden Stellenwert mehr.

Im Gegenteil: Der Gedanke, daß alles Schöpfungsgeschehen einem tieferen Sinn folgt, dem erhabenen Willen Gottes, stand der wissenschaftlichen „Sachlichkeit" eher im Weg, denn diese legte nahe, daß der Kosmos (grch.: = Ordnung) – und mit ihm alles Leben – einst im sinnlosen Chaos (= Unordnung) enden werde.

Eine Folgerung, die sich ergeben konnte, wenn man die Prinzipien der Wärmelehre konsequent zu Ende dachte. Jede sogenannte „Energieumsetzung" – egal, ob Wasserkraft eine Turbine treibt oder die Sonne unsere Erde erwärmt – kann immer nur von einem „höheren Niveau" auf ein „niedrigeres Niveau" erfolgen; Wärme wird stets nur von einem Körper höherer Temperatur auf einen Körper niedrigerer Temperatur übergehen, niemals umgekehrt. Und wenn es keine Niveauunterschiede gibt, die einen Ausgleich einfordern, dann strömt keine Energie – auch Wasser fließt bekanntlich nicht ohne Gefälle!

Nun ist aber jede solche Umsetzung mit einem Verlust von Energie verbunden, weil diese, wenn sie etwa durch Reibung „aufgelöst" worden ist, nicht mehr wiedergewonnen werden kann. Zum Beispiel ist es nicht möglich, die beim Bremsen eines Autos frei gewordene Wärme wieder zum Beschleunigen des Fahrzeugs zu verwenden.[57] Außerdem geht, den gängigen physikalischen Vorstellungen folgend, mit den Verlusten bei jeder Energieumwandlung immer auch eine Zunahme der Unordnung einher; die Energie verflüchtigt sich in den chaotischen Bewegungen von Gasmolekülen.

Um das Ausmaß der bei Energieumsetzungen auftretenden Verluste beziehungsweise die Zunahme der Unordnung zu beschreiben, führte der deutsche Physiker Rudolf Clausius[58] (1822–1888) im Jahre 1865 den Begriff der „Entropie" ein. Wenn diese ein Höchstmaß erreicht hat und zugleich keine Energie mehr fließen kann, weil es „Energie-Gefälle" (= Potentiale) nicht mehr gibt, wenn also keine Niveauunterschiede mehr bestehen und alle Energie im All gleichmäßig verteilt ist, dann tritt der sogenannte Wärmetod[59] ein. Dieses unrühmliche Ende in bewegungsloser Erstarrung wäre der Schöpfung also vorgezeichnet, und das gesamte Universum müßte demnach nur als *vorübergehend* geordnetes Zusammenspiel von Materie und Energie betrachtet werden – vorausgesetzt, die Gesetze der Thermodynamik wirkten tatsächlich allumfassend.

Aber tun sie das? Fest steht, daß den Grundsätzen der Wärmelehre zwar viele Erfahrungswerte, aber keine Beweise zugrunde liegen. Wir wissen nicht, welche Gültigkeit ihnen wirklich zusteht. Vor allem aber machen uns diesbezügliche Überlegungen einmal mehr die große Kluft zwischen Naturwissenschaft und Religion bewußt: Wenn Physiker oder Astronomen heute vom „Universum" sprechen, dann meinen sie damit ja ausschließlich die physische, „selbst funktionierende" Welt, denn mit anderem beschäftigen sie sich meist von vornherein nicht. Spirituell orientierte Menschen hingegen betrachten jenseitige Ebenen, die mit der grobstofflichen Welt in energetischem Austausch stehen, als eine Selbstverständlichkeit. Für sie ist daher eine „gottlose", sich selbst überlassene Schöpfung ebenso undenkbar wie die Idee, unser All sei ein in sich „geschlossenes System".

Dieser Meinung schließe ich mich gerne an. Einer Weltsicht, die sich ausschließlich an Begriffe wie Kausalität oder Entropie klammert, gehen ja allzu leicht jedwede religiöse, ethische oder moralische Ansprüche verloren. Wenn das Universum – und mit ihm der Mensch – nur das Ergebnis einer wahllos dem „Prinzip Zufall" folgenden Evolution ist und in absehbarer Zeit ohnehin im Chaos endet, dann wären Gewissensprinzipien wie „Gut" und „Böse" ebenso beliebig, sprich: bedeutungslos.

Vor allem aber ist die materialistisch-beengte Weltsicht, wie sie sich aus puritanisch-mechanistischer Wissenschaftlichkeit zwingend ergibt, furchtbar unvollständig. Denn sie konnte noch nie Antworten auf jene Kernfragen unseres Seins bieten, die einen religiös orientierten Menschen zuallererst interessieren: Was ist Leben? Geist? Bewußtsein? Das Wesen der Empfindung?

Naturwissenschaft als spiritueller Wegweiser

Man kann natürlich verstehen, daß die Faszination des naturwissenschaftlich Faßbaren vorübergehend manche Frage in den Hintergrund gedrängt hat, aber es ist doch erstaunlich, daß man bis heute mancherorts an einem materialistischen Denken festhält, wie es dem Weltbild vor mehr als hundert Jahren entsprach. Die Wunde, mit kalter Wissenschaftlichkeit allein auf die wichtigsten Lebensfragen *keine* Antwort zu erhalten, schmerzt offenbar immer noch nicht hinreichend …

Schon seit Beginn der Neuzeit hätte sich die Naturwissenschaft jedoch als spiritueller Wegweiser angeboten. Sie hätte uns dazu anregen können, jenen kleinen, allzu subjektiven Blickwinkel auf die Schöpfungswirklichkeit zu weiten, den der (seit dem Sündenfall gar nicht mehr so) „gesunde Menschenverstand" uns vermittelt. Sie hätte uns zeigen können, wie staubkornhaft klein, wie unendlich unbedeutend und wie hilflos abhängig wir jenem göttlichen Geist gegenüber sind, der „über den Wassern"[60] alles formgewordenen Lebens schwebt. Die Naturwissenschaft hätte uns auf den Boden der Natürlichkeit zurückholen können, von dem wir durch vertrackte philosophische Ansichten, vor allem aber durch erstarrte konfessionelle Dogmen abgehoben hatten.

Leider aber *fanden* wir diesen gesunden Boden in unserem Inneren nicht mehr. Denn als ob wir nur auf eine so günstige Gelegenheit gewartet hätten, warfen wir mit dem Vordringen der Naturwissenschaft den letzten Rest an lebendigem Gottesbezug über Bord und glaubten lieber an eine zufallsbestimmte Welt, die sich aus sich selbst heraus erklärt. Ein bequemer Weg allemal, denn er gestattet es, genußvoll auf Erden zu leben, ohne sich um so „Unbedeutendes" wie Nächstenliebe, geistige Regsamkeit und spirituelle Entwicklung kümmern zu müssen.

Nicht alle, aber sehr viele Menschen gingen diesen Weg. Daß er nicht zum Ziel führt, weil die Schöpfung eben *kein* mechanisches Uhrwerk ist, sondern eine lebendige Ordnung, die mit dem menschlichen Verstand niemals ganz faßbar sein wird, diese Erkenntnis sollte uns spätestens im 20. Jahrhundert gedämmert haben – in einer Zeit, die einerseits zwar geprägt war von zivilisatorischen und technischen Fortschritten ungeahnten Ausmaßes, in der andererseits aber auch die Hilflosigkeit eines Intellekts offenbar wurde, der seinen Kompaß – die gottzugewandte Orientierung – achtlos und selbstgefällig über Bord geworfen hat.

Eindringlicher als je zuvor legten die naturwissenschaftlichen Forschungsergebnisse des vergangenen Jahrhunderts nämlich den Schluß nahe, daß die Wirklichkeit der Schöpfung *gänzlich* anders ist, als wir uns das noch im Zeitalter der Klassischen Physik eingebildet hatten. Dennoch erwiesen wir uns als ziemlich unfähig, daraus die nötigen Konsequenzen für unser Weltbild und unsere Spiritualität zu ziehen.

Dem Gedanken des „allumfassenden" Entropie-Prinzips, wie es im 19. Jahrhundert formuliert wurde, könnte man beispielsweise die aus der Entwicklungsbiologie bekannte Tatsache entgegenhalten, daß chemische Vorgänge überall dort, wo wir von „belebter Materie" sprechen, besonders komplex sind und daß in Organismen ganz offenbar *ordnende*, richtungweisende, zielstrebige Kräfte tätig werden, während zunehmende Entropie ja gleichzeitig größer werdende *Unordnung* bedeutet.[61] Wie passen diese gegenläufigen Prinzipien zusammen? Woher stammen die ordnenden, aufbauenden Kräfte? Wird in ihnen ein Prinzip des Lebens erkennbar? Und spielen im Weltgeschehen vielleicht noch andere entscheidende Zusammenhänge eine Rolle, die jenen Theorien zuwiderlaufen, welche die Klassische Physik für die materielle Welt formuliert hat?

Die letzte Frage mußte seit Beginn des 20. Jahrhunderts immer wieder mit einem klaren Ja beantwortet werden, und zwar aufgrund von Ergebnissen aus unterschiedlichsten Forschungsbereichen. Sie wurde so oft bejaht, daß man mittlerweile von einer „Neuen Physik" spricht, weil so ziemlich alle „unumstößlichen Säulen" ins Wanken gerieten, mit denen man vordem erklärt hatte, wie die Welt „funktioniert".

Was geschah dem mechanistischen Weltbild der Klassischen Physik rund um Kausalität, Kontinuität und Objektivierbarkeit?

Das Ende der Klassischen Physik

Tatsächlich begann mit dem 20. Jahrhundert ein unglaublich spannendes Stück Wissenschaftsgeschichte. Eingeläutet wurde das Zeitalter der Neuen Physik mit dem französischen Forscher Henri Becquerel (1852–1908), der im Jahre 1896 die „Uranstrahlen" entdeckte – eine Erscheinung, die vorerst viele Rätsel aufgab, da man sich den Ursprung dieser Strahlen mit Hilfe des bisherigen Erfahrungswissens nicht erklären konnte.

Doch die Ungewißheit währte nicht allzu lange: Zwei Jahre nach Becquerels Entdeckung, 1898, konnten der französische Physiker Pierre Curie (1859–1906) und seine polnische Ehefrau, die Chemikerin Marie Curie (1867–1934), in der Uran-Pechblende, einem Erz, das stark strahlende Element Radium isolieren und vor allem beweisen, daß dieser Stoff *aus sich selbst heraus* kontinuierlich Energie abgab. Damit war etwas für unmöglich Gehaltenes erwiesen. Doch was in aller Welt ging da vor sich?

Auch die Antwort auf diese Frage sollte nicht lange auf sich warten lassen: Im Jahre 1902 traten zwei andere Physiker mit einem revolutionären Erklärungsansatz für die „radioaktive Strahlung" an die Öffentlichkeit: Der britische Chemiker Ernest Rutherford (1871–1937) und sein Landsmann Frederic Soddy (1877–1956) vertraten die Auffassung, daß das Element Radium einem *natürlichen Zerfall* unterworfen ist. Die Strahlung entsteht demnach, weil *Materie in Energie umgewandelt* wird! Eine epochale Theorie, denn – wir erinnern uns – zu den Leitbildern der Klassischen Physik gehörte ja die Vorstellung eines strikten Nebeneinanders von Materie und Energie. Dieses Bild war nun, nach der Entdeckung dieser Strahlung, endgültig zertrümmert!

Praktisch zeitgleich gerieten auch andere Festen der „alten" Physik ins Wanken, so daß man meinen möchte, die Zeit zu Beginn des 20. Jahrhunderts habe mit größter Vehemenz auf einen ungeheuren Erkenntnisschub für die Menschheit gedrängt – und im bisherigen, so überaus stark materiell orientierten Weltbild systematisch ein Fundament nach dem anderen zertrümmert.

In dieser Entwicklung muß die Arbeit mehrerer großer Forscher gewürdigt werden. Zu ihnen zählt der deutsche Physiker Max Planck (1858–1947), dessen Hauptarbeitsgebiet die Wärmelehre war. Er stellte um 1900 die Grundlagen einer Theorie vor, die 18 Jahre später mit dem Nobelpreis belohnt werden sollte: die sogenannte Quantentheorie. Mit dieser verdeutlichte Max Planck, daß es – entgegen allen bisherigen Annahmen – ein kleinstes „Quantum" Energie gibt, also eine nicht mehr teil- beziehungsweise reduzierbare Mindestmenge. Vordem war man ja davon ausgegangen, daß die Natur keine „Sprünge" macht, daß es also auch keine Grenzen in der Teilbarkeit von Materie oder in der Übertragbarkeit von Energie geben kann. Dies änderte sich nun schlagartig: Max Planck postulierte, daß Energie eben *nicht* in beliebig kleinen Mengen übertragen werden könne, sondern daß es ein kleinstes Energiepaket – „Quant" genannt – gibt. Das Kontinuitätsprinzip – ein weiterer Grundsatz der Klassischen Physik – war damit überholt.

Auch die Erforschung der Materie geriet zu Beginn des 20. Jahrhunderts in Bewegung: 1911 entwarf Ernest Rutherford das bekannte Atommodell[62], das einem Planetensystem gleicht: im Zentrum der Atomkern, umkreist von Elektronen, so wie die Planeten unsere Sonne umrunden. Dieses anschauliche Bild gab zugleich der Hoffnung Nahrung, daß im Mikrokosmos die gleichen Prozesse und Gesetze Gültigkeit haben, wie sie bis dahin aus der Astronomie bekannt waren. Leider stellte sich diese Annahme als Irrtum heraus. Denn während Satelliten im Makrokosmos in beliebigem Abstand um ihr Zentrum kreisen können,[63] zeigte sich bei der Erforschung des Mikrokosmos, daß es hier nur eine begrenzte Zahl von Bahnen gibt, auf denen die Elektronen stabil ihren Atomkern umkreisen. Aber warum?

Der dänische Physiker Niels Bohr (1885–1962), ein Mitarbeiter von Ernest Rutherford, wandte um 1912/1913 die Quantentheorie auf das Atom an und folgerte, daß die Elektronen, die den Atomkern umkreisen, ebenfalls nur bestimmte Quanten, also Mindestmengen an Energie, abgeben beziehungsweise aufnehmen können. Die Bahnen, auf denen sie den Kern umrunden, müssen also so weit auseinander liegen, daß sich ihr Energieniveau um mindestens ein Quant unterscheidet. Damit zeigte sich abermals, daß die Natur doch „Sprünge" macht!

In seinem Buch „Auf der Suche nach einem neuen Weltbild" beschreibt Siegfried Hagl die Vorgänge im Inneren eines Atoms mit einem anschaulichen Beispiel:

> »*Wird einem kreisenden Elektron ein Quant zugeführt – wird es zum Beispiel durch einen Strahl, der es trifft, angeregt –, so springt es auf eine weiter vom Atomkern entfernte Umlaufbahn, die einem höheren Energiegehalt entspricht. Strahlt solch ein Elektron Energie ab – eines oder mehrere Quanten –, dann muß es auf eine dem Kern entsprechend nähere Bahn springen. Von der innersten der möglichen Bahnen gibt es dann keinen weiteren Abstieg mehr. Die Elektronenbahnen liegen so, daß jeweils ein Quant zugeführt oder abgegeben werden muß, wenn das Elektron auf eine benachbarte Bahn auf- oder absteigen soll. Man kann sich eine Treppe vorstellen, auf der ein Ball auch nur von einer Stufe zur anderen hüpfen kann. Nach ,oben' muß*

5. Der gespaltene Weg zur Wahrheit

> *man ihn werfen – also Energie zuführen –, rollt er nach ‚unten‘, so kann er stufenweise Energie abgeben. Niemals aber wird der Ball zwischen zwei Stufen ‚in der Luft‘ hängenbleiben.«*[64]

Solche bildhaften Beschreibungen sind die Ausnahme, wenn von der Quantenmechanik die Rede ist, die sich, fernab von unseren Alltagserfahrungen, mit Erscheinungen in einem Bereich von etwa einem Millionstel eines Millionstel Zentimeters beschäftigt. Und doch veränderten jene Gedanken, die von Max Planck ausgingen, unser gesamtes Weltbild nachhaltig. Nicht nur, weil erwiesen war, daß die Natur doch kleinste Sprünge macht und das Kontinuitätsprinzip damit unhaltbar geworden war, sondern die Quantentheorie räumte auch mit dem Grundsatz der Objektivierbarkeit von Forschungsergebnissen auf. Und zwar aus dem einfachen Grund, weil sie zeigte, daß jede Messung auch das Meß*ergebnis* beeinflussen muß. Man kann ja keinen Körper messen, ohne ihn eben *damit* zu beeinträchtigen, denn für die Messung braucht man mindestens ein Quant Energie, zum Beispiel in Form eines Lichtstrahls, den man auf den Gegenstand richtet. Ein Elektron aber wird schon durch ein einziges Lichtquant aus seiner stabilen Bahn geworfen!

Kurzum: Durch die Quantenphysik wurden die Grenzen der physikalischen Meßbarkeit offenbar, damit aber auch die Grenzen der Berechenbarkeit! Über diese Feststellung sollte man nicht allzu eilig hinweggehen, denn sie berührt die Grundfesten des materialistischen Weltbildes: Schon zu Beginn des 20. Jahrhunderts wurde damit nämlich klar, daß die physische Welt in ihrer mikrokosmischen „Struktur" nicht beliebig handhabbar ist! Sie entgleitet unserem Zugriff.

Dem deutschen Physiker und Nobelpreisträger Werner Heisenberg (1901–1976) gelang es im Jahre 1927, diese Tatsache mathematisch anzudeuten, indem er die sogenannte „Unschärfe-Relation" formulierte. Sie besagt, daß man von einem Atomteilchen immer nur *entweder* die Geschwindigkeit *oder* den Ort genau messen kann. Bestimmt man den Ort, so verändert man *dadurch* gleichzeitig die Geschwindigkeit; mißt man diese, dann läßt sich nichts Zuverlässiges mehr über den Ort sagen. Das Ergebnis hängt also von der Art der Messung ab.

Weil man aber zur Bahnbestimmung eines Elektrons *beides* brauchen würde – Ort und Geschwindigkeit – bleibt nur festzustellen, daß die Physik im Mikrokosmos an ihre Grenzen stößt: Während im Makrokosmos zuverlässige Bahnberechnungen für einzelne Himmelskörper durchaus möglich sind, kann über das „Schicksal" eines einzelnen Atoms unmöglich meßtechnisch Auskunft gegeben werden, da man es nicht berechnen *kann*.

Das aber heißt zugleich, daß auch Voraussagen im Sinne eines rechnerisch nachvollziehbaren Zusammenhangs von Ursache und Wirkung nicht endgültig möglich sind. Das Prinzip der Kausalität begann mit dieser Erkenntnis gehörig zu „bröckeln".

Und noch durch einen weiteren Umstand scheint die Materie dem physischen Zugriff zu entgleiten: Max Plancks Quantentheorie zeigte, daß das Licht, welches an sich ja aus Wellen besteht, also keinen festlegbaren Ort hat, sich *auch* so verhält, als setze es sich aus Teilchen zusammen – eben deshalb, weil es nur in Quanten ausgestrahlt oder aufgenommen werden kann. Man spricht daher von einer „Wellen-Teilchen-Doppelnatur" des Lichts.

Darauf aufbauend, begründete der französische Physiker Louis de Broglie in den 20er Jahren eine „Wellentheorie der Materie", durch die er verdeutlichte, daß auch Materie – genau wie das Licht – sowohl als Welle als auch als Teilchen betrachtet werden kann. Seine Annahme konnte in der Folge bei atomaren Teilchen experimentell bestätigt werden, und 1999 gelang dem Wiener Physiker Anton Zeilinger erstmals der Nachweis, daß sich die Welle-Teilchen-Doppelnatur der Materie auch im Bereich massiver Moleküle zeigt.

Das expandierende Weltall

Indessen führten eingangs des 20. Jahrhunderts nicht nur Beobachtungen im Mikrokosmos zu einem radikalen Umdenken. Auch im Bereich der Astronomie tat sich im wahrsten Sinn des Wortes „Weltbewegendes": Es waren die Beobachtungen des US-amerikanischen Astronomen Edwin Hubble (1889–1953), die das Bild vom Makrokosmos revolutionierten, weil sie erwiesen, daß das sichtbare Universum nicht statisch sein kann, sondern sich ständig *ausdehnt*. Auf Grund der sogenannten Rotverschiebung[65] bei Lichtwellen, die uns aus dem Weltall erreichen, ist es nachweisbar, daß sich alle Sterne von der Erde immer weiter entfernen.

Der Umkehrschluß aus dieser epochalen Erkenntnis lag nahe: Man versuchte zu errechnen, wann und wie das Weltall entstand. Der belgische Astrophysiker Georges Lemaître (1894–1966) entwickelte die Theorie vom „Urknall",[66] nach der vor rund 15 Milliarden Jahren mit einer gigantischen Explosion Materie und Energie aus dem Nichts entstanden sein sollen. Demnach habe sich das zuerst auf die Dimension eines Atomteilchens begrenzte All mit Lichtgeschwindigkeit auszudehnen begonnen, und es konnten sich folglich die heute vermuteten 125 Milliarden Galaxien bilden.

Spätestens mit der Theorie, daß das All nach allen Richtungen immer weiter expandiert, war auch eine längst fragwürdig gewordene Vorstellung endgültig vom Tisch: nämlich die, daß es im Universum einen „absoluten Ort" gibt, an welchem alle Bewegungen der Himmelskörper zu messen sind.

Albert Einstein und die Relativität

Mit Albert Einstein (1879–1955) erledigte sich dann eine weitere Grundannahme der Klassischen Physik, nämlich die Idee von der „absoluten Zeit", die immer gleich gemessen werden kann, unabhängig davon, wer wo auf die Uhr schaut. Seit der geniale deutsche Physiker seine berühmte Relativitätstheorie formulierte, wissen wir, daß Raum und Zeit im gesamten physischen Bereich eine Einheit, „Raumzeit" genannt, bilden und – in Abhängigkeit voneinander – *veränderlich* sind. Demnach geht zum Beispiel ein und dieselbe Uhr in der Nähe eines massereichen Körpers langsamer als weiter entfernt davon; in Erdnähe also weniger schnell als weiter oben. Diese Tatsache spielt heute unter anderem bei Satellitennavigationssystemen eine bedeutende Rolle; ließe man sie unberücksichtigt, würden sich empfindliche Fehler bei der Positionsberechnung ergeben.

Albert Einstein formulierte auch die Beziehung, mit der Energie und Materie in Verbindung stehen. Seine bekannte Formel $E = mc^2$ (Energie = Masse mal Lichtgeschwindigkeit zum Quadrat) drückt im Grunde nichts anderes aus, als daß Materie auch als eine Art von Energie angesehen werden kann.

Den spektakulärsten Beweis dafür, welche gewaltigen Energiemengen winzigste Materieteilchen beinhalten, lieferte die Atombombe, deren verheerende Wirkung durch die enorme Energiefreisetzung bei der Kernspaltung entsteht. Umgekehrt gelang es übrigens erst 1997, aus reinem Licht erstmals Materie-Teilchen zu „erschaffen". –

Im Verlauf des 20. Jahrhunderts trieb man die Zertrümmerung der kleinsten Materiebausteine mit immer größerem technischen und finanziellen Aufwand voran. Inzwischen sind bereits weitaus mehr als 200 Elementarteilchen bekannt. Dank sogenannter Teilchenbeschleuniger fand man beispielsweise „Quarks", die von „Gluonen"[67] zusammengehalten werden.

Aber wohin soll dieser Weg führen? Längst vermag niemand mehr mit Sicherheit zu sagen, welche konkrete Bedeutung die in den künstlichen Experimentalwelten gefundenen (beziehungsweise „erschaffenen") Teilchen für unser Leben haben, in welcher Beziehung sie zur Wirklichkeit stehen

203

und inwieweit die Ergebnisse nicht vielleicht nur das spezielle Experiment beschreiben, nicht aber die eigentlich zur Beobachtung anstehende Natur.

Irgendwie erscheint mir die Suche nach immer kleineren Teilchen auch als eine letzte große Reminiszenz an die Klassische Physik, während wir doch zugleich zur Kenntnis nehmen müssen, daß zur Beschreibung der lebendigen Schöpfung *mehr* nötig ist als materialistisches Vokabular oder mathematische Universalformeln. Die Welt, in der wir uns zu persönlichem Bewußtsein entwickeln dürfen, ist *zugleich* Materie und Energie; in ihr steht alles mit allem in Verbindung; Raum und Zeit sind nur relativ; jede Messung, jede Beobachtung beeinflußt auch das Meßergebnis; diese Welt ist nicht vorausberechenbar – und sie setzt den Möglichkeiten der Physik klare Grenzen.

So viel gilt bereits als gesichertes Wissen. Wenn wir nun noch die zahlreichen Beobachtungen dazunehmen, wie sie beispielsweise aus der PSI-Forschung[68] oder dem großen Bereich der Metaphysik[69] bekannt sind, wo ungewöhnliche Einwirkungsmöglichkeiten des Geistes auf die Materie aufgezeigt werden, so sollte dies eigentlich schon ausreichen, um endlich die „Lichter umzustellen", also eine allzu materieverhaftete Physik zu überwinden und statt dessen die Renaissance jener fast vergessenen, ganzheitlichen Weltsicht einzuläuten, derzufolge es hinter der sichtbaren Materie noch andere Schöpfungswirklichkeiten gibt, aus denen heraus sich der Begriff des „Geistes" erklärt und die uns letztlich zu der Erkenntnis führen, daß der wahre Urgrund des Seins und Werdens … *Gott* ist!

Diese Einsicht propagierte auch Max Planck. Der große Physiker hielt im Berliner Harnack-Haus einen richtungweisenden Vortrag, in welchem er formulierte:

> »*Als Physiker, also ein Mann, der sein ganzes Leben der nüchternen Wissenschaft, der Erforschung der Materie diente, bin ich sicher von dem Verdacht frei, für einen Schwarmgeist gehalten zu werden – und so sage ich nach meinen Erforschungen des Atoms folgendes:*
> Es gibt keine Materie an sich!
> *Alle Materie entsteht und besteht nur durch eine* Kraft, *welche die Atomteilchen in Schwingung bringt und sie zum winzigen Sonnensystem des Atoms zusammenhält. Da es aber im ganzen Weltall weder eine intelligente noch eine ewige Kraft gibt, so müssen wir hinter dieser Kraft einen bewußten, intelligenten Geist annehmen. Dieser* Geist *ist der Urgrund aller Materie.*
> *Nicht die sichtbare und vergängliche Materie ist das Reale, Wirkliche, Wahre – denn die Materie bestünde, wie wir gesehen haben, ohne die-*

> sen Geist überhaupt nicht –, sondern der unsichtbare, unsterbliche
> Geist ist das Wahre. Da es aber Geist an sich nicht geben kann und
> jeder Geist einem Wesen zugehört, müssen wir zwingend Geistwesen
> annehmen. Da aber auch Geistwesen nicht aus sich selbst sein können,
> sondern geschaffen werden müssen, so scheue ich mich nicht, diesen
> geheimnisvollen Schöpfer ebenso zu nennen, wie ihn alle alten
> Kulturvölker der Erde früherer Jahrtausende genannt haben: Gott.«

Diese Worte zählen wohl zu den beeindruckendsten wahrhaft religiösen
Bekenntnissen, die uns von den großen Forschern des 20. Jahrhunderts
überliefert sind. Sie zeigen, daß aus der fortschreitenden „Neuen Physik"
durchaus auch die richtigen Erkenntnisse gezogen wurden. Doch leider
nur vereinzelt.

Ein neues Weltbild tut not!

Allgemein klaffte im vergangenen Jahrhundert auf dem Weg zur
Wahrheit zwischen Naturwissenschaft und Religion ein zunehmend
größerer Spalt: Während man einerseits in der Forschung den Bereich der
physisch-faßbaren Materie nicht zu verlassen wagte, wiewohl sich darin
unüberwindbare Grenzen zeigten, konnten andererseits die Konfessionen
zu einem erhofften *neuen* Weltbild nichts beitragen. Die großen Erkenntnisse des 20. Jahrhunderts hatten keine Chance, sich mit der alten spirituellen Sehnsucht des Menschen zu verbinden, die erstrebte, ein Bewußtsein
der Geborgenheit in Gottes großer Schöpfung zu erfahren.

Welche Hoffnung bleibt uns nun – im stillen Anblick des Sternenhimmels, beseelt vom tiefen Wunsch, die *eine* Wahrheit zu erfahren, wirklich *wissend* zu werden über die Welt? Mag es doch eine neue Offenbarung
sein, die uns weiterhilft? Abd-ru-shin schrieb in seiner Gralsbotschaft:

> »Nur der Erbauer selbst kann Euch eine Maschinerie erklären, oder
> der, den er dazu herangezogen hat! So ist es hier auf Erden und
> nicht anders in der Schöpfung! Gerade aber dort wollen die Men-
> schen, die selbst nur ein Teil der Schöpfung sind, von sich aus alles
> besser wissen als der Meister, wollen keine Unterweisung für
> Benutzung des Getriebes, sondern wollen selbst die Grundgesetze
> lehren, die sie festzulegen suchen nur durch oberflächliche Beobach-
> tung ganz schwacher Ausläufer des Großen, Eigentlichen, das zu
> ahnen sie sich stets verschlossen hielten; von Wissen kann deshalb
> niemals eine Rede sein.«[70]

Christus *war* einst der überragende Meister und Weltenlehrer. Aber wer könnte es heute sein? Wer vermöchte die Wege zu ebnen für ein völlig neues Bild der Schöpfung, durch welches der Mensch seine geistige Berufung erfährt und wieder zu Gott zurückgeführt wird?

Jesus von Nazareth sprach vom „Geist der Wahrheit", den er senden werde, um uns in alle Wahrheit zu leiten.

Wie aber sollte diese Wiederkehr Gottes sich ereignen?

Anmerkungen und Literaturhinweise zu Teil 2, Kapitel 5

1 Thomas von Aquin (1225–1274) war ein bedeutender Kirchenlehrer, der später heilig-gesprochen wurde. Er gilt als der wichtigste Vertreter der sogenannten scholastischen Theologie, welche die antike Philosophie des Aristoteles in die christliche Theologie einbezog. Die Lehren des Thomas von Aquin bilden bis heute ein wichtiges Fundament des christlichen Glaubens, wenngleich er selbst sein Lehrgebäude als „unbedeutend gegenüber der Wirklichkeit und dem Mysterium Gottes" ansah. (vgl.: „Lexikon der Heiligen und Päpste", Kiesel Verlag, Salzburg, 1983)

2 Mitunter wurde die Hölle auch auf der südlichen Halbkugel der Erde vermutet, die man als unbewohnbar bzw. wegen eines „brennend heißen Äquatorgürtels" auch als unerreichbar ansah.

3 Vgl.: Siegfried Hagl: „Geborgen im Schutz der Himmelsglocke – Das mittelalterliche Weltbild", erschienen in: „Auf der Suche nach einem neuen Weltbild", Verlag der Stiftung Gralsbotschaft, Stuttgart, 1982

4 Zur Entstehung vgl.: Teil 2, Kapitel 4

5 Vgl.: „profil", Ausgabe 51/52, 20. Dezember 1999, Wirtschafts-Trend-Zeitschriften-verlags GmbH, Wien, 1999

6 Vgl.: Georg Denzler: „Das Papsttum – Geschichte und Gegenwart", Verlag C. H. Beck, München, 1997

7 Die Ehelosigkeit der Priester geht nicht auf Jesus oder die Apostel zurück (diese waren zum Teil verheiratet), sondern sie erlangte erst später immer größeres Ansehen. Papst Gregor VII. verbot schließlich 1074 den Priestern zu heiraten – bei Androhung der Exkommunikation.

8 Das Werk wurde 1487 erstmals in Straßburg gedruckt, die Originaltexte sind nachzulesen in: „Der Hexenhammer", Reprint-Verlag, Leipzig, o. J.

9 peinlich = durch Folter

10 Zur Praxis der Denunziation vgl. „GEO Epoche – Das Magazin für Geschichte", Heft 2, „Das Mittelalter", Verlag Gruner + Jahr", Hamburg, 1999.

11 Eine komprimierte Zusammenfassung zum Thema „Luther und die Kirchenspaltung" findet der interessierte Leser bei Ernest Schmitt, erschienen in der Zeitschrift „GRALSWELT", Heft 10, Verlag der Stiftung Gralsbotschaft, Stuttgart, 1999

12 Für Martin Luther hatte das Gewissen des Gläubigen Vorrang; er wollte „den Papst verehren, wenn er mir mein Gewissen freiläßt und mich nicht zwingt, daß ich Gott verletze".

13 Leonardo da Vinci darf als beispielhafte Verkörperung von dem in der Renaissance angestrebten Ideal eines „Universalmenschen" angesehen werden; als Naturforscher entdeckte er eine Vielzahl physikalischer Gesetzmäßigkeiten, unter seinen architektonischen Entwurfsskizzen finden sich umwälzende Ideen, zum Beispiel für mehrgeschossige Straßen; als Kunsttheoretiker hinterließ Leonardo da Vinci wertvolle Schriften über die Malerei (Lehren über Schatten, Luftperspektive usw.); zudem erfand er unter selbständiger Weiterentwicklung antiken Wissens zahlreiche Maschinen.

14 Zu Giordano Brunos Weltsicht, die aus heutiger Sicht zwar beachtlich richtungweisende Ansätze, aber auch viele Irrtümer enthält, gehörte u. a. der Glaube an die Seelenwanderung (= Wiederverkörperung in Menschenform, aber auch in Tierkörpern); die Dreieinigkeit Gottes hingegen lehnte er ab.

15 Erst seit Ende des 20. Jahrhunderts herrscht in der Astronomie Einigkeit darüber, daß es andernorts im All Planeten gibt; diese waren ob ihrer Kleinheit lange Zeit überhaupt nicht zu entdecken gewesen.

16 Eine lesenswerte Zusammenfassung zum Leben und zur Arbeit von Johannes Kepler findet der interessierte Leser in einem dreiteiligen Beitrag, der in der Zeitschrift „GRALSWELT" erschienen ist: Sebastian Deiries: „Die Musik der Sterne", Hefte 1, 2, 3, Verlag der Stiftung Gralsbotschaft, Stuttgart, 1996– 1997.

17 Zitiert nach: Sebastian Deiries: „Die Musik der Sterne – Johannes Kepler und seine Zeit (2)", in: „GRALSWELT", Heft 2, Verlag der Stiftung Gralsbotschaft, Stuttgart, 1997

18 Zitiert aus: Sebastian Deiries: „Gedanken zu Keplers Weltsicht", in: „GRALSWELT", Heft 3, Verlag der Stiftung Gralsbotschaft, Stuttgart, 1997

19 Zitiert aus: Abd-ru-shin: „Im Lichte der Wahrheit – Gralsbotschaft", Verlag der Stiftung Gralsbotschaft, Stuttgart, 1998 (Band 1, Vortrag „Die Sprache des Herrn")

20 Endgültig konnte die Theorie, daß die Erde um die eigene Achse und um die Sonne kreist, erst im 19. Jahrhundert bewiesen werden.

21 Zitiert aus: Georg Denzler: „Das Papsttum – Geschichte und Gegenwart", Verlag C. H. Beck, München, 1997, Seite 90

22 Das Wort „objektiv" ist hier deshalb in Anführungszeichen gesetzt, weil natürlich jede Versuchsanordnung in einem wissenschaftlichen Experiment nur eine Annäherung an die natürlichen Gegebenheiten sein kann und letztlich auch einem subjektiven „Filter" (nämlich den Vorstellungen des Experimentators) folgt.

23 Trägheit bedeutet Verharrungsvermögen. Das Galileische Trägheitsgesetz sagt also aus, daß ein Körper im Zustand der Ruhe oder in geradlinig-gleichförmiger Bewegung „verharrt", solange keine anderen Kräfte auf ihn einwirken.

24 Der Astronaut David R. Scott führte das Experiment mit Bleikugel und Feder auf dem Mond aus, wo es keinen Luftwiderstand gibt und konnte dort erwartungsgemäß feststellen, daß beide Körper den Boden tatsächlich zugleich erreichten.

25 Newton hinterließ einen Koffer mit einer enormen Menge persönlicher Aufzeichnungen (ca. 25 Millionen Wörter), die sich überwiegend mit Inhalten aus Alchimie und Theologie beschäftigen.

26 Zitiert aus: Federico Di Trocchio: „Newtons Koffer", Campus Verlag, Frankfurt/Main, 1998

27 Allseits bekannt ist das „Aktionsprinzip": Kraft = Masse x Beschleunigung; daraus ergab sich auch die physikalische Maßeinheit der Kraft: 1 N (Newton) ist gleich der Kraft, die einer Masse (= Materiemenge) von 1 kg eine Beschleunigung von 1 m/s^2 erteilt. Seit Ende 1977 ist in der Physik nur noch diese Einheit zur Beschreibung der Kraft zulässig.

28 Wer sich näher mit der Entwicklung naturwissenschaftlicher Gedanken bis hinein in unsere Zeit befassen will, dem kann folgendes Buch empfohlen werden: Stephen

Hawking: „Eine kurze Geschichte der Zeit", Rowohlt Taschenbuchverlag, Reinbek bei Hamburg, 1997

29 Napoleon Bonaparte (1769–1821) war von 1804 bis 1814/15 Kaiser der Franzosen.

30 Der Begriff „Ultramontanismus" leitet sich von „jenseits der Berge" (ultra montes) ab und beschreibt damit die katholischen Gläubigen, die von nördlich der Alpen nach Süden blicken, um dem „Heiligen Vater" in bedingungslosem „Papalismus" zu folgen.

31 Zitiert aus: Friedrich Gontard: „Die Päpste – Regenten zwischen Himmel und Hölle", Wien, München, Basel, 1955

32 Vgl.: Friedrich Gontard: „Die Päpste – Regenten zwischen Himmel und Hölle", Wien, München, Basel, 1955

33 Evolution = Entwicklung. Die heute gelehrte Evolutionstheorie (= Entwicklungstheorie) geht auf Charles Darwin zurück, hat jedoch zahlreiche Anpassungen erfahren, so daß man. von „Neodarwinismus" spricht.

34 Wer sich kritisch mit dem Gedankengut Darwins beschäftigen will, findet in dem sorgfältig recherchierten Buch: Reinhard Eichelbeck: „Das Darwin Komplott", Riemann-Verlag/Bertelsmann, 1999, gute Grundlagen.

35 Auf die zentrale Bedeutung der „gegenseitigen Hilfe im Tierreich" wies schon vor 100 Jahren der Russe Peter Fürst Kropotkin (1842–1921) hin. Als „Parade-Kommunisten" mögen ihn zwar politische Ideale zu seinen Beobachtungen inspiriert haben, aber Kropotkins Ansätze sind gewiß ein guter Gegenpol zu jenen einseitigen Interpretationen, die aus dem „Vorbild Natur" auch für das menschliche Zusammenleben das unbedingte „Recht des Stärkeren" herauslesen wollen.

36 Eine ausführliche Darstellung zur Entwicklung des Lebens auf Erden, die über die chemisch-physikalischen Zusammenhänge hinausgeht, findet der interessierte Leser in: Siegfried Hagl: „Wenn es kein Wunder war …", Verlag der Stiftung Gralsbotschaft, Stuttgart, 2000

37 Vgl.: Siegfried Hagl: „Bibel kontra Darwin in Amerika", in: „GRALSWELT", Heft 15, Verlag der Stiftung Gralsbotschaft, Stuttgart, 2000

38 Vgl. zum Thema „Wunderglaube": Teil 1, Kapitel 2

39 Der hebräische Urtext des Alten Testamentes kann ohne weiteres auch so übersetzt werden, daß man anstelle von „Tagen" das Wort „Zeitspannen" setzt.

40 Vgl.: „Altes Testament", 1. Mose 1, 14

41 Zitiert aus: „Altes Testament", 1. Mose 1, 3–5

42 Zitiert aus: „Altes Testament", 1. Mose 1, 6–8

43 Zitiert aus: „Altes Testament", 1. Mose 1, 9–13

44 Zitiert aus: „Altes Testament", 1. Mose 1, 16–19

45 Zitiert aus: „Altes Testament", 1. Mose 1, 20–23

46 Vgl.: Gottfried Derka, Herbert Hacker: „Das neue Bild der Vorfahren", in: „Format", Heft 14, Verlagsgruppe NEWS, Wien, April 2000

47 Zitiert aus: „Altes Testament", 1. Mose 1, 27–31

48 Vgl.: Siegfried Hagl: „Wenn es kein Wunder war …", hier bes.: „Der Zufall als Entwicklungsprinzip?", Verlag der Stiftung Gralsbotschaft, Stuttgart, 2000

49 Vgl.: Teil 1, Kapitel 1

50 Vgl.: Arthur Koestler: „Der Mensch – Irrläufer der Evolution", Wilhelm Goldmann Verlag, München, 1981

51 Die Beuteltiere werden in der Zoologie „Marsupialier" genannt. Diese Tiere stoßen ihre Embryonen in einem sehr frühen Stadium aus und ziehen sie in einem elastischen Beutelsack am Bauch der Mutter groß.

52 Zitiert aus: Arthur Koestler: „Der Mensch – Irrläufer der Evolution", Wilhelm Goldmann Verlag, München, 1981, S. 245 (1. Abs.); S. 263 (2. Abs.)

53 Vgl.: Dagny und Dr. Imre Kerner: „Der Ciba-Geigy-Effekt", erschienen in der Zeitschrift „GRALSWELT", Heft 4, Verlag der Stiftung Gralsbotschaft, Stuttgart, 1997

54 Psyche = Seele; Analyse = Zergliederung

55 Vgl.: Dr. Christian Baur: „Im Labyrinth der Sexualität", in: „GRALSWELT", Heft 6, Verlag der Stiftung Gralsbotschaft, Stuttgart, 1998

56 Der „Erste Hauptsatz der Thermodynamik" lautet: „Wärme ist eine Energieform. Sie kann aus mechanischer Arbeit erzeugt und in mechanische Arbeit umgewandelt werden." Der „Zweite Hauptsatz" lautet: „Wärme kann nur von einem Körper höherer Temperatur auf einen Körper niederer Temperatur übergehen, jedoch nicht umgekehrt." Beide Sätze sind bis heute nicht endgültig bewiesen.

57 Die Wärmeenergie kann nicht ohne Verlust in mechanische Energie zurückverwandelt werden.

58 Rudolf Clausius formulierte auch den „Zweiten Hauptsatz der Thermodynamik", siehe Anm. 56

59 Eine übersichtliche Zusammenfassung zu diesem Thema findet der Interessierte bei: Siegfried Hagl: „Energie, Entropie und Zeit", erschienen in: „GRALSWELT Themenheft", Heft 5, Verlag der Stiftung Gralsbotschaft, Stuttgart, 2000

60 Vgl.: „Altes Testament", 1. Mose 1, 2

61 Der österreichische Physiker und Nobelpreisträger Erwin Schrödinger (1887–1961) tat einmal den Ausspruch: „Wovon ein Organismus sich ernährt, ist negative Entropie."

62 Der Begriff „Atom" geht auf den griechischen Gelehrten Demokrit (um 400 v. Chr.) zurück und bedeutet „das Unteilbare", weil man davon ausging, daß es eine unteilbare Mindestmenge an Materie gibt.

63 Der Abstand (zum Beispiel des Mondes von der Erde) hängt von der Umlaufgeschwindigkeit des Satelliten und der Anziehung des Zentralgestirns ab.

64 Zitiert aus: Siegfried Hagl: „Auf der Suche nach einem neuen Weltbild", Verlag der Stiftung Gralsbotschaft, Stuttgart, 1982, Seite 77 f.

65 Aus deren Lichtspektren ist erkennbar, ob Lichtquellen sich von uns weg oder auf uns zu bewegen. Weil die Frequenz der Lichtwellen niedriger wird, wenn Sterne sich von uns weg bewegen, sind deren Lichtspektren zum roten Ende hin verschoben; dies nennt man „Rotverschiebung". Einen ähnlichen Effekt kennen wir aus dem akustischen Bereich, wenn zum Beispiel ein Motorengeräusch immer tiefer klingt, wenn ein Fahrzeug sich von uns weg bewegt.

66 Diese Theorie ist bis heute nicht unumstritten; allerdings gibt es bislang keine wirklich überzeugende Alternative.

67 Das Wort stammt vom englischen „glue" = kleben.

68 Vgl.: Elmar R. Gruber: „Die PSI-Protokolle", Langen-Müller, 1998

69 Vgl.: Gerd Harms: „Metaphysische Energie", erschienen in: „GRALSWELT Themenheft", Heft 5, Verlag der Stiftung Gralsbotschaft, Stuttgart, 2000

70 Zitiert aus: Abd-ru-shin: „Im Lichte der Wahrheit – Gralsbotschaft", Verlag der Stiftung Gralsbotschaft, Stuttgart, 1998 (Band 3, Vortrag „Gottesdiener")

6. Die zweite Wiederkehr

Wer gemütlich über den Marktplatz des sächsischen Städtchens Bischofswerda bummelt, kann beobachten, wie man im einst niedergewirtschafteten Ostdeutschland darum ringt, den Sprung ins 21. Jahrhundert zu schaffen: Leerstehende kleine Geschäfte, die darauf warten, von neuem Unternehmergeist durchflutet zu werden; modern ausgestattete Hotels neben feuchten, abbröckelnden Hausmauern; hier die marketinggerecht gestaltete Auslage, dort der unscheinbare Hinweis auf einem Fenster, daß hinter diesen Mauern zu „Super-Preisen" kleine Laubsäge-Handarbeiten für Kinder gefertigt werden. Altes neben Neuem, Traditionsverbundenes neben Zukunftsweisendem, ohne Grenze, ohne Übergang, ohne System.

Auf den für Generationen gehämmerten mächtigen Pflastersteinen des Bischofswerdaer Marktplatzes mag man Menschen begegnen, die aus ihrem geliebten „Schiebock" – so der Kosename von Bischofswerda (der sich von dem einrädrigen hölzernen Schubkarren „Schieb-Bock" herleitet, mit dem früher Waren zum Markt transportiert wurden) – „etwas machen" wollen, die, erfüllt von Tatendurst und Optimismus, gerade jetzt mitgestalten möchten. Aber man mag auch welche finden, die diese Zeit des Umbruchs, der großen Arbeitslosigkeit[1] und der geringen Kaufkraft vor allem verbittert und in Angst vor der Zukunft erleben.

Bischofswerda im Jahr 2000 – eine kleine Stadt, irgendwo im Osten Deutschlands. In unruhigen Wellen fließt das Steinpflaster vom Marktplatz aus in die Straßen und Gassen hinein, die sternförmig darum herum angeordnet sind. Wer sich vom Zentrum entfernt, trifft kaum noch Menschen.

Bischofswerda liegt etwa 35 Kilometer von der Kulturmetropole Dresden entfernt. Was mag jemanden dazu bewegen, nicht nur für die berühmte Semperoper Augen und Ohren zu haben oder den Zwinger zu besuchen, diesen steingewordenen Ausdruck der menschlichen Sehnsucht nach Kunst und Kultur, sondern auch hier, in dieser gemeinhin als recht unbedeutend erachteten kleinen Stadt, etwas zu suchen, das in besonderer Weise das Innere anrührt? Was mag jemanden veranlassen, sich von dem Stein der Bischofswerdaer Straßen in das Einst einer anderen Zeit tragen zu lassen?

Bischofswerda anno 1875

Die mit dem Thema dieses Kapitels in unmittelbarem Zusammenhang stehende Antwort findet man mit einem Haus in der Kirchstraße, in welchem, unmittelbar vor der weit aufragenden evangelischen Christuskirche, der traditionelle „Gasthof Gambrinus" untergebracht ist. Im ersten Stockwerk dieses Hauses wurde, wie auch eine zurückhaltend gestaltete Steintafel an der Außenmauer des sorgfältig renovierten Gebäudes berichtet, im Jahre 1875 *Oskar Ernst Bernhardt* geboren – jener Mann, der später unter dem Namen Abd-ru-shin die *Gralsbotschaft* „Im Lichte der Wahrheit" verfaßte.

Aus diesem Werk, dessen Titel heute vielleicht etwas ungewöhnlich anmuten mag, wurde hier schon wiederholt zitiert. Doch es scheint geboten, die Bedeutung der Gralsbotschaft noch klarer herauszuarbeiten, denn es handelt sich dabei gewiß um eine epochale Niederschrift. Nicht nur, weil Abd-ru-shin, wie wir noch sehen werden, in der Zeit einer ganz besonderen Erfüllungserwartung lebte und wirkte, sondern vor allem, weil sein Werk eben jene ersehnten Antworten brachte, die dazu geeignet waren (und sind!), ein ungeheures geistiges Vakuum zu füllen.

Doch fassen wir vorerst, eines besseren Überblickes wegen, die wichtigsten Eckpunkte unserer spirituellen Entwicklungsgeschichte zusammen, wie ich sie in den bisherigen Kapiteln darzulegen versucht habe:

Am Beginn einer langen Reise des menschlichen Bewußtseins hin zur lichtvollen Gotterkenntnis stand die vertiefte Naturverbundenheit, das Sich-eingebettet-Fühlen in ein urgewaltiges Wirken geheimnisvoller Kräfte, das Sich-beschützt-Empfinden durch die Nähe und die Führung urewiger Mächte.

Doch immer wieder gelangten einzelne Menschen aus tiefgeistigem Erleben heraus zu der Überzeugung, daß es fern der unübersehbaren Vielfalt von Naturkräften, ja, auch über den „großen Göttern" einen wirklich Höchsten gibt, dessen wesenlose Ewigkeit jenseits alles Vorstellbaren liegt, dessen Name unaussprechlich, dessen Sein unvergleichlich ist.

Einer der großen spirituellen „Stammväter", die dies ahnten, war Abraham.[2] Er steht als tragende Säule in der abendländischen Geschichte des Monotheismus mit am Anfang.

Doch die menschliche Bewußtseinsentwicklung erfuhr eine entscheidende Zäsur, die in der Bibel mit dem Begriff „Erbsünde" beschrieben ist: Infolge eines unverhältnismäßigen und vor allem selbstgefälligen Wissenwollens, das in eine *Sucht* nach Wissen mündete und von eitlem Streben nach Selbstvergöttlichung genährt wurde, mit demütigem Empfangen aber immer weniger zu tun hatte, begann das für jede ich-orientierte Wissensverarbeitung zuständige Körperorgan Großhirn, sich in ebenso *unverhältnismäßiger* Art zu entwickeln – es wucherte geradezu, und praktisch jeder Mensch bringt heute ein überzüchtetes Vorderhirn als Erblast schon mit auf die Welt.[3]

Die tragische Folge davon ist, daß das reine *Verstandeswollen* – Vorteilsstreben, Gewinnorientierung, Genußsucht usw. usf. – über die eigentliche Menschlichkeit triumphiert und jenes mächtige Sehnen nach spiritueller Entwicklung, das uns als Geistwesen eigentlich mit in die Wiege gelegt ist, ganz in den Hintergrund drängt. Wir sind in unserem Körper *gefangen wider Wissen*, und nur ein dumpfer innerer Druck läßt uns erahnen, daß uns die Freiheit des Menschseins abhanden gekommen ist.

Unter der Last dieser Erbsünde litten auch jene Völker, deren geistig überragenden Persönlichkeiten es gelang, eine Verbindung zu den lichten Höhen herzustellen und sich in eine tatsächlich *erlebte* Führung von oben einzuschwingen. Moses konnte dem durch seine Lichtverbindung „auserwählten", das heißt *herausragenden* jüdischen Volk (bei dessen Betrachtung man übrigens nicht ausschließen sollte, daß es auch andere „auserwählte Völker" gab, die in einem „Bund mit Gott" standen) zwar die „Zehn Gebote" bringen, aber er konnte nicht verhindern, daß es immer wieder zurück in die alten Ängste und Zweifel verfiel, daß es die „Goldenen Kälber" des Verstandes anbetete und sich in Kleinmütigkeit erging. Propheten kamen, mahnten und warnten, letztlich aber endete die ursprüngliche geistige Lebendigkeit des jüdischen Volkes – wenigstens im großen ganzen betrachtet – in einer tragischen dogmatischen Erstarrung, die keine wirkliche Entwicklung mehr zuließ. Ein großer geistiger Helfer tat not – und wurde von den Propheten auch angekündigt.

Er kam in der Person von Jesus Christus. Dessen Mission lag – fern aller Gerüchte und Vermutungen zum äußeren Verlauf seines Lebens – im Bringen einer Botschaft. Diese gipfelte darin, den Menschen in einfachsten Worten klarzulegen, wie sie wieder zurück zu Gott finden und damit auch die Erbsünde überwinden konnten: durch gelebte Nächstenliebe![4] Die Frohbotschaft vom Gottesreich, das zu erreichen *jedem* Menschen möglich ist, der sich um ein gottgewolltes Leben bemüht, stand im Zentrum der Lehre Jesu. Und sein Wort – nicht etwa eine demonstrative Selbstbezeugung – wies Jesus von Nazareth, wie wir gesehen haben, als Sohn des Allerhöchsten aus; es offenbarte, daß sich mit seinem Kommen *die erste Wiederkehr* Gottes ereignet hatte, eine Wiederkehr in die Herzen vieler, nachdem das „berufene Volk" sich so denkbar weit vom Willen des Schöpfers entfernt hatte.

Doch auch die Mission Jesu hatte keinen dauerhaften Erfolg. Schon kurz nach dem Erdentod des Gottessohnes wurde dessen hohe Lehre verfälscht und später so zurechtgebogen, wie es eine zentralistisch geführte Kirchenorganisation für sich brauchen konnte. Die Wahrheit verkümmerte zur Konfession und erstarrte darin. Geistige Lebendigkeit, wie sie beispielsweise in der Gralssage lichtvoll durchbricht,[5] fand sich allenfalls noch in den Werken der Kunst und/oder hinter dem Mythos, wie er vom Volksmund überliefert wurde.

Eine Kirche jedoch, die auf blinden Glauben baut und über zu wenig spirituelle Kapazität verfügt, um der Sehnsucht des Geistes nach Wahrheit und Erkenntnis zum Durchbruch zu verhelfen; geistliche Würdenträger, die nicht einmal ahnen, daß sie in ihrer dogmatischen Einengung längst selbst der Erbsünde erlegen sind, können den kühl nach Wissen, Macht und Göttlichkeit drängenden menschlichen Verstand nicht in die richtigen Bahnen leiten. Und sie sind auch nicht dazu fähig, jene Ansätze zu einem radikal erweiterten Weltbild fortzuführen, welche die Naturwissenschaft, an den Grenzen der physischen Stofflichkeit angelangt, als „spiritueller Wegweiser" geboten hätte. Und so wurde der seit Jahrhunderten andauernde Siegeszug der Forschung zu einer schmachvollen Niederlage nicht nur für die Kirche, sondern leider auch für das Wesen der Religion allgemein.[6]

Der gespaltene Weg zur Wahrheit, wie wir ihn heute vorfinden – hier das weltfremde Reich des Glaubens, dort, in unversöhnbar scheinendem Gegenüber, die Welt der Wissenschaft –, ist letztlich gewiß nicht das, was eine nach Wahrheit und Einheitlichkeit strebende Menschheit sich ersehnt.

Was also bleibt nach all dem Gesagten für unsere Zeit? Gibt es eine Hoffnung für einen neuen Brückenschlag? Hat der Gottesglaube überhaupt noch eine Zukunft? Und wenn unsere Konfessionen sich als ebenso erstarrt und lebensfern erweisen wie einst die jüdischen Glaubensregeln zur Zeit Jesu: Dürfen dann auch wir auf eine neue Offenbarung hoffen, welche *die zweite Wiederkehr* Gottes in unsere Herzen mit sich bringt, einen neuen Bund mit dem Schöpfer?

Ich möchte die drei letzten Fragen mit einem klaren Ja beantworten. Denn ganz unabhängig von der historischen Beurteilung einzelner Schilderungen im Alten oder Neuen Testament (die wohl noch lange ganze Heerscharen begieriger Bibelkritiker ausreichend mit „Futter" versorgen werden) wird, so man die Geschichte des Monotheismus wenigstens in ihren Grundaussagen ernst nimmt, folgendes klar: Es ist eine *Kontinuität* in der geistigen Führung erkennbar. Alle Völker hatten ihre Wahrheitsbringer und Wegbereiter, und die ursprünglich hohen Lehren verkündeten stets das gleiche lichte Ziel. Wenn man als gläubiger Mensch also die Möglichkeit von Offenbarungen ernst nimmt, so gibt es keinen plausiblen Grund für die Annahme, daß ein solches Lichtgeschehen sich nur vor 2.000 Jahren oder noch früher hätte ereignen können, in jetziger Zeit aber völlig ausgeschlossen wäre. Warum nicht heute – hier und jetzt?

Viele falsche Propheten – und ein echter!

Wer sich nicht dogmatisch darauf versteift, daß mit der Mission Jesu, seinem Erdensein alle Prophezeiungen erfüllt worden und neue Kündungen daher grundsätzlich ausgeschlossen seien, der wird zugeben müssen, daß Offenbarungen oder gar die Geburt eines Gottessohnes heute ebenso wahrscheinlich oder unwahrscheinlich sind wie vor 2.000 Jahren. Und wie damals, so stellt sich auch in unseren Tagen die Frage, wie man in diesem Bereich Spreu von Weizen trennt. Wie erkennt man „falsche Propheten" – und wie den echten?

Natürlich ist mir bewußt, daß wir bei diesem Thema äußerst dünnes Eis betreten. Denn „göttliche Offenbarungen" und „göttliche Inkarnationen" gibt es in unseren Tagen ja zuhauf, und man muß, wenn man über sie schreibt, sehr genau auf die Anführungszeichen im Text achten. Es sind Männer in den besten Jahren, natürlich mit Vollbart und weißwallenden Gewändern, die stolz den „wiedergeborenen Jesus" geben; Menschen mit tatsächlich außergewöhnlichen Heilkräften, die überzeugt sind, daß der Gottessohn wenn schon nicht in ihnen, so zumindest *durch* sie wirkt; medial Veranlagte, die stets mit den „höchsten Höhen" in Verbindung zu stehen vorgeben – oder Kombinationen der genannten Möglichkeiten. Von den vielen auf geistigem Wege empfangenen „neuen Offenbarungen" unserer Tage, die sich nicht direkt auf Gott beziehen, ganz zu schweigen.

Wo also beginnen?

Wir erinnern uns, daß Jesus von Nazareth tatsächlich von einem *anderen* sprach, den er senden werde und den er „Geist der Wahrheit" beziehungsweise „Tröster" nannte.[7] Und wir konnten auch feststellen, daß mit dieser Ankündigung nicht das Pfingsterleben der Jünger zu Jerusalem

gemeint war, sondern daß Christus vielmehr den *Menschensohn* ankündigte, das Kommen des „Heiligen Geistes", den die Dreieinigkeit Gottes mit
umfaßt und der – gleichnishaft – ebenso als „Sohn" oder „Teil Gottes" bezeichnet werden kann wie die in Jesus Christus verkörperte Gottesliebe.[8]

Es scheint also, daß wir tatsächlich dazu aufgerufen sind, die fünf Sinne
zu schärfen, um diesen von Jesus angekündigten Gottgesandten, der die
Menschheit „in alle Wahrheit leiten" soll, den ersehnten Weltenlehrer also,
zu erkennen, wenn er uns persönlich – oder durch sein Werk – gegen-
übertritt.

An dieser Stelle mögen Zweifel aufkommen, ob es überhaupt möglich
ist, einen Gottessohn zu erkennen. Welche Kriterien gibt es dafür?
Sich allen Ernstes an das weißwallende Gewand zu halten, an eine salbungsvolle Stimme, besonders bedeutungsschwere Körperbewegungen –
oder was immer sonst sich an Erwartungen aus den gängigen Christus-
Klischees ergeben mag – , das wäre wohl doch etwas zu platt.

Außerdem liegt die Ankündigung Jesu nun schon rund 2.000 Jahre
zurück. Was also, wenn sich das Kommen des Menschensohnes längst
ereignet hätte – und er wäre nur nicht erkannt worden? Erkenntnis läßt
sich bekanntlich nicht erzwingen! Was, wenn er seine neue Botschaft sogar
niedergeschrieben oder drucken lassen hätte – und sie würde nun unbeachtet irgendwo in den Bücherregalen verstauben? Man kann doch unmöglich alles je Geschriebene durchackern! Und wenn man es könnte:
nach welchen Kriterien?

Ein aussichtsloses Unterfangen also?

Den Menschensohn erkennen

Aus zweierlei Gründen nicht wirklich! Zum einen beinhaltet der
Gedanke an die Kontinuität einer Lichtführung ja auch, daß nichts zu
einem beliebigen, sondern eben zum *passenden* Zeitpunkt geschieht. Der
aber ist immer dann gegeben, wenn – wie der Volksmund die Tatsache so
treffend beschreibt, daß Zeit immer auch eine Qualität hat – „die Zeit dafür
reif ist".

Um der Sache näherzukommen, werden wir uns also fragen, wann die
Zeit für das Kommen des Menschensohnes reif sein könnte.

Zum zweiten kann es natürlich nicht wirklich darum gehen, seine fünf
körperlichen Sinne zu schärfen, um einen Gottgesandten oder dessen Werk
zu erkennen. Auch das Durcharbeiten aller möglichen Bücher wird nicht
zum Ziel führen. Im Hinblick auf die gesamte Weltliteratur mag es ja ein

217

Vorzug des digitalen Zeitalters sein, immer mehr des jemals zu Papier Gebrachten auf Datenträger pressen und bei Bedarf über superschnelle Suchmaschinen abrufen zu können – uns bringt eine derartige Systematik nicht weiter.

Nein, es muß eine *Erkenntnis des Herzens* sein, wie sie ja auch Johannes der Täufer und Petrus hatten, als sie Jesus gegenüberstanden und in ihm den langersehnten Messias erkannten.[9] Es geht um die im Stillen überwältigende, heilige Empfindung fragloser Überzeugung, um ein „Du bist es!", mit dem sich jener kindliche Gottesglaube, den man schon immer in sich trug, jene sprachlose Lichtsehnsucht, die das Innerste von jeher beflügelte, mit einer bestimmten Person verbindet; um ein Erkennen, das für immer das Leben ändert, das aber nie als Strohfeuer flackert, sondern mit der eigenen Reife stetig weiterwächst.

Um aber zu einer solchen Erkenntnis überhaupt fähig zu sein, ist als unumgängliche Vorbedingung *Arbeit an sich selbst* nötig, die Reife einer Persönlichkeit, die unter anderem gelernt hat, auf die richtungweisende Stimme ihrer *Empfindung* zu lauschen – und damit meine ich nicht bloß das körperliche Gefühl, das sich im Kopf um so lauter meldet, je größer der Durst oder je attraktiver die Frau ist. Mit diesem Begriff „Empfindung" ist der Geist angesprochen, und kaum etwas ist uns körper- und verstandesfixierten Menschen schwerer, als die stille und doch so machtvolle Sprache unseres tiefsten Ichs *wirklich* zu vernehmen. Gewöhnlich hören wir als „innere Stimme" nur ein wildes Durcheinander, das sich aus eigenen Vorurteilen und Vorlieben, aus Erfahrungen, Vorstellungen, Erdachtem und Erlerntem zusammensetzt, eine Stimme, die ihren Klang, je nach innerer Befindlichkeit, stündlich ändern kann und auf die man sich lieber nicht verlassen sollte.

Doch es gibt einen wirklich verläßlichen Kompaß in uns, dessen Gebrauchsmöglichkeit allerdings an besondere Bedingungen geknüpft ist: etwa an das Streben nach Demut, Reinheit und Liebe. Denn nur in der Bereitschaft, offen und hilfsbereit auf seine Mitmenschen zuzugehen, nur in einer Gedankenwelt, die dem *Geben* verpflichtet ist und nicht um die eigene Wichtigkeit kreist, kann jener innere Austausch Platz greifen, der auch die Geistesart des Nächsten spüren läßt. Erst dann sind wir wirklich *in unserer Empfindung* angenehm berührt oder vielleicht auch zur Vorsicht gemahnt – aber nicht, weil jemand äußerlich „abstoßend" wirkt, die Haare grün gefärbt trägt und sich Ringe durch Nase und Lippen zieht, sondern allein seines Innenlebens wegen.

Vorurteilsfrei empfinden zu können, also geistig abwägend zu urteilen, würde im Hinblick auf das Erkennen des gottgesandten Menschensohnes freilich erst dann von Nutzen sein, wenn ein solcher überhaupt ernsthaft gesucht wird. Das auch diesbezüglich uneingeschränkt gültige Wort „Wer suchet, der findet" mag wie eine banale Binsenweisheit klingen, aber es steckt ein ehernes Schöpfungsgesetz dahinter, das unser Leben und Schicksal entscheidend mitbestimmt: Daß nämlich nur im Geben auch empfangen werden kann!

Wer sich an einer belebenden Gebirgsquelle erfrischen will, muß zuerst Kraft und Zeit investieren, um den Weg dorthin zu finden, erst dann gelangt er in den Genuß des frisch sprudelnden Wassers. Mit Quellen, die nicht den Körper erquicken, sondern den Geist, ist es ebenso: Wer sich zum Beispiel einem großen Werk der Kunst zuwenden will, einer Oper etwa, und vorher nicht dazu bereit ist, sich eingehend mit Musik und Inhalt zu befassen, den wird die Aufführung innerlich nur in dem Maße berühren, wie sein beschränkter, vielleicht sogar vorurteilsbelasteter Erkenntnishorizont es zuläßt; sein Erleben bleibt entsprechend arm.

Wer nicht gibt, *kann* nicht empfangen, und wer nicht sucht, der *wird* auch nicht finden. Für unser Thema heißt das: Wer sich mit dem Glauben seiner Eltern begnügt und/oder daran zweifelt, daß es überhaupt „etwas Höheres" gibt, der verschließt sich naturgemäß von vornherein jeder neuen Erfahrung und auch jeglicher geistigen Führung, die ihn auf die nächste Stufe seiner Entwicklung geleiten könnte. Ein suchender Mensch hingegen, der mit gesunder Unruhe und ganzem Ernst nach der Wahrheit strebt, wird mit dem „Geist der Wahrheit" zu gegebener Zeit in Berührung kommen.

Aber wann könnte die Zeit für den Menschensohn „gegeben" sein, wann ist sie „reif"?

Die Zeit ist reif!

In der Natur bringt es jede Reifezeit mit sich, daß die Früchte abfallen und geerntet werden, nachdem sie – vereinfacht ausgedrückt – alles das zur Entwicklung gebracht haben, was an Anlagen in ihnen ruhte. Danach bereitet der Boden sich für Neues. In der gleichnishaften Übertragung dieses Bildes muß man also fragen: Wann hat die geistige Saat Christi, seine große Lehre der Nächstenliebe, im Ackerboden der Menschheit ihre Reifezeit erreicht? Und wann muß Neues kommen?

Da die Lehre Jesu – wie es zum Wesen der Wahrheit gehört – Ewigkeitswerte in sich birgt, also für alle Zeiten unveränderlich Gültigkeit hat, muß diese Frage vor allem mit Blick auf den „Ackerboden" beantwortet werden: Solange es noch Menschen gibt, die für die geistige Saat des Gottessohnes aufnahmefähig sind, kann diese sich entwickeln und Früchte tragen.

Eben darin aber liegt unser Problem. Wir sind überhaupt nicht mehr aufnahmefähig, der Boden unseres Inneren ist verdorrt: Konfessionen, die in überlebten Glaubensregeln erstarren; ein „modernes Vorwärtsstreben", das auf Gott verzichten zu können glaubt; eine Forschung, die jenseits von Ethik und Moral immer tiefer in Bereiche eindringt, deren Berührung ausgeprägtestes (aber nicht vorhandenes) Verantwortungsbewußtsein erfordern würde – die Liste der Beispiele ließe sich problemlos verlängern. Dies aber würde nur um so deutlicher das triste Gesamtbild unserer Zeit darstellen: das einer gottesfernen, in sich selbst erstarrenden Welt.

Natürlich mag man einer solchen Gesamtbeurteilung die Frage entgegenhalten, ob nicht die Zeiten der Kreuzzüge im Namen des Herrn, der Folterungen und Hexenverbrennungen durch geistliche Würdenträger noch weitaus dunkler waren. Leben wir demgegenüber nicht in geradezu paradiesischen Zuständen? Genießen wir derzeit nicht eine Freiheit, verbunden mit allen möglichen Annehmlichkeiten, wie sie nie vorher in der Geschichte eine so große Zahl an Menschen erlebte?

Ja, es ist eine blendende Freiheit, die uns derzeit umflutet – „blendend" im wahrsten Wortsinn! Es ist die „Freiheit" einer Gesellschaft, die den Tod tabuisiert, weil sie sich dem Leben entfremdet hat; die den „Kick" zu größtmöglichem Lustgewinn sucht, aber jeden inneren Halt verloren hat; die nicht mehr in sich selbst ruht, sondern in fieberndem Streß den selbsterzeugten Sachzwängen gerecht zu werden versucht. Ja, man mag dieses Leben als große „Freiheit" sehen, weil es den Reiz des Neuen in Überfülle bietet, nach dem Verstand und Sinne so sehr lechzen – der Körper eben. Doch wenn der Sinn des Lebens in *geistiger* Entwicklung liegt und wir in unserem Erdensein Jahr um Jahr nutzlos vertun? Wenn wir uns die ganze Zeit wie im Vergnügungspark nur von *äußerer* Bewegung umrauschen und mitreißen lassen, während wir zugleich für das eigentliche Leben abseits dieser Kunstwelt immer unbrauchbarer werden?

Dann wird man diese „Freiheit" anders beurteilen. Tatsächlich hat sie etwas von einem Rausch, in den der Süchtige sich immer wieder fallen läßt, weil er überzeugt ist, ihn zu brauchen, für den er alles hinzugeben bereit ist, während er in Wirklichkeit immer schwächer und abhängiger wird.

Auch unsere Gesellschaft leidet an einer ausgeprägten Schwäche, die man als „Ich-Schwäche" bezeichnen kann, denn es ist längst unübersehbar, daß die geistige Persönlichkeit der allermeisten Menschen in einer unheilvollen Vermassung geradezu „zerfließt". Die vielfältigen Ängste, die um sich greifen, die tiefen Depressionen, hinter denen eine ausgeprägte Sinnkrise erkennbar wird, und die steigende Zahl an Selbstmorden beziehungsweise Suizidversuchen sind hier nur die sichtbare Spitze eines unter düsteren Wolken liegenden Berges. Wo trifft man noch Zeitgenossen, die innerlich gefestigt, mutig und strahlend ihre Aufgaben im Leben suchen? Die nicht darüber jammern, was das Schicksal ihnen aufbürdet, sondern sich fragen, was es von ihnen erwartet? Wo findet man noch geistdurchglühte Menschen, die zufrieden auf ihrem Platz stehen und sich zugleich kindlich des Lebens freuen können? Wo findet man *diese* Freiheit?

Der Wohlstand unserer Zeit ist trügerisch und verführend; er führt weg von dem geistigen Ziel, das jedem Menschen heilig sein sollte, und schlägt uns in unsichtbare Fesseln und Abhängigkeiten, deren Last erdrückend wird. Daher bin ich davon überzeugt, daß die Entfremdung vom eigentlichen Leben noch nie so groß war wie im 20. und beginnenden 21. Jahrhundert. –

Dies aber ist nur ein Aspekt, der verdeutlicht, daß wir jetzt in einer außergewöhnlichen „Erntezeit" leben, in der all das zur Spitze und Überreife getrieben wird, wozu wir seit Menschengedenken beständig selbst die Saat gelegt haben. Alle Hirngespinste, Utopien und Visionen leben sich derzeit ja unübersehbar aus – im persönlichen Bereich, aber auch im ganzen Weltgeschehen: Vom Großexperiment Globalisierung bis hin zur Gleichmacherei von Mann und Frau, vom „idealen" Kommunismus bis zur Idee des endlosen Wirtschaftswachstums muß alles seinen wahren Wert erweisen.[10]

Das Wassermann-Zeitalter und der Heilige Geist

Wir haben gesehen, wie durch die Naturwissenschaft alle falschen Vorstellungen zerbrachen, die sich die christlichen Religionen vom Aufbau der Welt erklügelt hatten; wie sich in der Folge auch das Weltbild der Klassischen Physik als falsch erwies; und wir mußten feststellen, daß ein spirituelles Vakuum bestehenblieb, die unerfüllte Sehnsucht nach einem Gesamtüberblick, in dem sich das religiöse Empfinden und das wissenschaftliche Forschen im Streben nach wahrer Gotterkenntnis die Hände reichen.

Hier die Gewißheit, die eigentliche Freiheit des Menschseins verloren zu haben, dort das drängende Bedürfnis nach neuer geistiger Führung: Welche Zeitzeichen benötigt man noch, um zu erahnen, daß tatsächlich *unsere* Epoche – beginnend mit dem 20. Jahrhundert – mehr als jede andere reif ist für den „Geist der Wahrheit"?

Natürlich gibt es zu dieser Frage, wann denn die notwendige „Weltenwende" hin zu neuer Spiritualität zu erwarten sei, noch andere, esoterischer geprägte Aussagen, vor allem die vielen Hinweise auf den Beginn des „Wassermann-Zeitalters", das dem „Fische-Zeitalter" Jesu Christi folgen und eine neue Ära für die Menschheit bringen soll.

Tatsächlich kann man im „Wassermann" durchaus ein Symbol für den „Heiligen Geist" erkennen, der seinen Quell der Wahrheit und der Kraft über die Menschheit ausgießt. Herbert Vollmann bringt dieses bekannte Bild in seinem Buch „Religiöse Themen in neuer Sicht" zudem mit der Wirklichkeit hinter dem Gralsmythos in Verbindung, mit dem wir uns hier ja bereits beschäftigt haben[11]:

> *»Die Schöpfung, die durch den Heiligen Geist erstand, wird auch von ihm erhalten, indem er in regelmäßigen Abständen seine Kraft in die Schöpfung sendet, wie es an jenem Pfingstfest geschah, an dem die Jünger die verheißene Kraft aus der Höhe aufnehmen durften.*
> *Das ist auch der tiefe symbolische Sinn für das Zeichen des heraufziehenden Wassermann-Zeitalters, dessen uranisches Kraftfeld nun am Sternenhimmel seine Strahlungen zu entfalten beginnt. Es stellt eine männliche Gestalt dar, die Wasser aus einem Gefäß fließen läßt.*
> *Dies entspricht einem Vorgang, der sich in höchsten Höhen der geistigen Urschöpfung vollzieht. Dort befindet sich die Gralsburg mit dem Heiligen Gral, dem Born des Lebens, der Verbindungspunkt zwischen dem Schöpfer und seiner Schöpfung. Von dort aus läßt der Heilige Geist seit Bestehen der Schöpfung das ‚Wasser des Lebens‘, die geistige Kraft, jedes Jahr zur bestimmten Zeit in die Schöpfung strömen zu ihrer dauernden Erhaltung und Erneuerung.«[12]*

Auch der Beginn dieses Zeitalters – das astronomisch nicht wirklich eindeutig festzulegen ist – darf irgendwann im 20. Jahrhundert vermutet werden.

Zuletzt mag noch eine weitere Tatsache nachdenklich stimmen, die bereits erwähnt wurde: die beachtliche Zahl der „wiedergeborenen Gottessöhne", die derzeit über die Erde wandeln und die noch größere Menge der angebotenen „Gottesbotschaften": Sollte, wenn man den prophetischen Worten Jesu folgt, nicht gerade in einer Zeit der „falschen Propheten" auch der *wahre* auftreten?

> *»Sehet zu, daß Euch nicht jemand verführe. Denn es werden viele kommen unter meinem Namen und sagen: ‚Ich bin Christus‘, und werden viele verführen. (...)*
> *Denn es werden falsche Christi und falsche Propheten aufstehen und große Zeichen und Wunder tun, auf daß verführet werden in den*

222

> *Irrtum (wo es möglich wäre) auch die Auserwählten. (…) Darum,*
> *wenn sie zu Euch sagen werden: Siehe, er ist in der Wüste, so gehet*
> *nicht hinaus; siehe, er ist in der Kammer, so glaubt nicht. Denn gleich*
> *wie der Blitz ausgehet vom Aufgang und scheinet bis zum*
> *Niedergang. Also wird auch sein die Zukunft des Menschensohnes.«*[13]

Jesus Christus warnte also davor, den Ratschlägen einer leicht verführ-
baren Masse willig zu folgen. Zugleich appellierte er an die stete *geistige*
Wachsamkeit, die dem Menschen dazu verhilft, den „wahren Propheten"
zu erkennen. Wer sein inneres Licht verlöschen läßt, der wird zur entscheidenden Erkenntnis unfähig sein, auch wenn er in großer Erwartung
ist. Dies verdeutlicht das bekannte Gleichnis Jesu von den klugen und den
törichten Jungfrauen:

> *»Denn mit dem (Erreichen des) Himmelreiches wird es gleich sein wie*
> *mit den zehn Jungfrauen, die ihre Lampen nahmen, um dem Bräuti-*
> *gam entgegenzugehen. Aber fünf unter ihnen waren töricht, und fünf*
> *waren klug. Die törichten nahmen ihre Lampen, aber sie nahmen*
> *kein Öl mit sich. Die klugen aber nahmen in ihren Gefäßen Öl und*
> *Lampen mit. (…)*
> *Zur Mitternacht aber ward ein Geschrei: Siehe, der Bräutigam*
> *kommt, gehet hinaus, ihm entgegen! Da standen diese Jungfrauen alle*
> *auf und schmückten ihre Lampen. Die törichten aber sprachen zu den*
> *klugen: Gebt uns von eurem Öle, denn unsere Lampen verlöschen.*
> *Da antworteten die klugen und sprachen: Nicht so, auf daß es nicht*
> *uns und euch gebreche! Gehet aber hin zu den Krämern und kauft für*
> *euch selbst. Und während sie hingingen um zu kaufen, kam der*
> *Bräutigam, und die, welche bereit waren, gingen mit ihm hinein zur*
> *Hochzeit. Und die Tür ward verschlossen. Zuletzt kamen auch die*
> *anderen Jungfrauen und sprachen: Herr, Herr, tu uns auf. Er antwor-*
> *tete aber und sprach: Wahrlich ich sage Euch, ich kenne Euch nicht.*
> *Darum wachet. Denn Ihr wisset weder Tag noch Stunde, in welcher*
> *der Menschensohn kommen wird.«*[14]

Es gibt also gute Gründe dafür, die den „Menschensohn" betreffende
Ankündigung Jesu auf *unsere* Zeit zu beziehen und ihn beziehungsweise
sein Werk geistig wachsam zu suchen. Das „Öl" unserer „Lampen" (=
Erkenntnisfähigkeit), die Empfindung also, sollte niemals fehlen.

Aber einmal mehr stellt sich dabei die Frage, ob der „Geist der
Wahrheit" nicht vielleicht schon auf Erden wandelte, ob das ersehnte neue
Zeitalter schon angebrochen ist, sich die große Prophezeiung bereits erfüll-

te – und nur die Menschheit sich als unfähig erwies, das Gebrachte richtig einzuschätzen.

Haben wir wirklich noch eine Führungspersönlichkeit zu erwarten – oder sollte sich unsere Suche auf eine bereits gebrachte Botschaft beschränken, die es als Gotteswort zu erkennen gilt?

War der Menschensohn schon auf Erden?

Vielleicht wird das „Eis", auf dem wir uns nun bewegen, noch dünner; manchmal jedoch kann ein „Durchbruch" ja auch recht erfrischend sein. Jedenfalls möchte ich Sie für das, was ich nun ausführen werde, um Ihre besondere Aufmerksamkeit bitten, damit Mißverständnisse vermieden werden. Denn nun wird es um Erwartungen, Ahnungen und Empfindungen gehen, denen man sich – geschichtlich bedingt – kaum unbelastet nähern kann.

Wir haben bereits festgestellt, daß die aus der Entwicklungsgeschichte des Monotheismus herauslesbare Kontinuität der Führung aus dem Licht darauf schließen läßt, daß jeder Impuls für eine weitere geistige Entwicklung der Menschheit zu der exakt passenden, dafür reifen Zeit gegeben wird, ohne Willkür, ohne Zufall. Weiterhin sollte aus dem Bisherigen klar geworden sein, daß gerade die Epoche, in der wir leben, als „Zeit der Überreife" erkennbar wird und der Boden für Neues also bestens aufbereitet sein sollte.

Jedoch muß zusätzlich noch etwas ganz Wesentliches unterstellt werden, ein Gedanke, der so ziemlich alle falschen Propheten von vornherein ausschließen dürfte:

Ein spirituell herausragendes, ja, einzigartiges Ereignis wie die Geburt des Menschensohnes kann sich zwar – man denke an die Geburt Jesu im Stall zu Bethlehem – *äußerlich* im „stillen Kämmerchen" vollziehen, aber es wird unmöglich ohne umfassende *geistige* Vorbereitung vonstatten gehen können.

So, wie seinerzeit das jüdische Volk im Hinblick auf den angekündigten Messias in einer unbeirrbaren Erwartungshaltung lebte, müßte auch das „auserwählte Volk" der jetzigen Zeit eine herausragende Hoffnung auf geistige Befreiung erkennen lassen.

Und so wie es seinerzeit viele geistig hochstehende Persönlichkeiten gab, die zu rechter Zeit inkarniert waren, um den Sohn Gottes zu erkennen und ihm beziehungsweise seiner Botschaft mit aller Kraft den Weg zu bereiten, müßten auch in der Zeit des „Geistes der Wahrheit" Menschen mit enormer spiritueller Kraft auf Erden leben, deren Einsatz gewährleistet, daß die neue Botschaft aus dem Licht ihren weltumspannenden Weg in die Herzen aller wahrheitsuchenden Menschen findet.

Welche wären dies heute? Wo kann man auch nur ansatzweise einen ernstzunehmenden, tiefgreifenden geistigen Aufbruch erkennen, der sich nicht nur – in fragwürdiger Verformung freilich – in den geschlossenen Gesellschaften von Sekten oder esoterischen Zirkeln „entfaltet"?

Es gibt in der überblickbaren Geschichte der jüngsten Zeit, die wir zuvor als „reif" beschrieben haben, nur ein Volk, auf das die obige Beschreibung einmal zugetroffen hat, nämlich das deutsche. Deutschland lebte über Generationen tatsächlich in einer – heute kaum noch nachvollziehbaren – Erwartungshaltung, verbunden mit der unbedingten Zuversicht, zu Besonderem berufen zu sein.

Diese Einstellung, die Dichter, Denker und Philosophen in hohem Maße beflügelte, brachte beispielsweise Johann Gottlieb Fichte[15] (1762–1814) in seinen berühmt-berüchtigten „Reden an die deutsche Nation" zum Ausdruck:

> *»Die alte Welt mit ihrer Herrlichkeit und Größe, sowie mit ihren Mängeln ist versunken durch die eigene Unwürde und durch die Gewalt eurer Väter …*
>
> *So seid unter allen neuen Völkern ihr es, in denen der Keim der menschlichen Vervollkommnung am entschiedensten liegt, und denen der Fortschritt in der Entwickelung derselben aufgetragen ist.*
>
> *Gehet ihr mit dieser eurer Wesenheit zugrunde, so gehet mit euch zugleich alle Hoffnung des gesamten Menschengeschlechtes auf Rettung aus der Tiefe seiner Übel zugrunde …*
>
> *Es ist daher kein Ausweg: wenn ihr versinkt, so versinkt die ganze Menschheit mit, ohne Hoffnung einer einstigen Wiederherstellung.«[16]*

Später floß diese besondere Zukunftserwartung, der Gedanke der Deutschen, eine tragende Rolle in der Geschichte zu spielen, unter anderem auch in das Werk Richard Wagners (1813–1883) ein. Dieser läßt seinen Hans Sachs in den „Meistersingern von Nürnberg", der „deutschen Nationaloper", am Ende die berühmten Zeilen philosophieren:

> *»Was deutsch und echt, wüßt keiner mehr,*
> *Lebt's nicht in deutscher Meister Ehr,*
> *Drum sag' ich Euch:*
> *Ehrt Eure deutschen Meister!*
> *Dann bannt Ihr gute Geister!«[17]*

225

Die heute gängige Geschichtsdeutung knüpft nun einen roten Faden zwischen solchen früheren „Belegen deutscher Hybris" und den Konzentrationslagern Adolf Hitlers, in denen das angeblich minderwertige „Nicht-Deutsche" letztlich auf grausamste Art vernichtet wurde.

Aber trifft diese Interpretation den Kern? Hätten Johann Gottlieb Fichte, Friedrich Nietzsche oder Richard Wagner tatsächlich ihr Heil in einem „Führer" erblickt, der so rücksichtslos das Militärische überbewertete und das Menschliche verkümmern ließ, der alles in Rüstung und Flottenbau investierte, aber nichts in die spirituelle Entwicklung, der statt der persönlichen Freiheit einem neuen Sklaventum das Wort redete?

Ich denke, nein!

Die Zeit der »deutschen Berufung«

Wenn wir es uns zu leicht machen mit der Beurteilung des dunkelsten Kapitels der deutschen Geschichte, wenn wir die Bewertung Adolf Hitlers darauf reduzieren, daß ein wortgewaltiger Psychopath es wie durch ein Wunder schaffte, das politische Gefüge der gesamten Erde ins Wanken zu bringen, und daß dieser völkermordende Diktator von einem verblendeten Volk ersehnt und blindlings unterstützt wurde, dann gehen wir am Wesentlichen vielleicht vorbei.

Was, wenn das deutsche Volk wirklich berufen gewesen wäre? Wenn in seiner Mitte jener wahre Führer heranwachsen sollte, der in geistigem Sinne Befreiung und Erlösung bringt? Wenn das deutsche Volk ursprünglich *dieser* Erwartungshaltung lebte, sich dann aber von einem falschen Propheten mißbrauchen ließ, der all die spirituelle Kapazität, die Sehnsucht nach Hohem, ja, Heiligem, geschickt für seine Zwecke nutzte?

Unterstellt man den Deutschen mit solchen Gedanken zuviel des Guten und Edlen – nach allem, was geschehen ist? Oder dürfen wir in jener Zeit, in der sich so unfaßbar Großes, aber auch so unfaßbar Falsches ereignete, tatsächlich am ehesten den „Geist der Wahrheit" vermuten?

Diese Frage führt uns nun zurück zum Städtchen Bischofswerda, wo im Jahre 1875 der spätere Verfasser der Gralsbotschaft geboren und in der Christuskirche, unmittelbar neben dem „Gasthof Gambrinus", auf den Namen Oskar Ernst Bernhardt getauft wurde.[18] Es lohnt sich, jene Zeit mit Blick auf die oben gestellten Fragen auch in ihrem äußeren Ablauf lebendig werden zu lassen, um sich wenigstens ansatzweise in die deutsche Seele von einst hineinfühlen zu können.

1871 war mit der Einigung der deutschen Provinzen zu einem großen „Deutschen Reich" in Mitteleuropa eine führende Militär- und Wirtschaftsmacht mit nicht zu übersehendem Selbstbewußtsein entstanden, ein mächtiges Kaiserreich, das in der Welt politisch und ökonomisch fortan ein gehöriges Wörtchen mitreden wollte. Rückschläge, wie etwa der vernichtende Börsencrash von 1873, der viele Menschen an den Rand des Ruins brachte und eine zwanzigjährige Depression nach sich zog,[19] konnten schlimmstenfalls den „kleinen Mann" aus der Bahn werfen, nicht aber die „große Politik".

Doch auch deren Stunde sollte kommen, denn zu Beginn des 20. Jahrhunderts kollidierten die deutschen Interessen immer heftiger mit denen des restlichen Europas, und 1914 eskalierten die Auseinandersetzungen zwischen England, Frankreich und Rußland auf der einen und Deutschland mit Österreich-Ungarn auf der anderen Seite zum Ersten Weltkrieg, in dessen Verlauf die „Mittelmächte" rund um das Deutsche Reich zuletzt gegen 26 (!) Feindstaaten antraten – und geschlagen wurden.

Der Krieg endete 1918 nach verheerenden Verlusten. Die Vielvölker-Monarchie Österreich-Ungarn wurde zertrümmert und mutierte zur Republik – ebenso wie Deutschland, das durch die Siegermächte im „Vertrag von Versailles" zu Reparationszahlungen verpflichtet wurde, deren Umfang nur eines bedeuten konnte: nachhaltigen Ruin, wirtschaftliches Elend für Generationen!

Ob die tiefe Verbitterung, der Verlust jeglicher Zukunftsperspektive wohl ebenso schmerzlich empfunden wurde wie das unsägliche menschliche Leid, das der erste „moderne Krieg" mit sich gebracht hatte? Jedenfalls: Zu dem allgemeinen weltanschaulichen Vakuum, das sich aus dem Gegeneinander von Naturwissenschaft und Religion längst aufgetan hatte, kam für die Deutschen nun ein handfester und endlos scheinender Überlebenskampf.

Oskar Ernst Bernhardt erlebte den Ausbruch des Ersten Weltkrieges in London, wohin er sich 1913 im Zuge längerer Auslandsreisen begeben hatte. In Bischofswerda hatte er, wie er später selbst sagte, eine sonnige Kindheit und Jugendzeit erleben dürfen, später hatte er sich im nahe gelegenen Dresden als Kaufmann selbständig gemacht, ehe er als Schriftsteller bekannt geworden war: Reisebeschreibungen, Novellen, Romane, Dramen, Erzählungen, Bühnen-Manuskripte, Film-Romane; die Mitgliedschaft im Verband deutscher Bühnenschriftsteller, erfolgreiche Uraufführungen unter anderem in Leipzig, beste Theaterkritiken …

Und nun, 1915, das Schicksal eines „Kriegsgegners" von England, eine lange Internierung auf der Isle of Man; Oskar Ernst Bernhardt konnte erst im Frühjahr des Jahres 1919 wieder in seine Heimat zurückkehren. Er tat es mit dem festen Willen, sein Leben künftig einer neuen, seiner eigentlichen

227

Aufgabe zu widmen: den Menschen Hilfe zu bringen, ihnen geistig den Weg aus der Not zu weisen durch jenes umfassende, neue Wissen um die Gesetze der Schöpfung, das er unerschütterlich und fertig gefügt in sich trug.

In Erfüllung dieser Aufgabe wählte er den Namen Abd-ru-shin[20] – einen Namen, der seine eigene Person fortan in den Hintergrund, sein Lebenswerk indessen in den Mittelpunkt rücken sollte: die Gralsbotschaft.[21]

Zu Beginn der zwanziger Jahre lag Deutschland also darnieder, vernichtend geschlagen und zusätzlich dem harten „Friedensvertrag von Versailles" in der Pflicht. Was war aus den Idealen von einst geworden? Waren sie in diesem sinnlosen, verlorenen Krieg endgültig dahin? Wie sollten sich all die großen Zukunftshoffnungen dieses Volkes jemals noch verwirklichen? *Wo war Licht?*

Es ist erhellend, vor diesem Hintergrund den ersten Vortrag der Gralsbotschaft zu lesen, der den Titel *„ Was sucht Ihr?"* trägt. Denn wiewohl die folgende Beschreibung für die heutige Zeit vielleicht mehr denn je zutrifft, zeigen diese Worte Abd-ru-shins doch auch, daß das deutsche Volk trotz – oder wegen – aller Verbitterung und Niedergeschlagenheit *immer noch* vom Gedanken einer großen, vagen Hoffnung beseelt war:

> *»Auch regt sich hier und da ein Flüstern, Raunen von wachsender Erwartung irgend etwas Kommendem. Unruhig ist ein jeder Nerv, gespannt von unbewußtem Sehnen. Es wallt und wogt, und über allem lagert düster brütend eine Art Betäubung. Unheilschwanger. Was muß sie gebären? Verwirrung, Kleinmut und Verderben, wenn nicht kraftvoll die dunkle Schicht zerrissen wird, die geistig jetzt den Erdenball umhüllt (…), die mit dem unheimlichen Schweigen eines Sumpfes jedes gute Wollen schon im Keime unterdrückt, zersetzt, vernichtet, ehe eine Tat daraus erstehen kann.*
> *Der Schrei der Suchenden nach Licht aber, der Kraft birgt, um den Schlamm zu spalten, er wird abgeleitet, verhallt an einem undurchdringlichen Gewölbe, das gerade die mit Fleiß errichtet, die zu helfen wähnen.* Sie bieten Steine statt des Brotes!«

Ich erachte dieses Zitat auch deshalb als bedeutend, weil in ihm eine grundlegende Tatsache anklingt: daß es sich nämlich um eine *geistige* Art von Betäubung handelt, die kraftvoll durchbrochen werden muß!

Niemals entscheiden ja die äußeren Umstände *wirklich* über das innere Wohlergehen eines Menschen, nein, seine Einstellung ist es, die dem Erlebten Werte abgewinnt – oder eben auch nicht, die alles dankbar als Möglichkeit zur Reife betrachtet oder sich trotzig dem Schicksal entgegenstemmen will.

Unbeirrbar ein geistig orientiertes Leben zu führen, selbst im größten Leid noch den übergeordneten Sinnzusammenhang zu suchen und das Leben dennoch als wunderbares Geschenk betrachten zu können – das ist dem Menschen in *jeder* Situation möglich. Viktor Frankl[22], der Begründer der Logotherapie[23], brachte diese Tatsache in seinem Begriff vom *„unbedingten* Menschen" auf den Punkt. Demnach sind Wert und Würde der Person an keinerlei äußere Bedingungen geknüpft. Das Bewegende hinter dieser Aussage ist, daß Viktor Frankl drei Jahre seines Lebens in vier deutschen Konzentrationslagern verbringen mußte und dabei seine ganze Familie verlor. Diese Zeit, die er seelisch heil überstand, wurde zum Prüfstein seiner Lehre.

Deutlich hinzugefügt sei: Mit dem Gesagten soll nicht einmal ansatzweise zum Ausdruck gebracht werden, daß es richtig wäre, Ungerechtigkeiten als schicksalsbedingt oder gar gottgewollt stets still zu erdulden und auch die widrigsten Umstände fatalistisch hinzunehmen, statt für Wahrheit und Gerechtigkeit anzutreten, wo immer es möglich ist; nein, es soll lediglich betont sein, daß die *geistige* Arbeit, die jeder Mensch an sich vollbringen kann, seine vertrauende, stets bejahende Lebenseinstellung, die wertvollste innere Basis ist, um jedem Druck von außen standzuhalten und trotz allem frei zu bleiben, sich sein Menschentum zu bewahren.

Geistige Arbeit wäre jedenfalls auch für das deutsche Volk der zwanziger Jahre der bedeutendste Schlüssel zur Befreiung von jener „düster brütenden Betäubung" gewesen, die als über allem lagernd empfunden wurde. Ein innerer Weg zur Erlösung tat not!

Aber konnte ausgerechnet dieses deutsche Volk, das an dem großen Elend des Ersten Weltkrieges ja wesentliche Schuld hatte, wirklich so etwas wie eine Berufung in sich tragen? War nicht schon hinlänglich erwiesen, daß die vielgepriesenen „guten deutschen Geister" doch nur Kriegstreiber mit einem unseligen Hang zur Selbstüberschätzung waren?

Mit zeitlichem Abstand betrachtet, muß man die Frage, ob die Deutschen sich im 20. Jahrhundert *jemals* in irgendeiner Form als geistig oder weltlich herausragendes Volk erwiesen haben, klar und deutlich verneinen. Jeder andere Gedanke wäre Träumerei oder Selbsttäuschung – erst recht, wenn man die späteren Entwicklungen unter Adolf Hitler miteinbezieht.

Doch in unseren Erwägungen, die sich einzig und allein um die Frage drehen, wo möglicherweise ein Ankergrund für den „Geist der Wahrheit" gegeben war, geht es nicht um die Bewertung von konkreten geschichtlichen Ereignissen, sondern einzig und allein um geistige Fragen. Der Begriff „Berufung" beschreibt ja nichts anderes als bestimmte Veranlagungen, Fähigkeiten und Möglichkeiten. Die Frage, ob und wie diese genützt werden, steht auf einem anderen Blatt. Jede große Gabe kann in den Dienst besonders hoher Ziele gestellt oder eben auch zu herausragend schändlichen Zwecken mißbraucht werden.

Zweifellos war die alte, romantische deutsche Sehnsucht, die unbeirrbare Erwartung dieses Volkes, eine bedeutende Zukunft vor sich zu haben, viel mehr als eine dichterische oder philosophische Idee. Nicht nur in den Werken der Kunst zeigte sich ein besonderer, natur- und gottverbundener Geist, sondern beispielsweise auch im Phänomen der deutschen Jugendbewegung. Sie trat um die Jahrhundertwende mit dem Ideal an, dem aufkeimenden Industrialismus samt rücksichtslosem Gelderwerb die schlichte, wahrhaftige Sehnsucht nach Natur und Ursprünglichkeit entgegenzustellen.[24] Der „Wandervogel" und ähnliche Vereine umfaßten zu Beginn des Ersten Weltkrieges rund 60.000 (!) deutsche Jugendliche, die davon beseelt waren, eine zukunftsweisende Gesellschaftskultur zu verwirklichen.

Wahrhaftigkeit, Geradlinigkeit, treue Pflichterfüllung, die unbedingte Bereitschaft zum dienenden Gehorsam – man kann sich durchaus vorstellen, daß diese urdeutschen Tugenden im Zusammenklang mit einer tiefen Sehnsucht nach Wahrheit und Gotterkenntnis zu einer tatsächlich richtungweisenden spirituellen Entwicklung hätten führen können.

Leider aber stellte die deutsche Wesensart statt dessen ihre Anfälligkeit für mißverstandenen völkischen Idealismus und dumpfen Fanatismus unter Beweis – auch in der Jugendbewegung: Die meisten „Wandervögel" zogen tatendurstig und begeistert in den Ersten Weltkrieg – 7.000 von ihnen kamen ums Leben. Doch das sei nur nebenbei erwähnt. Entscheidend für unsere Betrachtungen soll die geistige *Anlage* bleiben, die sich in der idealstrebenden Sehnsucht der Deutschen betätigte.

Die große Erwartungshaltung, die dabei zum Ausdruck kam, war bezeichnenderweise dem jüdischen Messianismus, wie er sich 2.000 Jahre zuvor gezeigt hatte, nicht unähnlich. Vielleicht dokumentiert diese allgemeine Stimmung keine Tatsache besser als ein im Oktober 1922 veranstaltetes Preisausschreiben, bei dem sogar die Universität München mitwirkte, und in dem es um die große Frage ging: „Wie wird der Mann beschaffen sein, der Deutschland wieder zur Höhe führt?"[25]

Solche Themen wurden im deutschen Alltag der zwanziger Jahre bewegt. Aber weder die intellektuelle Elite noch der einfache Mann von der Straße hatten bei ihrem Ruf nach einem starken Führer stacheldrahtbewehrte Konzentrationslager vor Augen, in denen Millionen von Menschen vergast werden. Auch keine wahnwitzige Rüstungsmaschinerie, überhaupt keine Eroberungspläne. Vielmehr wird der Schrei nach dem Helfer einfach von dem Wunsch getragen gewesen sein, aus Chaos, Verwirrung und Hoffnungslosigkeit doch noch hinausgeleitet zu werden. Gewiß ging es dabei vordergründig auch um eine radikale Änderung der politischen Bedingungen – aber eben nicht nur.

Ich bekenne mich zu der Überzeugung, daß Abd-ru-shin mit seinem Werk die *eigentliche* Sehnsucht des deutschen Volkes angesprochen hat, nämlich die nach einem umwälzenden *geistigen* Aufbruch, bei dem die Gralsbotschaft – wie es im Geleitwort ausgedrückt ist – „Leuchte und Stab" sein sollte. Und sie sollte *nur* in diesem Bereich richtungweisend wirken, denn Abd-ru-shin waren jedwede politischen Ambitionen von Anfang an fremd. Im Jahre 1936, nachdem alle wesentlichen Vorträge seines Werkes bereits publiziert waren, sagte er einmal über sein Ziel:

> »*Ich schrieb einfach meine Gralsbotschaft nieder, die der Menschheit zu bringen es mich drängte. Da diese Botschaft das Wissen des ganzen Schöpfungswirkens umfaßt, so lückenlos, wie es bisher noch nie gegeben werden konnte, erkennen die Menschen darin genau die Wege, die sie zu gehen haben, um zu innerem Frieden und damit zu freudigem Schaffen schon auf der Erde zu kommen (...)*
> Mein Ziel ist geistiger Art!
> *Aber ich bringe keine neue Religion, will keine neue Kirche gründen, ebensowenig irgend eine Sekte, sondern ich gebe in aller Einfachheit ein klares Bild des selbsttätigen Schöpfungswirkens, das den Willen Gottes trägt, woraus der Mensch deutlich zu erkennen vermag, welche Wege für ihn gut sind.*«[26]

Wenn dem aber wirklich so war, daß hier etwas Einzigartiges, Richtungweisendes angeboten wurde – und wir werden uns mit den Inhalten der Gralsbotschaft im Rahmen dieses Buches noch ausführlicher beschäftigen[27] –, wenn hier ein Werk vorlag, das ganz besonders dazu geeignet war, die deutsche Seele anzurühren ... warum um alles in der Welt wurde es dann nicht massenhaft rezipiert? Warum breitete es sich nicht wie ein reinigendes Feuer aus? Weshalb konnte sich statt dessen gerade durch das deutsche Volk der schlimmste Völkermord des 20. Jahrhunderts ereignen? Wie war es möglich, daß ausgerechnet in Deutschland ein menschenverachtender Diktator sich durchsetzen konnte, dem religiöse Empfindung nichts und maßloses Machtstreben alles war?

Ich weiß auf diese Fragen keine Antwort, die das Fehlverhalten und die barbarische Mordlust so vieler erklären könnte, die in den Tagen der „Endlösung" gleich einem Fieberwahn jegliches Menschentum entstellte.

Wenn man von einer *geistigen* Berufung ausgeht und keinen Zufall darin erkennen mag, daß ausgerechnet dem deutschen Volk so hohe Geister wie Goethe oder Schiller beschert waren, gerade dann fällt einem nicht einmal etwas ein, um das dumpfe Mitläufertum zu erklären, durch das die Deutschen sich in dieser Zeit „auszeichneten" und womit sie dem NS-Regime zu Macht und Einfluß verhalfen.

Lediglich eine Tatsache fällt auf, die doch Schlüssel sein könnte: Wenn man analysiert, *womit* Adolf Hitler letztlich verführte, dann stößt man immer wieder auf hohe geistige Werte, die er sich geschickt zunutze machte, indem er sie sich zurechtbog und in den Dienst seines Weltmachthungers stellte.

Politisch war die allseits so erhoffte Änderung des Versailler „Knechtschaftsvertrages" Hitlers Einstand als „Befreier". Er präsentierte sich erfolgreich als die starke Hand, die das Schicksal Deutschlands neu formen würde. Doch es war niemals nüchterne Sachpolitik, die den „Führer" auszeichnete und das Volk hinter ihm versammelte, auch kein überzeugendes Regierungsprogramm, sondern es war primär Hitlers Fähigkeit, die Massen zu begeistern – vordergründig durch emotionsgeladene Redekunst, hintergründig aber durch den (gezielten?) Mißbrauch hoher Sinngehalte.

Reinheit – muß man wirklich beschreiben, was dieser umfassende Begriff zum Ausdruck bringt? Daß er sich in der Kühle kristallklarer Gedanken wiederfindet, in ungetrübten, kraftvollen Empfindungen, in der Kindlichkeit eines strahlenden Gemüts, in der Lauterkeit einer edlen Absicht? Reinheit ist ein Ideal, das *all* unser Denken und Tun zur Blüte bringen soll, das auch die Liebe erst ermöglicht. Hingegen von der „Reinheit des arischen Blutes" oder ähnlichem Unsinn zu schwärmen, steht dem eigentlichen Begriff vollends entgegen, es ist *Mißbrauch!*

Pflichtbewußtsein – ist im geistigen Wesen des Menschen verankert, seine Pflichten im Leben getreu erfüllen zu wollen, denn Pflicht im umfassenden Sinn hat stets mit *Liebe* zu tun, mit einer bedingungslosen Hingabebereitschaft, die aus tiefer Überzeugung kommt. Wo hingegen Pflichtbewußtsein nicht aus sich heraus entsteht, sondern für diktierte Ziele *eingefordert* wird, dort herrscht *Mißbrauch!*

Heimat – auch dieser Begriff rührt ein umfassendes Empfinden an, das unserer Sehnsucht nach der *geistigen* Heimat entstammt, der Lichtsehnsucht, wie sie zum Beispiel im Erleben von Schönheit und Harmonie aufkommt. Es ist das Bewußtsein von einer sicheren Verankerung, wie sie geistig als Geborgenheit im Schutze Gottes und irdisch als seliges Verbundensein mit heimatlichem Boden erlebt werden kann. Solcherart drückt der Begriff „Heimat" einen hohen inneren Wert für jeden spirituell orientierten Menschen aus. Ihn jedoch in den Dienst machtpolitischer Zwecke und militärischen Expansionsstrebens zu stellen, ist *Mißbrauch*.

Auch das „tausendjährige" oder „Dritte" Reich, das Adolf Hitler propagierte, hatte ursprünglich eine spirituelle Bedeutung. Sie geht zurück auf den italienischen Abt Joachim von Fiore (1130–1202), der nach einer inneren Erleuchtung drei große, jeweils Jahrhunderte während „Reiche" definierte, die dem Wirken der göttlichen Dreieinigkeit verbunden sind. Demnach folgt dem „Zeitalter des Vaters" (von Abraham bis Christi Geburt) das „Zeitalter des Gottessohnes", wonach das „Zeitalter des Heiligen Geistes" – oder eben das „Dritte Reich" anbrechen solle, das durch ein „Neuwerden aus dem Geiste" definiert war. Man kann das „Dritte" oder „Tausendjährige Reich" als eine langwährende Friedenszeit betrachten, in welcher allein der Gotteswille herrscht. Und wer würde einen solchen Frieden nicht ersehnen, erstreben, erleben wollen? Gerade *diesen* Begriff jedoch für eine gottesferne Schrekkensherrschaft herzunehmen ist *Mißbrauch*.

Es könnte noch durch weitere Beispiele verdeutlicht werden, daß die *Basis* für die Begeisterungsstürme, die Adolf Hitler zu entfachen vermochte, durchweg hohe Begriffe waren, die den „Führer" auch auf einer tieferen, unpolitischen Ebene als „Erlöserfigur" präsentierten. Der Mißbrauch dieser Begriffe aber hat das „deutsche Wesen" bis heute in Verruf gebracht und das einst prophetische Wort, daß daran „die Welt genesen" soll, den Spöttern preisgegeben.

Wer von Heimatbewußtsein oder gar von Reinheit spricht, findet sich ins „braune Eck" gestellt, noch bevor er seinen Satz zu Ende bringt. Diejenigen, die „aus der Geschichte lernen" und „den Anfängen wehren" wollen, sind da in ihren Urteilen durchaus radikal. Ihre Absicht in Ehren – aber das Lernen und Wehren müßte doch irgendwann über die Tabuisierung hinausgehen dürfen. Sonst nämlich sind mit den belasteten Begriffen ein für allemal auch die *Werte* vom Tisch!

Abd-ru-shin, der im Jahre 1928 gemeinsam mit seiner Familie auf dem Vomperberg im österreichischen Tirol eine neue irdische Heimat gefunden hatte, stellte in seiner Gralsbotschaft die eigentliche Bedeutung dieser Werte oft ins Zentrum seiner Vorträge. So sagte er zum Beispiel über den Begriff *Pflicht*:

> *»Erst in der Übereinstimmung der Überzeugung mit der Pflicht erhält ein jedes Opfer wirklich Wert. Setzt aber der Mensch nur sein Leben ein für Pflichterfüllung ohne Überzeugung, so erniedrigt er sich dadurch zu dem feilen Söldner, der im Dienste eines anderen, ähnlich den Landsknechten, um Geldes willen kämpft. Dadurch wird solche Art zu kämpfen Mord! (...)*

233

> *Blinder Gehorsam, blinde Pflichterfüllung sind deshalb so wenig wert wie blinder Glaube! Beiden fehlt das Leben, weil darin die Liebe fehlt!«[28]*

Die *Treue* beschreibt Abd-ru-shin ebenfalls als untrennbar zur Liebe gehörend, nämlich als eine Eigenschaft von ihr:

> *»Wirkliche Treue ohne Liebe gibt es nicht, wie es auch keine wahre Liebe ohne Treue gibt. Der Erdenmensch von heute bezeichnet aber Pflichterfüllung als Treue! Eine starre Form, bei der die Seele nicht mitzuschwingen nötig hat. Das ist falsch. Treue ist nur eine Eigenschaft der wahren Liebe, welche verschmolzen ist mit der Gerechtigkeit, aber mit Verliebtsein nichts zu tun hat. (...)*
> *Würden die Menschen aber der wahren Liebe leben, wie es von Gott gewollt ist, so gäbe dieser Umstand allein den Hebel dazu, unter den Menschen vieles, ja, alles zu ändern! Kein innerlich verachtenswerter Mensch vermöchte dann noch zu bestehen, noch weniger Erfolge auf Erden hier zu haben. Es gäbe sofort eine große Reinigung.«[29]*

Diese Zitate mögen gleichzeitig beispielhaft die Richtung verdeutlichen, die Abd-ru-shin mit seiner Gralsbotschaft weisen wollte: Jeder Mensch sollte seine tiefste *innere* Einstellung überprüfen, in sich gehen und an sich arbeiten. Denn darin liegt der spirituelle Weg, der zum Ziel führt:

> *»Wer in sich festes Wollen zu dem Guten trägt und sich bemüht, seinen Gedanken Reinheit zu verleihen, der hat den Weg zum Höchsten schon gefunden! Ihm wird dann alles andere zuteil. Dazu bedarf es weder Bücher noch geistiger Anstrengung, weder einer Askese noch Vereinsamung. Er wird gesund an Körper und an Seele, befreit von allem Druck krankhafter Grübelei; denn jede Übertreibung schadet. Menschen sollt Ihr sein, nicht Treibhauspflanzen, die durch einseitige Ausbildung dem ersten Windhauche erliegen!*
> *Wacht auf! Seht um Euch! Höret in Euch! Das allein vermag den Weg zu öffnen!«[30]*

Seinen „Weg zum Höchsten" aber muß jeder wahrheitsuchende Mensch für sich allein gehen, er hat keine Institution zwischen sich und seinem Gott nötig, keine Kirche, keine Sekte oder Konfession:

> *»Achtet nicht auf Streit der Kirchen. Der große Wahrheitsbringer Christus Jesus, die Verkörperung göttlicher Liebe, fragte nicht nach*

Konfession. Was sind Konfessionen heute überhaupt? Bindung des freien Menschengeistes, Versklavung des in Euch wohnenden Gottesfunkens; Dogmen, die das Werk des Schöpfers und auch dessen große Liebe einzuengen suchen in von Menschensinn gepreßte Formen, was Herabzerrung des Göttlichen bedeutet, systematische Entwertung.
Jeden ernsthaft Suchenden stößt diese Art zurück, da er in sich niemals die große Wirklichkeit dabei erleben kann, wodurch sein Sehnen nach der Wahrheit immer hoffnungsloser wird und er zuletzt an sich und an der Welt verzweifelt.
Deshalb wachet auf! Zertrümmert in Euch dogmatische Mauern, reißt die Binde ab, damit das reine Licht des Höchsten unverstümmelt zu Euch dringen kann! Aufjauchzend wird dann Euer Geist sich in die Höhe schwingen, jubelnd all die große Vaterliebe fühlen, die keine Grenzen irdischen Verstandes kennt. Ihr wißt endlich, Ihr seid ein Stück von ihr, erfaßt sie mühelos und ganz, vereint Euch mit ihr und gewinnt so täglich, stündlich neue Kraft als ein Geschenk, das Euch den Aufstieg aus dem Chaos selbstverständlich macht!«[31]

Damit jeder Mensch bei gutem Wollen wieder das in sich wecken kann, was ihn geistig auszeichnet – nämlich *Menschlichkeit* und die damit verbundene Freiheit des Geistes –, verweist die Gralsbotschaft wiederholt auf die Lehre Christi:

»Jesus zeigte Euch (…) den schlichten Weg, der unfehlbar zum Ziele führt; denn tiefe Wahrheit liegt in den einfachen Worten: ,Liebe Deinen Nächsten wie Dich selbst!'
Damit gab er den Schlüssel zu der Freiheit, zu dem Aufstiege! Weil es als unantastbar gilt: Was Ihr dem Nächsten tut, das tut in Wirklichkeit Ihr nur für Euch! Für Euch allein, da alles nach den ewigen Gesetzen unbedingt auf Euch zurückfällt, Gutes oder Böses, sei es nun hier schon oder dort. Es kommt! Drum ist der einfachste der Wege Euch damit gewiesen, wie Ihr den Schritt zum guten Wollen aufzufassen habt.
Mit Eurem Wesen sollt Ihr Eurem Nächsten geben, Eurer Art! Nicht etwa unbedingt mit Geld und Gut. Dann würden ja die Mittellosen von der Möglichkeit des Gebens ausgeschlossen sein. Und in diesem Wesen, in dem ,Sichgeben' in dem Umgange mit Eurem Nächsten, in der Rücksicht, Achtung, die Ihr ihm freiwillig bietet, liegt das ,Lieben', das uns Jesus nennt, liegt auch die Hilfe, die Ihr Eurem Nächsten leistet, weil er darin sich selbst zu ändern oder seine Höhe weiter zu erklimmen fähig wird, weil er darin erstarken kann.«[32]

Nur die *eigene* innere Lebendigkeit, nicht das blinde Anlehnen an die Vorstellungen und Meinungen anderer, läßt die Persönlichkeit jedes einzelnen Menschen reifen und fördert – als „Frucht des Wollens" – jenes tiefe Erleben, das zur *Überzeugung* führen kann. Und diese ist als Ankergrund in einem Meer des blinden Glaubens von absoluter Notwendigkeit:

> *»Nur wer sich selbst bewegt, kann geistig vorwärts kommen. Der Tor, der sich dazu in Form fertiger Anschauungen fremder Hilfsmittel bedient, geht seinen Pfad nur wie auf Krücken, während die gesunden eignen Glieder dafür ausgeschaltet sind. (...)*
> *Deshalb erwacht! Nur in der Überzeugung ruht der rechte Glaube, und Überzeugung kommt allein durch rücksichtsloses Abwägen und Prüfen! Steht als Lebendige in Eures Gottes wundervoller Schöpfung!«*[33]

Ein gottzugewandtes Leben im Sinne der christlichen Nächstenliebe, wie ihm die Gralsbotschaft den Weg weist, ist heute freilich auf der Basis eines kindlich-naiven Glaubens kaum noch möglich. Für eine nachhaltige Neuorientierung ist auch neues, verläßliches *Wissen* erforderlich. Denn das Erahnen der Wesenlosigkeit Gottes, das einst der tiefen Überzeugung vom Sein des Einen Schöpfers zugrunde lag, wurde ja längst herabgewürdigt – zu vermenschlichten Gottesbildern und widersprüchlichen konfessionellen Dogmen, die sich mit ernsthaftem Denken nicht vereinen lassen.

Abd-ru-shin begründet daher seine Erklärungen in der Gralsbotschaft mit dem Wirken umfassender Schöpfungsgesetze, die alle Ebenen des sichtbaren Diesseits wie auch des großen Bereiches „jenseits der fünf Sinne" durchwirken. Diese Schöpfungsgesetze – gleichbedeutend mit dem Willen Gottes – bezeichnet er als die „Sprache des Herrn".

> *»Die gesamte Schöpfung ist die Sprache Gottes, die zu lesen Ihr Euch ernstlich mühen sollt, und die gar nicht so schwer ist, wie Ihr es Euch denkt.«*[34]

Diese „Sprache des Herrn" ist es auch, der wir folgen sollen, um zuletzt zur wahren Gotterkenntnis zu gelangen, die auch das Gottvertrauen nach sich zieht:

> *»Glückseligkeit des wahren Gotterkennens aber kann niemals aus angelerntem, blindem Glauben wachsen, noch viel weniger erblühen, sondern überzeugtes Wissen, wissende Überzeugung gibt dem Geiste allein das, was er dazu benötigt.*

236

> *Ihr Erdenmenschen seid in dieser Schöpfung, um Glückseligkeit zu*
> *finden! In der Sprache, welche Gott lebendig zu Euch spricht! Und*
> *diese Sprache zu verstehen, sie zu lernen, Gottes Willen darin zu emp-*
> *finden, das ist Euer Ziel im Wandel durch die Schöpfung. In der*
> *Schöpfung selber, zu der Ihr gehört, liegt die Erklärung Eures Da-*
> *seinszweckes und gleichzeitig auch Erkennung Eures Zieles! Anders*
> *könnt Ihr beides niemals finden.*
> *Das verlangt von Euch, daß Ihr die Schöpfung lebt. Leben oder erle-*
> *ben vermögt Ihr sie jedoch erst dann, wenn Ihr sie wirklich kennt.*
> *Ich schlage Euch mit meiner Botschaft nun das Buch der Schöpfung*
> *auf! Die Botschaft zeigt Euch klar die Sprache Gottes in der Schöp-*
> *fung, die Ihr verstehen lernen sollt, damit Ihr sie Euch ganz zu eigen*
> *machen könnt.«[35]*

Der Inhalt der Gralsbotschaft

Die bisherigen Zitate aus der Gralsbotschaft sollten ausreichen, um zu dokumentieren, auf welcher Ebene Abd-ru-shin seine Hörer ansprach und zu einem Aufbruch bewegen wollte: nämlich auf der geistigen. Wollte man nun kurz zusammenfassen, was den eigentlichen Inhalt seiner Lehre auszeichnet, so kann man fünf herausragende Punkte beschreiben:

1. Abd-ru-shin wollte mit seinem Wort *zurück zu Gott führen* – ungeachtet der überlieferten konfessionellen Dogmen, die im Christentum über die Jahrhunderte gesetzt wurden.

2. Er wies mit seiner Botschaft immer wieder auf die Notwendigkeit der *Verinnerlichung* hin,[36] denn nur auf diesem Weg vermag der Mensch zurück zu Gott zu finden.

3. Im Bemühen um Verinnerlichung soll auch das *Gottvertrauen* wachsen und an die Stelle stumpfer Kleingläubigkeit nach und nach die Überzeugung treten. Abd-ru-shin war es ein unübersehbar deutliches Anliegen, mit der toten Buchstabenreligiosität zu brechen und seine Hörer und Leser statt dessen zu einer frohen, trauten Gewißheit zu führen, die ihre Kraft aus dem Bewußtsein schöpft, ein wahrhaftiges Leben im Sinne Gottes zu führen. Dazu erklärte er auch die „Sprache des Herrn", die Schöpfungsgesetze.

4. Fernab konfessioneller Lehrgebäude wies Abd-ru-shin mit seiner Botschaft den *natürlichen* Weg zur spirituellen Entwicklung. Jedoch wollte er keine „Gegenkirche" gründen, es lag ihm völlig fern, eine neue Institution zwischen den Schöpfer und den Menschen zu stellen, und er wollte auch niemanden für eine bestehende Glaubensgemeinschaft gewinnen.

5. Nicht zuletzt verdeutlicht die Lehre Abd-ru-shins, daß er darum bemüht war, mit seiner Botschaft weiterführendes *Wissen* zu vermitteln – er tat es aber nicht in wissenschaftlicher, philosophischer oder esoterischer Art, wie man es heute vielleicht erwarten würde, sondern in einfachen Worten, die an das *Gemüt* des Lesers gerichtet waren.[37]

Abd-ru-shins Gralsbotschaft wandte sich also an den *Geist* des Menschen und wollte sein Inneres beflügeln. Allerdings gab es zur gleichen Zeit auch eine ganz andere Stimme, die nicht die Herzen berührte, sondern Gefühle in Sturmstimmung versetzte; die gezielt eine Massenbewegung kanalisierte, nicht das Individuum ansprechen wollte; die den Deutschen neuen Ruhm und Glanz verhieß und die Ursache für alles Ungemach auf gesellschaftliche Minderheiten projizierte.

In dieser Führerstimme suchten die Deutschen ihr Heil. Ihr folgten sie, berauscht davon, wie schnell Deutschland im Konzert der europäischen Staaten plötzlich wieder an Boden gewonnen hatte. Die Sehnsucht nach *innerer* Freiheit trat mehr und mehr in den Hintergrund. Der altbekannte Weg, den Grund für Probleme nicht in sich selbst zu suchen, sondern ihn dem anderen zuzuschieben, war natürlich höchst bequem – vorausgesetzt, man stand selbst auf der Seite der Macht. Und so waren die Sündenböcke für alle Unannehmlichkeiten bald gebrandmarkt.

Auch Abd-ru-shin, dessen Gralsbotschaft naturgemäß manchen unangenehmen „Stachel" für das NS-Regime enthielt, wurde bald verdächtigt, ein Jude zu sein. Denn politischer und rassistischer Fanatismus, Herrenmenschentum oder Dogmatismus – all das stand (und steht) in größtmöglichem Gegensatz zur Gralsbotschaft, welche die Bereitschaft zu *eigenständigem*, sachlich orientiertem und vorurteilsfreiem Denken als Grundbedingung fordert.[38]

Abd-ru-shin antwortete auf die Vermutungen zu seiner Person im Jahre 1929 mit den Worten, daß es „eines wahren Menschen unwürdig" sei, nach Rassen, Nationen oder Religionen zu urteilen:

> *»Das ist zu kleinlich und des wahren Menschen unwürdig. Glauben diese Leute, einst mit nationalen Farben und Nationalhymnen in das Reich Gottes einziehen zu dürfen? (…) Wie einseitig sind überdies die Rassenforscher, die lediglich nach dem Äußeren, nach der Grobstofflichkeit zu urteilen versuchen, während der eigentliche Mensch der Geist ist als allein maßgebend. Und dieser Geist ist älter als der jetzige und frühere Erdenkörper. Nehmen wir es einmal rein irdisch: Ein guter Mensch wird immer derselbe sein, auch wenn er seine Kleider mehrfach wechselt. Er ist im Wochentagskleide genau derselbe, der er*

im Sonntagskleide ist. Nicht anders ist es bei dem Geiste, dem eigentlichen Menschen.«[39]

Anfeindungen gegen seine Lehre kamen auch von anderer Seite, wie aus einer Stellungnahme Abd-ru-shins aus dem Jahre 1938 deutlich wird, als er – die Gralsbotschaft war zu dieser Zeit, den gegebenen Umständen entsprechend, praktisch vollendet – seine grundlegende Absicht nochmals zusammenfaßte:

»Mit meinen Werken wollte ich zuverlässige und wertvolle Menschen heranbilden, die sich bewußt sind, daß sie nicht nur für ihre Handlungen, sondern auch für jedes ihrer Worte, sogar für jeden ihrer Gedanken volle Verantwortung tragen durch das lebendige Schöpfungsweben, welches ich zur Unterstützung in strenger Folgerichtigkeit zu erklären suchte.

Da ich darin auch jede Mystik ablehnte, weil eine solche in klarer Schöpfungsordnung und deren Entwickelung keinerlei Platz noch Berechtigung haben kann, wurden natürlich die stärksten Säulen religiöser Dogmen erschüttert, und ich galt deren Vertretern als Feind, der bekämpft werden muß.«[40]

Inzwischen hatte die nationalsozialistische Idee längst die Macht im Lande übernommen, und alles schien sich dem deutschen Expansionsstreben zu fügen, auch wenn es mit Gerechtigkeit und Achtung von Menschen nichts zu tun hatte. Im Jahr 1938, unmittelbar nach dem „Anschluß Österreichs", griff das Hitler-Regime auf Abd-ru-shin und seine Familie zu. Der Vomperberg, auf welchem mittlerweile die „Grals-Siedlung" entstanden war,[41] wurde entschädigungslos enteignet, jeder weitere Aufbau unterbunden, Abd-ru-shin am 12. März verhaftet. Nach seiner Entlassung wurde er ab September 1938 unter die Kontrolle der Gestapo gestellt – zunächst in Schlauroth bei Görlitz, später in Kipsdorf (Erzgebirge). Die Gralsbotschaft war im großdeutschen Reich mittlerweile verboten.

Der Kraftstrom versiegt

Deutschlands Willenskraft schien für Geistiges erloschen, sie trieb in den Krieg, geblendet von der Idee, daß die Berufung der „führenden Rasse" sich auf diesem Weg erfüllen würde. Ein Kraftstrom, getragen von machtverblendeten Persönlichkeiten, die ihrem dunklen Führer folgten, durchbrach bald alle inneren und äußeren Grenzen; Hitler nahm die Vorherrschaft in Europa ins Visier, und nicht einmal die Absicht, den Nationalsozialismus zur tragenden Ideologie für die ganze Welt zu machen, schien jetzt zu kühn.

Am 1. September 1939 begann Adolf Hitler den Zweiten Weltkrieg, und die anfänglichen Erfolge steigerten das Eroberungsfieber: Binnen drei Wochen überwältigte der „deutsche Kraftstrom" im Blitzkrieg Polen, danach wurden Norwegen und Dänemark besetzt, Holland, Belgien und Frankreich erobert; 1941 folgten Jugoslawien, Griechenland und Kreta. Doch es kam, wie es kommen mußte: Das Schicksal begann mit ungeheurer Wucht auf Deutschland zurückzuschlagen.

Am 6. Dezember 1941, einem weltgeschichtlichen Tag, konnten die Deutschen erkennen, daß sie – an vielen Fronten stehend – den Krieg nicht gewinnen würden. In Nordafrika entschloß man sich zu einem Rückzug, und am selben Tag startete Rußland jene entscheidende Gegenoffensive, bei der frierende deutsche Soldaten in Sommermontur von kältegewohnten sibirischen Elitetruppen in die Mangel genommen wurden.

Der „deutsche Kraftstrom" begann an diesem Tag zu versiegen. Siegfried Hagl kommt in seinem Buch „Der okkulte Kanzler" zu dem Schluß:

> *»Wer nach der Stunde fragt, die den Untergang des Dritten Reiches einläutete, kann sie an diesem Tage finden: Denn als am 6. Dezember 1941 die rotglühende Sonne hinter der russischen Steppe unterzutauchen begann, wußte man im deutschen Generalstab, daß der Rußlandfeldzug nicht zu gewinnen war. Hitler hatte die Kräfte des Großdeutschen Reiches überspannt. Die Zeit arbeitete gegen den Nationalsozialismus und seine Expansionspolitik. Wer weiter dachte, der mußte jetzt Schluß machen. Jeder Kriegstag brachte von nun an in einer Kette von Abnützungsschlachten lediglich neue Opfer: Deutschland konnte den Krieg nur noch verlängern, das unvermeidliche Ende hinausschieben, aber nicht mehr auf den Schlachtfeldern den Sieg für sich erzwingen.«*[42]

Um eben diese Zeit, am 6. Dezember 1941, starb in Kipsdorf Abd-ru-shin infolge der langen Internierung. Seiner Witwe, Maria Bernhardt, gelang es trotz Behördenwiderstands durchzusetzen, daß ihr Mann in Bischofswerda, seiner Geburtsstadt, beigesetzt werden konnte.[43]

Der Verfasser der Gralsbotschaft, dessen geistiger Ruf in den Herzen der Menschen allzuwenig Echo gefunden hatte, war hinübergegangen in das lichte Reich seiner Herkunft. Auf Erden wurde es dagegen immer dunkler, und die nun folgenden Stunden und Tage sollten die Geschichte des ganzen 20. Jahrhunderts nachhaltig verändern: Am 6. Dezember 1941 gab der amerikanische Präsident Roosevelt den Befehl zum Bau der Atombombe; es wurden zu diesem Zweck praktisch unbegrenzte Mittel zur Verfügung gestellt. Die erste Versuchsbombe – sie trug den Namen „Trinity", göttliche Dreieinigkeit (!) – wurde am 16. Juli 1945 „erfolgreich" gezündet.[44]

Was sich nach dem 6. Dezember 1941 in Deutschland unter Adolf Hitler entwickelte, kann nur als vollends irrational eingestuft werden:

Am 11. Dezember erklärte der „Führer" den Vereinigten Staaten von Amerika den Krieg; kurz darauf, am 20. Januar 1942, beschlossen die Nationalsozialisten die „Endlösung der Judenfrage". Ein Völkermord ohnegleichen begann.

Nach der bedingungslosen Kapitulation Deutschlands und Hitlers Selbstmord geriet mit dem Ende des Zweiten Weltkrieges ein großer Teil der Welt unter kommunistische Herrschaft, und diese Konfrontation zwischen West und Ost mündete in ein beispielloses Wettrüsten, bei dem erstmals mehr auf dem Spiel stand als unschuldige Zivilisten und Soldaten auf dem Schlachtfeld: Es ging um den Planeten Erde – und wir dürfen dankbar sein, daß aus dem „kalten Krieg" nie ein „heißer" wurde.

An eine „Berufung" Deutschlands konnte fortan auch der einfältigste romantische Schwärmer nur noch in Form von Alpträumen denken.

Und der »Geist der Wahrheit«?

Fassen wir zusammen: Wir hatten das düsterste Kapitel in der Geschichte Deutschlands vor dem Hintergrund einer *geistigen* Berufung dieses Volkes gestreift, weil wir in eben jener geschichtsträchtigen Zeit auch den „Geist der Wahrheit", den von Jesus Christus angekündigten Menschensohn vermuten durften. Die Gralsbotschaft von Abd-ru-shin konnten wir zumindest als wertvollen Beleg dafür erkennen, daß es in jener Zeit tatsächlich inhaltsschwere *geistige* Rufe gab, die der Sehnsucht eines berufenen Volkes nach Befreiung und Erlösung hätten Erfüllung bieten können. Deutschland jedoch folgte einer anderen Stimme.

Natürlich bleibt nun die Frage, wer denn der verheißene „Geist der Wahrheit" letztlich wirklich sein könnte. Diese aber wirft jeden Menschen wieder auf sich selbst zurück, denn wir können uns in Betrachtung des äußeren Geschichtsablaufes einer Lösung bestenfalls nähern. Und es gibt nur ein Hilfsmittel, das eine solche Frage *überzeugend* beantwortet: die tiefe, eigene Erkenntnis!

Darauf wies auch Abd-ru-shin in einem seiner Vorträge in der Gralsbot-schaft hin, er betonte dabei, daß das ernsthafte Suchen, die Sehnsucht nach Befreiung, *nicht* einer Person gelten soll, die durch außergewöhnliches Auftreten durch die Welt schreitet, sondern daß der angekündigte Menschensohn allein *durch sein Werk* erkannt werden müsse:

> *Der Menschensohn! Ein Schleier liegt noch über ihm und seiner Zeit. Wenn auch in manchem Geiste ein unklares Ahnen aufwacht, ein Sehnen nach dem Tage seines Kommens, so wird auch mancher Sehnende wahrscheinlich ahnungslos an ihm vorübergehen, ihn nicht kennen wollen, weil sein Erwarten ihm ein anderes Erfüllen vor-täuschte. Der Mensch kann sich nun einmal nur sehr schwer in den Gedanken finden, daß Göttliches auf Erden äußerlich nicht anders sein kann als die Menschen selbst, gehorchend dem Gesetze Gottes. Er will das Göttliche durchaus nur überirdisch sehen und hat sich doch leider schon so gekettet, daß er nicht fähig wäre, Überirdisches noch richtig zu erschauen, viel weniger es zu ertragen. Das ist aber auch gar nicht nötig!*
> *Der Mensch, der in den natürlichen Gesetzen aller Schöpfung seines Gottes Willen sucht, wird ihn auch bald darin erkennen und zuletzt wissen, daß ihm Göttliches nur in den Wegen dieser ehernen Gesetze kommen kann, nicht anders. Er wird als Folge davon wachsam wer-den und alles ihm darin Begegnende sorgfältig prüfen, aber nur im Hinblick auf die göttlichen Gesetze, nicht nach der Menschen An-schauung. So wird er auch zu rechter Stunde Den erkennen, der ihm Befreiung in dem Worte bringt. Durch eigenes Prüfen des Gebrach-ten, nicht durch das Geschrei der Massen.*[45]

Die Inhalte der Gralsbotschaft werden uns auch durch den dritten Teil dieses Buches begleiten. Während es in den bisherigen Kapiteln vor allem um die Vergangenheit ging, um jene breite Spur des Eingottglaubens, die aus fernen Tagen bis ins 20. Jahrhundert führt und die wir in der Sehnsucht auf eine Wiederkehr Gottes in unseren Herzen nie vergessen oder verlie-ren sollten, wird nun unsere Gegenwart und Zukunft im Mittelpunkt der Betrachtungen stehen. Für das 21. Jahrhundert tut ein neuer, überzeugen-der Ansatz not, der Religion und Wissenschaft wieder miteinander ver-söhnt.

Und dabei vermag jenes Werk wertvolle Impulse zu geben, das sich – wie auch das ostdeutsche Städtchen Bischofswerda – mit dem Namen Abd-ru-shin untrennbar verbindet.

Anmerkungen und Literaturhinweise zu Teil 2, Kapitel 6

1 Die Arbeitslosigkeit in und rund um Bischofswerda betrug zur Jahrtausendwende etwa 25 %.

2 Vgl. dazu: Teil 1, Kapitel 1

3 Vgl. dazu: Teil 1, Kapitel 2

4 Vgl. dazu: Teil 1, Kapitel 3

5 Vgl. dazu: Teil 2, Kapitel 4

6 Vgl. dazu: Teil 2, Kapitel 5

7 Vgl.: „Neues Testament", Joh. 16, 12–13; Joh. 15, 26; siehe dazu auch Teil 1, Kapitel 3

8 Vgl. dazu: Teil 2, Kapitel 4

9 Vgl.: „Neues Testament", Matth. 3, 13–17

10 Vgl. „Das Jahrhundert der Utopien", in: „GRALSWELT Themenheft", Heft 3, Verlag der Stiftung Gralsbotschaft, Stuttgart, 1999

11 Vgl. dazu: Teil 2, Kapitel 4

12 Zitiert aus: Herbert Vollmann: „Religiöse Themen in neuer Sicht", S. 193 f., Verlag der Stiftung Gralsbotschaft, Stuttgart, 1995

13 Zitiert aus: „Neues Testament", Matth. 24, 4–5; Matth. 24, 23–27

14 Zitiert aus: „Neues Testament", Matth. 25, 1–13

15 Der berühmte deutsche Philosoph wurde 1762 in Rammenau, Lausitz – ganz in der Nähe der Stadt Bischofswerda – geboren und gilt heute als glühender Nationalist.

16 Zitiert aus: Johann Gottlieb Fichte: „Reden an die deutsche Nation", Atlas-Verlag, Köln, o. J.

17 Zitiert aus: Richard Wagner: „Die Meistersinger von Nürnberg", 3. Akt

18 Vgl.: „Abd-ru-shin und die Botschaft aus dem Gral", in: Zeitschrift „GRALSWELT", Heft 16, Verlag der Stiftung Gralsbotschaft, Stuttgart, 2000, bzw. siehe auch Folgehefte

19 Die „Gründerjahre" 1871–1873 waren eine euphorische Zeit des Wirtschaftswachstums, in der in Deutschland große Aktiengesellschaften gegründet wurden und in der viele glaubten, mit dem Kauf „boomender" Aktien schnell an das große Geld kommen zu können – bis 1873 die enorm überbewerteten Kurse ins Bodenlose stürzten.

20 Der Name Abd-ru-shin besteht aus persisch-arabischen Elementen in der Bedeutung von „Knecht des Lichtes" bzw. „Sohn des Lichtes". Oskar Ernst Bernhardt wählte ihn in bewußter Erfüllung eines früheren Erdenlebens, in welchem er zur Zeit Mose die Vorbereitung für sein jetziges Wirken erfahren hatte.

21 Die Gralsbotschaft entstand zwischen 1923 und 1937 – vorerst in Form einzelner Vorträge (die in den sogenannten „Gralsblättern" veröffentlicht wurden und die Abd-ru-shin zum Teil auch vor großer Öffentlichkeit hielt), später in Buchform. Die jetzt im Handel erhältliche „Ausgabe letzter Hand" folgt einer Zusammenstellung dieser Vorträge, wie sie Abd-ru-shin letztmalig kurz vor seinem Tod vorgenommen hat.

22 Viktor Frankl (1905–1997) gilt als einer der verdientesten Psychotherapeuten des 20. Jahrhunderts: 29 Universitäten verliehen ihm die Ehrendoktorwürde; seine 28 Bücher wurden in 20 Sprachen übersetzt und erzielten Millionenauflagen.

23 *Viktor Frankls Logotherapie (Logos, griech. = Sinn) zielt auf die Aktivierung der geistigen Schichten jedes Menschen ab, um ihn in die Lage zu versetzen, den Sinn seines Daseins zu finden. Sie gilt als „dritte Wiener Schule" (nach Freud und Adler), hat sich aber von der klassischen Psychoanalyse völlig emanzipiert. Sie stellt nicht die „Tiefe" unseres Inneren ins Zentrum, analysiert also nicht nur vergangenheitsorientiert Ursachen und verborgene Zusammenhänge im Seelenleben, sondern spricht vor allem die „Höhe" des Menschengeistigen an, seine Fähigkeit, sinnorientiert zu leben. Man sagt daher auch, die Logotherapie sei nicht Tiefen-, sondern Höhenpsychologie (vgl.: Spirituelle Psychologie", in: „GRALSWELT", Heft 9, Verlag der Stiftung Gralsbotschaft, Stuttgart, 1998).*
24 *Eine informative, kurz zusammengefaßte Darstellung des „Phänomens deutsche Jugendbewegung" von 1875 bis 1942 findet der interessierte Leser in: Zeitschrift „GRALSWELT", Heft 17, Verlag der Stiftung Gralsbotschaft, Stuttgart, 2000.*
25 *Vgl.: Siegfried Hagl: „Der okkulte Kanzler" („Esoterische Wurzeln"), © Siegfried Hagl, Gräfelfing, 2000*
26 *Zitiert aus einer Erklärung Abd-ru-shins aus 1936*
27 *Vgl.: Teil 3*
28 *Zitiert aus: Abd-ru-shin: „Im Lichte der Wahrheit – Gralsbotschaft", Verlag der Stiftung Gralsbotschaft, Stuttgart, 1998 (Band 3, Vortrag „Pflicht und Treue")*
29 *Zitiert aus: Abd-ru-shin: „Im Lichte der Wahrheit – Gralsbotschaft", Verlag der Stiftung Gralsbotschaft, Stuttgart, 1998 (Band 3, Vortrag „Pflicht und Treue")*
30 *Zitiert aus: Abd-ru-shin: „Im Lichte der Wahrheit – Gralsbotschaft", Verlag der Stiftung Gralsbotschaft, Stuttgart, 1998 (Band 1, Vortrag „Was sucht Ihr?")*
31 *Zitiert aus: Abd-ru-shin: „Im Lichte der Wahrheit – Gralsbotschaft", Verlag der Stiftung Gralsbotschaft, Stuttgart, 1998 (Band 1, Vortrag „Was sucht Ihr?")*
32 *Zitiert aus: Abd-ru-shin: „Im Lichte der Wahrheit – Gralsbotschaft", Verlag der Stiftung Gralsbotschaft, Stuttgart, 1998 (Band 1, Vortrag „Aufstieg")*
33 *Zitiert aus: Abd-ru-shin: „Im Lichte der Wahrheit – Gralsbotschaft", Verlag der Stiftung Gralsbotschaft, Stuttgart, 1998 (Band 1, „Zum Geleite!")*
34 *Zitiert aus: Abd-ru-shin: „Im Lichte der Wahrheit – Gralsbotschaft", Verlag der Stiftung Gralsbotschaft, Stuttgart, 1998 (Band 1, Vortrag „Die Sprache des Herrn")*
35 *Zitiert aus: Abd-ru-shin: „Im Lichte der Wahrheit – Gralsbotschaft", Verlag der Stiftung Gralsbotschaft, Stuttgart, 1998 (Band 1, Vortrag „Die Sprache des Herrn")*
36 *Mit dem Begriff „Verinnerlichung" ist hier allerdings keine besondere Technik wie zum Beispiel Meditation gemeint, sondern einfach ein (verantwortungs)bewußtes, geistig orientiertes Leben.*
37 *Vgl. dazu die Inhalte der Lehre Jesu: Teil 1, Kapitel 3*
38 *Vgl.: Abd-ru-shin: „Zum Geleite", in: „Im Lichte der Wahrheit – Gralsbotschaft", Band 1, Verlag der Stiftung Gralsbotschaft, Stuttgart, 1998*
39 *Zitiert aus: Abd-ru-shin: „Fragenbeantwortungen", Verlag der Stiftung Gralsbotschaft, Stuttgart, 1999*
40 *Zitiert aus einem Text Abd-ru-shins aus dem Jahr 1938; nicht in Buchform veröffentlicht*

41 Die „Grals-Siedlung" entstand nicht als „Gründung" Abd-ru-shins; sie war nicht von vornherein geplant, sondern Abd-ru-shin gab lediglich den drängendsten Wünschen jener Leser der Gralsbotschaft nach, die in seiner Nähe leben wollten.

42 Zitiert aus: Siegfried Hagl: „Der okkulte Kanzler", © Siegfried Hagl, Grafelfing, 2000

43 Im August 1949, nachdem Maria Bernhardt Abd-ru-shins Besitztum auf dem Vomperberg von den Behörden zurückerhalten hatte, wurde seine sterbliche Hülle zum Vomperberg/Tirol überstellt. Dort wurde in der „Grals-Siedlung" ein Grabmal in Form einer Pyramide errichtet.

44 Vgl.: Christian Baur: „... und werdet sein wie Gott", Seite 618 ff., Verlag der Stiftung Gralsbotschaft, Stuttgart, 1999

45 Zitiert aus: Abd-ru-shin: „Gralsbotschaft – Im Lichte der Wahrheit", Verlag der Stiftung Gralsbotschaft, Stuttgart, 1998 (Band 2, Vortrag „Der Menschensohn")

Teil 3

Am Beginn einer neuen Zeit

7. Wegelagerer und Wegbereiter

Der 11. August 1999 war das letzte „magische Datum" im 20. Jahrhundert. Mit der großen Sonnenfinsternis verbanden Propheten und deren Interpreten so manches Weltuntergangsszenario. Nostradamus war in aller Munde, Schutzräume erfuhren eine luxuriöse Ausgestaltung, und in besonders erlauchten Esoterik-Kreisen wurden die gängigsten Endzeittheorien – vom Polsprung über Impakt-Szenarien bis hin zur Invasion Außerirdischer – stimmig miteinander verknüpft.

Der 11. August 1999 ging als grandioses Medienspektakel über die Bühne Europas, im übrigen aber blieb alles beim alten. Angesagte Untergänge finden bekanntlich selten statt, und wieder einmal hatten sich ein paar findige Meinungsgurus zuvor ebensogut verkauft wie danach lächerlich gemacht. Nicht zum erstenmal übrigens, denn der Weltuntergang hat seit Jahrzehnten Saison. Im Juni 1990 löste ebenfalls eine Sonnenfinsternis Urängste aus; und davor galten 1988 oder 1984 auf Grund prophetischer Interpretationen oder astronomischer Konstellationen als besonders „heiße Jahre".

Doch blieb es nicht bei den bangen Gedanken darüber, daß die Welt aus den Fugen geraten und wie dies geschehen könnte. Der verbreitete Endzeitwahn mündete im 20. Jahrhundert – vor allem in abgeschlossenen spirituellen Zirkeln und Sekten – immer öfter in eine tödliche Wirklichkeit: Im November 1978 begingen in Guyana 900 „Volkstempler" unter ihrem Propheten kollektiven Selbstmord; ähnliche Wahnsinnstaten anderer religionsfanatischer Gruppen folgten – 1985 auf den Philippinen, 1993 in den USA, 1997 in Kanada und so weiter.[1]

Wo stehen wir zu Beginn des 21. Jahrhunderts – geistig?

Propheten, Gurus, Meister

Der Boden ist bestens bereitet für Propheten, Gurus und Meister aller Art: Eine Wahrheit oder Weisheitslehre, die allseits akzeptiert würde, gibt es nicht; Religion und Naturwissenschaft haben sich weiter denn je voneinander entfernt – die traditionellen Kirchen erstarren endgültig in ihren Überlieferungen und selbstauferlegten Dogmen, und die etablierten Wissenschaften agieren oft ebenso unberührt von zentralen menschlichen Lebensfragen. Was bleibt, ist ein großes spirituelles Vakuum, das die modernen „Seelsorger", die Psychotherapeuten, mit ihren Methoden nur sehr bedingt füllen können. Die letzten großen Lebensfragen werden ausgespart oder tabuisiert.

Der Boden ist bestens bereitet für Propheten, Gurus und Meister aller Art: Nichts scheint in unserer „Informationsgesellschaft" weniger wichtig zu sein als die Suche nach dem Sinn des Lebens oder die Frage nach dem Willen Gottes. *Der Schöpfer* – paßt der Gedanke an ihn überhaupt noch in die „aufgeklärte Wirklichkeit" des 21. Jahrhunderts? Ist die Bewältigung der eigenen Existenzsorgen nicht viel wichtiger als die Ausrichtung auf irgendeine höhere Macht? Und führt die Konzentration auf die *eigenen* spirituellen Fähigkeiten und Möglichkeiten nicht viel schneller zum inneren „Kick" als ein einfaches, empfindungsgetragenes Gebet?

Der Boden ist bestens bereitet für Propheten, Gurus und Meister aller Art: Wo die Menschlichkeit zerbröckelt, familiärer Halt, Geborgenheit und Anerkennung fehlen, dort sind Menschen besonders zugänglich für neue, entrückende Gedanken. Je unüberschaubarer die Welt wird, desto gefragter sind einfache Rezepte. Wenn die Zukunftsängste wachsen, werden „sichere" Erlösungstheorien kostbar. Und je mächtiger sich die Schatten des ungebremsten Materialismus auf die Seele legen, um so eher haben revolutionäre Lebenskonzepte Saison.

Nicht zuletzt ist der Boden für Propheten, Gurus und Meister aller Art auch deshalb bestens bereitet, weil Anschauungen, die jenseits des wissenschaftlich Beweisbaren ansetzen, im allgemeinen kaum beurteilt werden können. Es läßt sich trefflich über die „Göttlichkeit im Menschen" spekulieren, über feinstoffliche „Astralwelten" und „geistige Wege", weil all das durchweg weder faß- noch beweisbar ist und diesbezügliche „Erkenntnisse" nur schwer zu entkräften sind. Und so wuchert in unseren Tagen ein weltweiter Wildwuchs esoterischer „Wegweisungen", über deren Wert beziehungsweise Unwert nur aus einer umfassenden Gesamtschau geurteilt werden könnte.

Weil diese aber nicht zum heutigen Allgemeinwissen gehört und noch dazu jede ernsthafte Auseinandersetzung mit einer Lehre ein mühevolles

Unterfangen ist, gelingt es kaum einmal, fragwürdiges Sektierertum durch gute Argumente zu sprengen. Und so brodeln allzu viele in ihrer eigenen gedanklichen Suppe herum, basteln sich ihre kleine Privatreligion oder ergeben sich der Philosophie des von ihnen auserkorenen „Meisters", während die Bereitschaft zu wirklich eigenständigem Denken vollkommen fehlt.

Andere wiederum kostet der religiös-esoterische Kitsch rund um Räucherstäbchen, Aromatherapie und Erleuchtungsritual sowieso nur ein müdes Lächeln; sie lassen sich von jenem Zeitgeist führen, demzufolge man lieber die Karriereleiter erklimmt denn die Himmelsleiter.

Die innere Leere aber bleibt.

Wo stehen wir zu Beginn des 21. Jahrhunderts – geistig?

Esoterik und UFOlogie

Wohl gerade mitten in der Zeit der „falschen Propheten". Nachdem sich die Kirchen schon in früheren Jahrhunderten als unfähig erwiesen haben, die Sehnsucht des Menschen nach der *einen* Wahrheit zu erfüllen, und engagierte Forscher körperlich oder moralisch töteten, um althergebrachte Glaubensvorstellungen zu retten;[2] nachdem auch die Naturwissenschaft als spiritueller Wegweiser versagt hat und vielfach bis heute alles Nicht-Beweisbare kühn als nicht existent einstuft, scheint unsere Zeit nun in besonderem Maße durch neue spirituelle Wegelagerer geprägt zu sein.

Dabei muß man gar nicht unbedingt an gefährliche Sekten-Gurus oder Weltuntergangspropheten denken.

Das Betätigungsfeld für haltlose Esoterik ist nicht auf die Jahrtausendwende-Hysterie beschränkt, auch nicht auf die Selbsterlösungs-Philosophien spiritueller Vereinigungen. Es gibt heute unzählige weitere Irrwege, auf denen mit stillen Sehnsüchten gespielt wird und die auf allzu flachen Erkenntnissen aufgebaut sind – und die auch nur vermeintlich harmlos erscheinen.

Als erstes Beispiel dafür mag die „UFOlogie" dienen, die am 25. Juni 1947 mit der ersten Sichtung eines unbekannten Flugobjektes durch einen amerikanischen Rettungsflieger[3] „offiziell" begann und sich 50 Jahre später zu einer handfesten Religion ausgewachsen hatte.

Die Welle der „UFO-Sichtungen" begann in der nervenaufreibenden Anfangszeit des kalten Krieges, und in den „unbekannten Flugobjekten", die man Mitte der vierziger Jahre offenbar massenhaft sichtete (UFOlogen sprechen von mehr als 3000 Zeugen, die allein in den USA im Juni und Juli 1947 über „850 visuelle UFO-Kontakte" hatten[4]), vermuteten die Amerikaner denn auch sofort russische Geheimwaffen. Von außerirdischen

Besuchern oder gar „Abduktionen", also Entführungen durch Aliens, war damals noch keine Rede.

Doch schon ein paar Jahre später, als die Militärs dem UFO-Phänomen offiziell kaum mehr Aufmerksamkeit schenkten, begann die Gerüchteküche um so heftiger zu brodeln – vorerst in der Gedankenwelt von Sciencefiction-Autoren, später auch in esoterischen Kreisen.

1953 publizierte der Amerikaner George Adamski, ein UFOloge der ersten Stunde, gemeinsam mit dem britischen Autor Desmond Leslie das Buch „Fliegende Untertassen landen" – und landete damit selbst einen Bestseller. Adamski beschrieb darin seinen ersten Kontakt mit einem Außerirdischen, der am 20. November 1952 in der Wüste Kaliforniens stattgefunden und den Beginn einer langjährigen Freundschaft markiert haben soll: In der Folge will Adamski mit seinen vertrauten außerirdischen Zeitgenossen zu allen Planeten in unserem Sonnensystem gereist sein und dabei erfahren haben, daß sie allesamt bewohnt sind. Vor allem aber wurde „Professor" Adamski, wie er bald hieß, zum Botschafter der Außerirdischen. Der Hauptgrund dafür, daß die Aliens uns heimsuchen, sei, so teilte er mit, die große Gefahr, in der die Menschheit durch den Mißbrauch der atomaren Kräfte schwebe. Die „Brüder aus dem All" seien gekommen, um uns zu retten. Im Notfall würden alle Menschen, die sich in Sicherheit bringen lassen wollten, in die bereitstehenden Raumschiffe eingeladen.

George Adamskis Anhängerschaft, die in ihm einen „Wegbereiter des kosmischen Denkens" erblickte, reichte bis in die höchsten Gesellschaftskreise; auch eine Privataudienz bei Papst Johannes XXIII. wird in diesem Zusammenhang gerne zitiert. Und natürlich wurden Adamskis Bestseller-Gedanken über die Jahrzehnte von anderen „kosmisch" denkenden Menschen begierig weitergesponnen: Bald vernahmen „Eingeweihte" die Botschaft, Jesus selbst habe gesagt, daß die Außerirdischen unerkannt unter uns lebten, um die Menschheit in eine neue Zeit hinüberzuführen – mit Hilfe von Raumschiffen! Und die Vorstellung, von Außerirdischen abgeholt zu werden, zählte in den Weltuntergangsszenarien rund um die Jahrtausendwende immer noch zu den beliebtesten Leitmotiven.

Das UFO-Phänomen verlor über die Jahrzehnte also seinen anfänglich technisch-militärischen Charakter zugunsten einer immer stärkeren weltanschaulich-religiösen Komponente. Das Außerirdische trat an die Stelle des Überirdischen, die Weiten des physischen Alls übernahmen die Funktion des *geistigen* Himmels, und visuelle Sichtungen unbekannter Flugobjekte waren bald längst nicht mehr so interessant wie persönliche Erlebnisse mit Aliens, von denen besonders in den neunziger Jahren geradezu inflationär berichtet wurde.

7. Wegelagerer und Wegbereiter

Der deutsche UFO-Forscher Wladislaw Raab, Mitglied einer Vereinigung mit dem klingenden Namen „Independent Alien Network", sammelte beispielsweise mehrere hundert Fälle solch „unheimlicher Begegnungen" und veröffentlichte – unter eben diesem Titel – auch ein Buch, das sich in erster Linie mit dem Entführungsphänomen beschäftigt. Eine der bemerkenswertesten Aussagen darin liest sich wie folgt:

> *»Das UFO-Phänomen weist, wenn man sich selbst um Fallrecherchen bemüht, immer wieder neue und unbekannte Facetten auf. Als ich vor einigen Jahren anfing, nach UFO-Zeugen Ausschau zu halten, ahnte ich nicht, mit etwas völlig anderem konfrontiert zu werden, als es in der populären Literatur zum Thema vorgegeben wird. Der starke parapsychologische Aspekt dieser Berichte, der übereinstimmend von den Zeugen wiedergegeben wurde, widersprach allen bisherigen Überlegungen zu diesem Phänomen.«*[5]

Konkret dokumentierte Wladislaw Raab zum Beispiel Ausleibigkeitserfahrungen[6]; er fand, daß es deutliche Parallelen zwischen den Entführungsberichten und jenen Spukerzählungen gibt, in denen weißgraue Gestalten geschildert werden; daß sich die Kommunikation mit den Außerirdischen meist auf einer Art gedanklichen, nicht aber auf der sprachlichen Ebene vollzieht – oder daß die heutigen UFO-Erfahrungen starke Ähnlichkeiten mit nächtlichen Gruselerlebnissen aufweisen, die im Volksmund zum Beispiel als die Geschichten von der „Trud" überliefert sind, einer sagenhaften Gestalt, die sich nachts durchs Fenster ins Schlafzimmer schleicht und den Körper ihres Opfers wehrlos erstarren läßt.

Auch Parallelen zu Beschreibungen von „Naturwesen", „Engeln" oder anderen überirdischen Gestalten kann man den gängigen Abduktionsberichten entnehmen.

Man hat nun freilich – sofern man überhaupt dazu bereit ist, Zeugenaussagen über angebliche persönliche Erlebnisse mit „Aliens" ernst zu nehmen – zwei Möglichkeiten der Interpretation solcher Berichte. Entweder man reimt sich zusammen, daß die Menschen schon seit vielen Generationen Erlebnisse mit Außerirdischen hatten, diese aber in früherer Zeit – dem Glauben und Aberglauben jener Tage entsprechend – anders bezeichneten. Zu einer solchen Schlußfolgerung neigen naturgemäß viele UFO-Forscher.

Oder aber man erkennt umgekehrt, daß Erlebnisse der menschlichen *Innenwelt*, die ja höchst realistisch ins Tagbewußtsein dringen können, nun – dem Zeitgeist entsprechend – auf der Welle des UFO-Phänomens ankommen, also *nach außen* verlagert werden, in die materielle Realität.

253

Aus diesem Blickwinkel machen die Menschen heute ganz ähnliche transzendente Erfahrungen wie zur Zeit unserer Urgroßeltern (oder davor), nur die Interpretation ist auf dem neuesten Stand der Technik.

Aber wie „modern" ist es eigentlich, feinstoffliche oder geistige Realitäten in die Außenwelt zu verlagern?

In Wirklichkeit ist ja der Gedanke, nichtmaterielle Ebenen der Schöpfung irgendwo in den Weiten des *materiellen* Alls zu vermuten, gar nicht neu. Im Gegenteil: Er entspricht einer sehr bekannten Idee, zum Beispiel der des Mittelalters, als man Himmel und Hölle als grobstofflich-*physische* Wirklichkeiten ansah und gar nicht auf die Idee kam, daß alles Jenseitige tatsächlich *jenseits* des Körperlichen, physikalisch Faßbaren liegen muß.

Nicht *über*irdische, geistige Helfer, die uns in unserer Innenwelt erreichen, sondern *Außer*irdische als Führer und Erlöser, die die Menschheit – wie viele UFOlogen vermuten – seit jeher als „helfende Schatten" begleitet haben und uns im Notfall auch abtransportieren beziehungsweise in Sicherheit bringen werden: Diese Vorstellung scheint deshalb nicht ungefährlich, weil sie exakt jenes spirituelle Vakuum anspricht, das in unserer Gesellschaft durch die Abwendung von Gott entstanden ist. Jedoch wird dabei der Wunsch, andere, bessere Welten zu erreichen, unsere Sehnsucht nach der *geistigen* Heimat, in eine Richtung kanalisiert, der nichts Förderndes oder Erhebendes innewohnt.

Was würde wohl eine Menschheit tun, die mit Raumschiffen gerettet wird und andernorts völlig neu beginnen darf, den verwüsteten Planeten Erde hinter sich lassend?

Ich meine: das allermeiste aus unserer blutigen Geschichte würde sich in gleicher Abscheulichkeit und Widerwärtigkeit wiederholen. Denn man lernt nie, indem man *äußerlich* ausbricht, flieht, aussteigt, weil man dabei seine Fehler ja doch immer nur mitschleppt, sondern die beste Schule liegt stets in eben dem, was man *hier und jetzt* erleben darf beziehungsweise durchleben muß. Darin liegt die beste Chance zur Erkenntnis und inneren Veränderung.

Kurzum: Die Aliens werden nicht mit hochentwickelter „Transporter-Technologie" kommen, uns rechtzeitig vor dem großen Knall aus den Gassen und Gärten weg„beamen" und den Menschen somit aus seiner Verantwortung für den Planeten Erde entlassen; nein, wir haben uns um jeden Neubeginn selbst zu bemühen! Das spirituelle Wissen dazu wurde uns längst geschenkt.[7]

Die vordergründigen Aspekte des UFO-Phänomens, das eifrige Forscher inzwischen in Form von zigtausenden Zeugenberichten aus mehr als 100 Ländern dokumentiert haben, möchte ich an dieser Stelle nicht erörtern; das würde uns zu weit vom Thema wegführen, denn es handelt sich in Wirklichkeit nicht nur um *ein* Phänomen, sondern um mehrere – revolutionäre technische Neuerungen mögen dabei ebenso eine Rolle spielen wie simple Betrügereien. Jedenfalls aber würde der durchaus wünschenswerten Entzauberung dieses Themas eine ernsthafte Forschung dienlicher sein als die von der Wissenschaft derzeit favorisierte „Strategie", Schauungen und Erlebnisse einfach pauschal zu ignorieren oder ins Lächerliche zu ziehen.

Transzendenz und Kornkreisforschung

Vielleicht noch exemplarischer als im UFO-Glauben zeigt sich die Bereitschaft vieler Menschen, ihre Neigung zur Transzendenz im großen Gebiet der rätselhaften Phänomene auszuleben (und damit einmal mehr dem Wunderglauben zu huldigen), bei den sogenannten Kornkreisen.[8] Diese mögen uns als zweites Beispiel für einen – ebenfalls nur vermeintlich harmlosen – esoterischen Irrweg dienen.

Während UFOs und Aliens die Sehnsucht nach anderen Welten beziehungsweise nach Befreiung aus der irdischen Wirklichkeit anrühren, steht beim – weitaus handfesteren – „Kornkreis-Phänomen" das Thema der spirituellen *Botschaft* im Zentrum, und es liegt natürlich nahe, daß die Gesellschaft der UFO-Gläubigen sich mit jener der Kornkreis-Gläubigen großflächig überschneidet.

Worum geht es bei den „Kornkreisen"?

Seit etwa 20 Jahren tauchen in den Getreidefeldern Südenglands, zwischenzeitlich aber auch in rund 30 anderen Ländern, ebenso riesige wie rätselhafte Piktogramme auf. Sie dehnen sich bis zu 600 Meter aus, wurden mit den Jahren ihres Erscheinens zunehmend komplexer und können in ihrer Schönheit durchaus beeindrucken. Viele wollen in den „Getreidemalereien" sogar eine neue Kunstform erkennen, während die betroffenen Bauern sich meist nur darüber ärgern, daß durch die Kreise große Mengen an Getreide vernichtet werden.

Jenen aber, die der Faszination dieser Piktogramme erlegen sind, geht es weniger um geometrische Harmonie oder ökologische Aspekte; sie vermuten im Getreide vielmehr geheime Botschaften einer hohen Intelligenz, die es zu entschlüsseln gilt. Genährt wurde und wird diese Annahme durch einen Wust von Fakten und Gerüchten (die Trennlinie dazwischen ist unscharf), denen auf rationalem Weg gewöhnlich nicht beizukommen ist. Denn auch hier gilt: Wer glaubt, will selig werden!

So wurde die Geheimniskrämerei rund um die Kornkreise von Anfang an durch die Tatsache genährt, daß die Piktogramme mit Vorliebe in der Nähe von alten Kultplätzen ins Korn gezeichnet wurden. Zum Beispiel entstand am 7. Juli 1996 bei Stonehenge ein 300 Meter langes Werk aus rund 150 (überaus exakten) Kreisen. Angeblich entstehen die Getreide-Phänomene – man spricht von weltweit mehr als 5.000 Formationen, die bis zur Jahrtausendwende auftauchten – wie aus dem Nichts in sehr kurzer Zeit; angeblich werden während ihres (durchweg nächtlichen) Erscheinens oft seltsame, über dem Boden wirbelnde Lichterscheinungen beobachtet; angeblich sind in den Kornkreisen unerklärliche Anomalien festzustellen (radioaktive Strahlung, magnetische Störungen, Ausfall elektronischer Einrichtungen etc.); und angeblich können solche Formationen – schon ihrer komplizierten Geometrie wegen – nicht durch Menschenhand entstanden sein.

Die Liste der Angeblichkeiten ließe sich fortsetzen, und ihr gegenüberstellen könnte man jeweils Expertenmeinungen, die solche Vermutungen als bloßen Humbug bezeichnen und auch gerne den Beweis dafür antreten.

Tatsächlich konnten die allermeisten der sogenannten Echtheitskriterien für Kornkreise zwischenzeitlich in Feldversuchen recht problemlos gefälscht werden. Zudem traten schon im September 1991 zwei schelmische britische Rentner[9] an die Öffentlichkeit und zeigten, wozu englischer Humor in der Lage ist: Sie bewiesen durch eine umfangreiche Fotodokumentation, daß sie mehr als zehn Jahre lang maßgeblich an der Entstehung vieler „unfälschbarer" Kornkreise beteiligt gewesen waren. In den folgenden Jahren traten weitere „Hoaxer" – so die englische Berufsbezeichnung für die Profession der Kreisfälscher – an die Öffentlichkeit und sprachen über ihre Motivation: die stille Freude, ein Geheimnis ganz für sich allein zu haben und andere gezielt an der Nase rumzuführen.

Die Entmystifizierung des Phänomens wurde auch durch den Biologen Rupert Sheldrake vorangetrieben: Er veranstaltete in den neunziger Jahren einen launigen „Kreismacher-Wettbewerb", bei welchem 12 Teams, die einander einen nächtlichen „Kampf" um den besten Kreis lieferten, eindrucksvoll bewiesen, daß auch Laien ohne große Erfahrung durchaus „echt" wirkende Piktogramme im Nu ins Getreide stampfen können.

Natürlich wurde das alles von eisernen Kornkreis-Gläubigen nicht wirklich zur Kenntnis genommen. Aber wiederum wollen wir nicht weiter untersuchen, wie sich die einzelnen Phänomene im Detail deuten und erklären lassen beziehungsweise welcher Rest an Geheimnisvollem trotz aller Aufklärung bleibt.

Uns geht es nur um die Beobachtung, wie schnell auch in diesem Fall auf der Basis einer „wunderbaren Erscheinung" ein blinder Glaube entstand.

Denn die wohl gängigste esoterische Vermutung zum Zustandekommen beziehungsweise Gebrauchswert der Kreise lautet nach wie vor: Es handelt sich dabei um spirituelle Botschaften, die der Menschheit – vermutlich von Außerirdischen, vielleicht aber auch durch wesenhafte Naturkräfte – gegeben werden und deren tiefer Symbolgehalt gedeutet werden muß.

Eben in solchen Gedanken aber liegt die Gefahr einer großen Selbsttäuschung. Das hier etwas ausführlicher beschriebene „Kornkreis-Phänomen" ist ja nur *ein* Beispiel für die übliche „esoterische Strategie", sich mit Geheimbotschaften und Verschwörungstheorien sinnstiftend die Zeit zu vertreiben – in der Meinung, damit Wertvolles für sich und den Rest der Menschheit zu leisten. Doch während die Gedanken in die fernsten Weiten schweifen, hungert der Geist weiterhin nach lebensnaher Wahrheit. Außerdem stellt sich eine berechtigte Frage, die Clemens Richter in seinem Buch „Die Angelner Kornkreise" auf den Punkt brachte:

> »*Was würde es ändern, wenn irgendeine Botschaft plötzlich klar lesbar wäre? Es gibt keine berechtigte Mahnung, die nicht längst von irgendwelchen Autoritäten in die Welt hinausgeworfen worden wäre. Und wer sollte die Mahnung beherzigen? Diejenigen, die ‚es längst begriffen' haben, brauchten keine Kornkreise. Und die übrigen würden borniert abwinken oder nach kurzer Aufmerksamkeit zu ihrem Tagesgeschäft zurückkehren.*«[10]

Daß sich bisher praktisch alle „Entschlüsselungen" der Kornkreis-Botschaften – etwa die Ankündigung eines Impakts im Jahre 1999 – als peinlich falsch erwiesen haben, sei nur am Rande vermerkt.

Ist es eine abgrundtief verbogene Lichtsehnsucht, die uns geistige Botschaften in Getreidefeldern, geistige Hilfen in fliegenden Untertassen und geistige Erlösung in Kontakten zu Außerirdischen suchen läßt? Ist ernsthaftes Suchen in unseren Tagen vollends zu einer haltlosen Esoterik verkümmert? Das Bemühen, den Willen Gottes zu erkennen, aussichtslos vom alten Wunderglauben überwuchert worden?

Wo stehen wir zu Beginn des 21. Jahrhunderts – geistig?

Die großen Utopien des 20. Jahrhunderts

Vielleicht sollte man dieser Frage hoffnungsvoll begegnen. Denn wenn heute auch noch so viele falsche Propheten und spirituelle Wegelagerer ihr staunendes Publikum finden, so wird dem verbreiteten esoterischen Rausch gewiß die Katerstimmung folgen. Mag sein, daß die

Suche nach wahren Werten künftig dann erneut die menschliche Sehnsucht beflügelt.

Vielleicht sollte man dieser Frage auch deshalb hoffnungsvoll begegnen, weil ein Rückblick auf das 20. Jahrhundert verdeutlicht, daß die Menschheit noch nie auf so vielen Gebieten und zugleich in weltweitem Rahmen die Gelegenheit hatte, große und durchweg extrem materialistisch geprägte Utopien auszuleben[11] und in der Folge selbst zu erleben, wohin sie führen. Viele „große Ideen" sind an der Wirklichkeit bereits zerbrochen, bei anderen scheint es nur noch eine Frage der Zeit, bis ihre wahre, illusionäre Qualität sich zeigt – vorausgesetzt, man ist willens, die Ursache von so vielen akut werdenden Problemen zu erkennen und sich sodann – darin liegt der Hoffnungsaspekt! – gründlich neu zu orientieren.

• *Die Utopie von der Allmacht der Technik und Wissenschaft* dominiert kompromißlos das gängige Weltbild. Im Windschatten der vielen Erfolge, die unser Leben und Erleben im 20. Jahrhundert nachhaltig beeinflußt haben – vom Automobil bis zum Atomkraftwerk, von der Weltraumfahrt bis zur Computertechnologie, von den elektronischen Medien bis zur Genmanipulation – glaubt der Mensch mehr denn je an seine eigene Gottähnlichkeit und fühlt sich dazu befähigt, den Schöpfer aus seinem Leben auszusparen. Die Schattenseiten dieser Selbstherrlichkeit betreffen alle Ebenen des Seins und reichen von der rücksichtslosen Umweltzerstörung über die Mißachtung ethischer Grundwerte bis hin zu der verbreiteten „Ich-Schwäche", die aus dem geistigen Dämmerzustand des passiven Konsummenschen zwangsläufig folgen muß.

• *Die Utopie von der Handhabbarkeit der menschlichen Seele* verdeutlicht – seit Sigmund Freud vor 100 Jahren seine Psychoanalyse propagierte – als eines der herausragendsten Beispiele, wohin ein materialistisch-mechanistisches Denken ohne Maß und Ziel letzten Endes führt: zur Mißachtung des eigentlich Menschlichen. Denn während man den Begriff „Seele" über Jahrhunderte richtigerweise als etwas umfassend Belebendes begriff, als das, was das physisch nicht greifbare *geistige Individuum* ausmacht, will man unsere Innenwelt heute, dem Ansatz der Freudschen „Seelenzergliederung" folgend, auf Verstandesfunktionen reduzieren, die der körperlichen Gefühlswelt verbunden sind. Ursprung und Sitz der Seele würden demnach in einigen Zentimetern Großhirnrinde zu finden sein.

Die Psychoanalyse konnte ihrem ursprünglichen Anspruch, diese vermeintlich *körperliche* Seele „zergliedern" und ihre Krankheiten in Kenntnis der wesentlichen Zusammenhänge auch heilen zu können, nicht wirklich gerecht werden. Dennoch lebt die Utopie von der handhabbaren „Maschine Seele" weiter – mit vielen nicht gering zu schätzenden Gefahren. Denn wenn etwa der Begriff „Liebe" – wie bei Sigmund Freud – als

„Relation des Ichs zu seinen Lustquellen" beschrieben wird, so kommt darin nicht nur ein mechanistisch-kaltes Weltbild zum Ausdruck, sondern es wird auch klar, daß jenen entscheidenden Seelenbereichen, die wir als „Gewissen" oder „innere Stimme" beschreiben, kein richtungweisender Wert mehr zuerkannt wird. Wer nur falschgeschaltete graue Zellen therapieren will, übersieht leicht das eigentlich Menschliche des Individuums und verneint letztlich ethisch-moralische Richtlinien. Und wer nur „analysiert", kramt bei dieser Tätigkeit vorwiegend in der Vergangenheit, sucht Verschüttetes, Verborgenes, Vergessenes ans Tageslicht zu zerren und weiß für einen Hilfesuchenden letztlich oft keinen besseren Rat, als daß er zu all dem von ihm Verdrängten „stehen" und auch den „dunklen Seiten der Seele" ihr Recht lassen solle.

Mit großem Zuspruch wird daher von Psychoanalytikern – und diese sind es ja, die heute den Rang des „Seelsorgers" einnehmen – das „Prinzip des Auslebens" propagiert, das allerdings aus einer übergeordneten Sicht überaus bedenklich ist, weil es oft Abhängigkeiten verstärkt und/oder neue geistige Bindungen verursacht. Abd-ru-shin sagte dazu in der Gralsbotschaft:

> *»Das Sichausleben vollzieht sich in den niederen Regionen des Dunkels, wurde aber bei sogenannter Psychoanalyse von verschiedenen Ausübenden bereits irdisch aufgenommen in der Annahme, daß auch auf Erden das Sichausleben reift und befreit.*
>
> *Doch welches entsetzliche Elend muß die Ausübung dieses Prinzips auf Erden herbeiführen! Welches Unheil muß sie anrichten, weil auf der Erde nicht wie in den Regionen des Dunkels nur Gleichartiges beisammen ist, sondern noch Dunkleres wie Helleres neben- und miteinander lebt. Man denke dabei nur an das Geschlechtsleben und ähnliches. Wenn ein solches Prinzip in der Ausübung auf die Menschheit losgelassen wird, muß es am Ende nur ein Sodom und Gomorra geben, aus dem es kein Hinausgleiten gibt, sondern wo nur Schrecken größter Art ein Ende bringen kann.*
>
> *Ganz abgesehen aber davon sieht man heute schon zahlreiche Opfer ähnlicher Therapien haltlos umherirren, deren geringes Selbstbewußtsein, überhaupt alles persönliche Denken, noch ganz zerpflückt und vernichtet wurde dort, wo sie vertrauensvoll Hilfe erwartet hatten. Sie stehen da wie Menschen, denen systematisch alle Kleider vom Körper gerissen wurden, damit sie dann gezwungen sind, die ihnen gereichten neuen Kleider anzulegen. Die also Entblößten vermögen jedoch in den meisten Fällen leider nicht mehr einzusehen, warum sie noch neue Kleider anlegen sollen.*

> *Durch das planmäßige Eindringen in ihre persönlichsten Dinge und Rechte verloren sie mit der Zeit auch die das persönliche Selbstbewußtsein erhaltende Schamempfindung, ohne die es nichts Persönliches geben kann, die einen Teil des Persönlichen selbst ausmacht.*
> *Auf so zerwühltem Boden läßt sich dann kein neuer, fester Bau errichten. Unselbständig bleiben diese Menschen mit wenigen Ausnahmen, was sich bis zu zeitweiser Hilflosigkeit steigert, da ihnen auch der wenige Halt genommen wurde, den sie vorher noch hatten.«[12]*

Wirkliche Hilfe für die Psyche ergibt sich auch nicht primär aus dem Blick zurück oder aus der vermeintlichen Befreiung durch das Sichausleben, sondern sie liegt in der aufbauenden *Vorwärtsorientierung:*

> *»Für den wahren Seelenarzt ist kein Niederreißen nötig. Dieser erkennt schlummernde gute Fähigkeiten, weckt sie und baut dann weiter auf. Das wahre Prinzip[13] gibt Umstellung falschen Verlangens durch geistige Erkenntnis!«[14]*

Aber werden „wahre Seelenärzte" erfolgreich sein können, solange kein klares Wissen über die geistigen Ziele des Menschen besteht, über den Sinn des Lebens und unsere Aufgaben in der Schöpfung?

Die Utopie von der *mechanischen* Handhabbarkeit der menschlichen Psyche hat sich als falsch erwiesen. Vielleicht aber mündet der Wunsch, zur Behandlung seelischer Unstimmigkeiten ebenso effektive Methoden zu finden wie zur Linderung körperlicher Krankheiten, einst doch in die (Wieder-)Entdeckung des *ganzen* Menschen, der als tiefsten Wesenskern *Geist* in sich trägt.

• Indessen beweist die *Utopie von der Gleichschaltung aller Menschen*, wie weit wir derzeit noch von der Erkenntnis des individuellen Geistigen entfernt sind. Gesellschaftlich und politisch war das 20. Jahrhundert wesentlich geprägt von dem großen Ziel, alle Unterschiede zwischen den Geschlechtern, den Menschen und zuletzt auch den Staaten zu nivellieren. Die Folgen dieses Unterfangens lassen sich zwar schon mühelos dokumentieren, daß aber der Grundgedanke einer Gleichschaltung falsch ist, dies zuzugeben hüten alle „Vordenker einer besseren Gesellschaft" sich tunlichst – wohl vor allem deshalb, weil das Wissen um die wahre Natur des Menschseins weitgehend fehlt und alle Überlegungen sich vornehmlich materialistischen Zielsetzungen unterordnen.

So wurde das Verhältnis zwischen Mann und Frau auch durch die Emanzipationsbestrebungen während der vergangenen Jahrzehnte nicht wirklich entlastet. Ganz zu Recht gelang es dem sogenannten schwachen

Geschlecht zwar, nach Jahrtausenden männlicher Dominanz endlich die Gleichberechtigung in vielen Lebensbereichen zu erringen. Doch das Bemühen der Frau, manngleich zu werden und alle Unterschiede zwischen den Geschlechtern auf ein paar kleine Körpermerkmale zu reduzieren, schlug fehl. Nicht, weil Frauen keine Karriere als Soldatinnen, Bauarbeiterinnen oder Boxerinnen machen konnten – so ziemlich alle traditionellen Männerdomänen wurden mittlerweile ja erobert –, sondern weil ihnen das unbefriedigende Bewußtsein blieb, daß das Menschsein nicht allein aus dem Mannsein besteht. Dr. Monika Schulze schreibt dazu in ihrem Buch „Frauensache":[15]

> »In Erkenntnis dieser Sachlage begann das Pendel zur anderen Seite hin zu schwingen, und der ‚Feminismus‘ trat auf den Plan. Der Feministin ging es nicht mehr darum, in Beruf und Alltag ihren ‚Mann‘ zu stehen und es ihm in allem gleich zu tun, sondern sie will ihre Natur als Frau einbringen und verwirklichen können, ob im Beruf oder in der Familie. Sie will ihr weibliches Wesen (so, wie sie es definiert) im Tun und Denken nicht verleugnen müssen, nur um in einer männlich dominierten Welt bestehen zu können. Das hört sich gut an, führt aber, wie das Leben zeigt, auch nicht immer und nicht überall zu befriedigenden Lösungen.«

Die Hauptgründe dafür ortet die Autorin darin, daß zum einen das Verständnis über das eigentliche Wesen des „schwachen Geschlechts", also über die Natur der Weiblichkeit im allgemeinen fehlt und daß zum anderen in der Vergangenheit zwar wechselweise patriarchale oder matriarchale Strukturen, noch nie aber ein *ergänzendes Miteinander* von Mann und Frau gelebt wurde, das zu voller gesellschaftlicher Harmonie hätte führen können:

> »Gerade in dem Unterschied, ja, in der Polarität zwischen weiblich und männlich liegt das eigentliche Kräftepotential der ‚Kreatur Mensch‘ – so, wie ein magnetisches Kraftfeld erst zwischen zweierlei Polen entsteht und elektrische Energie nur zwischen plus und minus oder positiv und negativ fließt. Demnach wäre es nicht nur nicht möglich, Frau und Mann einander einfach ‚gleich‘ zu machen, sondern es wäre geradezu schädlich, denn ohne Bedacht auf diese ihre wesensmäßige Unterschiedlichkeit sind keine förderlichen Entwicklungen zu erwarten. Und wo immer dennoch im Sinne einer Gleichschaltung gedacht und gehandelt wird, führt das zu Verkrampfung, ‚Frust‘ (auf beiden Seiten) und Energieverlust.«[16]

Wir können uns dieser Analyse nur anschließen. Und wenn man sich eingehender mit dem Wesen der Weiblichkeit beschäftigt, kommt man auch schnell zu dem Schluß, daß der Ausdruck „schwaches Geschlecht" stets unter dicke Gänsefüßchen gesetzt werden sollte, denn die Frau ist dem Mann keineswegs unterlegen. Ihre Stärken sind lediglich *andere* als die des „starken Geschlechts", sie liegen beispielsweise in ihrer verfeinerten Empfindungsfähigkeit, einer ausgeprägteren Naturverbundenheit oder, allgemeiner gesagt, in ihrer unmittelbareren geistigen Orientierung. Die Frau wirkt von ihrem Wesen her nach innen, zum Zentrum gerichtet, lichtverbunden, während der Mann von Natur aus eher nach außen strebt und stärker dem Handfest-Irdischen verpflichtet ist.

Wir wollen hier auf Grund dieser allgemeinen geistigen Veranlagung nicht irgendwelche allzu konkreten Schlüsse in Richtung einer idealen beruflichen Disposition der Frau ziehen; jedoch wird fast zwangsläufig deutlich, daß das (ach so verpönte!) Betätigungsfeld „Heim und Herd" als Mittelpunkt des irdischen Lebens mit dem zentrumsorientierten Wesen der Weiblichkeit doch unmittelbar in Beziehung steht.

Vor allem aber gilt es zu erkennen, daß in einem idealen, harmonischen Miteinander von Mann und Frau dem „weiblichen Pol" durch seine lichtzugewandte Veranlagung die geistige Führung gebührt, während der Mann, vom Weiblichen motiviert und „hinangezogen", das irdische Gestrüpp durchstürmt. (Heute nutzt die Frau – freilich unter anfeuerndem Applaus der Männerwelt – ihr Führungspotential vornehmlich zur *Verführung*, während der Mann, vom Weiblichen willig hinabgezogen, sich im irdischen Gestrüpp verheddert.)

Wie es also im Verhältnis der Geschlechter vornehmlich darum geht, gerade in der Unterschiedlichkeit die eigentlichen Werte zu erkennen, ebenso ist es auch im Zusammenleben aller Menschen und Völker: Gleichmacherei und Vermassung stehen der Individualität des Menschseins stets entgegen. Die Idee des Kommunismus scheiterte im 20. Jahrhundert an dieser Tatsache. Ebenso wie auch die Entwicklungshilfe, die ohne Rücksicht auf spezielle Eigenarten vergeblich darum rang, die sogenannten unterentwickelten Länder durch kräftige Finanzspritzen dem Standard der „entwickelten" anzugleichen. –

Nur in der Vielfalt liegt Lebendigkeit und Entwicklungsmöglichkeit; nicht umsonst arbeitet die ganze Natur nach diesem Prinzip.

Ob allerdings auch uns Menschen der große Segen der Unterschiedlichkeit im nötigen Ausmaß bewußt ist, darf bezweifelt werden. Denn ob es um die Globalisierung der Wirtschaft geht oder etwa um den Zusammenschluß der Länder Europas: Überall lauert die Gefahr der Vereinheitlichung, Vermassung und – der Niveaulosigkeit. Letztere in doppeltem

Sinne: Einerseits, weil kulturelle und ethische Ideale in einem Meer von Banalität leicht untergehen (man sehe sich diesbezüglich nur die „Quotenbringer" in einem beliebigen privaten Fernsehkanal eines beliebigen Landes an!), und andererseits, weil gesellschaftlicher Einheitsbrei auch kaum Unterschiede im (Energie-)Niveau zuläßt, welche aber ein unverzichtbarer Motivationsmotor für die individuelle Entwicklung des einzelnen wie aller Völker sind.

Ein einfaches Leben im Sinne wahrer Nächstenliebe würde selbsttätig die Unterschiedlichkeit fördern, weil sie dem einzelnen Menschen nützen will, auf *ihn* eingeht und weder Vorurteile noch Katalogisierungen kennt. Doch diese Lebendigkeit, die allein der Qualität dient, den hohen Werten und Idealen, die der gesunde Geist des Menschen erstrebt, haben wir willig einem verstandesmäßig geprägten Quantitätsdenken geopfert – einer weiteren umfassenden Idee, der

- *Utopie vom grenzenlosen Wachstum.* Wir wollen mehr, immer mehr und noch mehr! Die Wirtschaft soll wachsen, selbst wenn sie schrumpft (in diesem Fall spricht man dann von Negativ-„Wachstum"), der Wohlstand soll sich stets vergrößern, das Einkommen, der persönliche Besitz. Leider – oder vielmehr zum Glück – sind aber die Größe unserer Erde, deren Ressourcen und ökologische Belastbarkeit beschränkt. Folglich muß auch diese Utopie an ihre Grenzen stoßen, und dann werden wir zum Umdenken gezwungen sein.

Wo stehen wir zu Beginn des 21. Jahrhunderts – geistig?

Zeitgeist und Zeitzeichen

Wohl noch mitten in einer Zeit, in der unser Verstand und seine grandiosen Ideen alles und jeden dominieren. Wir haben uns selbst in eine Reihe von „Großversuchen" hineinmanövriert, von denen wir nicht im Ansatz wissen, wie sie ausgehen werden. Welche Folgen wird die Kernspaltung für die Generationen nach uns zeitigen? Welche Folgen die Gentechnik oder die Apparatemedizin, die den Menschen vielfach zum Organ-Ersatzteillager degradiert?

Folgen? Wenn wir es genau betrachten, warten wir in vielen Gebieten längst nicht mehr auf die Folgen. Technische Entwicklungen zum Beispiel vollziehen sich so rasch, daß wir von Neuerungen überschwemmt werden, noch ehe uns die Auswirkungen des dann bereits Überholten wirklich umfassend bewußt geworden sind. Eine solche Lebensweise muß an sich schon als Experiment mit ungewissem Ausgang bezeichnet werden; unserem geistigen Lernziel dient sie gewiß nicht.

Geistiges Lernziel? Steht ein solches überhaupt noch zur Diskussion bei einem „Zeitgeist", der sich zwischen Karrierementalität und frischfröhlichem Wunderglauben bewegt?

Ich glaube ja. Denn die Hoffnung bleibt, daß unsere Verstandes-Utopien – weil es ihnen an wahrhaft geistigem Streben mangelt – sich früher oder später ebenso ad absurdum führen wie haltlose esoterische Ansätze; die Hoffnung, daß das tiefe, im Materialismus erstarrte Tal, in dem wir derzeit leben und das man kurz mit dem Wort „Dunkel" bezeichnen kann, einst doch von einem stattlichen Grüppchen von Wahrheitssuchern durchschritten wird, so daß dann tatsächlich das Licht einer neuen Zeit leuchten könnte.

Doch werden wir es aus eigenem Antrieb schaffen, dieses Licht zu erreichen, jenen geistigen Auferstehungsmorgen zu erleben, der endlich ein befreites Aufatmen von allem dumpfen Druck mit sich bringt, der uns jetzt belastet? Wird nicht der überall lauernde Hang nach Bequemlichkeit und angenehmem Leben von vornherein jeden Aufstieg, jede innere Befreiung verhindern? Wird uns der Genuß des Augenblicks nicht immer wichtiger bleiben als das ernsthafte Bemühen um ein gottgefälliges Leben?

Vielleicht ist die geistige Lage, in der wir uns jetzt, zu Beginn des dritten Jahrtausends befinden, bereits so triste, daß wir uns Erschütterungen jeglicher Art *wünschen* sollten. Möglicherweise müssen wir *dankbar* sein für Schicksalsschläge, weil sie unseren Blick auf Wesentlicheres als den kurzfristigen persönlichen Vorteil lenken und zu tieferer Spiritualität ermuntern können. Jedenfalls aber sollten wir uns gerade wegen des großen Wohlstandes, in dem wir (wie lange noch?) leben, keiner allzu gutgläubigen Sorglosigkeit hingeben.

Vielmehr muß uns angesichts der ernsten Zeitzeichen in aller Schärfe zum Bewußtsein kommen, daß wir in einer besonderen „Erntezeit" leben. So wie bisher kann und wird es nicht weitergehen, weil wir überall an die Grenzen des Menschenmöglichen stoßen und zugleich die Folgen des Menschenmöglichen durchleben.

Das ist keine billige Prophetie, sondern ein trockener Kommentar zur Lage – mit Blick etwa auf die Bevölkerungsexplosion, die hausgemachten, sich häufenden Umweltkatastrophen oder die Kriege um die letzten Rohstoffreserven der Erde.

Tatsächlich ist keine besondere Anstrengung mehr nötig, um die herausragende Besonderheit zu erkennen, die unsere Zeit in der Geschichte der Menschheit darstellt. Angesichts der Informationsmöglichkeiten wäre es eher eine Leistung, *nicht* zu sehen, daß wir einen umfassenden Umbruch erleben, eine „Erntezeit", die uns zwingt, alle „Früchte" unseres Wollens zu genießen.

264

Im Schöpfungsgesetz der Wechselwirkung fällt zu bestimmter Zeit alles auf uns zurück. In *diesem* Vorgang – und keineswegs in einem göttlichen Willkürakt besonderer Art – liegt auch das Wesen des sogenannten Jüngsten Gerichts[17], das Jesus einst im Zusammenhang mit dem Kommen des „Menschensohnes"[18] verkündete. Im Erleben dieses Umbruchs, dieser epochalen spirituellen Weltenwende, stehen wir. Sie kann uns in eine neue, gottzugewandte Zeit vertiefter Spiritualität führen, in das *geistig* verheißene „Reich der Tausend Jahre".

Doch diese von so vielen Menschen erhoffte neue Zeit kommt nicht auf Engelsschwingen wie von allein. Und ebensowenig würde sie sich nach „Weltuntergangs-Katastrophen" der Marke „11. August 1999" selbsttätig verwirklichen. Sie ist nicht von äußeren Umbrüchen abhängig, sondern kann überhaupt nur dann Realität werden, wenn wir entsprechend leben, wenn uns die Notwendigkeit einer neuen geistigen Ausrichtung nicht nur zu Bewußtsein kommt, sondern bedingungslos Einzug hält in all unser Wollen und Tun.

Wer die Früchte der jetzigen Erntezeit immer noch für schmackhaft hält, wer im Wohlstand dieser auf Kosten der nächsten Generationen genießenden Gesellschaft nicht die trügerische Süße einer überreifen, verdorbenen Frucht erkennt, an der ein großer Teil der Menschheit bereits schwer erkrankt ist, der wird im Streben nach einem umfassenden Neuwerden leicht zum Hemmschuh – für andere wie für sich selbst.

Ob es sich allerdings wirklich noch jemand leisten kann, seine Mitverantwortung für die Schöpfung nicht in vollem Umfang wahrzunehmen, sich den an ihn geistig gestellten Forderungen durch aktives Wegschauen und gedankliche Flucht zu entziehen, sei deutlich in Frage gestellt. Denn ahnen wir, welche Stunde die Weltenuhr für unser *geistiges Sein* bereits geschlagen hat? Die Zeit drängt womöglich schon!

Ewiges Leben und geistiger Tod

Doch wie das? Haben wir die Gedanken an den Tod nicht glücklich überwunden und froh erkannt, daß unser Sein über die Spanne eines kurzen Erdenlebens weit hinausreicht?

Sind wir nicht ewig geborgen in der Liebe Gottes und eingebettet in eine Schöpfung, die uns unendlich viele Inkarnationen und geistige Irrfahrten erlaubt?

Wird nicht irgendwann zuletzt jeder Mensch freudig und voll entwickelt seine paradiesische Heimat erreichen?

265

Nicht nur in der heutigen Jahrmarkt-Esoterik werden diese Fragen kühn mit Ja beantwortet. Der Mensch gönnt sich bekanntlich gern die größtmögliche Freiheit im Tun und Lassen und zugleich das geringstmögliche Maß an Verantwortung. Dazu neigen wir in beruflichen Belangen ebenso wie beim Zusammenzimmern unserer Privatreligion. Leider aber führt eine solche Geisteshaltung nicht weiter.

Der blinde Glaube an unendlich viele Inkarnationen gehört – weil er letztlich nichts anderes fördert als die geistige Trägheit – mit zu den tragischsten religiösen Irrtümern unserer Tage, und er steht dem Wirken der Natur, das stets der Förderung und Weiterentwicklung dient, auch völlig entgegen.

Die Gelegenheiten zur Inkarnierung in die physische Welt sollen dem Menschengeist zur Reife dienen. Jede Reifemöglichkeit in der Natur aber ist zeitlich begrenzt. Wie sich die Pflanzensamen nur während einer bestimmten Jahreszeit entwickeln können, um im Wechsel von Tag und Nacht zu reifen, so gibt es auch im großen Entwicklungsgang jedes Planeten eine bestimmte – also beschränkte – Zeitspanne beziehungsweise Zeit- und Umweltqualität, welche die Entwicklung von „Menschengeist-Samenkörnern" im Wechsel der Inkarnationen zuläßt. Im sichtbaren, natürlichen Geschehen spiegeln sich gleichnishaft ja immer die großen geistigen Zusammenhänge.

Unsere Erde bietet nun bereits seit vielen hunderttausend Jahren Inkarnierungsmöglichkeiten für Menschen, und wenn wir der geistigen Schau der Gralsbotschaft folgen, neigt sich der Entwicklungszeitraum dieses Planeten, in welchem die Möglichkeit zur Fleischwerdung besteht, seinem Ende zu. Wir müssen davon ausgehen, daß die „Pflanzzeit" für neue geistige „Samenkörner" schon vorbei ist, daß auf Erden also nur noch Menschen leben, die bereits viele Inkarnationen hinter sich haben und jetzt, in der „Erntezeit", *reif* geworden sein müssen:

> *»In natürlicher Entwickelung des Ganzen ist schon lange jede Möglichkeit genommen, daß sich zu dem Bewußtwerden drängende Geistkeime auf diesem überreifen Erdenplane inkarnieren können, da sie zu viel Zeit gebrauchen würden, um als sich-selbst-bewußter Geist rechtzeitig noch aus dieser Stofflichkeit zu gehen.«*[19]

> *»Auf diese (Erde) konnten zuletzt nur noch ältere, schon vorher inkarniert gewesene Menschenseelen kommen, die in Ringschlüssen ihren Lauf vollenden müssen, nicht aber Geistkeime, also Seelen, die noch nie in der dichten Grobstofflichkeit waren.«*[20]

266

Was bedeutet das für uns? Leben wir etwa schon zum letztenmal auf Erden? Und was geschieht, wenn wir unsere geistige Reife *nicht* erlangen?

Wichtig bei derlei Überlegungen ist, den Rahmen für die Betrachtung nicht allzu eng zu ziehen. Geistige Bilder sind, auch wenn sie die Entwicklung auf Erden berühren, immer groß und umfassend, und jeder Versuch, das Gesamtgeschehen in irdischen Raum- und Zeitbegriffen zum Ausdruck zu bringen, ist gefährlich und fragwürdig. Zu leicht entstehen dabei ebenso falsche wie seelisch belastende Vorstellungen.

Eines jedenfalls sei nochmals deutlich wiederholt: Die Vorstellung von endlosen Inkarnierungsmöglichkeiten entbehrt jeglicher Grundlage. Sie ist falsch, und es würde darin auch keine wirkliche Liebe des Schöpfers liegen, weil diese ja stets die geistige Förderung jedes einzelnen zum Ziele hat. Keinem Schüler wäre damit gedient, wenn er seine Schulklassen endlos wiederholen könnte. Er würde sein eigentliches Erdenleben nur versäumen. Ebenso ist es mit wiederholten Inkarnationen: Wir sollen durch sie Stufe um Stufe zur Reife gelangen, dürfen auch fallweise „nachreifen" oder eine Lernstufe wiederholen – an sich aber bleiben die Inkarnationen nur ein kurzer Abschnitt des gesamten, eigentlichen Seins. In einer endlichen Stofflichkeit kann es keine „unendlichen Inkarnationen" geben.

Unser wahres Sein beginnt erst nach den wiederholten Fleischwerdungen im Irdischen. Daher sind wir dazu aufgerufen, schnellstmöglich alle Bindungen unseres Inneres an die physische Welt zu lösen. Denn diese ist der Vergänglichkeit unterworfen, während wir uns über das Werden und Vergehen alles Stofflichen hinaus entwickeln und so das ewige Leben im Geistigen erreichen sollen.

Es liegt an uns, die dazu nötige innere Reife zu erlangen, und es ist wichtig zu wissen, daß die Gefahr besteht, daß wir es nicht schaffen könnten. In diesem Fall droht uns der *wahre* Tod, der auch „geistiger" oder „zweiter Tod" genannt wird: der unwiederbringliche und hoffnungslose Verlust unseres Bewußtseins.

In der Gralsbotschaft sind diese großen Entwicklungen, die sich nach der Erntezeit im Stofflichen vollziehen, wie folgt beschrieben:

> *»Für das Ährenfeld der Menschengeister (...) kommt der Schnitt, die Ernte, und damit die Scheidung. Das Reife wird emporgehoben zu dem Licht durch Wirksamkeit natürlicher Gesetze, die die feinstoffliche Hülle nach und nach abstreifen läßt, damit der Geist davon befreit bewußt emporschwebt in das Reich der Gleichart, alles Ewig-Geistigen. Das Untaugliche aber wird zurückgehalten in der Stofflichkeit durch die selbstgewollte Dichtheit seines feinstofflichen Körpers.*

267

> *Das Schicksal solcher ist dann so, daß ihr feinstofflicher Leib den nun einsetzenden Veränderungen in der Stofflichkeit unterworfen bleibt und darin unter tausendjähriger schmerzhaftester Zersetzung leiden muß. Die Größe solcher Qual greift zuletzt auf den Menschengeist derart über, daß dieser das Sichbewußtsein verliert. Damit zerfällt auch wieder die in dem Bewußtsein gewonnene Form des Ebenbildes Gottes, die Menschenform.*
>
> *Nach vollständiger Zersetzung des Stofflichen zurück in den Urstoff wird auch das nun unbewußt-geistig Gewordene wieder frei und schwebt seiner Art entsprechend empor. Doch kehrt es dann nicht als bewußter Menschengeist zurück, sondern als unbewußter Samen, der einst seinen ganzen Lauf durch neu erwachenden Wunsch in einem neuen Weltenteile von vorn beginnt.«*[21]

Diese Möglichkeit des endgültigen geistigen Versagens vor Augen, sollten wir uns kompromißlos darum bemühen, die noch zur Verfügung stehende Entwicklungszeit zu nützen – durch ein Leben im Sinne Christi, das nicht mehr nur dem billigen eigenen Vorteil dient, sondern in dem wir unser Wollen in den Dienst des Willens Gottes stellen. Dann können wir auch die große „Reifeprüfung" am Ende unserer Erden-Lernzeit bestehen, die darüber entscheidet, ob unser geistiger Entwicklungsweg einst in lichtvolle Ewigkeiten führen kann oder in das Dunkel endgültiger Zersetzung münden muß.

Mit dem Zeitpunkt der „Reifeprüfung" ist ein weiterer wichtiger Aspekt im gesamten geistigen Entwicklungsgeschehen angesprochen, nämlich die Tatsache, daß noch lange bevor die Erdenstofflichkeit keine Inkarnierungsmöglichkeiten mehr bietet beziehungsweise selbst in die Zersetzung übergeht, jene Scheidung stattfindet, die für das weitere geistige Schicksal des Menschen ausschlaggebend ist. In der Gralsbotschaft heißt es dazu:

> *»Der in der Stofflichkeit befindliche Menschengeist muß sich endlich zum Aufstiege entscheiden, oder die Stofflichkeit hält ihn umschlungen für die später kommende Zersetzung …, die die ewige Verdammnis ist, aus der ein geistiges persönlich-sichbewußtes Auferstehen und Aufsteigen nach dem über solcher Zersetzung erhabenen, lichten, ewigen Schöpfungsteile nie mehr möglich wird.–«*[22]

Es ist naheliegend – und auch die Gralsbotschaft läßt diesbezüglich keine Zweifel offen –, daß wir dieser entscheidenden „Reifeprüfung" *jetzt* unterworfen sind, denn es *ist* „Erntezeit". Das läßt sich auch an der vielfach empfundenen Beschleunigung in allem Geschehen erkennen, wie sie typisch für das Ende eines Entwicklungslaufes ist. Und es wird etwa auch am herrschenden Zeitgeist des „Auslebens" deutlich: Alles, was an Anlagen in uns vorhanden ist, wird gewissermaßen „ans Licht gezwungen", es zeigt sich und legt offen, was wir im Laufe unseres Erdenseins gelernt haben.

Mit unserem Leben erweisen wir uns also als brauchbar oder unbrauchbar für einen Schöpfungsaufbau im Willen Gottes; und bei *dieser* Prüfung müssen wir weder gut argumentieren, noch brauchen wir brillantes Verstandeswissen oder schauspielerische Qualitäten zu zeigen. Die einfache und doch so entscheidende Frage, die wir mit jedem Gedanken, jedem Wort und jeder Tat beantworten, lautet: Wie *bist* Du, Mensch? –

Das Erahnen der besonderen Bedeutung dieser „Gerichts-Zeit", in der die Menschheit – ohne es zu wissen – über ihren Aufstieg oder Niedergang entscheidet, verbunden mit der Erkenntnis, daß wir nicht unendlich Zeit haben, sondern *möglichst bald* reif sein müssen, sollte nun freilich nicht zu geistiger Torschlußpanik führen. Ängste bringen niemals weiter, sie machen nur trübsinnig, freudlos und rauben wichtige Kräfte. Die Grübelei etwa darüber, ob man kein weiteres Leben mehr zur Verfügung hat, um Versäumtes wiedergutzumachen oder vielleicht gar schon zu den „Verworfenen" zählt, hat keinen Sinn. Auch ist gerade dabei die Gefahr viel zu groß, durch eingeengte Vorstellungen und fragwürdige Annahmen völlig falsche Schlüsse zu ziehen.

Statt über solche Fragen nachzusinnen, sollte man lieber mutig, beherzt und idealstrebend auf seinem Weg vorangehen – hinein in jene neue Zeit, die viele schon so sehr ersehnen, die jedoch *unseretwegen* bislang nicht zur Wirklichkeit werden konnte.

Wo stehen wir zu Beginn des 21. Jahrhunderts – geistig?

Grenzen überwinden!

Im Bewußtsein, daß es nicht ohne Mühe gelingen kann, die „Lichter" in unserem Inneren wieder umzustellen, also alles Verstandeswollen in den Dienst des Geistes zu fügen und damit in Überwindung der Erbsünde endlich zu wahrer Harmonie zu finden, wollen wir uns nun in dieser Standortbestimmung nicht mehr ausschließlich mit spirituellen Wegelagerern – von Adolf Hitler bis zu den Weltuntergangspropheten der Jetztzeit – beschäftigen.

Unternehmen wir statt dessen den Versuch, in den Entwicklungen auch jene Möglichkeiten zu erkennen, die weg*bereitend* für eine heraufdämmernde neue Zeit wirken könnten.

269

Bei wohlwollender Betrachtung der vielen eindeutigen Zeitzeichen kann man hinter dem herrschenden „Esoterik-Boom" oder den aktuellen „In-Religionen" natürlich auch die echte Sehnsucht nach einer neuen, geistigen Orientierung ausmachen. Die Ingredienzien populärer Talkshows oder auch der Aussteller-Kojen bei sogenannten Bewußtseins-Messen zeigen unzweifelhaft, daß das Bedürfnis, die Zeit des Klotz- und Betonmaterialismus zu überwinden, weithin vorhanden ist. Und auch wenn es für einen wahrheitsuchenden Menschen zu Beginn des dritten Jahrtausends fürwahr nicht leicht ist, sich durch die Sümpfe und Fallstricke des wuchernden spirituellen Urwalds einen sicheren Weg zu bahnen, so besteht gerade in der Konfrontation mit den dröhnenden Stimmen falscher Propheten die Chance zu einer großen Läuterung. Denn enttäuscht von letztlich haltlosen „Wissensgebäuden" und zurückgeworfen auf sich selbst, wird manche Seele sich der wahren geistigen Hilfe öffnen, weil sie in ihrer demutsvollen Gestimmtheit eine Führung aus dem Licht ermöglicht.

Hoffen wir, daß bald viele Menschen dazu bereit sein werden, ihre Selbstbegrenzung in flacher Esoterik, dogmatischer Konfession oder auch versteifter Wissenschaftlichkeit zu überwinden!

Dazu ist zweierlei nötig: Arbeit auf der menschlichen Ebene, etwa durch die Offenheit gegenüber der Überzeugung des Mitmenschen, die innere Größe, das Andersartige zuzulassen und darin eine Ergänzung zur eigenen Art zu entdecken; und zugleich die Neuorientierung in bezug auf Wissen und Wahrheit.

Überall müssen Grenzen überwunden, Scheuklappen abgelegt, Justament-Standpunkte aufgegeben werden, damit Platz für Neues entstehen kann. Denn wie die Kirchen auf der Grundlage eines blinden Glaubens längst nicht mehr die „lautere Wahrheit" für sich beanspruchen können, so ist auch die Naturwissenschaft – wie wir gesehen haben[23] –, in der Welterkenntnis hart an ihre Grenzen gestoßen.

Leider aber werden bisher Anlässe, die uns wegbereitend verdeutlichen könnten, daß es *tatsächlich* mehr zwischen Himmel und Erde gibt, als unsere Schulweisheit sich träumen läßt, gewöhnlich ignoriert – auch dann, wenn sie an Deutlichkeit nichts zu wünschen übriglassen.

Der Spukfall Rosenheim

Als Beispiel dafür sei hier ein herausragendes Ereignis dokumentiert, das sich Anfang November 1967 in einer Anwaltskanzlei in Rosenheim, Deutschland, zutrug.[24] Die hier in der Folge etwas ausführlicher dargestellten Vorkommnisse zählen zu den beeindruckendsten Belegen dafür, wie vollständig die auf das Physische beschränkte Wissenschaft versagt, sobald es darum geht, *Wirkungen des Geistes* zu beschreiben, die über das Alltägliche hinausgehen:

An jenem Novembertag vor rund 35 Jahren wird Rechtsanwalt Sigmund Adam mit seltsamen Störungen in elektrischen Anlagen seiner Kanzlei konfrontiert: Lichter erlöschen, heftige, nicht lokalisierbare Knallerscheinungen treten auf, und gleichzeitig lösen die Sicherungsautomaten aus. Zudem entweicht aus dem Fotokopiergerät, das an einer Normalsteckdose angeschlossen, aber gar nicht eingeschaltet ist, die Entwicklerflüssigkeit.

Dr. Adam wendet sich – auch das wurde in den umfangreichen Akten zu diesem Fall später penibel dokumentiert – an das Rosenheimer Elektrohaus „Stern" am Max-Josefs-Platz. Dort jedoch resigniert man bald vor der Eigenart der Störungen und verständigt am 15. November 1967 das Elektrische Prüfamt und die Revisionsabteilung der Stadtwerke Rosenheim mit dem Ersuchen, weitere Erhebungen durchzuführen. Zu diesem Zeitpunkt vermutet man noch, daß Störungen im Versorgungsnetz der Stadtwerke die Ursache für das Ungemach sein könnten.

Am Donnerstag, dem 16. November 1967, schließen die Revisoren an den fraglichen Stromkreis der Anwaltskanzlei ein registrierendes Voltmeter an. Kurz darauf, um die Mittagszeit, zeigen sich erneut völlig ungewöhnliche Effekte: Drei Stromkreis-Automaten lösen aus, eine Leuchtstofflampe dreht sich selbsttätig aus der Fassung, doch das Voltmeter registriert diese Vorgänge nicht. Um jeden Schabernack und überhaupt manuelle Einflüsse als Ursache für diesen seltsamen Spuk auszuschließen, werden die Sicherungsautomaten in der Folge durch Schraubsicherungen mit plombierten Schraubkappen ersetzt, das registrierende Meßgerät wird ebenfalls plombiert. Die rätselhaften Vorgänge jedoch dauern an; sie häufen sich sogar: Knallgeräusche, sich selbst aus der Fassung drehende Leuchtstoffröhren, die am Boden zerschellen, seltsame Ausschläge am Stromschreiber und so weiter …

Am Mittwoch, dem 22. November 1967, verursacht ein Vollausschlag am Registriergerät der Stadtwerke einen Riß im Papier. Am selben Tag explodiert erstmals eine Glühbirne. Die Stadtwerke Rosenheim reagieren mit allen zur Verfügung stehenden technischen Mitteln. Die Häuser der gesamten Nachbarschaft werden auf Störfaktoren untersucht; am Donnerstag, dem 23. November, führt bereits ein provisorisches Gummikabel direkt von der Rosenheimer Hochspannungsstation Königstraße II in die Räumlichkeiten des Rechtsanwaltes. Doch die ominösen Störungen kommen nicht vom Versorgungsnetz. Während die Instrumente in der Station nichts Außergewöhnliches registrieren, zerspringen in der Kanzlei Adam reihenweise Glühlampen und verzeichnen die Meßgeräte wie von Hand gemachte Achterlinien und Einrisse im Papier.

Am Dienstag, dem 28. November 1967, beginnen Beleuchtungskörper selbsttätig zu schwingen, wobei Ausschläge von bis zu 55 Zentimeter gemessen werden. Am Montag, dem 4. Dezember 1967, wird die gesamte Kanzlei Adam von einem Notstrom-Aggregat versorgt; jegliche Verbindung mit dem allgemeinen Versorgungsnetz ist nun unterbrochen. Doch die paranormalen, optisch und akustisch wahrnehmbaren Erscheinungen dauern an, sie treten sogar in immer kürzeren Intervallen auf. Den Revisoren der Stadtwerke bleibt am Ende nur die Feststellung zu treffen, daß das Stromversorgungsnetz von Anfang an in Ordnung war. Ihr Prüfbericht schließt mit den Worten:

> *»Es ist geradezu beklemmend, daran denken zu müssen, daß es in allen Bereichen der Technik wirklich katastrophale Folgen haben kann, wenn unter gewissen Voraussetzungen, außerhalb des Willens der Verantwortlichen, durch über solche Kräfte beeinflußte Relais Funktionen aller Art ausgelöst werden können.*
> *Allein schon aus diesen Gründen wäre es im Interesse der Allgemeinheit zu wünschen, wenn es der zuständigen Wissenschaft bald gelänge, mehr Licht in diese noch dunklen Zusammenhänge zu bringen.«*[25]

Bei diesem frommen Wunsch blieb es jedoch, denn es gab – und gibt bis heute – keine „zuständige Wissenschaft" für derlei Vorkommnisse. Im „Fall Rosenheim", bei dem es sich um eine der weltweit am besten dokumentierten paranormalen Erscheinungen handeln dürfte, machten sich in der Folge zwei Physiker[26] an die wissenschaftliche Untersuchung der Angelegenheit. Sie konnten die Phänomene ebenfalls selbst miterleben und mechanische Manipulation als Erklärung ebenso ausschließen, wie zum Beispiel äußere Magnetfelder, Erschütterungen, Infra- oder Ultraschall. Ihr Resümee lautete unter anderem:

> *»Obwohl die Phänomene mit den vorhandenen Mitteln der experimentellen Physik festgestellt wurden, konnten sie mit den vorhandenen Prinzipien der theoretischen Physik nicht erklärt werden.«*[27]

Friedbert Karger, einer der beiden Physiker, die den „Fall Rosenheim" (der noch mehrere Wochen lang für Aufregung sorgte und ein gewaltiges Medienecho zeitigte) untersuchten, sagte später in einer Wissenschaftssendung im Bayerischen Fernsehen:

> *»Ich habe einsehen müssen, daß wir bei der weiteren Erforschung dieser Phänomene nicht weiterkommen, wenn wir sie nur auf die Naturwissenschaft abstützen, nur auf die Physik. Denn was wir in der Physik messen, sind Auswirkungen von Dingen, die selbst nicht meßbar sind.«*[28]

Der „Fall Rosenheim" wurde hier herausgegriffen, weil er – wie etwa auch die Phänomene der „Feuergeher" auf den Fidschi-Inseln[29] oder des „Löffelbiegens" durch „metaphysische Kraft"[30] – exemplarisch verdeutlicht, daß es immer wieder paranormale Erscheinungen gibt, bei denen die Naturwissenschaft an ihre Grenzen stößt und die ein radikales Umdenken, eine *Erweiterung* unseres materiefixierten Weltbildes einfordern.

Im „Fall Rosenheim" war man dem *Geist* auf der Spur – aber nicht dem weißgewandeten Spukgespenst, sondern der immateriellen Geistigkeit des Menschen, die nach dem Tod des Erdenkörpers weiterlebt – wenngleich im nicht-physischen Zustand nur in seltenen Ausnahmesituationen die Möglichkeit besteht, noch weiterhin auf die materielle Welt einzuwirken.

Der Gralsbotschaft kann man entnehmen, daß zwei Bedingungen erforderlich sind, damit eine Seele, aus dem Jenseits in das Diesseits wirkend, zum (zer)störenden „Poltergeist" werden kann: Zum einen muß ein solcher Mensch durch besondere Erlebnisse an bestimmte irdische Personen oder Orte „gebunden" sein, das heißt, seine Entwicklung ist – etwa durch starke Haß- oder Neidgefühle oder auch einfach seiner geistigen Trägheit wegen – behindert. Einen solchen „Jenseitigen" drängt es dann zu der irdischen Umgebung, der sein Inneres zur Zeit des Erdenlebens verhaftet war – sei es nun, um das Altvertraute zu suchen oder auf irgend etwas hinzuweisen, oder sei es auch nur, weil er nicht weiß (oder nicht wahrhaben will), gestorben zu sein, da er zwar alles um sich herum sieht, aber vielleicht wütend ist, weil niemand ihn beachtet.

Die zweite unbedingte Voraussetzung für Phänomene, wie sie in der Kanzlei Adam aufgetreten sind, ist, daß der jenseitige Geist eine „Brücke" hat, die es ihm ermöglicht, die Kräfte seines Willens in den physischen Bereich zu fokussieren. Ein solcher „Katalysator" besteht sehr selten; er liegt in einer ganz bestimmten *Blutausstrahlung* eines auf Erden lebenden Menschen, da das Blut nicht nur körperliche Funktionen erfüllt, sondern in seiner Ausstrahlung dem bewußten, lebendigen Geist überhaupt erst die Möglichkeit dazu bietet, sich des physischen Körpers zu bemächtigen.[31] Ein bestimmter Mensch muß also physisch vor Ort anwesend sein, damit der Jenseitige grobstoffliche Materie bewegen kann.

Diese Tatsache ließ sich auch in der Kanzlei Adam beobachten. Friedbert Karger, der sich selbst – nebenberuflich allerdings, denn die offizielle

Physik tut so etwas nicht – bereits wiederholt mit paranormalen Erscheinungen befaßt hat, sagte dazu:

> »Im Fall Rosenheim zeigte sich, ähnlich wie bei anderen vergleichbaren Fällen, daß alle diese Phänomene ortsgebunden und/oder personengebunden sind. Das war auch in der Kanzlei Adam so. Deshalb wurden nie an einem Wochenende, sondern nur während der Bürozeit diese Phänomene beobachtet! Wir konnten in Ausschließungsversuchen auch nachweisen, daß alle Phänomene mit der Anwesenheit einer jugendlichen Angestellten korreliert waren, die aber ihrerseits nur als unbewußter Katalysator fungierte.«[32]

Solche Beobachtungen verdeutlichen, daß auch wissenschaftlich nicht erklärbare Erscheinungen von *definierbaren* Bedingungen abhängen, also gewissen Gesetzmäßigkeiten unterworfen sind. Sie können keineswegs immer und überall auftreten. Aber diese Wirkungsprinzipien für paranormale Vorkommnisse erforschen zu wollen, setzt zuallererst voraus, die Existenz nichtstofflicher Wirklichkeiten anzuerkennen. Andernfalls tut sich eine unüberwindbare Grenze auf, und alles bleibt rätselhaft und mystisch.

Noch scheuen Wissenschaftler meist davor zurück, den Blick über diese Grenze zu wagen und derlei Geschehnissen unvoreingenommen und zugleich mit sachlicher Logik zu begegnen. Vor allem aber zeigt sich bisher noch keine ernsthafte Bereitschaft, die bestehende Weltsicht grundsätzlich zu überdenken und die Einflußnahme nichtmaterieller Kräfte auf die physische Welt nicht nur als Möglichkeit in Betracht zu ziehen, sondern sie als Normalfall anzuerkennen. Im Grunde könnte man ja jeden menschlichen Willensakt, jeden Gedankengang, der daraus folgt, jeden Handgriff als „paranormale Erscheinung" bezeichnen. Denn nichts von der *Lebendigkeit* dieser Vorgänge ist durch Physik und Chemie allein erklärbar; man kann überall nur die Auswirkungen unserer geistigen Kraft beschreiben.

Während aber die Naturwissenschaft – zumindest nach außen hin – noch nicht erkennen läßt, einen Erkenntnisweg gehen zu wollen, der das Nichtstoffliche miteinbezieht, ist allgemein ein immer größer werdendes Bedürfnis nach Auseinandersetzung mit dem Transzendenten vorhanden. Auch diese Tatsache mag man als wegbereitend für eine spiritueller orientierte Zukunft werten. Tilman Steiner, Moderator einer Wissenschaftssendung des Bayerischen Fernsehens, schloß im Dezember 1988 einen Beitrag, der sich einmal mehr mit dem „Fall Rosenheim" beschäftigte und in welchem auch Friedbert Karger zu Wort kam, mit einer Bemerkung, die den allseits vorhandenen Wunsch nach einer mutigen Neuorientierung der Naturwissenschaften deutlich anklingen ließ:

> *»Mit Paraphysik haben sich die berühmtesten Physiker befaßt, aber alle immer sozusagen nur inoffiziell, aus Angst, nicht ernst genommen zu werden. So ist es kein Wunder, daß auch Karger seine Forschungen neben seiner Plasmaphysik betreibt. Das Entscheidende scheint mir zu sein, daß hier einer nicht sagt: ,Ich bin Naturwissenschaftler, so etwas gibt's nicht, laßt den Quatsch', sondern daß er die Möglichkeit solcher Phänomene, ja, die Gegenwart des Transzendenten anerkennt!«*[33]

Mit dem Jenseits auf »Tuchfühlung«

Natürlich wird die Begeisterungsfähigkeit für alles, dessen Ursprung jenseits der fünf Sinne liegt, derzeit oft noch durch schillernde Wegelagerer auf fragwürdige Pfade geleitet. Bizarr geschminkte Wahrsagerinnen, entrückte Astrologen, computerunterstützte Karmaleser und was sich sonst noch alles am esoterischen Wundermarkt tummelt: sie alle – wie ihre blindgläubigen Kunden – erbringen den traurigen Beweis dafür, daß man sich diesem Bereich weder verantwortungsvoll noch wissend nähert. Dabei scheint die Ahnungslosigkeit um so größer zu sein, je inniger jemand sich auf Tuchfühlung mit den „höchsten Höhen" wähnt.

Als Beispiel dafür können die spiritistischen Gruppen dienen, die sich am Tischrücken oder Pendeln ergötzen. Solche meist aus Neugier und Lust an Gänsehaut provozierten Jenseitskontakte sind relativ leicht herzustellen und für viele Praktizierende auch ein schlagender Beweis dafür, daß es mehr gibt als die mit den fünf Sinnen wahrnehmbare physische Welt.

Aber ihre Vorstellungen darüber, mit wem beziehungsweise mit welchen jenseitigen „Höhen" sie dabei verkehren, sind gewöhnlich purer Aberglaube. Wenn sich nicht gerade verstorbene Menschen aus dem persönlichen Bekanntenkreis zu Wort (beziehungsweise zu Tisch) melden, so sind es nach Ansicht vieler Spiritisten vornehmlich geistig hochstehende oder wenigstens geschichtsträchtige Gestalten, die über das Tischchen, das Glas oder das Pendel „lichtvolle Auskünfte" geben.

Manfred Kyber parodierte diesen verbreiteten Irrglauben, über das Tischrücken mit besonders prominenten Persönlichkeiten in Verbindung treten zu können, in seiner Geschichte „Die spiritistische Sitzung" auf köstliche Art: In Klein-Oberniederhausen, einem Örtchen, an dem sonst nicht viel los ist, treffen einander der Bürgermeister, eine medial veranlagte Milchfrau und noch drei weitere Säulen der höheren Gesellschaftskreise, die sich allesamt nach interessanten Kontakten sehnen, regelmäßig zur Sitzung am Tisch und harren der namhaften Jenseits-Gestalten, die sich bei ihnen melden. Eines Nachts jedoch klopft Charles Darwin an – gar nicht zur Freude der Anwesenden:

> *»Darwin war ein unbeliebter Punkt. In Klein-Oberniederhausen wollte niemand vom Affen abstammen. Es entstand eine ängstliche Pause. Endlich ermannte sich der Bürgermeister und fragte: ‚Sind Sie immer noch der Ansicht, daß die Menschen vom Affen abstammen, Herr Professor?‘*
> *‚Der Adel jedenfalls nicht‘, sagte Fräulein von Brettbusen.*
> *‚Ich habe meine Ansicht geändert‘, sagte Darwin, ‚die meisten Menschen haben den Affen nicht hinter sich, sondern noch vor sich.‘*
> *Alle schwiegen. Der Ausdruck machte Eindruck, aber der Eindruck kam nicht zum Ausdruck. Nur die Milchfrau gurgelte leise vor sich hin. Man hob die Sitzung auf und weckte sie.«[34]*

Weniger witzig können allerdings die Folgen solcher Praktiken sein: In Wirklichkeit werden normalerweise nämlich keine hohen Geister oder prominenten Persönlichkeiten angesprochen, sondern nur niedrige, also für den spirituellen Fortschritt unerhebliche feinstoffliche Ebenen. Beim „Tischrücken" und ähnlichen Spielereien reicht man zumeist solchen jenseitigen Zeitgenossen die Hand, deren erdgebundene Gesinnung kaum wegweisend sein kann – ganz abgesehen von den nicht unerheblichen Gefahren, die aus der zunehmenden psychischen Abhängigkeit von solchen Kontakten resultieren.

Generell gilt als Regel für alle paranormalen Erlebnisse beziehungsweise Jenseitskontakte: Was sich nicht natürlich und spontan ergibt, sondern durch besondere Bemühungen oder irgendwelche Schulungen künstlich großgezogen wird, das rächt sich später in irgendeiner Form. Wo sich ein Ereignis jedoch in natürlicher Form einstellt, dort sollte man danach trachten, es in der richtigen Wertigkeit zu sehen und nutzbringend in das Leben miteinzubeziehen.

Wir *müssen* letztlich ja den Bann des Materiellen überwinden, so wir auf unserem Erkenntnisweg voranschreiten und wieder zurück zu Gott finden wollen. Im Normalfall stehen allerdings keine ungewöhnlichen paranormalen Ereignisse auf der Tagesordnung, die uns zum Nach- und Umdenken drängen, sondern wir sind auf unser eigenes ernstes Wollen angewiesen, um bewußt erlebend voranzuschreiten und jene breit ausgetretenen Wege verlassen zu können, auf denen das Gros der Menschheit, einem Zug der Lemminge gleich, der eigenen Vernichtung entgegenstürmt. Nicht aus dem Wünschen, Träumen und Hoffen, sondern nur aus dem festen Wollen erwächst die für jede spirituelle Entwicklung so notwendige Überzeugung.

Wahre Überzeugung, die keine Bestätigung mehr von außen benötigt, weder Streitgespräche noch besserwisserische „Reibung" an Mitmenschen, auch keine Verurteilung Andersdenkender (all das gehört ja zusammen!) – sie ist es, die alle herausragenden Menschen auszeichnet, die heute schon ihren Weg in Besonnenheit abseits des gedanklichen Hauptstroms gehen und in ihrer ausgeprägten, aber uneitlen Eigenständigkeit in besonderer Weise berühren.

Lebensbeispiele Grander und Schauberger

Zu Persönlichkeiten dieser Prägung möchte ich beispielsweise den Tiroler Naturforscher Johann Grander zählen, der durch seine „Wasserbelebung" weithin bekannt geworden ist und den ich vor einiger Zeit in seinem idyllischen Heimatort Jochberg kennenlernen konnte.[35] Beeindruckend waren für mich dabei weniger die Wirkungen seines magnetisierten Wassers – über dessen Herstellung man ohnehin nur Mutmaßungen anstellen kann, weil alles damit Zusammenhängende unter das Siegel „Betriebsgeheimnis" fällt – als vielmehr die tiefe Innenwelt dieses Mannes, die aus seinen Aussagen immer wieder durchbricht.

Einen, vielleicht den zentralen Punkt in Johann Granders eigener Lebensphilosophie könnte man mit der „Ruhe in sich selbst" beschreiben, verbunden mit dem Streben nach größtmöglicher geistiger Freiheit. Und vielleicht ist in unserer flimmernden Multimediawelt das Bemühen eben darum sogar am allernötigsten! Denn vor allem unsere Gedanken sollen frei von fremden Einflüssen bleiben, die das eigene innere Wollen und Lichtwärtsstreben unterdrücken. Grander sagt:

> *»Der Mensch ist das einzige Wesen mit einem freien Willen, er kann frei sein, aber er muß schauen, daß er in seine Wohnung oder in sein Haus keine Untermieter reinläßt, so daß er dann in den Keller runter muß, wenn der oben etwas anschafft. Es gibt vieles, was kritisch ist und der eigenen Freiheit im Weg stehen kann, zum Beispiel die fixen Gedanken von politischen Parteien oder Religionen.«*[36]

Johann Granders Ausdrucksweise ist einfach und eigenständig, aber vielleicht gerade deshalb so beeindruckend, weil sie unterstreicht, daß hier ein Mensch *aus sich heraus*, ohne großartige Schulbildung oder konfessionelle Vorprägung, zu bedeutenden spirituellen Erfahrungen und Erkenntnissen gelangte. „Von oben führen und von unten nicht verführen lassen", ist sein persönliches Motto. Und wäre das nicht eine wünschenswerte Gesinnung für *jeden* Menschen?

Sollte die ideale geistige Orientierung – frei von jener drückenden Verstandeslast, die uns aus dem Sündenfall[37] erwuchs – nicht auf das demütige Empfangen von Wissen ausgerichtet sein anstatt auf eiferndes Streben danach? Letzteres läßt sich im weltweiten Wissenschaftswettbewerb nicht vermeiden; ersteres fehlt uns indes meist ganz. Dabei sind gerade die wesentlichen Schöpfungszusammenhänge, alle Antworten auf die sogenannten letzten Dinge, durch Schulweisheit allein nicht erfahrbar.

Das bringt auch Johann Grander zum Ausdruck, wenn er seine nach innen gerichtete Art, über zentrale Lebensfragen Klarheit zu gewinnen, mit den Worten beschreibt: „Wenn ich was wissen will, dann frag' ich. Und ich *bekomm'* die Antwort!" Auf diese Art und Weise formte sich der Tiroler Naturforscher ein durchaus beeindruckendes Weltbild, das viele Ansätze von allgemeinem Wert enthält:

> *»Wiedergeburt zum Beispiel ist etwas Selbstverständliches. Und alle, die hier auf der Erde etwas angerichtet haben, müssen wieder zurück und aufräumen. Was aber jemand gelernt hat, nimmt er mit auf die Station, wo er hingehört. Die Kirche sagt dazu ‚Himmel', aber da gibt's Tausende, Millionen von Himmeln. Jeder geht nach dem Tod genau in die Stufe ein, wo er hingehört. Dieses Wissen müßten alle Menschen erfahren, das wäre sehr wichtig. Nach dem Sterbetag braucht niemand am Friedhof warten, bis die Gebeine wieder auferstehen. Die Auferstehung findet sofort statt!«[38]*

Das Lebensbeispiel Johann Grander verdeutlicht, daß es dem Menschen auch heute noch – in einer scheinbar so komplizierten, unübersichtlichen und dunkel umlagerten Welt – durchaus möglich ist, zu einer Qualität des Wissens zu finden, die sich jenseits eifernder Gelehrsamkeit auftut. In mancher Hinsicht können seine Gedanken als wegbereitend für eine neue Zeit eingestuft werden, ebenso wie die anderer bedeutender Persönlichkeiten des 19./20. Jahrhunderts, die sich als begabte „Querdenker" einen *eigenen*, von schulischem Wissen nicht in vorgeprägte Bahnen gezwängten Zugang zu den Wundern der Schöpfung erarbeiteten. Zu ihnen darf man beispielsweise Nikola Tesla[39] (1856–1943) oder auch Viktor Schauberger[40] (1885–1958) zählen, die nicht nur mit überraschenden Ideen und Forschungsansätzen, sondern mit ebenso beeindruckenden Erfindungen auf sich aufmerksam machten – beziehungsweise darauf, daß

278

eine im Materiellen beschränkte Weltsicht doch nicht für alle Zukunft „das Gelbe vom Ei" sein kann.

Nikola Tesla[41] beschäftigte sich mit neuen Formen der Energiegewinnung und -nutzung, Viktor Schauberger verschrieb sich auf Grund tiefgehender Naturbeobachtungen dem Implosionsprinzip[42], weil er dieses als in der Schöpfung *aufbauend* erkannte – während unsere Technik weitgehend auf das (zerstörerisch wirkende) Explosionsprinzip setzt. Schauberger sagte:

> *Die Bewegungsform, die erschafft, entwickelt, veredelt und aufbaut, ist (...) eine spiralige Bewegung von außen nach innen in Richtung eines Bewegungszentrums – eine zentripetale Bewegung. Wir finden sie überall in der Natur dort, wo aufbauende Kräfte am Werk sind: in den Spiralnebeln draußen im Weltall, im Bewegungsbild unseres Planetensystems, in der Bewegung des natürlichen Wassers, des Blutes und der Säfte. Die zersetzende, auflösende Bewegungsform dagegen ist zentrifugal. Sie zwingt das Bewegungsmedium von einem Zentrum hinaus in Richtung Peripherie. Es ist eine ‚gerade' Bewegung. Die Teilchen im Medium werden förmlich aus dem Zentrum zur Peripherie hinausgeschleudert. Das Medium wird aufgelockert, aufgelöst und zerfällt. Diese Bewegung verwendet die Natur, um verbrauchte Komplexe aufzulösen, um dann erneut aus den einzelnen Bruchstücken neue Formen, neue Ganzheiten durch die konzentrierende Bewegung zusammenzusetzen. (...) In der Natur findet eine ständige Wechselwirkung zwischen beiden Bewegungsformen statt, aber die aufbauende Bewegung muß überwiegen, um eine Entwicklung überhaupt ablaufen lassen zu können.*[43]

Weil Viktor Schauberger aber erkannte, daß die gegenwärtige Technik in nahezu allen Bereichen auf die expansive, zerstörerische Bewegungsart setzt, was seiner Ansicht nach zu keiner schöpfungsgemäßen Entwicklung, sondern im Gegenteil zu einem allgemeinen Rückgang führt, formulierte er den oft zitierten Satz:

> *Man hält mich für verrückt. Mag sein, daß man recht hat. In diesem Fall spielt es keine Rolle, ob ein Narr mehr oder weniger auf der Welt ist. Wenn es aber so ist, daß ich recht habe und daß die Wissenschaft irrt, dann möge der Herr sich der Menschheit erbarmen.*[44]

Sowohl Viktor Schauberger als auch Nikola Tesla blieben zwar als große Forschergeister in bester Erinnerung – jedoch vor allem wegen der Nutzanwendung ihrer praktischen Erfindungen; im Fall Schauberger sind dies vor allem Geräte für die Wasserwirtschaft (zum Beispiel das „Wendelrohr") oder die Landwirtschaft (Kupfer-Gartengeräte), bei Nikola Tesla denkt man natürlich an Radio und Radar. Die *grundlegenden*, oft auch visionären Gedanken dieser Persönlichkeiten gerieten jedoch weitgehend in Vergessenheit.

Vielleicht werden wir noch einmal nach ihnen „graben". Denn längst ist deutlich geworden, daß es mit der Ausbeutung der Natur, gedankenloser Energieverschwendung und einer Gesinnung, die nur auf das Nehmen anstatt auf Gleichgewicht ausgerichtet ist, nicht weitergehen kann. Wir werden zu erkennen haben, daß wir nur Gäste in Gottes großer Schöpfung sind – dazu eingeladen, alles Bestehende zu genießen, aber im Gegenzug zu würdigem, dankbarem Verhalten verpflichtet.

Doch welche reelle Chance besteht, daß ein solches gottzugewandtes Bewußtsein sich wirklich allgemein durchsetzt? Sind wir in unserem selbstzufriedenen Dahindämmern nicht äonenweit entfernt von einem mutigen Aufbruch zu neuen Ufern – trotz aller Begeisterung für das Transzendente, welche die heutige Gesellschaft prägt; trotz aller Sehnsucht nach tieferer Wahrheit, die immer öfter zum Ausdruck kommt?

Wo stehen wir zu Beginn des 21. Jahrhunderts – geistig?

Blick zurück – und nach vorn!

In den ersten beiden Teilen dieses Buches habe ich mich darum bemüht, zentrale Aspekte der Kulturgeschichte und geistigen Entwicklung der Menschheit darzustellen, soweit uns das Wissen oder Ahnen um die Vergangenheit durch Forschungsergebnisse oder Mythen zugänglich ist.

Wir haben uns mit der *Furcht und Ehrfurcht* beschäftigt, welche uns seit Anbeginn auf unserer langen spirituellen Reise durch die physische Welt begleiteten – bis das Kommen des Gottessohnes die ersehnte Erfüllung lang gehegter Hoffnungen und den Beginn einer neuen Zeit brachte.

Danach konnten wir den *Verfall des Glaubens* nachvollziehen, dessen eigentliche Ursachen immer wieder in dogmatischen Vorstellungen begründet waren, mit denen geistliche Würdenträger sich selbst und ihre Konfessionen vom Schöpfer, von der Wahrheit und dem Licht trennten.

Nun stehen wir *am Beginn einer neuen Zeit* – und vor der Entscheidung, entweder Lehren aus unserer Vergangenheit zu ziehen, die Hintergründe zu erkennen, die zum Versagen führten, und zugleich die Chance zu einer großen Läuterung wahrzunehmen, wie sie jetzt gegeben ist – oder aber wir verzichten leichtfertig auf jene Zukunft, die der Menschheit als „tausendjähriges Friedensreich" verheißen ist.

Der dritte Teil dieses Buches möchte die Entscheidung *gegen den geistigen Tod* unterstützen und richtungweisend in die Zukunft wirken.

Wenn wir eine Wiederkehr Gottes in unsere Herzen ersehnen, dann haben wir in zweierlei Hinsicht die Voraussetzungen dafür zu schaffen: Vorerst ist ein neues Bild vom Wirken des Schöpfers nötig, das, von allen Schlacken bisheriger Irrtümer gereinigt, den Glauben zur Überzeugung veredelt – darum wird es im nächsten Kapitel gehen –, sodann aber muß die eigene, bemühte *Tat* folgen, das *Bekennen* nach dem *Erkennen*.

Noch wissen wir im Grunde nichts von unserem Schöpfer und kümmern uns kaum um dessen Willen und Wirken. Zentrale Begriffe wie „Gottesliebe" oder „Gottgerechtigkeit" blieben bis jetzt nur leere, bedeutungslose Worthülsen, noch dazu schwer beladen durch falsche Vorstellungen unterschiedlichster Prägung. In dieses Dickicht gilt es nun einen lichtvollen, weithin sichtbaren Weg zu schlagen!

Die Gralsbotschaft von Abd-ru-shin[45] bietet dazu nach meiner Überzeugung die bestmögliche wegbereitende Hilfestellung – jenes Wissen, das ein geistiges Neuwerden erlaubt. Sie war für die folgenden Ausführungen Leuchte und Stab.

Anmerkungen und Literaturhinweise zu Teil 3, Kapitel 7

1 Vgl.: Werner Huemer: „Echtes Leid durch falsche Propheten", erschienen in der Zeitschrift „GRALSWELT", Heft 9, Verlag der Stiftung Gralsbotschaft, Stuttgart, 1998

2 Vgl.: Teil 2, Kapitel 4

3 Am 25. Juni 1947 meldete die amerikanische Nachrichtenagentur AP die erste „UFO-Sichtung": Kenneth Arnold, ein erfahrener Such- und Rettungsflieger, habe bei einem Flug über den Mt. Rainier im US-Bundesstaat Washington so etwas wie „fliegende Untertassen" gesehen.

4 Vgl.: Werner Huemer: „Das UFO-Phänomen", erschienen in der Zeitschrift „GRALSWELT", Heft 8, Verlag der Stiftung Gralsbotschaft, Stuttgart, 1998

5 Zitiert aus: Wladislaw Raab: „Unheimliche Begegnungen – Ein Forschungsbericht", CTT-Verlag, Suhl, 1997

6 Sogenannte Ausleibigkeitserfahrungen kommen üblicherweise im Rahmen von Todesnäheberichten vor: Dabei sieht jemand von außen auf seinen Körper, wobei er diesen – was besonders beeindruckend erscheint – nicht wie im Spiegelbild, sondern vollständig dreidimensional, also in seiner ganzen „Fülle" erlebt.

7 Vgl. dazu: Teil 2, Kapitel 6

8 Vgl.: Werner Huemer: „Das Kornkreis-Phänomen – Rätsel? Kunst? Geheimbotschaft?", erschienen in der Zeitschrift „GRALSWELT", Heft 12, Verlag der Stiftung Gralsbotschaft, Stuttgart, 1999

9 Doug Bouwer und Dave Chorley behaupteten, das ganze Kornkreis-Phänomen sei ihre Idee gewesen und legten über ihre nächtlichen Aktionen, mit denen sie 1978 begonnen hatten, umfangreiches Dokumentationsmaterial vor.

10 Clemens Richter: „Die Angelner Kornkreise", Schwochow Media, Hamburg; zitiert nach: Ulrike Kutzer: „Kunst im Korn", in „ZeitGeist", 1998

11 Vgl. Siegfried Hagl, Christian Baur, Gerhard Feldmann, Monika Schulze, Werner Huemer: „Das Jahrhundert der Utopien", in: „GRALSWELT Themenheft", Heft 3, Verlag der Stiftung Gralsbotschaft, Stuttgart, 1999

12 Zitiert aus: Abd-ru-shin: „Im Lichte der Wahrheit – Gralsbotschaft", Band 2, Verlag der Stiftung Gralsbotschaft, Stuttgart, 1998 (Vortrag: „Das Geheimnis Luzifer")

13 Abd-ru-shin stellt dieses „wahre Prinzip" dem „Luzifer-Prinzip" (Verführung und anschließendes Sichausleben) gegenüber, welches auf die Vernichtung alles Schwachen abzielt.

14 Zitiert aus: Abd-ru-shin: „Im Lichte der Wahrheit – Gralsbotschaft", Band 2, Verlag der Stiftung Gralsbotschaft, Stuttgart, 1998 (Vortrag: „Das Geheimnis Luzifer")

15 Zitiert aus: Monika Schulze: „Frauensache", Verlag der Stiftung Gralsbotschaft, Stuttgart, 2000

16 Zitiert aus: Monika Schulze: „Frauensache", Verlag der Stiftung Gralsbotschaft, Stuttgart, 2000

17 Vgl. dazu: Teil 2, Kapitel 4

18 Vgl. dazu: Teil 2, Kapitel 6

19 Zitiert aus: Abd-ru-shin: „Im Lichte der Wahrheit – Gralsbotschaft", Band 2, Verlag der Stiftung Gralsbotschaft, Stuttgart, 1998 (Vortrag „Ich bin die Auferstehung und das Leben, niemand kommt zum Vater denn durch mich!")

20 Zitiert aus: Abd-ru-shin: „Im Lichte der Wahrheit – Gralsbotschaft", Band 3, Verlag der Stiftung Gralsbotschaft, Stuttgart, 1998 (Vortrag „Wesenskeime")

21 Zitiert aus: Abd-ru-shin: „Im Lichte der Wahrheit – Gralsbotschaft", Band 2, Verlag der Stiftung Gralsbotschaft, Stuttgart, 1998 (Vortrag „Ich bin die Auferstehung und das Leben, niemand kommt zum Vater denn durch mich!")

22 Zitiert aus: Abd-ru-shin: „Im Lichte der Wahrheit – Gralsbotschaft", Band 2, Verlag der Stiftung Gralsbotschaft, Stuttgart, 1998 (Vortrag „Ich bin die Auferstehung und das Leben, niemand kommt zum Vater denn durch mich!")

23 Vgl. Teil 2, Kapitel 5

24 Eine ausführliche Darstellung dieses Falles findet der interessierte Leser in meinem Beitrag „Dem Geist auf der Spur", erschienen in: „GRALSWELT", Heft 2, Verlag der Stiftung Gralsbotschaft, Stuttgart, 1997.

25 Zitiert aus: Stadtwerke Rosenheim, Abteilung Elektrizitätswerk, Revisionsabteilung: Revisionsbericht vom 21. 12. 1967.

26 Dr. F. Karger und Dr. G. Zicha

27 Zitiert nach Dr. F. Karger, aus: W. Huemer: „Dem Geist auf der Spur", erschienen in der Zeitschrift „GRALSWELT", Heft 2, Verlag der Stiftung Gralsbotschaft, Stuttgart, 1997

28 Zitiert nach: „Dem Geist auf der Spur", in: „GRALSWELT", Heft 2, Verlag der Stiftung Gralsbotschaft, Stuttgart, 1997

29 Vgl.: Werner Huemer: „Das Geheimnis der Feuergeher", in: „GRALSWELT", Heft 14, Verlag der Stiftung Gralsbotschaft, Stuttgart, 1999

30 Vgl.: Dr. Gerd Harms: „Metaphysische Energien", in: „GRALSWELT Themenheft", Heft 5, Verlag der Stiftung Gralsbotschaft, Stuttgart, 2000

31 Vgl.: Christopher Vasey: „Das Blutgeheimnis", Verlag der Stiftung Gralsbotschaft, Stuttgart, 1993. Eine Zusammenfassung zu diesem Thema findet der interessierte Leser in einem gleichnamigen Beitrag der Zeitschrift „GRALSWELT", Heft 1, Verlag der Stiftung Gralsbotschaft, Stuttgart, 1996.

32 Zitiert aus: Werner Huemer: „Dem Geist auf der Spur", erschienen in der Zeitschrift „GRALSWELT", Heft 2, Verlag der Stiftung Gralsbotschaft, Stuttgart, 1997

33 Zitiert aus: „Aus Forschung und Lehre", Bayerisches Fernsehen, Dezember 1998

34 Zitiert aus: Manfred Kyber: „Die helle Nacht der mythologischen Gestalten", Wilhelm Heyne Verlag, München, 1987

35 Vgl.: Werner Huemer: „Johann Granders stille Wunder", erschienen in der Zeitschrift „GRALSWELT", Heft 8, Verlag der Stiftung Gralsbotschaft, Stuttgart, 1998

36 Zitiert aus: „Ich bin ja nur ein Knecht – Ein Interview mit dem Tiroler Naturforscher Johann Grander", erschienen in der Zeitschrift „GRALSWELT", Heft 8, Verlag der Stiftung Gralsbotschaft, Stuttgart, 1998

37 Vgl. dazu: Teil 1, Kapitel 2

38 Zitiert aus: „Ich bin ja nur ein Knecht – Ein Interview mit dem Tiroler Naturforscher Johann Grander", erschienen in der Zeitschrift „GRALSWELT", Heft 8, Verlag der Stiftung Gralsbotschaft, Stuttgart, 1998

39 Eine Kurzbiographie über Nikola Tesla findet der interessierte Leser bei: Dr. Ing. Gerd Harms: „… und läuft und läuft und läuft …", erschienen in der Zeitschrift „GRALSWELT", Heft 10, Verlag der Stiftung Gralsbotschaft, Stuttgart, 1999.

40 Kurzbiographien über Viktor Schauberger bzw. seinen Sohn Walter Schauberger findet der interessierte Leser bei: Erich Filler: „Mit dem Wasser fängt es an" bzw. „Wasser und die Harmonie der Welt", erschienen in der Zeitschrift „GRALSWELT", Heft 8 bzw. Heft 9, Verlag der Stiftung Gralsbotschaft, Stuttgart, 1998

41 Nach Nikola Tesla ist auch eine physikalische Maßeinheit benannt, welche die Magnetflußdichte (Induktion) beschreibt.

42 Mehr über dieses Prinzip erfährt der interessierte Leser in der Zeitschrift „GRALSWELT Themenheft", Heft 5 (Energie), Verlag der Stiftung Gralsbotschaft, Stuttgart, 2000.

43 Zitiert nach: Erich Filler: „Mit dem Wasser beginnt es …", erschienen in der Zeitschrift „GRALSWELT", Heft 8, Verlag der Stiftung Gralsbotschaft, Stuttgart, 1998

44 Zitiert nach: Erich Filler: „Mit dem Wasser beginnt es …", erschienen in der Zeitschrift „GRALSWELT", Heft 8, Verlag der Stiftung Gralsbotschaft, Stuttgart, 1998

45 Zu Entstehung und Bedeutung dieses Werkes vgl. Teil 2, Kapitel 6. Seit ihrer ersten Publikation vor rund 70 Jahren wurde die Gralsbotschaft in bisher 15 Sprachen übersetzt. Zu ihrer weltweiten Verbreitung wurde die gemeinnützige „Stiftung Gralsbotschaft" gegründet. Derzeit ist das Werk Abd-ru-shins bereits in rund 70 Ländern der Erde erhältlich.

8. Wie Gott in dieser Welt wirkt

Davidd Copperfield, jener weltbekannte Zauberkünstler, der vor den Augen seines staunenden Publikums Eisenbahnwaggons verschwinden läßt, durch die Chinesische Mauer schlüpft oder fliegend die Lüfte durchschwebt, hat mit allzu wundergläubigen Zeitgenossen bisweilen ein Problem. Sie unterstellen ihm, daß seine verblüffenden Tricks nicht nur auf Fingerfertigkeit und aufwendiger technischer Kulisse beruhten, sondern daß er wirklich – gottähnlich – imstande sei, die Gesetze der Physik außer Kraft zu setzen. Und sie erwarten der Wundertaten mehr von einem solchen Mann.

Natürlich fällt es uns leicht, über derlei Einfalt schmunzelnd hinwegzusehen, denn wir wissen im Grunde ja, daß Copperfields Wunder aus Hebebühnen, Spiegeln, Schall und Rauch bestehen. Etwas schwieriger wird es allerdings, wenn es um die Beurteilung von Menschen geht, deren Fähigkeiten weniger bühnenreif sind, weil sie teils nichtstoffliche Schöpfungsebenen ansprechen. Solchen Wunderaposteln schreibt man heute beispielsweise zu, das Karma anderer „auflösen", kraft ihres „inwendigen Auges" astral durch die Welt reisen oder sich von purem Licht ernähren zu können. Und wieder steht das Bild des „Gottähnlichen" im Raum.

Wir wollen hier nicht die Frage weiter vertiefen, was von dem aktuellen Angebot „herausragender Spiritualität" wirklich möglich und was Selbsttäuschung oder Schwindel ist; belassen wir es bei der wohlwollenden Feststellung, daß wir im allgemeinen von den Dimensionen und Möglichkeiten der Nutzung geistiger Kraft, wie unser Inneres sie lenkt und leitet, noch sehr wenig wissen. Jedenfalls aber darf – aus Gründen, die in diesem Kapitel verdeutlicht werden – *keine* menschliche Fähigkeit, und sei sie noch so herausragend, tatsächlich als „gottähnlich" gedeutet werden.

285

Und doch sind gerade solche Assoziationen gang und gäbe. Denn womit sonst verbindet man das Wirken des Schöpfers so innig wie mit dem Ungewöhnlichen, Über-den-Alltag-Hinausweisenden. Wir meinen, Göttliches müsse sich eben dadurch offenbaren, daß es „wahre Zauberkunst" wirkt, also Naturgesetze außer Kraft setzt oder zumindest Geschehen auslöst, die uns durch die Unbegreiflichkeit des Übernatürlichen beeindrucken.

Nebulöse Annahmen, verschwommene Vermutungen

Dabei ist dieser sensationslüsterne Wunderglaube[1] nur *ein* Aspekt in einem dichten Netzwerk nebulöser Annahmen und verschwommener Vermutungen, die das Wirken Gottes in dieser Welt beschreiben wollen – und dabei doch nicht darüber hinwegtäuschen können, daß wir von dem Einen Schöpfer, dessen Sein das Empfinden unzähliger Menschen seit Jahrtausenden beflügelt, so gut wie gar nichts wissen. Kümmert Gott sich wirklich um jeden einzelnen von uns, alle Gedanken und Taten abwägend, um zu belohnen oder zu bestrafen? Liebt und vergibt uns der Schöpfer tatsächlich, sobald wir ihn in langen Gebeten darum bitten und sonntags zur Kirche gehen? Oder hat er am Ende die Welt sich selbst überlassen und greift in unser persönliches Schicksal gar nicht ein?

Warum läßt Gott all das Leid auf Erden zu und die vielen Ungerechtigkeiten? Wo finden wir seine vielgepriesene Allmacht, die große Liebe und Gerechtigkeit? Wie ist seine Allgegenwart zu begreifen? Seine Allweisheit? Wenn wir tatsächlich eine Wiederkehr Gottes in unsere Herzen, Gedanken und Taten erstreben, kommen wir nicht umhin, klare Antworten auf diese und ähnliche Fragen zu finden. Wir müssen den Schöpfer – so gut uns das als Menschen gelingen kann – begreifen, *wie Er ist*.

Dazu allerdings ist vorerst einmal die Erkenntnis vonnöten, was denn bisher das Erahnen dieser höchsten Wirklichkeit so sehr verdunkelt hat. In den vorausgegangenen Kapiteln dieses Buches war schon viel von „Zerrbildern" die Rede, von jenen Vermenschlichungen und Entstellungen, welche die Erhabenheit des Allerhöchsten so sehr entwürdigten, daß es eigentlich keinem ernsthaft denkenden Menschen zu verübeln ist, wenn er an *diesen* Gott der Kirchen und Kulte nicht glauben kann.

Hinter allen üblichen Vorstellungen eines wunderwirkenden, persönlich richtenden oder auch vertrauenden Gottes aber lassen sich unschwer Wünsche ausmachen: *Wir* wollen über allen Gesetzen stehen, weil darin die große „Freiheit" vermutet wird; *wir* erträumen uns, alle anderen Menschen unter uns gestellt zu wissen, um sie nach Gutdünken belohnen oder bestra-

286

fen zu können usw. Oft genug wurde in der Geschichte ja jenen Machthabern, die sich anmaßten, willkürlich über Leben und Tod anderer zu entscheiden, „Göttlichkeit" attestiert.

Doch es geht nicht nur um den Begriff von „Allmacht". Das Überhöht-Menschliche bildet auch die Basis für viele andere falsche Vorstellungen vom Gotteswirken: Wir unterstellen dem Schöpfer *Liebe* – und meinen damit jene fragwürdige Einstellung, die stets nur auf die Wünsche des anderen Rücksicht nimmt, alles ohne weiteres verzeiht und bisweilen auch das Schwindeln rechtfertigt, wenn die Wahrheit allzu schwer erträglich wäre. Wir glauben an die *Gerechtigkeit* Gottes – verbunden mit der unscharfen Erwartung, daß diese wohl nicht allzu streng gehandhabt wird, weil sie ja sonst der Liebe entgegenstünde. Oder wir malen uns die *Weisheit* des Schöpfers als einzigartiges Wissen aus, das jeden unserer Gedanken kennt … und natürlich auch die genaue Zahl der „Sternchen, die am großen Himmelszelt stehen".

Ein Gott zum »Anfassen«?

Im Grunde unterstellen wir dem Höchsten also durch und durch menschliche Eigenschaften, und wir klammern uns folglich auch gern an einen „Gott zum Anfassen", der uns auf Wunsch zu Diensten ist, der um unseren Glauben wirbt und der sich – nimmt man das Papsttum der katholischen Kirche ernst – willig von gewählten Menschen vertreten läßt.

Darin gipfelte bisher das Unerhörte dieses seit Generationen geförderten Gottes-Zerrbildes: daß eine selbsternannte „Geistlichkeit" unter Berufung auf einen angeblichen Schöpferwillen Macht ausübte über andere Menschen; daß sie in Seinem Namen festlegte, was Sünde ist und was als Glaubenswahrheit gilt; daß sie als von Gott „bevollmächtigt" Sünden vergibt und sich sogar bis zur Behauptung verstieg, der Schöpfer brauche den Menschen für seine Ziele.

Doch gehen wir getrost davon aus, daß diese Hirngespinste einst endgültig durchlebt sein werden und die Vorstellungen eines „Gottes zum Anfassen" künftig keiner Kirche oder Sekte mehr dazu dienen können, Glaubensanhänger und Macht zu gewinnen.

Jede Vorstellung, die in Gott so etwas wie einen *Übermenschen* vermutet, ist schon vom Ansatz her falsch!

Es gibt jedoch auch noch gegenteilige Zerrbilder, die in ihrer eher philosophischen oder wissenschaftsorientierten Prägung nicht minder aktuell sind. Man geht beispielsweise davon aus, daß die Gottheit nur eine neutrale, unpersönliche Kraft sei, vergleichbar der elektrischen Energie, die uns zwar dient, der wir uns aber keineswegs verantwortlich zu fühlen brauchen. Oder man assoziiert das physikalische „Nichts" mit ihr und definiert den Schöpfer damit ebenfalls als etwas Kaltes, Menschenfernes, mit dem Gebote und Gebete, Ethik- und Moralvorstellungen oder andere ach so menschliche Ideen nichts zu tun haben.

Nicht selten wird heute mit solchen oder ähnlich nihilistischen Gottesbildern versucht, eine neue Brücke von zeitgemäßer Forschermeinung zum altehrwürdigsten aller religiösen Begriffe zu schlagen. Doch auf der Seite des Geistigen findet dieser Bau kein Ufer, keinen Halt, denn im Grunde ist jede mechanistische Vorstellung vom Wirken des Schöpfers ebenso hohl wie der blinde Glaube an den menschlich handelnden Gott. Es fehlt ihr die Wärme echter Empfindungskraft, sie steht auf dem spröden Fundament bloßer Verstandesklügelei, mit der man dem Leben selbst – und auch unserer tiefen Sehnsucht nach bewußter, sinnvoller Verbindung zum Licht – nicht näherkommen kann. Im Gegenteil: Auch jedes „neutrale" Bild des Höchsten gibt sehr leicht unserer altbekannten Selbstherrlichkeit Nahrung, die im Grunde doch immer wieder den Menschen in den Mittelpunkt alles Geschehens rücken und Höheres ableugnen will – denn wäre der Schöpfer lediglich ein „physikalisches Nichts", könnte er wohl weder willentlich handeln, noch hätte er Bewußtsein. Und wir selbst wären der Gipfel alles Seienden.

Immer wieder erweisen sich Intelligenz und Verstandeswissen letztlich als unbrauchbar, wenn es das Lebendige zu erahnen gilt. Selbst die tiefgründigsten philosophischen Gedanken zum Thema „Gott" fanden nie ihren Weg in die Herzen der Menschen, ganz zu schweigen von den kargen Versuchen der heutigen Wissenschaft, spirituellen Werten durch materiefixierte Sachlichkeit näherzukommen.

Was wir in uns wecken müssen, um zu erahnen, wie Gott in dieser Welt wirkt, ist eine neue, empfindungsdurchglühte Art der Vernunft. Die innere Stimme unseres geistigen Kernes sollte den Erkenntnisprozeß tragen, während zugleich Logik und Sachlichkeit walten. Schon Johann Wolfgang von Goethe stellte diese „zum Göttlichen tendierende Vernunft" dem bloßen Verstand gegenüber, welcher lediglich das aus dem Leben Hervorgegangene zu beschreiben vermag, nicht aber Gott, das Leben selbst:

> *»Die Gottheit ist wirksam im Lebendigen, aber nicht im Toten, sie ist im Werdenden und Sichverwandelnden, aber nicht im Gewordenen und Erstarrten. Deshalb hat die Vernunft in ihrer Tendenz zum Göttlichen es nur mit dem Werdenden, Lebendigen zu tun, der Verstand mit dem Gewordenen, Erstarrten, daß er es nütze.«*[2]

Streben nach Gotterkenntnis

Wollen wir uns nun also mit empfindungsgetragener Vernunft der vielleicht größten Menschheitsfrage zuwenden: Wer oder was ist Gott und wie wirkt er in dieser Welt. Wenn Göttlichkeit sich nicht im billigen Wunderwirken erschöpft – worin ist sie dann zu finden? Welche ewig-unveränderliche Wahrheit über den Schöpfer gibt es, auf die sich eine spirituelle Überzeugung der Zukunft stützen könnte und die auch keiner wissenschaftlichen Forschung jemals im Wege stehen wird? Worin liegt zugleich der gemeinsame Urgrund aller monotheistischen Konfessionen des Christentums, Islams und Judentums?

Der Gralsbotschaft konnten wir schon bisher wertvolle Hinweise entnehmen, wenn es um die Klärung besonders hoher Begriffe ging, wie zum Beispiel „Heiliger Geist", „Dreifaltigkeit" oder „Gottesgebot". Nun aber sollen die Mosaiksteinchen, welche wir über das wahre Sein Gottes dort und da entdeckten, in ein großes Gesamtbild münden. Dabei wird uns das Werk Abd-ru-shins abermals hilfreich zur Seite stehen.

Am Beginn jedes Strebens nach Gotterkenntnis steht natürlich die Frage, wie wir uns den Schöpfer vorstellen können. Ihn als „über allem waltende Urkraft" zu beschreiben, mag zwar sachlich annähernd korrekt sein, wird aber – wie letztlich auch jeder andere Versuch, das Sein Gottes schriftlich darzulegen – dem *Lebendigen* nicht gerecht und würdigt auch kaum unsere spirituelle Sehnsucht.

Denn für einen religiös orientierten, demütigen Menschen geht es ja um weitaus mehr als um eine sachliche Beschreibung: Im dankbaren Bewußtsein, überhaupt leben zu dürfen, mag er vom innigen Wunsch getragen sein, in die Nähe dessen zu streben, aus dem alles Leben kommt; Ihm, dem über allen Welten thronenden Leben selbst, durch kindliche, bejahende Lebensfreude *ähnlich* zu werden. Gott ist für einen solchen Menschen unendlich erhabener und umfassender, als ein bestimmter Begriff es jemals zum Ausdruck bringen könnte. Und da mit jeder Beschreibung die Gefahr einer Einengung – wenn nicht Entstellung – verbunden ist, liest man im 2. Buch Mose die bekannten Worte:

> *»Du sollst Dir kein Bildnis noch irgend ein Gleichnis machen, (…) des, das oben im Himmel ist …«*[3]

Es ist also vorauszuschicken, daß das angestrebte Gesamtbild zum Sein und Wirken Gottes immer erst durch eine bestimmte *innere* Einstellung jedes Menschen lebendig werden kann. Alle weiteren hier zu Papier gebrachten Worte können und sollen dazu dienen, Irrungen plausibel zu machen und vor allem zum richtigen Ziel zu weisen, aber sie stoßen die Tore zur Erkenntnis nicht selbständig auf.

Im Bewußtsein darüber wollen wir uns nun vorerst der Frage widmen, wie man sich dem Begriff „Gott" denn überhaupt nähern kann, wenn wir uns doch, wie es das Alte Testament verlangt, *kein* Bildnis machen sollen.

Wesenlosigkeit

Die Gralsbotschaft gibt dahingehend einen wichtigen Hinweis. In ihr ist der Schöpfer beziehungsweise die Gottheit als „wesenlos" beschrieben. Er oder sie ist demnach etwas grundlegend anderes als alles das, was man als „Wesen", „Wesensart" oder „Wesenheit" bezeichnen kann.

Im Prinzip läßt sich ja alles Geschaffene, Entwickelte, Formgewordene als bestimmte Wesensart beschreiben. Auch das Geistige, also unser innerer Kern, wäre in dieser Betrachtung wesenhaft, und ebenso die aus der Bibel bekannten Geschöpfe der höchsten Himmel, wie die Erzengel, die Urkönigin oder die Tiere an den Thronesstufen Gottes.

Nicht jedoch der Schöpfer selbst. Er ist *das Wesenlose.* Über diesen Begriff heißt es in der Gralsbotschaft:

> *»Als wesenhaft denkt Euch* abhängig, *und als wesenlos das einzige* Unabhängige!
> *Das gibt Euch menschlich gedacht die beste Möglichkeit, sachlich näherzukommen, wenn es auch nicht das wiedergeben oder bezeichnen kann, was es eigentlich ist, oder wie es ist; denn das ‚was' könntet Ihr nie begreifen, während Ihr Euch in dieser Weise wenigstens über das ‚wie' ein ungefähres Bild machen könnt.*
> *Das Wesenlose ist also das einzig Unabhängige, während alles andere von ihm* in jeder Beziehung *abhängig ist und deshalb wesenhaft bezeichnet wird, wozu auch alles Geistige gehört ...«*[4]

Aus diesen Worten wird nochmals klar, daß nicht nur das Bild vom alten Mann mit dem Bart endgültig ausgedient hat, sondern *jegliche* Klassifizierung, weil Beschreibungen, Ein- und Beurteilungen sich immer nur auf das Wesen*hafte* beziehen können, jedoch keinesfalls auf *den* Schöpfer, *die* Gottheit beziehungsweise *das* Allerhöchste (welches natürlich auch geschlechtlich nicht eingeordnet werden kann).

Nun wäre es allerdings ein voreiliger Trugschluß, diese sachliche „Unpersönlichkeit" Gottes gedanklich einfach mit dem Begriff des „Nichts" zu verbinden und zu folgern, daß es keinerlei Bezug des Wesenlosen zur Art des Wesenhaften gibt, wodurch der Schöpfer auch dem menschlichen Bewußtsein so unerreichbar wäre, daß wir gar keine Möglichkeit hätten, Ihm im Gebet näherzukommen, geschweige denn einen „Bund mit Gott" einzugehen. Es wäre dann auch ganz egal, nach welchen Grundsätzen ein Mensch sein Leben gestaltet, ob er sich als gut oder böse erweist; der Schöpfer bliebe ihm – so oder so – ewig fern.

Daß dem nicht so ist, läßt sich aus einer weiteren Gegebenheit erahnen: Die für uns nicht faßbare Wesenlosigkeit Gottes verbindet sich nämlich einem Sinngehalt, dem wir intellektuell zwar ebenfalls hilflos gegenüberstehen, weil wir nur seine Auswirkungen beschreiben können, der aber unserem Inneren durchaus erfahrbar ist. Gemeint ist der geheimnisvolle Begriff „Leben", über den es in der Gralsbotschaft heißt:

> *»Leben, wirkliches Leben ist etwas vollkommen Selbständiges, vollkommen Unabhängiges. Sonst dürfte es nicht mit ‚Leben' bezeichnet werden. Das aber ist allein nur in* Gott! *Und da außer Gott nichts wirklich ‚lebendig' ist, hat auch er allein die Kraft, welche im Leben liegt. Er ganz allein ist demnach auch die oft genannte Urkraft oder überhaupt ‚die Kraft'! Und in der Kraft liegt wiederum das Licht! Der Ausdruck ‚Urlicht' dafür ist ebenso falsch wie der Ausdruck ‚Urkraft'; denn es gibt einfach nur das eine Licht und die eine Kraft: Gott!«* [5]

Da die Wesenlosigkeit des Schöpfers also untrennbar dem Leben verbunden ist, liegt für uns im bewußten Erfahren von Lebensnähe oder Lebendigkeit ein entscheidender Schlüssel für eine „Verbindung" zum Schöpfer. Wir sind Ihm stets dann besonders nahe, wenn wir – in der Freude oder auch im Leid – *dem Leben nahe* sind. Denken wir zum Beispiel an das Miterleben einer Geburt, an die freudestrahlenden Augen eines Kindes, an tiefes Naturerleben oder das Erfülltsein durch Herzlichkeit, Dankbarkeit und Liebe – vielleicht auch an das Hinübergehen eines uns verbundenen Menschen, den wir im Sterben begleiten durften. Diese *inneren* Erfahrungen sind es, die uns eine Verbindung zum *eigentlichen* Leben empfinden lassen, welches nur in Gott ist.

Dies läßt einen einfachen, aber entscheidenden Schluß zu: „Gottes-Nähe" erlebt nicht *der* Mensch, der eifrig Theologie studiert, getreu einer Kirche dient oder sich bei irgendwelchen religiösen Kulthandlungen besonders strebsam hervortut. Von äußeren Umständen oder berechnenden Bemühungen ist die Verbindung zum lebendigen Licht völlig unabhängig. Entscheidend ist allein das *Innere* eines jeden Menschen. Wer selbst Liebe und Herzlichkeit zu schenken vermag, sich des Lebens in kindlicher Reinheit erfreuen kann und erfüllt ist von einer demütigen Dankbarkeit seinem Schöpfer gegenüber, wessen *Herz* also weit geöffnet ist, *der* steht mit dieser Gesinnung auch dem Leben näher und darf die fördernde Kraft des Lichtes in aller Natürlichkeit empfinden, während andere davon durch sich selbst ausgeschlossen bleiben müssen.

Aus diesem Zusammenhang wird auch leicht ergründlich, warum jedwede Konfession letztlich zweitrangig ist gegenüber der einfachen Christusbotschaft, den Schöpfer und die Mitmenschen zu lieben. Alle Gottgebote wollten und wollen zu größtmöglicher Lebensnähe führen. Deshalb sind für uns geistige Werte so wichtig, denn sie vermögen uns zu erfassen und zu erheben, gleichviel, ob es um moralische Aspekte geht oder etwa um förderliche Impulse aus der Kunst. Und deshalb geht es für uns zum Beispiel auch darum, den höchsten aller Begriffe – Gott – in unserem Inneren rein zu bewahren.[6]

Es bleibe dem Leser überlassen, jedes der Zehn Gebote Gottes oder etwa die Bergpredigt Jesu daraufhin zu untersuchen, inwiefern das dabei empfohlene Denken und Tun die eigene Lebendigkeit fördert; bei ein wenig Mühe erkennt man die Zusammenhänge schnell. Stets ist es die aufbauende, helfende, fördernde Gesinnung, welche im Kontakt mit Mitmenschen die Liebe fließen, Hoffnung erblühen oder Vertrauen gewinnen läßt – und die wechselwirkend die seligmachende Empfindung weckt, geborgen zu sein in Gottes großer Schöpfung – wodurch der Begriff „Gottes-Kindschaft" zu erlebter Wirklichkeit wird.

Etwas Grundlegendes ist indes noch anzumerken, wenn wir hier über „Gottes-Nähe" sprechen: Es ist nicht wirklich die Wesenlosigkeit des Schöpfers, der wir uns in dem Maße unseres eigenen Dem-Leben-zugewandt-Seins nähern können, sondern im besten Falle finden wir Anschluß an die Auswirkungen Seiner „Ausstrahlung".

Dem in der Gralsbotschaft dargelegten Gesamtbild zufolge – das hier nur in einigen markanten Umrissen entrollt werden kann – hat die wesenlose Gottheit, das alles Leben bergende Licht, eine Ausstrahlung, die natürlich, unvermeidbar und – wesenhaft ist.

> *»Das Sein Gottes, der Kraft, des Lichtes, also des Lebens, bedingt allein schon die Schöpfungen! Denn das lebendige Licht, die lebendige Kraft kann* Ausstrahlungen *nicht vermeiden. Und diese Ausstrahlungen nun bergen alles für die Schöpfung Nötige.*
> Ausstrahlung aber ist nicht das Licht selbst!
> *Also alles außer Gott Bestehende hat seinen Ursprung nur in der Ausstrahlung Gottes! Es ist diese Ausstrahlung jedoch eine für das Licht*

selbstverständliche Wirkung. Und diese Wirkung war immer *da, von Ewigkeit an.*«[7]

Damit verdeutlicht sich ein weiteres „Merkmal" der Wesenlosigkeit des Schöpfers: Sie *bedingt* das Wesenhafte. Die Ausstrahlung des Lebens ist also formgestaltender Art, und sie birgt zugleich auch allen „Rohstoff" für die Schöpfung. Wobei „Stoff" insofern ein denkbar unvollständiges Bild vermittelt, weil es bei dem „für die Schöpfung Nötigen" vor allem um *Formen des Bewußtseins* geht, die aus dem Leben selbst herausstrahlen. Von „Stofflichkeit" kann in diesen Höhen keine Rede sein.

Der Ursprung des Bewußtseins

Und mit dem „Bewußtsein", diesem unbegreiflichen „Wach-Sein", welches das Erleben des Lebens ermöglicht, berühren wir nun einen zentralen Begriff, über den man nicht zu leicht hinweggleiten sollte, da er untrennbar zum *Göttlichen* gehört: Dieses *bedingt* Bewußtsein, nicht nur geistiges, sondern auch viele andere höhere und tiefere Formen, die für uns nur schwer nachvollziehbar sind – vom Daseinsbewußtsein des Tieres über das Selbstbewußtsein eines sich entwickelnden Menschen bis hin zum Sich-selbst-Bewußtsein des reifen Geistes.

Weil also die Ausstrahlung des Schöpfers der Ursprung allen Bewußtseins ist, werden wir im Licht um so bessere „Resonanz" finden, je bewußter unsere eigene Gesinnung ist.

Statt Mitläufertum, Dumpfgläubigkeit und Jasagerei ist mithin hohe geistige Lebendigkeit vonnöten, die Mühe und Selbstüberwindung nicht scheut. Diese Tatsache ist ein weiterer, uns aus den bisherigen Überlegungen ja nicht mehr ganz unbekannter Fingerzeig für unser Streben nach einem „gottgefälligen" Leben.

Gefällig? Diese Begriffswahl mag im Hinblick auf die Wesenlosigkeit des Schöpfers für manche Leser vorerst vielleicht unangebracht wirken. Aber beschreiten wir tatsächlich wieder den bekannten Irrweg der „Vermenschlichung" des Schöpfers, wenn wir „zur Freude des Herrn" leben möchten oder auch „Ihm zum Dank"?

Nicht wirklich. Denn wenn wir erkannt haben, daß die Ausstrahlung des Schöpfers der Ursprung allen Bewußtseins ist, dann sind natürlich gerade Empfindungen wie tiefe Dankbarkeit oder reine Freude überaus brauchbare Brücken zum Licht. Denn diese lichtwärts gerichteten Äußerungen unseres Bewußtseins, diese lebensdurchglühten Regungen unseres Inneren lassen uns im Gleichklang mit dem *eigentlichen* Leben schwingen, und wechselwirkend wird das spürbar, was man als Gottessegen bezeichnet: das Durchflutetsein von Lichtkraft, beflügelnd, belebend, beseligend.

Und es sind stets die Regungen unseres Bewußtseins, die Wirkungen verursachen beziehungsweise spürbaren Widerhall auslösen. Was wir auch tun oder lassen – immer sind die geistigen *Absichten* ausschlaggebend, nicht erst die physische Tat. Daher reagiert unsere innere Stimme bereits auf das Wollen, meldet sich ein schlechtes Gewissen schon lange im Vorfeld einer Untat. Das, was wir wollen, der Akt des Bewußtseins also, bringt Resonanz im Schöpfungsgetriebe. Schon bei der Absicht, nicht erst zum Zeitpunkt der Tat, setzt auch die geistige Verantwortung ein.

Unsere Innenwelt ist es, die wir der Kraft des Lebens öffnen können und die wir entwickeln und zum Erblühen bringen sollen. Jeder Willensakt, jede geistige und seelische Regung trägt zur Prägung der Persönlichkeit eines Menschen bei, fördert oder hemmt die Entwicklung seines Bewußtseins. Und der Gralsbotschaft zufolge liegt in dieser Entwicklung nicht nur unsere eigentliche Lebensaufgabe, sondern im Ermöglichen von Bewußtsein liegt sogar der *Sinn* aller Schöpfung!

Das Entstehen der Schöpfung

Mit dem Begriff „Schöpfung" kommen wir nun auf unsere Heimat zu sprechen. Denn alle urewigen Unendlichkeiten, mit denen wir uns bisher befaßt haben – die Wesenlosigkeit Gottes und ihre wesenhafte Ausstrahlung – hatten noch nichts mit dem *Werk* des Schöpfers zu tun, dessen Ursprung uns nun aber beschäftigen wird.

Übereinstimmend mit der heutigen Naturwissenschaft berichtet die Bibel, daß es für alle Schöpfung einen Anfang gab. Dies, als der Herr das große Wort sprach:

▌ *»Es werde Licht. Und es ward Licht.«*[8]

Wie ist dieses epochale Ereignis, welches man heute gewöhnlich mit dem „Urknall" in Zusammenhang bringt (das ja aber auch allen nichtstofflichen Welten das Sein schenkte) *geistig* zu deuten?

Was bewog den Schöpfer zu seinem Werk? Und welche unmittelbaren Folgen hatte die Schöpfung für die Gottheit?

Im Bewußtsein darüber, als Mensch ein vollkommen abhängiges Geschöpf zu sein, das nicht das Geringste neu erschaffen, sondern nur Bestehendes formen, also schon vorhandene Kräfte nützen kann, stellt man solche Fragen natürlich mit einem etwas mulmigen Gefühl. Denn wie unerreichbar fern ist uns alles göttliche Wirken; und die Empfindung, einfach nur wortlos danken zu wollen für die Gnade des Lebendürfens, verbietet eigentlich wißbegierige Fragen dieser Art (und übrigens auch jene Anmaßung, die von vielen spirituell gesinnten Menschen gepflegt wird: nämlich die Vermutung, daß der Mensch selbst Göttliches in sich trägt oder gottgleich werden kann).

In der Gralsbotschaft findet man dennoch die entscheidenden Hinweise zu dem „Warum" der Schöpfung und dem „Wie" ihres Erstehens. Dies wohl deshalb, weil sich aus dem Schöpfungsakt natürlich der für uns wichtigste Bezug zur Gottheit ableiten läßt – begegnen wir darin doch dem *Willen* Gottes, jenem allmächtigen, ewig-unveränderlichen „Heiligen Geist", der alles Bestehende stützt und trägt, der im Begriff der „Dreifaltigkeit" verankert ist und dessen Auswirkungen uns von jeher bei allen Forschungen begleiten; denn – darauf wurde schon wiederholt hingewiesen – es ist nichts anderes als der Wille Gottes, der uns in Form der Schöpfungs- beziehungsweise Naturgesetze überall und immerdar entgegentritt.

Knüpfen wir also bei dem bisher zur Gottheit Ausgeführten weiter an: Die lebendige Ausstrahlung des Schöpfers ermöglicht von jeher und in Ewigkeit bewußtes Sein, denn alles Wesenlose wie auch alles Göttlich-Wesenhafte müssen wir uns *jenseits* des Werdens und Vergehens denken, wie wir es aus der Schöpfung kennen. Dieses Sein in göttlicher Urewigkeit formt sich allein aus hohen, lichtvollen Wesenheiten:

> »*Im Kreise göttlicher Vollkommenheit kann nur das* Göttliche *allein die Freuden des* bewußten *Seins genießen, die die Gottausstrahlung spendet. Es ist das Reinste von dem Reinen in der Ausstrahlung, welches sich formen kann, wie zum Beispiel Erzengel, in weiterer Entfernung an dem äußersten Ende des Ausstrahlungsbereiches dann auch die Ältesten, ...*«[9]

Abgesehen von allem Formgewordenen bestehen jedoch im Göttlich-Wesenhaften, der Gralsbotschaft zufolge, auch „Strahlungsreste". Diese erhalten durch die ewige Bewegung im Gottesreich zwar ebenfalls Anregung zum Bewußt- und Formwerden, doch der immense Lichtdruck würde keine Entwicklung zulassen. Im zwischenmenschlichen Bereich findet sich dafür ein treffendes Gleichnis: Neben einer überaus willensstarken Persönlichkeit, die in ihrer natürlichen Ausstrahlung alles beherrscht und dominiert, kann sich jemand, der seine eigenen Fähigkeiten erst entdecken und entfalten muß, nicht entwickeln. Er benötigt räumlichen und zeitlichen Abstand, ein eigenes, ihm angemessenes Umfeld, damit seine Anlagen zur Blüte kommen können, ehe er dann später, selbstbewußt und frei geworden, zu seinem Ausgangspunkt zurückkehren will.

Abstand vom Lichtdruck in Raum und Zeit, Gelegenheit zur Entfaltung und Bewußtseinsformung – das ist es auch, was die Gottheit in Ihrer Liebe allen „Strahlungs-Überresten" schenkt, zu denen unter anderem auch das Menschengeistige gehört. *Daher* ersteht aus Seiner Ausstrahlung endlich die Schöpfung:

> »*Erst als Gott in seinem Wollen das große Wort: ‚Es werde Licht!'*
> *hinaussandte, schossen die Strahlen über die bisher gewollte Grenze*
> *weiter in das lichtlose All hinaus, Bewegung, Wärme bringend. Und*
> *damit setzte der Beginn der Schöpfung ein, die den Menschengeist ge-*
> *bärend ihm zur Heimat werden konnte.*«[10]

Der Sinn der Schöpfung findet sich also darin, daß uns Menschen – wie unzähligen anderen Lebewesen, die aus den Strahlungsresten des lebendigen Lichts in gemäßem Abstand hervorgehen können – Gelegenheit geboten ist, Bewußtsein zu entwickeln. Nicht im Werden, Vergehen und Wiedererstehen an sich erschöpft sich also die Bedeutung alles Seienden, sondern vorrangig wichtig ist, wie die Welt *erlebt* wird.

Entwicklung ist denn auch, wie gesagt, der Sinn unseres Lebens. Jede Erfahrung, sei es Freude oder Leid, dient diesem einen Zweck. Wobei sich überall in der Schöpfung abbildhaft jener Vorgang vollzieht, der im Göttlich-Wesenhaften zuerst beschrieben wurde: das erlebende Bewußtsein gibt dem Sich-Unbewußten Ansporn zur eigenen Entwicklung.[11] Jede Empfindung, jeder Gedanke, jede Tat, alles, was unserem Geiste entströmt, wirkt sich also formend aus, es prägt die Schöpfung mit – ob wir das nun wahrhaben wollen oder nicht – und wirkt wiederum auf uns zurück.

Vom Gotteswort

W ährend mit dem Schöpfungswort „Es werde Licht!" also aller Kreatur Heimat gegeben wird und neues, bewußtes Sein daraus erblühen kann, bedeutet das Hinaussenden von Strahlen für die Gottheit zugleich einen Akt der „Spaltung". Der Schöpfer wird damit *zweifältig*.[12]

> »*Gott sprach also nicht nur die Worte ‚Es werde Licht!' nach mensch-*
> *lichen Begriffen aus, sondern es war gleichzeitig ein Vorgang der Tat!*
> *Es war das große Geschehen des aus dem Göttlichen Hinausgesendet-*
> *oder Hinausgeborenwerdens (...) eines Lichtteiles vom Urlichte,*
> *damit es außerhalb der unmittelbaren Gottesstrahlung selbsttätig*
> *leuchte und erhelle.*«[13]

296

Wer es anhand der Gralsbotschaft unternimmt, sich den Geheimnissen des Gotteswirkens zu nähern, sollte dabei langsam werden. Es gilt, über kein Detail hinwegzugehen und in konzentriertem Bewußtsein den inneren Bedeutungsgehalt jedes Begriffes zu empfinden. Im alltäglichen Leben ist es nichts Ungewöhnliches, viele Worte zu machen, um einen im Grunde einfachen Sinn zum Ausdruck zu bringen. Hier indessen gilt es, aus *einem* Begriff den umfassenden Sinn zu erahnen. Denn im Göttlichen ist jedes Wort zugleich allumfassende Wirklichkeit.

Man sollte also nicht in den gedanklichen Irrtum verfallen, die das allerhöchste Gotteswirken berührenden Beschreibungen der Gralsbotschaft nur als gleichnishaft zu verstehen in dem Sinne, daß mit unseren dafür eigentlich unzureichenden Worten Vorgänge zum Ausdruck gebracht werden, die dem Menschen letztlich ohnehin ein für allemal unergründlich bleiben. Gewiß sind die Ausdrucksmöglichkeiten unserer Sprache beschränkt und werden jenen fernsten Höhen kaum im Ansatz gerecht. Und doch vermitteln die uns zur Verfügung stehenden Begriffe konzentriert und ursprünglich Wesentliches – sofern *wir* uns den Sinngehalten zuwenden, also über den Inhalt der Worte nicht oberflächlich hinweggehen.

Der geistige Gehalt der Sprache erweist sich schon im Begriff „Ausdruck" beziehungsweise „zum Ausdruck bringen": Wenn wir etwas „ausdrücken", meinen wir einerseits eine bestimmte Wortwahl im Sprechen, zum anderen vermittelt der Begriff bildhaft zugleich einen Prozeß des *Formens*. Gottes Wort ist zugleich Tat – das bedeutet im unmittelbaren Sinn also, daß der Schöpfer durch und in seinem Wort die Schöpfung zum Aus-druck brachte, also formte.

Alles Zum-Ausdruck-Gebrachte ist geformt und durch seine „Verankerung" im Wort auch benannt, es hat also einen Namen. Daher erwähnt die biblische Schöpfungsgeschichte übrigens, daß alle Kreaturen einen „Namen" bekommen sollten:[14] Gottes Schöpfungswort formte sie, führte zu den unterschiedlichsten „Ausdrucks-Formen" – und durch das Menschenwort sollte die jeweilige Art in treffender Form bezeichnet, sprich: *nach*gezeichnet werden.

In der Schöpfungstat steht jeder „Name" für ein „Amen"[15] – *so sei es*, in *dieser* Form. Das Wort „Amen" – es besteht im Deutschen aus denselben Buchstaben wie „Name" – bekundet stets einen bestimmten Willensakt. Durchaus mit Grund mögen wir daher auch unsere Gebete mit jener kraftreichsten Bitte beziehungsweise Bekräftigung beschließen, die im „Amen" liegt: So sei es!

Grundsätzlich entstammt jedes Wort einem Willen, also geformtem Bewußtsein. Diese Selbstverständlichkeit gilt nicht nur für die Sprache, die ein Ausfluß unseres Menschen*geistes* ist.[16] Auch das große Schöpfungswort „Es werde Licht!" entstammt einem Willen, jedoch einem weitaus höheren: dem schaffenden Geiste Gottes, bekannt als der „Heilige Geist". Und auch dieser allumfassende Schöpferwille kommt in einem bestimmten Namen zum Ausdruck, nämlich in *Imanuel*.

> *»Imanuel (…) ist der Gotteswille, der das Wort ‚Es werde Licht!' lebendig in sich trägt, der es selbst ist. Der Gotteswille, das lebende Kreuz der Schöpfung, um das die Schöpfung sich gestalten konnte und mußte. Deshalb ist er auch die Wahrheit, sowie das Gesetz der Schöpfung, die durch ihn, aus ihm sich bilden durfte!*
> *Er ist die Brücke aus dem Göttlichen heraus, der Weg zur Wahrheit und zum Leben, die schöpferische Quelle und die Kraft, die aus Gott kommt. –«*[17]

Imanuel und Jesus

Wenn im Zusammenhang mit dem göttlichen Wirken Namen genannt werden, so darf man diese nicht als willkürliche *Benennung* mißverstehen. Vielmehr *ist* der Name das, was er zum Ausdruck bringt; es könnte also kein anderer sein. In der Gralsbotschaft wird beispielsweise darauf hingewiesen, daß der Name „Imanuel" die Zahl Sieben trägt.[18] Er besteht aus sieben „Teilen" beziehungsweise Buchstaben, während die Sieben*teilung* sich auch überall in der Schöpfung zeigt, wo der Wille Gottes schafft und wirkt. Nicht umsonst gilt die Sieben als „Heilige Zahl": Die Bibel spricht von sieben Schöpfungstagen (beziehungsweise -zeiten) und sieben Weltenteilen[19], die Gralsbotschaft kündet von sieben Schöpfungsebenen im geistigen Reich, aus denen sich wiederum ein Bezug zum Begriff der „sieben Himmel" herstellen läßt – und so weiter.

Außerdem ist aus biblischen Texten[20] die Bedeutung des Namens „Imanuel" weithin bekannt als „Gott mit uns". Dieser Inhalt wird üblicherweise nur auf die vom Propheten Jesaja angekündigte *Erdgeburt eines Teils aus Gott* bezogen, er hat jedoch eine viel grundlegendere Bedeutung: Imanuel ist deshalb „mit uns", weil es der Wille Gottes war, der uns die Schöpfung zur Heimat gab, beziehungsweise weil die Gottheit – damit zweifältig werdend – mit Imanuel einen Lichtteil aus sich zum Erstehen der Schöpfung hinausgebar.

> *»Damit wurde er zu dem* ausgeborenen *Sohne Gottes, in dessen Ausstrahlung die urgeistige Welt zum Sichbewußtwerden erstehen konnte. Also der Sohn, in dessen Strahlung die Menschheit sich entwickel-*

> te, woraus der Beiname ‚der Menschensohn‘ den Ursprung hat. Der
> Sohn, der unmittelbar über den Menschengeistern steht, da diese erst
> durch ihn sich zum Bewußtwerden entwickeln konnten.«[21]

Der Gralsbotschaft zufolge ist der Ausdruck „Sohn" immer als *Teil*
Gottes zu verstehen, der in einer bestimmten Art wirkt, jedoch – wie die
Hand eines Körpers – trotzdem untrennbar zum Ganzen gehört. Das
„Zweifältig-Werden" Gottes darf also nicht als Spaltung im Sinne einer
endgültigen Abtrennung mißverstanden werden, denn dies würde dem
Begriff des *Einen Gottes* klar entgegenstehen.

Das gleiche gilt naturgemäß für den Akt des „Dreifältig-Werdens", der
sich – wie bei früherer Gelegenheit bereits ausgeführt[22] – dadurch vollzog,
daß die Gottes*liebe* persönlich wurde. Das geschah durchaus nicht nur für
jene kurze Zeitspanne, während der sie – durch Inkarnation in einen physischen Körper – in Jesus von Nazareth auf Erden wandelte, sondern auch
diese besondere Formung beziehungsweise „Abspaltung" war ein Akt für
die Ewigkeit. Er diente nicht nur der Menschheit, welche im Wort Jesu die
entscheidende Wegweisung erhielt, sondern auch der zweite „Gottessohn" wirkt als besonderer, allerhöchster Mittler von Liebe immerdar.

Mit dem Einordnen des Begriffs „Dreifaltigkeit" hatten und haben viele
ernsthaft denkende Menschen größte Probleme. Er scheint ihrer im Grunde ja ganz richtigen Empfindung zu widersprechen, daß es nicht einen
Gott und zugleich drei Gottheiten geben kann. Jedoch liegt der Ablehnung
der Begriffe „Menschensohn" und „Gottessohn" meist wiederum nur ein
enges, falsches Bild zugrunde, das sich an einer Menschengestalt in Fleisch
und Blut und/oder am familiär gedeuteten Ausdruck „Sohn" spießt. Die
urewige, wesenlose Gottheit einerseits und die einfache Menschengestalt
andererseits – das ist es, was sich für viele nicht zusammenführen läßt.

Doch dieser Knoten löst sich, sobald der Begriff „Sohn" – wie eben beschrieben – als Schöpfungswirklichkeit im *umfassenden* Sinn verstanden
wird, die keinesfalls nur bestimmten menschengestaltlichen Persönlichkeiten verbunden ist.

Die Dreifaltigkeit Gottes wirkt dabei immer als Einheit. Drei – und
doch eins! Gleichnishaft mag uns dies leichter begreifbar werden, wenn wir
beispielsweise an die Zusammengehörigkeit von Farbe und Ton denken.
Unsere körperlichen Sinne können Licht und Schall nur getrennt erfassen,
doch die Empfindung läßt uns – wie übrigens auch die Mathematik[23] –
wissen, daß ein bestimmter Ton stets auch einer bestimmten Farbe entspricht. Bei manchen Menschen stellen sich diesbezügliche Assoziationen
automatisch ein, und nicht umsonst spricht man von „Farbton" oder
„Klangfarbe".

299

Und wie im Beispiel von Farbe und Klang beide Beschreibungen richtig sind, die Zusammengehörigkeit wie die begriffliche Trennung, ebenso verhält es sich mit der Dreifaltigkeit des Schöpfers: Sie ist eins und aus anderem Blickwinkel auch wieder nicht – und doch ergibt sich daraus kein Widerspruch. Wir sollten daher unsere meist allzu menschliche, personengebundene Vorstellung von der Trinität Gottes ebenfalls überprüfen und aus jeder Begriffsverengung befreien.

Die Erdgeburten der beiden „Teile" aus Gott, also die „Fleischwerdung" der Gottesliebe (Jesus) beziehungsweise des Gotteswillens (Imanuel) müssen als absolut für sich stehende Geschehen betrachtet werden, die mit herausragenden Missionen in Zusammenhang stehen. Sie vollziehen sich im Rahmen eines besonderen Inkarnationsvorganges, wobei – vereinfacht ausgedrückt – den Menschenkörper statt des Geistes ein wesenloser Kern belebt. In seinem Wirken nach außen kann dieser Teil aus Gott sich seiner eigenen Natur gemäß stets nur fördernd, stützend und helfend betätigen und wird damit bedingungslos und in reinster Form als *Diener* des Schöpfers erkennbar werden, als unbedingt und vorbildhaft getreuer „Sohn des Lichtes".

Allweisheit und Vorsehung

Die bisherigen Überlegungen zur Dreifaltigkeit beziehungsweise Wesenlosigkeit des Schöpfers und auch zu Urgrund und Beginn der Schöpfung sollten ausreichend sein, um die deutliche Spur zu einem neuen, lebendigen Gottesbegriff zu legen, der, wie wir sehen konnten, weder im Übermenschlichen noch im Sachlich-Abstrakten seinen Ausdruck findet.

Viel mehr als einen Hinweis können diese Ausführungen freilich nicht bieten, denn die Erkenntnis des Allerhöchsten bleibt in erster Linie immer den eigenen Erlebnissen eines jeden Menschen verbunden.

Wir haben unser Bewußtsein bis zu jener Höhe zu entwickeln, die uns die Gotterkenntnis und freudiges Mitwirken am weiteren Aufbau der Schöpfung ermöglicht. Zu diesem Zweck hat das Schöpfungswerk einst begonnen, und diesem hohen Ziel will die weise Vorsehung des Schöpfers uns zuführen.

Vorsehung? Weisheit? Abermals begegnen wir damit Begriffen, die, wenn sie das Wirken des Schöpfers beschreiben sollen, durch Allzu-Menschliches belastet sind.

Die Vorstellung, göttliche Allweisheit würde jeden unserer Gedanken kennen, ja, jede Empfindungsregung beobachten und bewerten, hat schon manches Gemüt belastet, unnötige Ängste geschürt und arge Unruhe ins

Seelenleben gläubiger Menschen gepflanzt. Dabei ist es völlig unsinnig, sich göttliches Bewußtsein derart vorzustellen, daß es um all unsere persönlichen Sorgen und Nöte weiß, die heimlichsten Gedanken eingeschlossen. In einem solchen „Alles-Wissen" liegt keine Weisheit, sondern es spiegelt sich darin abermals nur der falsche Gedanke, daß man sich Göttliches als Höhepunkt des Menschlichen vorzustellen hat.

Im Grunde ist es eine schaurige Herabwürdigung, sich die Gottheit als überdimensionalen „Big Brother" zu denken, eine irreführende, verkleinernde Herabzerrung des höchsten, lebendigen, schaffenden Seins. Dieses wirkt sich für jede Kreatur zwar tatsächlich als „weise Vorsehung" aus, jedoch, wie die Gralsbotschaft verdeutlicht, in einem weitaus erhabeneren Sinn:

> »(...) *Allweisheit ist zur Tat geworden in den göttlichen Gesetzen dieser Schöpfung! Darin ruht sie, darin ruht auch die Vorsehung und wirkt sich aus den Menschen gegenüber.*
> *Denkt Euch also nicht, daß die Allweisheit Gottes Euere Gedanken kennen soll und wissen, wie es Euch irdisch ergeht. Das Wirken Gottes ist ganz anders, größer und umfassender. Gott umspannt mit seinem Willen alles, erhält alles, fördert alles aus dem lebendigen Gesetz heraus, das jedem einzelnen das bringt, was er verdient, das heißt, was er sich wob.*«[24]

Die Allweisheit des Schöpfers liegt also nicht in einem unbegreiflichen Alles-Wissen, das Vergangenheit, Gegenwart und auch noch die Zukunft umfaßt. Sie hat nichts zu tun mit einem Vorhersagenkönnen oder gar willentlichen Vorherbestimmen unseres Schicksalsweges. Göttliche Weisheit *wirkt* weise, vorsehend, allumfassend! Denn durch die Schöpfungsgesetze ist für jeden Menschen von vornherein *alles* weise vorgesehen: Sie helfen, stützen und fördern ihn, solange er selbst in ebensolcher Art lebt, und sie korrigieren oder vernichten ihn notfalls auch, wenn er uneinsichtig zerstörerisch denkt und handelt. All dies aber geschieht selbsttätig, in größter Sachlichkeit durch die lebendige, unbeeinflußbare, allumfassende Art der Schöpfungsgesetze.

Daraus läßt sich ein wichtiger Kernsatz formulieren, der das Wirken Gottes in dieser Welt beschreibt. Er lautet: Die Schöpfungsordnung ist allweise und vollkommen; es ist nicht nötig, daß Gott in das persönliche Ergehen des einzelnen noch zusätzlich eingreift!

Hinzugefügt sei hier jedoch sogleich, daß der Schöpfer deshalb sein Werk nicht sich selbst überläßt. Es wäre verfehlt, die Schöpfung als mechanisches Weltgetriebe zu verstehen, durch welches jeder Mensch sich zu kämpfen hat und in dem alle Kreatur auch sich selbst erlösen muß. Nein, die unveränderbaren Schöpfungsgesetze sind kein physikalisches oder juristisches Regelwerk, sondern *lebendiger* Natur. In ihren Auswirkungen sind sie erfüllt von helfender, stützender Liebe, und sie bieten dem Menschen auch jede Möglichkeit, durch eine entsprechende geistige Ausrichtung einen *Bund* mit dem Schöpfer einzugehen.

Aus diesen Gesetzen der Schöpfung, die wir bei früheren Gelegenheiten auch als „Ausdruck des Gotteswillens" beziehungsweise als „Sprache des Herrn" bezeichnet hatten, erklärt sich nun nicht nur der Begriff „Allweisheit", sondern auch ein weiterer oft mißverstandener Sinngehalt, nämlich die *Allmacht* des Schöpfers.

Allmacht und Schöpfungsgesetz

Üblicherweise liegt in diesem Begriff unserer Ansicht nach die Macht, Naturgegebenheiten übergehen zu können. Man erinnere sich an die zynische Forderung der Menschen an den gemarterten Gottessohn, zum Beweis seiner göttlichen Herkunft doch herabzusteigen vom Kreuze.

Die geschichtliche Tatsache, daß dies nicht geschah, kommentiert man noch heute oft damit, daß Jesus es nur nicht gewollt habe, daß er es aber durchaus gekonnt hätte! Unsere Vorstellung von göttlicher Allmacht hat sich eben seit zweitausend Jahren kaum verändert: Wir halten ein willkürliches Eingreifen Gottes in das Weltgeschehen nach wie vor für möglich, flehen um Erhörung, betteln um die Erfüllung irdischer Wünsche – und erwarten den Allmachtsbeweis in einer Art von Wunderwirken, wie es die Copperfieldschen Zaubereien dem staunenden Publikum so aufregend vor Augen führen.

Doch wie unsinnig sind solche Ansichten! Ich habe es bei anderer Gelegenheit schon mit ähnlichen Worten zum Ausdruck gebracht: Wenn man zugrunde legt, daß ja gerade die Gesetze der Schöpfung den Willen Gottes bekunden – wie sollte, ja, könnte der Schöpfer dann etwas gegen seinen Willen tun? Er tat es niemals und wird es auch künftig nicht tun – zu diesem Schluß muß jeder kommen, der die Tatsache der Vollkommenheit des göttlichen Willens ernst nimmt. Denn etwas von vornherein Ganzes, Vollständiges, Allumfassendes kann nirgendwo und niemals umgangen oder aufgehoben werden, an keinem noch so besonderen Ort, zu keiner noch so außergewöhnlichen Zeit.

Wir sollten Allmacht nicht dort suchen, wo sie niemals zu finden ist: außerhalb der Naturgesetze. Vielmehr gilt es den Blick für die Wunder all dessen zu schärfen, was das Leben direkt vor unseren Augen wirkt. Denn des Schöpfers Allmacht ist einfach jene Macht, die – in buchstäblichem Wortsinn – *alles macht*, die alles Seiende schafft und es belebt, *die* Macht, welche die Schöpfung durchströmt und sie stets erneuert im ewigen Pulsschlag des Lebens.

Gottes Allmacht liegt *in* den Schöpfungsgesetzen und nirgendwo sonst. Doch man muß erkennen, daß diese Gesetze – von denen unter anderem im Zusammenhang mit der Lehre Christi beziehungsweise den Zehn Geboten Gottes bereits die Rede war[25] – tatsächlich *jeglichem* Geschehen zugrunde liegen, daß sie also wirklich alles „machen", lenken, leiten.

Um das Gesamtbild des Wirkens Gottes in dieser Welt zu beschreiben, seien die drei wichtigsten „Schöpfungsurgesetze"[26] hier nochmals zusammengefaßt. Dabei soll deutlich werden, daß einzelne Auswirkungen dieser allumfassenden Grundprinzipien aus dem Alltagsleben beziehungsweise aus Wissenschaft und Forschung durchaus bekannt sind. Doch im weiteren werden auch die geistigen Dimensionen dieser Gesetze angesprochen, denn sie sind für unser Innenleben – und damit für unsere „Beziehung" zum Schöpfer – von ausschlaggebender Bedeutung.

Die drei Urgesetze, denen alle Bewegung in der Schöpfung folgt, sind: das *Gesetz der Schwere,* das *Gesetz der Gleichart* und das *Gesetz der Wechselwirkung.*[27]

Das *Gesetz der Schwere* ist uns aus vielfältigen Naturbeobachtungen gut vertraut: Demnach muß Schweres, Dichtes, Unbewegtes stets nach unten sinken, während Leichtes, minder Dichtes, Bewegtes selbsttätig nach oben steigt. Und so, wie ein Körper, seiner Beschaffenheit entsprechend, im Wasser oder in der Luft steigt, sinkt oder schweben bleibt, können auch wir uns „zu Boden gedrückt" und „bleiern schwer" fühlen – oder regelrecht „beschwingt", „beflügelt", „gelöst". Ein und dasselbe Prinzip steuert also physikalische Vorgänge wie auch unser seelisches Wohlergehen. Die Gralsbotschaft hebt die zentrale Bedeutung dieser Tatsache eindringlich hervor:

> *»Das Gesetz der Schwere ist von so ausschlaggebender Bedeutung, daß es sich jeder Mensch einhämmern sollte; denn es ist der Haupthebel im ganzen Werdegang und dem Entwickelungsprozeß des Menschengeistes.«*[28]

Das *Gesetz der (Anziehung der) Gleichart* können wir in seinen Auswirkungen ebenfalls in der Natur beobachten, etwa bei der Kristallbildung, die sich durch den Zusammenschluß gleichartiger Atome oder Moleküle vollzieht und die das Wachsen der natürlichen Festkörper bewirkt. Aber das Prinzip führt auch den menschlichen Geist und liegt unserem gesellschaftlichen Verhalten zugrunde, wenn wir uns zum Beispiel bei bestimmten Menschen wohl fühlen, weil wir mit ihnen „auf einer Wellenlänge" liegen, gleichgeartete Interessen haben oder mit unserer Meinung „Resonanz" finden. Abd-ru-shin weist in diesem Zusammenhang auch auf bekannte Redensarten hin:

> *»Die Sprichwörter: ‚Gleich und gleich gesellt sich gern' und ‚Art läßt nicht von Art' scheinen dem Urgesetze abgelauscht zu sein. Es schwingt sich neben dem Gesetz der Schwere durch die ganze Schöpfung.«*[29]

Das *Gesetz der Wechselwirkung* ist aus der Physik und der Chemie bestens bekannt. Dort wird die Wechselwirkung als Sammelbezeichnung für die sogenannten Fundamentalkräfte gebraucht, die in der Natur liegen. Egal, ob es sich um Kräfte handelt, die chemische Vorgänge bewirken, den Zusammenhalt der Atomkerne bestimmen oder etwa zwischen elektrischen Ladungen auftreten: *Keine* Bewegung wäre ohne Wechselwirkung denkbar. Und längst wissen wir auch, daß alles in der Natur netzwerkartig miteinander verbunden ist und sich ständig in vielfältiger Weise gegenseitig beeinflußt. Jede Ursache zieht unausweichlich eine entsprechende Wirkung nach sich, die wiederum auf die Ursache zurückwirkt, diese zu einer neuen Wirkung treibt usw. Und der Gralsbotschaft zufolge gilt auch dieses Prinzip nicht nur in der physischen Welt, sondern ebenso auf der Ebene unserer Gedanken und Empfindungen:

> *»Es bewirkt, daß der Mensch ernten muß, was er einst säte, unbedingt. Er kann nicht Weizen ernten, wenn er Roggen säet, nicht Klee, sobald er Disteln streut. Genau so in der feinstofflichen Welt. Er wird zuletzt nicht Güte ernten können, wenn er Haß empfand, nicht Freude, wo er Neid in sich nährte!«*[30]

Unsere Gedanken mögen also insofern frei sein, als wir *alles* denken können, Aufbauendes wie Zerstörendes.

Aber auch das Denken zieht selbsttätig Folgen nach sich: So wie jeder Mensch seine eigene Gedankenwelt formt, prägt diese rückwirkend auch ihn, beeinflußt – wiewohl unsichtbar – seine Entscheidungen und somit letztlich das ganze Leben.

Diese vielfältigen Wechselwirkungen deutete auch Johann Wolfgang von Goethe in seinem „Faust" an, jenem unvergleichlichen Werk über das menschliche Suchen und Streben, wo es heißt:

8. Wie Gott in dieser Welt wirkt

> *»Zwar ist's mit der Gedankenfabrik*
> *Wie mit einem Weber-Meisterstück,*
> *Wo ein Tritt tausend Fäden regt,*
> *Die Schifflein herüber, hinüber schießen,*
> *Die Fäden ungesehen fließen,*
> *Ein Schlag tausend Verbindungen schlägt!«*[31]

Schwere – Gleichart – Wechselwirkung: drei einfache Gesetze also sind es, deren Wirkungsart wir für uns nützen können. Das heißt: Gutes säen, damit wir wechselwirkend auch gleichartig Gutes ernten. Geben, damit auch uns geschenkt werden kann. Innerlich Ballast abwerfen, um im Gesetz der Schwere seelisch beflügelt emporzuschweben. Wer einen Ballon zum Aufsteigen bringen will, muß Luft durch Erwärmung bewegen, bis er sich vom Boden lösen kann. Wollen wir als Menschen frei werden, glücklich und gelöst sein, haben wir uns ebenfalls zu bewegen. Dabei ist natürlich innere Bewegung vonnöten, also Selbstüberwindung und geistige Regsamkeit.

Aus solchen Beispielen wird klar, wie innig das natürliche, allmächtige Wirken Gottes unserem eigenen Tun und Lassen verbunden ist. Leider aber machen wir uns nur sehr selten bewußt, daß unser körperliches und auch seelisches Wohlergehen eng verknüpft ist mit den Schöpfungsurgesetzen. Und so meinen wir einerseits, es sei dem Menschen gegeben, völlig nach eigenem Gutdünken leben zu können, und klagen andererseits über Schicksalsschläge oder auch nur spannungsgeladene Gemütszustände, die vermeintlich unverdient „aus heiterem Himmel" auf uns herabstürzen.

Doch wir selbst sind es, die kraft unserer Willensfreiheit darüber entscheiden, ob wir durch den Willen Gottes gefördert, gestärkt und gehoben werden können – oder aber im schlimmsten Falle von ihm regelrecht zermalmt werden müssen, wenn wir uns seinem aufbauenden Schaffen dauerhaft entgegenstellen.

Wenn hier zur Verdeutlichung des Gotteswirkens von Schöpfungsgesetzen die Rede ist, von jenen natürlichen Grundprinzipien also, welche zur Artenvielfalt des Lebens auf Erden ebenso führen, wie sie unsere spirituelle Entwicklung ermöglichen, so muß ein grundlegender Aspekt vielleicht noch klarer herausgearbeitet werden, weil unser beschränktes menschliches Begriffsvermögen naturgemäß dazu neigt, das Unbeschränkte, Allumfassende einzuengen: Die Gesetze Gottes sind nicht etwas, das der Schöpfung im nachhinein auferlegt wurde, etwa so, wie im Irdischen der Gesetzgeber bei Bedarf neue Regelwerke in Kraft treten läßt, sondern die lebendigen Gesetze sind der Schöpfung von Beginn an immanent. Sie entstanden mit und durch sie, und umgekehrt ist die ganze Schöpfung der *Ausdruck* dieser Gesetze. In der Gralsbotschaft heißt es daher:

>*Streng genommen gibt es überhaupt keine eigentlichen Gesetze in der Schöpfung, sondern lediglich Fähigkeiten, die sich der jeweiligen Art entsprechend selbsttätig auswirken und dadurch, aber auch nur dadurch als unverbiegbare Gesetze erscheinen!*«[32]

Statt den Begriff „Schöpfungsgesetze" zu verwenden, könnte man also auch von Schöpfungs*fähigkeiten* sprechen. Damit wird vielleicht noch klarer, daß die genannten drei Grundprinzipien kein zusätzlich oder willkürlich aufgestelltes Regelwerk darstellen, sondern daß das ganze Schöpfungswerk *eins* ist mit den darin wirkenden „Gesetzen". So wie sie sich darstellt, ist die Schöpfung ja ein Ausdruck ihrer „Fähigkeiten" – und diese wiederum entsprechen dem Sinn und Zweck alles Geschaffenen, nämlich Bewußtseinsentwicklung zu ermöglichen.

Die Ebenen der Schöpfung

Erinnern wir uns: Um auch den noch ungeformten „Resten" seiner göttlichen Ausstrahlung Gelegenheit zu geben, die Freuden bewußten Seins zu genießen, ließ der Herr mit dem Wort „Es werde Licht!" die Schöpfung werden und sandte seinen Willen – Imanuel – hinaus zum Erstehen der Welt. In diesem Willen aber liegen naturgemäß auch alle Gesetze beziehungsweise Anlagen oder Fähigkeiten, welche dazu dienen, jenes Bewußtwerden zu ermöglichen, das sich im Lichtdruck unmittelbarer Gottesnähe nicht vollziehen könnte. In der Gralsbotschaft vergleicht Abd-ru-shin die göttliche Sphäre bildhaft mit „weißglühender Hitze", während menschliches Bewußtsein in diesem „höchsten Hitzegrad" nicht entstehen könnte, sondern einen „abgekühlteren" Bereich benötigt.

>*In diesen irdischen Begriffen weiter zu erklären, will ich sagen, daß der Menschengeist niemals weißglühend werden kann, da er in einer Ebene erstand, in der der Druck sich in Abschwächung befand und diesen höchsten Grad der Hitze nicht mehr zu erzeugen fähig ist. (…) Oder, man kann auch sagen: erst bei einer ganz bestimmten Abkühlung ersteht Geistiges und kann sich bewußt werden. Auch ist die Art, der ‚Geist' entstammt, nur noch ein Niederschlag aus der göttlichen Sphäre, der durch die leichte Abkühlung sich bilden mußte, und so fort.*
>*Nun dehnt es sich aber noch stufenartig weiter aus. Der erste Niederschlag aus der göttlichen Sphäre bildet das Urgeistige, welchem die Urgeschaffenen entstammen. Und deren Niederschlag erst bringt die Art, aus der die Menschengeister sich entwickeln können. Der*

> *Niederschlag von dieser Art wieder bringt das Wesenhafte, aus ihm fällt das Feinstoffliche ab, das wiederum als Letztes Grobstoffliches bringt. Doch dabei gibt es noch sehr viele Zwischenstufen jeder der hier genannten Grundarten, ...«*[33]

Der Gralsbotschaft zufolge zeigt sich die Gesamtheit der Schöpfung also als *stufenweise übereinander liegende Bewegungsebenen,* in welchen sich – ihrem „Abkühlungsgrad" beziehungsweise ihrer Schwere entsprechend – das jeweils Gleichartige zusammenschließt und -hält. Auch das Schöpfungswerden ist demnach bereits von diesen „Fähigkeiten" oder „Gesetzen" der Schwere und der Anziehung der Gleichart geprägt – so wie von der Wechselwirkung, denn jede Ebene oder Stufe steht mit der darüber- oder darunterliegenden wechselwirkend in Verbindung, so daß das große Ganze als Kreislauf beschrieben werden kann, der letztlich aber unbedingt abhängig bleibt von seinem Ursprung – von Gott.

Auf weitere Details im Schöpfungswerden möchte ich an dieser Stelle nicht eingehen. Lediglich zur Abrundung des Gesamtbildes sei noch erwähnt, daß sich der Schöpfungsakt, also das Hinaussenden der göttlichen Lichtstrahlung wie auch die andauernde Belebung alles Seienden, über den *Heiligen Gral* vollzieht,[34] welchen die Gralsburg an der höchsten Stelle der Schöpfung birgt. Und hier beginnt auch jene grundlegende Spaltung in den Ausstrahlungen Gottes, welche sodann die ganze darunterliegende Schöpfung durchzieht: als Dualität von männlich und weiblich, positiv und negativ oder aktiv und passiv.

Nebenbei: Es mag für einen naturwissenschaftlich gestimmten Menschen, der daran gewöhnt ist, in Quantensprüngen, Nichtlokalität und Raum-Zeit-Kontinuum zu denken, bisweilen befremdlich wirken, wenn er im Zusammenhang mit dem Schöpfungsaufbau hier von „oben" und „unten" liest, von tieferen Bewegungsebenen und einer „höchsten Stelle". Solche Bilder vertragen sich schwerlich mit unserer Vorstellung vom Weltenraum, in dem Mutter Erde ein Pünktchen ohne Ortsbezug ist, irgendwo in einem Sternenhaufen.

Man vergesse dabei nicht, daß die Weiten der physischen Stofflichkeit, die wir als „Universum" sehen und erforschen, keineswegs schon die ganze Schöpfung darstellen, sondern nur einen kleinen Teil davon. Ein solches Gesamtbild mag zwar einmal mehr ernüchternd sein, weil es abermals die Bedeutungslosigkeit von uns Erdenmenschen im Schöpfungsgeschehen unterstreicht, aber alle ernstzunehmenden geistigen Schauungen stimmen darin überein, daß das physische Weltgetriebe nur wie ein „Bodensatz" im großen Gesamtbild wirkt, lichtfern und schwer, während in Wirklichkeit die ganze Schöpfung mit Leben erfüllt ist – um so strahlender, je näher eine

Ebene dem Lichte zu liegt. Von einer solchen übergeordneten Perspektive aus betrachtet *gibt* es „oben" und „unten" oder „hell" und „dunkel" tatsächlich, und das Werden der stofflichen Welt wirkt wie ein Niederschlag, bei dem sich träge Reste aus den darüberliegenden feineren, lebendigeren, beweglicheren Ebenen nach unten hin absondern.

In Betracht gezogen sollte auch werden, daß man beim Versuch, sich der Klärung aller sogenannten letzten Fragen zu nähern, auf ein grundsätzlich unzureichendes Instrumentarium angewiesen ist, nämlich auf den Verstand. Dieser kann ja – auch wenn er idealerweise im Dienste des Geistes steht – Raum und Zeit nur als physische Realität begreifen, ist also auf das Erkennen eines kleinen Ausschnittes der Schöpfungswirklichkeit beschränkt und muß daher mit bildhaften Darstellungen „bedient" werden, welche die Tore zu einem geistigen Erahnen des größeren Ganzen noch am ehesten öffnen. Immer aber besteht die Gefahr, daß das Licht doch nur durch einen sehr kleinen Spalt eindringt, daß also Mißverständnisse und Begriffsverengungen die Erkenntnis verdunkeln.

Die Wahrscheinlichkeit dafür ist naturgemäß groß, wenn man sich höheren Schöpfungswahrheiten zuwendet, wie der Beschreibung des göttlichen Wirkens. Denn damit sind besondere Sinngehalte angesprochen, deren Inhaltsreichtum und umfassende Bedeutung sich nicht so ohne weiteres erschließen. Neben Allweisheit und Allmacht ist *Allgegenwart* der dritte große Begriff, mit dem wir „Eigenschaften" des Schöpfers zum Ausdruck bringen – und auch mit diesem verbinden sich zumeist falsche Assoziationen.

Gottes Allgegenwart und das Gebet

Normalerweise wird „Allgegenwart" – im physisch-örtlichen Sinne – als die Fähigkeit verstanden, *überall* gegenwärtig, also anwesend zu sein. Damit geht nicht nur die schon erwähnte belastende Vorstellung einher, wir würden von einem alles und jeden beobachtenden Schöpfer überwacht, sondern man vermutet Gott auch in jedem Stein, ja, in jedem einzelnen Sandkorn. Und wollte man diese Idee konsequent zu Ende denken, dürfte man auch Möbelstücke, Computer oder Plastiksäcke von der „Anwesenheit Gottes" nicht ausklammern.

Natürlich wehrt sich jede gesunde Empfindung gegen solche lächerlichen Vorstellungen. Aber auch wenn man argumentiert, daß Gott nur in der Natur anwesend sei, führt uns das dem Verständnis des Begriffes „Allgegenwart" nicht wirklich näher. Der dramatisch gefährdete Zustand unserer Umwelt zeugt ja deutlich genug von der offensichtlichen Abwesenheit des vollkommenen Schöpfers. Zudem erleben wir tagtäglich, auf uns gestellt, also selbst verantwortlich zu sein für alles, was wir tun oder unterlassen. Keine „höhere Macht" beeinflußt unsere freien Willensentscheidungen; Gott ist auch nicht in uns.

Im Grunde ist der Schöpfer sogar nirgendwo anwesend, sondern er steht unabhängig außerhalb von allem Geschaffenen. Wenn ausgeführt wurde, daß Gott die Schöpfung durch seinen Willen erstehen ließ, so ist dieser Schaffensvorgang dem eines Künstlers vergleichbar, der seine Werke ja ebenfalls kraft seines „schöpferischen Willens" formt, ohne aber deshalb in ihnen zu zerfließen, aufzugehen, körperlich gegenwärtig zu sein.

Aber was, wenn nicht die persönliche Anwesenheit Gottes, kann mit dem Begriff „Allgegenwart" *dann* gemeint sein?

Auf diese Frage gibt es zwei Antworten. Die erste ist auf Grund der bisherigen Ausführungen wohl schon greifbar: Allgegenwärtig im Sinne von „überall anwesend" sind die *Gesetze* Gottes, denn sie durchziehen Nervensträngen gleich die ganze Schöpfung und wirken selbsttätig im Willen des Schöpfers. Daraus aber läßt sich ableiten, daß es für uns immer und überall die Möglichkeit gibt, den Schöpfer zu erreichen, also durch innige Hinwendung eine Lichtverbindung zu suchen. Die Gralsbotschaft weist in diesem Zusammenhang auf den Wert des Gebetes[35] hin:

> »*Jede Vertiefung dieser Art des Menschengeistes ist aber nichts anderes als ein Verbindungsuchen! Verbindung suchen mit dem Licht, der Reinheit und dem Leben! Des Menschengeistes Wünschen,* Sehnen *dehnt sich dabei aus. Er tastet geistig suchend nach den lichten Höhen! Und wenn er dabei richtig* ernsthaft *sucht, so findet er, wie es von Christus schon verheißen ward. Er findet die* Verbindung *mit dem Leben! Doch nur Verbindung, nicht das Leben selbst!*
> *(...) Allgegenwart ist vielleicht besser noch bezeichnet mit dem Worte: immer gegenwärtig! Allezeit zu finden, wenn man sucht.*
> *Die äußere Wirkungserscheinung des Geschehens hat die Menschen nur getäuscht. Sie gingen dabei von dem falschen Grundsatz ihres Denkens aus, daß Gott sich ganz persönlich um sie kümmert und um sie wirbt, sie schützend auch umgibt, und dachten nicht daran, daß sie selbst alles tun müssen, um die notwendige Verbindung anzustreben, was sie unbewußt schöpfungsgesetzmäßig schon immer im wahren Gebet erfüllten! Sie wollten nicht gern glauben, daß nur die Gesetze Gottes in der Schöpfung ruhend sie umgeben, welche selbsttätig wirkend jeden Lohn und jede Strafe auslösen.*
> *Allgegenwärtig sein heißt eigentlich nichts anderes, als von jeder Stelle der Schöpfung aus erreicht werden zu können.*«[36]

Aus dieser Sicht und auf Grund der bisherigen Ausführungen im vorliegenden Kapitel sollte deutlich geworden sein, daß jene hohen Begriffe, mit denen wir göttliches Wirken zu schildern versuchen, sich allesamt auf die Schöpfungsgesetze beziehen. Allweisheit, Allmacht, Allgegenwart – der umfassende, von allen Vermenschlichungen befreite Sinn dieser Beschreibungen wird erst offenbar, sobald wir sie mit Blick auf die großen Urgesetze betrachten, die alles Geschaffene führen und zur Entwicklung bringen.

Und ebenso ist es bei anderen „Attributen", mit denen wir aus unserem Alltagsverständnis heraus den Schöpfer zu „charakterisieren" versuchen. Bei näherer Betrachtung sind auch die Begriffe „Gottesliebe", „Gottesgerechtigkeit" oder „Gottesgnade" nicht minder sachlicher Natur, während gemeinhin von vielen gläubigen Menschen gerade im Zusammenhang damit die abenteuerlichsten – und abschreckendsten – Gottesbilder gezeichnet werden.

Das Bild vom »lieben Gott«

Es beginnt bei der Vorstellung vom sogenannten lieben Gott. Schon den kleinen Kindern wird von „gläubiger" Seite gedankenlos vermittelt, es gäbe den mitleidig-milden Schöpfer, der allen Menschen, auch den schlimmsten Übeltätern, ohne weiteres vergibt und sie aufnimmt in sein Reich, wenn sie sich nur irgendwann – wenigstens durch ein reuiges Lippenbekenntnis – zu ihm bekehren. Womöglich auftauchende Bedenken zu dieser Vorstellung übergeht man großzügig, auch wenn sie die Logik auf ihrer Seite haben: Wäre eine solch bedingungslos vergebende „Liebe" nicht eine krasse Ungerechtigkeit jenen gegenüber, die unter den Übeltätern leiden mußten, auch jenen gegenüber, die sich ein Leben lang in Selbstüberwindung darum bemühen, Gottes Gebote zu befolgen? Wo bliebe die Gerechtigkeit, wenn der Höchste in seiner Liebe keine Unterschiede machte, vor ihm alle Menschen gleich wären? Wie verträgt sich eine solche Liebe überhaupt mit Gerechtigkeit?

Natürlich gar nicht.

Es hat auf theologischer Seite schon viele „intellektuelle Purzelbäume" gegeben, um diesen Widerspruch zu überbrücken. Das bange Unbehagen aber blieb. Gäbe es den weichen, alles verzeihenden „lieben Gott" wirklich, der schon mal sein Auge zudrückt, wenn die Reuegebete nur lang genug waren: *Dieser* Schöpfer wäre niemals gerecht! Im Gegenteil: Seine „liebende" Nachsicht würde menschliche Schwächen sogar fördern, denn niemand brauchte sich ernsthaft um ein gottgefälliges Leben zu bemühen!

310

Leider aber glaubt man gerade im Christentum unbeirrt an einen solchen Schöpfer. Zwar hat kein Prophet das Wirken Gottes jemals so beschrieben – und schon gar nicht Christus selbst[37] –, aber es ist halt bequem, an eine derartige „Gottesliebe" zu glauben, und es scheint auch niemanden zu bekümmern, welchen unermeßlichen Schaden die irrige Meinung anrichtet, man könne sich bei seinem „lieben Gott" gewissermaßen einschmeicheln und sich durch Bußeübungen, Geld und Kirchenzugehörigkeit die Sündenvergebung kurzerhand erkaufen. Oder hat man wirklich noch nicht erkannt, daß dieser sogenannte Glaube, der sich auf die sonntägliche Pflichtübung des Kirchgangs beschränkt, auf das dumpfe Hersagen auswendig gelernter Gebetsverse und auf die Einbildung, daß dies alles Gott wohlgefällig sei, eines der größten Hindernisse für jedes spirituelle Wachstum ist? Wo nicht eigenes Bemühen verlangt wird, also Regsamkeit des Geistes, dort wird auch keine Entwicklung gefördert, und es darf nicht verwundern, daß eine solche träge Passivität mitunter sogar in der eifernden Verbohrtheit gipfelt, jedes eigene Bemühen um Erlösung und Befreiung des Geistes sei Sünde.

Wenn wir die Gottesliebe sachlich betrachten, so wird sie uns einerseits als etwas Allumfassend-Erhabenes begegnen und andererseits – in ihren Auswirkungen – zugleich als durch und durch wahr und gerecht. Und wir werden sehen, daß es nur unsere eigenen fragwürdigen Vorstellungen von Liebe sind, die einem klaren Blick auf das Wirken des Schöpfers im Wege stehen.

Was also ist Gottesliebe – und wie zeigt sie sich?

Nüchtern betrachtet könnte man formulieren, daß der Begriff Liebe „das Verbindende" ausdrückt. Und verbunden, untrennbar miteinander vernetzt – oder mit anderen Worten: getragen von der Liebe Gottes – ist ja tatsächlich alles in der Schöpfung Bestehende.

Aber natürlich bringt eine solche „trockene" Beschreibung, so treffend sie auch sein mag, nicht annähernd die beseelenden Empfindungen zum Ausdruck, die sich uns mit dem Begriff „Liebe" verbinden. Denn das unbeschreiblich Herrliche liegt ja darin, daß wir Menschen dieses „Verbindende" auch *bewußt* erleben können – eine Fähigkeit, die um so größer wird, je eher wir selbst bereit dazu sind, Liebe zu *geben*. Erst im selbstlosen Geben öffnet sich uns das Wesen der Liebe, jene lichtverbindende Lebensnähe, die auch der sprachliche Gleichklang von „geben", „leben" und „lieben" bekundet.

Die „Liebe" im menschlichen Sinn wird diesem hohen Niveau nicht gerecht. Sie will vor allem Wünsche und Träume erfüllen, drückt sich in Nachgiebigkeit – im besten Fall im Hintanstellen von Eigenwünschen – aus, doch sie sinnt kaum einmal selbstlos auf die Förderung des Nächsten. Sie kann beeinflußt und errungen werden, hat meist auch etwas mit falscher Nachsicht oder Schwächlichkeit zu tun – und ist daher nur selten *wahr:*

> *» Wahrhafte Liebe wird nicht darauf sehen, was dem anderen gefällt, was diesem angenehm ist und Freude bereitet, sondern sie wird sich nur darnach richten, was dem anderen* nützt! *Gleichviel, ob es dem anderen Freude bereitet oder nicht. Das ist wahres Lieben und Dienen.«*[38]

Dieses Zitat aus der Gralsbotschaft weist nun auch auf das Wesen der Gottesliebe hin: Sie wird dem Menschen stets nützen wollen, gerecht und streng, doch treu und wahr – genau so, wie die in der Schöpfung waltenden Gottgesetze wirken, welche ja die Entwicklung und Förderung des Lebens zum Ziele haben.

Es zeugt demnach von Unwissenheit oder Dummheit, wenn gläubige Menschen erwarten, sich die „Liebe Gottes" durch fromme Gebete, großzügige Spenden oder sonstwie erkaufen zu können. Falsche Nachsicht, willkürliche Sündenvergebung oder Wunder auf Bestellung hat die urewige Gottesliebe gewiß nicht zu bieten – wohl aber unerschöpfliche, beseligende Kraft, um die sich jeder Mensch in Demut, reinem Wollen und innigem Gottzugewandtsein bemühen kann.

Gottesgerechtigkeit und Menschenschicksal

Natürlich läuft dieser stets nützenden – aber eben nicht immer Freude bereitenden – Schöpferliebe auch der Begriff wahrer Gottesgerechtigkeit nicht zuwider. Diese wurde ebenfalls im Wirken der Schöpfungsgesetze zur Tat: Alle von uns ausgehenden Empfindungen, Gedanken und Taten strömen wechselwirkend wieder auf uns zurück. Jeder Mensch erhält also schicksalhaft genau das, was ihm entspricht, ihm also *gerecht* wird. Darin – und nicht in jener Gleichbehandlung, die wir manchmal als „gerecht" ansehen – liegt die erhabene Gottesgerechtigkeit.

Jedem das, was er verdient! Diese eherne Regel, welche die Eigenpersönlichkeit des Menschen bewahrt und fördert, die daher jeden einzelnen *anders* behandelt, anstatt alle Unterschiede an- und auszugleichen, ist uns ziemlich fremd geworden. Denn unsere Gesellschaft erstrebt – vordergründig wenigstens – das „Ideal" der Gleichschaltung und der Nivellierung aller Unterschiede.

Es mag sein, daß wir die Gerechtigkeit Gottes, die uns auch Schmerz und Leid bringen kann (nicht als Strafe freilich, sondern sachlich wechselwirkend), bisweilen als hart und lieblos beklagen, daß wir fragen, weshalb der Schöpfer das alles zuläßt und ob denn nirgendwo Gnade zu finden sei.

Doch mit derlei Klagerufen sollten wir zurückhaltend sein. Denn sie entspringen oft einer allzu kurzsichtigen Perspektive. Natürlich will jeder Mensch hier und jetzt gesund und glücklich sein, befreit von harten Schicksalsschlägen und gefeit vor jedweder Last, die einem das Leben so aufbürdet. Ehrlicherweise aber sollten wir doch zugeben, daß uns zumeist nur das fördert, was uns auch *fordert*. Das „süße Nichtstun", das sorglose Wohlergehen, das wir so oft anstreben, hat hingegen noch nie Geistesleistungen provoziert – es führt geradewegs in die innere Erstarrung.

Tatsächlich können wir aus jeder noch so schwierigen Lebenssituation lernen, in jeder noch so mißlichen Lage reifen. Das mag schwer sein, manchmal als unmöglich erachtet werden, aber das Bemühen, auch die sogenannten Schattenseiten des Lebens in einem größeren Bezugsrahmen zu sehen und sie mit Blick eben auf die Entwicklungsmöglichkeiten für den Geist dankbar anzunehmen, bringt Gewinn.

Mit „Bezugsrahmen" ist hier nicht nur die Zeitachse gemeint. Natürlich verändern sich die Wertigkeiten, sobald man Schicksalsschläge nicht mehr nur in bezug auf ein Erdenleben, sondern mit Blick auf das gesamte Sein des Menschen betrachten kann. Aber vielleicht ist noch ein anderer Gedanke nötig, um erahnen zu können, daß auch in wirklich schwierigen Lebensspannen ein tiefer Sinn verborgen liegt.

Führen wir uns dazu vor Augen, daß unser Tagbewußtsein, mit dem wir die physische Welt durchwandern, nicht mit dem eigentlichen geistigen Bewußtsein gleichzusetzen ist. Dieses wirkt im Zustand der Inkarnation, also des festen Anschlusses an den irdischen Körper, *durch* das Gehirn, aber es unterliegt in der grobstofflichen Hülle doch erheblichen Beschränkungen – verglichen mit den höheren Erlebnis- und Bewegungsmöglichkeiten, die allem Geistigen auf Grund seines Ursprunges naturgemäß zu eigen sind. Normalerweise wird uns diese Einengung gar nicht bewußt, denn wir „stecken" mit unserem Bewußtsein voll und ganz im irdischen Erleben, in Freude und Schmerz, Erinnerung und Zuversicht. Und so soll es ja auch sein, denn im außenstehenden Beobachten könnten wir niemals reifen; inneres Wachstum erfolgt nur aus dem unmittelbaren Erleben.

Sobald aber die Verbindung unseres Geistes zur körperlichen Welt im Tode abbricht, sind wir unserer eigentlichen Natur ein gutes Stück näher.[39] Und damit ändert sich auch das Erleben von Raum und Zeit vollständig; die Spanne eines Erdenlebens mag uns dann wie ein träger Traum erscheinen, aus dem wir glücklich erwacht sind, der uns in seiner Intensität aber nachhaltig geprägt hat.

Ein gleichnishaftes Bild aus Forschung und Technik kann den Vorgang einer Inkarnation und das Wiedererwachen zum „eigentlichen Leben" verdeutlichen. Man benutzt heute in manchen Bereichen, zum Beispiel in der Medizin oder der Nuklearphysik, zur Durchführung besonders anspruchsvoller oder gefährlicher Arbeiten Roboter, die durch sogenannte „Datenhandschuhe", „Datenhelme" oder „Datenanzüge" ferngesteuert werden. Dabei ist es mit Hilfe ausgeklügelter Informationsübertragungstechniken möglich, dem steuernden Menschen den Eindruck zu vermitteln, er sei anstelle des Roboters tatsächlich selbst „vor Ort". Der Techniker steuert also durch seine Körperbewegungen die Maschine, welche in ihren Bewegungen diesen natürlichen Anweisungen exakt folgt, und umgekehrt sieht der Steuernde in seinem Datenhelm das, was die Kameraaugen des Roboters aufnehmen, spürt in seinem Datenhandschuh exakt jene Widerstände, auf welche die Hände des Roboters beim Arbeiten stoßen, und so weiter.

Was nun nach kurzer Zeit passiert, ist, daß das menschliche Bewußtsein von seiner „technischen Hülle" derart Besitz ergreift, daß der steuernde Techniker tatsächlich meint, selbst dort zu sein, wo der Roboter arbeitet. Eben dieser Effekt ist für bestimmte Tätigkeiten natürlich erwünscht, aber man hat auch erkannt, daß es recht problematisch sein und heftige Reaktionen auslösen kann, wenn der so in eine „andere Welt" versunkene Mensch – etwa wenn ihn jemand anfaßt oder rüttelt – unerwartet in die physische Realität zurückgerufen wird. Allzu unmittelbar erlebt er „seine" momentane Wirklichkeit, aus der er erst „erwacht", sobald er sich der technischen Hilfsmittel entledigt.

Dieses Beispiel zeigt, daß es im Wesen des menschlichen Bewußtseins liegt, äußere Hüllen „durchglühen" zu können, sich mit ihnen also zu verbinden, sofern entsprechende Ein- und Ausdrucksmöglichkeiten gegeben sind. Ein vergleichbares „Eintauchen in eine andere Welt" vollzieht sich bei jeder Inkarnation: Wir leben vollbewußt hier und jetzt – und steuern dabei doch nur einen im Grunde schwerfälligen Körper, der unserer inneren Geistesart fern steht. Erst wenn wir die physische Hülle ablegen, unseren natürlichen „Datenanzug" also, finden wir uns im „eigentlichen Leben" wieder, in größeren Bewegungs- und intensiveren Erlebnismöglichkeiten – und vor allem in einer neuen Perspektive, durch die sich die im Irdischen als „unendlich leidvoll" erlebten Erfahrungen plötzlich relativieren. Wir erleben nicht mehr den Moment des Leides, sondern unmittelbar den großen Nutzen daraus, etwa die geistige Stärkung, die wir erfahren haben. Und es erweist sich der tiefe Sinn jener schönen Worte, die der um höheres Menschentum bemühte deutsche Lyriker Richard Dehmel (1863–1920) einmal formuliert hat:

8. Wie Gott in dieser Welt wirkt

> *»Siehe: mit dem Schmerz der Zeit*
> *Spielt die ewige Seligkeit.«*

Natürlich ist diese Darstellung sehr vereinfacht, sie läßt auch viele durchaus wichtige „Nebenaspekte" außer acht, etwa die Tatsache, daß der physische Tod allein noch nicht unbedingt zu einem großen Überblick über alle Sinnzusammenhänge führt. Doch hier sollte nur verdeutlicht werden, daß die auf einen bestimmten Zeithorizont beschränkte Sicht der Dinge und auch die reduzierten Erlebnismöglichkeiten, die sich uns im inkarnierten Zustand bieten, leicht zu Fehleinschätzungen der allweisen Führung des Schöpfers verleiten.

Und doch gewährt die eherne, unbestechliche Gerechtigkeit Gottes, daß jedem Menschen das zugeführt wird, was ihm gerecht wird, worin wiederum nur fördernde Liebe liegt – und auch … Gnade.

Ich möchte diesen Gedanken nun an zwei Beispielen verdeutlichen, die in ihrer Überzeichnung freilich jeweils nur einen Aspekt herausgreifen, während ein wirkliches Schicksal natürlich nie derartig „eindimensional" beurteilt werden dürfte: Stellen wir uns als erstes einen Menschen vor, der sich so verhält, daß er innerlich zunehmend verhärtet. Er schenkt seinen Angehörigen weder Zuneigung noch Achtung, zieht sich ganz in seine dumpfe Welt zurück und wird auch unfähig dazu, die ihm dennoch geschenkte Liebe anzunehmen. Diese Eigenart verstärkt sich im Alter zunehmend, und er nimmt sie bei seinem Hinübergehen auch mit in das Jenseits. Bald zieht es ihn zu einer erneuten Inkarnation, und sein Inneres verbindet sich im Gesetz der Gleichart einer werdenden physischen Hülle, welche die Anlage, selbstbezogen und ohne rechten Kontakt zur Umwelt zu leben, in „idealer" Weise verkörpert: Er kommt behindert zur Welt. Dieser Zustand nimmt ihm jede Möglichkeit, weiterhin Selbstgefälligkeit zu pflegen, und bringt dem Geist zugleich die zentrale Lebenserfahrung, wie wertvoll es ist, Zuneigung und Liebe erleben zu dürfen. Er erfährt wieder Dankbarkeit sowie Freude und beginnt von neuem seinen inneren Aufstieg.

Oder denken wir an einen anderen Menschen, der große Herrschsucht in sich trägt und diese ausgeprägte Eigenart ebenfalls beim Tode mit hinübernimmt. Da sein Hang, Mitmenschen zu beherrschen, alle edleren seelischen Regungen bei weitem überwiegt, wirkt er ausschlaggebend für die nächste Inkarnation, und es zieht den Betreffenden im Gesetz der Gleichart zu einer Familie, in welcher Herrschsucht in hohem Grade vorhanden ist und an ihm ausgelebt wird. Dieser Mensch leidet nun also wechselwirkend unter seiner eigenen Art, aber zugleich hat er auch die Gelegenheit, in diesem Erleben das Falsche zu erkennen, wodurch der Wunsch nach einer grundlegenden Neuausrichtung in ihm erwachen kann.

315

Diese Beispiele mögen verdeutlichen, daß der Sinn im menschlichen Leid wie auch die Gerechtigkeit Gottes erahnbar werden, sobald man das Sein des Menschen in einem größeren Bezugsrahmen sieht, und nicht nur eingeschränkt auf das *eine* Erdenleben oder den *einen* Schicksalsschlag. Keinesfalls jedoch sollte aus den beschriebenen Zusammenhängen geschlossen werden, daß nun jede Behinderung auf mangelnde Liebesfähigkeit zurückzuführen sei oder daß ein Kind, welches unter der Herrschsucht seiner Eltern leidet, diese Eigenart unbedingt selbst in sich trägt. Solche generellen Aussagen sind immer problematisch, zumeist falsch und gehen außerdem am Leben vorbei. Denn in Wirklichkeit dürfte sich eine Beurteilung nicht auf den Weg nur eines einzelnen Menschen reduzieren, da mit dessen Schicksal ja immer auch viele andere verknüpft sind. Was ein Kind erlebt, hat beispielsweise entscheidende Auswirkungen auf das Leben der Angehörigen – und die Natur strebt stets den größtmöglichen Nutzen für *alle* Beteiligten an.

Die große Gnade Gottes

Indes können uns die genannten Beispiele zu einem neuen Verständnis des Begriffes „Gottesgnade" führen. Denn auch diese erhebt sich weit über das, was wir im alltäglichen Sprachgebrauch als „Gnade" bezeichnen würden. Wir benutzen dieses Wort gewöhnlich für ein unverdientes Geschenk. Man spricht davon, „Gnade vor Recht ergehen" zu lassen oder jemanden zu „begnadigen", obwohl er im Sinne der Gerechtigkeit durchaus anderes verdient hätte.

Auch christliche Religionen sehen in der Gnade Gottes letztlich einen solchen Willkürakt. So lehrt die katholische Kirche von der „heiligmachenden Gnade", durch die der Schöpfer den gläubigen Menschen zu seinem „Kinde" erhebt, ohne daß dieser sich den „Gnadenstand" vorher zu erringen hätte. Das Leben und Sterben Christi wird als „erlösende Begnadigung" gedeutet: Jesu Kreuzestod hätte die Menschheit demnach ohne weiteres von allen Sünden befreit – sie brauchte dafür nichts zu tun, als den Gottessohn zu quälen und zu ermorden. Auf die absolute Widersinnigkeit dieser Vorstellung wurde im Zusammenhang mit der Mission Jesu schon hingewiesen.[40]

Die Gnade Gottes als unverdientes Geschenk für den Menschen wird von der protestantischen Kirche ebenfalls gelehrt. Und auch andere Religionen, wie etwa bestimmte Formen des Buddhismus, stellen eine „verdienstlos waltende Gnade" der Gottheit in den Mittelpunkt ihres Weltbildes und nehmen an, daß der Schöpfer den Menschen kraft solcher Gnadenakte erlöse.

8. Wie Gott in dieser Welt wirkt

Wie Gott dies bewirkt, bleibt allerdings im Unscharfen – notgedrungen, denn einerseits glaubt man ja an des Schöpfers eherne Gerechtigkeit, andererseits aber erwartet man von ihm gnadenvolle Willkürakte, die sich über eben diese Gerechtigkeit erheben. Ein unauflösbarer Widerspruch, der wohl nur dann hingenommen werden kann, wenn man sich mit der Hoffnung auf irgendwelche „unerforschlichen Ratschlüsse Gottes" begnügt und/oder sich in die „demütige" Gesinnung flüchtet, daß das Wirken des Schöpfers von uns Menschen ohnehin nicht zu verstehen sei.

Natürlich ist eine solche Haltung durchschaubar. Sie hat nichts mit Demut zu tun, sondern im Gegenteil mit Hochmut, denn sie unterstellt dem Schöpfer leichtfertig, in seinem Wirken für den Menschen undurchschaubar zu sein, während aber jedes Bemühen, den *wirklichen* Schöpferwillen zu erkennen, von vornherein unterlassen wird. Aber so haltlos der Gedanke an eine willkürlich waltende Gottesgnade auch sein mag – er genügt den meisten Christen vollauf, um daran zu glauben, daß sie durch besondere Gnadenakte des Schöpfers – ob durch den Kreuzestod Jesu oder durch die „Absolution" im Sterbebett – ohne weiteres von allem Übel erlöst werden können. Dieses Wunschdenken mag zwar bequem sein, hat aber mit der Wirklichkeit nichts zu tun, und welche Geisteshaltung darin liegt, bringt die Gralsbotschaft auf den Punkt:

> *»Nur die verwerflichste Gedankenlosigkeit kann wähnen, daß der Daseinszweck des Menschen hauptsächlich in dem Jagen des Erwerbens körperlicher Notwendigkeiten und Genüsse ruht, um sich zuletzt durch irgendeine äußerliche Form und schöne Worte in Geruhsamkeit von jeder Schuld und von den Folgen seiner faulen Nachlässigkeiten im Erdenleben befreien zu lassen. Der Gang durchs Erdenleben und der Schritt ins Jenseits bei dem Tode ist nicht wie eine alltägliche Fahrt, für die man nur die Fahrkarte im letzten Augenblick zu lösen braucht.*
>
> *Mit solchem Glauben verdoppelt der Mensch seine Schuld! Denn jeder Zweifel an der unbestechlichen Gerechtigkeit des vollkommenen Gottes ist Gotteslästerung! Das Glauben an willkürliche und mühelose Vergebung der Sünden aber ist offenkundiges Zeugnis für den Zweifel an einer unbestechlichen Gerechtigkeit Gottes und seiner Gesetze, noch mehr, es bestätigt unmittelbar den Glauben an die Willkür Gottes, die gleichbedeutend mit Unvollkommenheit und Mangelhaftigkeit wäre!*
>
> *Arme, bedauernswerte Gläubige!*
>
> *Es wäre ihnen besser, noch Ungläubige zu sein, dann könnten sie ungehemmt und leichter den Weg finden, den sie schon zu haben wähnen.*

317

Rettung liegt nur darin, aufkeimendes Denken und den damit erwachenden Zweifel an so vielem nicht scheu zu unterdrücken; denn darin regt sich der gesunde Drang nach Wahrheit!«[41]

Sollte man aus diesen Worten nun folgern, daß es so etwas wie Gottesgnade überhaupt nicht gibt?

Ja, wenn man nach jener „kleinen", willkürlichen Begnadigung sucht, die der Gerechtigkeit entgegensteht.

Doch in Wirklichkeit ist die Gnade des Schöpfers allgegenwärtig. Wir leben in ihr, sind von ihr förmlich umhüllt. Sie ist uns sogar dermaßen selbstverständlich, daß wir sie ganz übersehen.

Schon die Tatsache, daß wir leben dürfen, ist eine große Gnade, ja, die allerwunderbarste überhaupt – haben wir doch auf das Sein im Grunde keinerlei Anspruch! Das ganze Entstehen und Werden der Schöpfung, all das Leben in ihr, ist die Folge eines unermeßlichen Gnadenaktes des Höchsten, der uns damit das bewußte Sein bescherte. Und ebenso *sollten* wir alle unsere Fähigkeiten und Begabungen, die wir entwickeln können oder auch die Schönheit der Natur, die wir beglückend erleben dürfen, als große, unfaßbare Gnadengeschenke erkennen und nützen.

Das *sollten* wir, und *stets* sollten wir – denn das Wesen der Gottesgnade liegt auch darin, daß uns *Gelegenheiten* geboten werden, die wir allerdings ergreifen müssen. Lebendürfen – das ist die herrliche Möglichkeit, Bewußtsein zu entwickeln. Und wir sind in diesem Leben geradezu überschüttet von weiteren Chancen, Hilfen, Rettungsankern, die wir für uns benützen können.

Wenn uns selbst im tiefsten Leid, in der größten seelischen Belastung, vielfältige Gelegenheit geboten wird, uns freizuringen von niederdrückenden Wechselwirkungen, dann liegt auch darin Gottes Gnade: Man denke hier beispielsweise an die Liebe, die einen Menschen in ihrer urgewaltigen Macht emporreißen und zu neuem Tun beflügeln kann. Oder an die Kraft, die aus einem tief empfundenen Gebet strömt und den Weg zu einer Hilfe aus dem Licht öffnet. Auch in der Sehnsucht nach dem Schönen, Edlen, Erhabenen, die in jedem Menschen ruht und glühendes Streben nach Idealen erwirken kann, liegt Gottes Gnade – und ebenso in allen anderen lebensdurchfluteten Momenten, in denen stärkstes Empfinden uns wortlos beseelt. Wie leicht ist es im Grunde, innerlich neu zu beginnen, sich zu geistigem Aufschwung aufzuraffen, Entsühnung und Erlösung anzustreben, wo und in welcher Lage immer man sich befindet.

Stets aber wollen die vielfältigen Gelegenheiten *genützt*, will die Gottesgnade *errungen* sein. Denn sie trifft uns niemals unberechtigt oder willkürlich. Die Gnade des Schöpfers ergeht nicht *vor* Recht, sondern sie *ist* rechtens. Und weil es im Gesetz liegt, daß wir immer zuerst geben müssen, um empfangen zu können, heißt es in der Gralsbotschaft:

> *»Sich regen muß der Mensch, wenn er zu lichten Höhen kommen will. Das Paradies erwartet ihn, aber es kommt nicht selbst herab, wenn er nicht darnach strebt. Streben heißt jedoch nicht nur das Denken, Bitten, Betteln, das Ihr heute tut, streben heißt* handeln, sich bewegen, *um dahin zu kommen!*
> *Die Menschen aber betteln nur und wähnen, daß sie noch hinaufgetragen werden von den Händen, die sie einst mit Nägeln haßerfüllt durchstießen!«* [42]

Die in diesem Kapitel dargelegten Ausführungen zu den Begriffen Allweisheit, Allgegenwart und Allmacht sowie zur Liebe, Gerechtigkeit und Gnade Gottes sollten verdeutlicht haben, wie der Schöpfer in dieser Welt wirkt: ausschließlich durch jene erhabenen Gesetze, die Seinen urewigen, vollkommenen Willen tragen und die wir als „Sprache des Herrn" auch erkennen können. Wo aber Vollkommenheit ist, dort gibt es naturgemäß keinen Platz für nachbessernde Willkürakte. Der Schöpfer greift daher in sein Werk nicht ein. Doch er hat es auch nicht sich selbst überlassen. Die Kraft aus der Ausstrahlung der wesenlosen Gottheit und die Gnade des Schöpfers sind allgegenwärtig und stets bereit, daß wir sie nützen.

Ja, es geht um uns!

Denn alle Fragen, die sich diesem neuen, erhabenen Bild vom Sein und Wirken Gottes mit Blick auf den kärglichen Zustand unserer Welt nun anschließen mögen – wie denn das Böse entstand und warum wir so unsäglich gottesfern leben –, sie hängen mit uns zusammen: mit unseren menschlichen Fähigkeiten und vor allem mit unserem großen Versagen.

Und auch die Zukunft liegt in unseren Händen. Wir werden darüber entscheiden, ob – mit Gottes Hilfe – nun im 21. Jahrhundert endlich die ersehnte und im Lichtwirken längst vorbereitete neue Zeit anbrechen kann oder ob wir uns weiterhin mit einem kindischen Unglauben abgeben möchten, der in sensationsträchtigen Zauberkunststücken der Marke Copperfield göttliches Wunderwirken erkennen will.

Wir entscheiden, ob für uns spiritueller Aufstieg oder geistiger Untergang folgen muß.

Vieles bleibt uns zu tun!

Anmerkungen und Literaturhinweise zu Teil 3, Kapitel 8

1 Vgl. dazu: Teil 1, Kapitel 2

2 Zitiert aus: Johann Wolfgang von Goethe: „Poetische Werke in zehn Bänden",
Weltbild-Verlag („Bibliothek der Weltliteratur"), o. J.

3 Zitiert aus: „Altes Testament", 2. Mose, 20

4 Zitiert aus: Abd-ru-shin: „Im Lichte der Wahrheit – Gralsbotschaft", Verlag der
Stiftung Gralsbotschaft, Stuttgart, 1998 (Band 3, Vortrag „Wesenlos")

5 Zitiert aus: Abd-ru-shin: „Im Lichte der Wahrheit – Gralsbotschaft", Verlag der
Stiftung Gralsbotschaft, Stuttgart, 1998 (Band 2, Vortrag „Das Leben")

6 Vgl. dazu: Teil 1, Kapitel 2

7 Zitiert aus: Abd-ru-shin: „Im Lichte der Wahrheit – Gralsbotschaft", Verlag der
Stiftung Gralsbotschaft, Stuttgart, 1998 (Band 2, Vortrag „Das Leben")

8 Zitiert aus: „Altes Testament", 1. Mose 3

9 Zitiert aus: Abd-ru-shin: „Im Lichte der Wahrheit – Gralsbotschaft", Verlag der
Stiftung Gralsbotschaft, Stuttgart, 1998 (Band 3, Vortrag „Es werde Licht!")

10 Zitiert aus: Abd-ru-shin: „Im Lichte der Wahrheit – Gralsbotschaft", Verlag der
Stiftung Gralsbotschaft, Stuttgart, 1998 (Band 2, Vortrag „Das Leben")

11 Vgl. Abd-ru-shin: „Im Lichte der Wahrheit – Gralsbotschaft", Verlag der Stiftung
Gralsbotschaft, Stuttgart, 1998 (Band 1, Vortrag „Irrungen")

12 Vgl. dazu: Teil 1, Kapitel 3

13 Zitiert aus: Abd-ru-shin: „Im Lichte der Wahrheit – Gralsbotschaft", Verlag der
Stiftung Gralsbotschaft, Stuttgart, 1998 (Band 3, Vortrag „Es werde Licht!")

14 Vgl.: „Altes Testament", 1. Mose 2, 20

15 Das Wort „Amen" stammt aus dem Hebräischen und hatte die Bedeutung von „es
steht fest". Als „Zustimmungsformel" ging das Wort aus der israelitischen Rechtsordnung
in die christliche und später auch in die islamische Gebets- und Gottesdienstordnung über.

16 Vgl.: „Die deutsche Sprache – Entstehung, Bedeutung und unerkannte Macht" in:
„Gralswelt"-Themenheft, Heft 6, Verlag der Stiftung Gralsbotschaft, Stuttgart, 2000

17 Zitiert aus: Abd-ru-shin: „Im Lichte der Wahrheit – Gralsbotschaft", Verlag der
Stiftung Gralsbotschaft, Stuttgart, 1998 (Band 3, Vortrag „Es werde Licht!")

18 Vgl.: Abd-ru-shin: „Im Lichte der Wahrheit – Gralsbotschaft", Verlag der Stiftung
Gralsbotschaft, Stuttgart, 1998 (Band 3, Vortrag „Die urgeistigen Ebenen VI")

19 Vgl. „Neues Testament", Offb. 1, 4: Die Weltenteile sind hier als „Gemeinden"
bezeichnet; die Zahl 7 findet sich auch an anderen Stellen der „geheimen Offenbarung",
des „Buches mit den sieben Siegeln". So ist zum Beispiel von sieben Engeln mit sieben
Posaunen die Rede, welche im Namen des Menschensohnes die Urteile im Weltgericht
vollstrecken (vgl. Offb. 8, 2).

20 Vgl. „Neues Testament", Matth. 1, 22–23 bzw. „Altes Testament", Jesaja 7, 14

21 Zitiert aus: Abd-ru-shin: „Im Lichte der Wahrheit – Gralsbotschaft", Verlag der
Stiftung Gralsbotschaft, Stuttgart, 1998 (Band 3, Vortrag „Es werde Licht!")

22 Vgl. dazu: Teil 1, Kapitel 3

23 Vgl.: Werner Huemer: „Töne – Farben – Therapien“, erschienen in der Zeitschrift „GRALSWELT“, Heft 17, Verlag der Stiftung Gralsbotschaft, Stuttgart, 2000

24 Zitiert aus: Abd-ru-shin: „Im Lichte der Wahrheit – Gralsbotschaft“, Verlag der Stiftung Gralsbotschaft, Stuttgart, 1998 (Band 3, Vortrag „Allweisheit“)

25 Vgl. dazu: Teil 1, Kapitel 3

26 Diese Bezeichnung und auch die folgende Benennung der Gesetze fußt auf dem Wissen der Gralsbotschaft von Abd-ru-shin.

27 Vgl.: Abd-ru-shin: „Im Lichte der Wahrheit – Gralsbotschaft“, Verlag der Stiftung Gralsbotschaft, Stuttgart, 1998 (Band 1, Vortrag „Irrungen“)

28 Zitiert aus: Abd-ru-shin: „Im Lichte der Wahrheit – Gralsbotschaft“, Verlag der Stiftung Gralsbotschaft, Stuttgart, 1998 (Band 1, Vortrag „Irrungen“)

29 Zitiert aus: Abd-ru-shin: „Im Lichte der Wahrheit – Gralsbotschaft“, Verlag der Stiftung Gralsbotschaft, Stuttgart, 1998 (Band 1, Vortrag „Irrungen“)

30 Zitiert aus: Abd-ru-shin: „Im Lichte der Wahrheit – Gralsbotschaft“, Verlag der Stiftung Gralsbotschaft, Stuttgart, 1998 (Band 1, Vortrag „Irrungen“)

31 Zitiert aus: Johann Wolfgang von Goethe: „Poetische Werke in zehn Bänden“, Weltbild-Verlag („Bibliothek der Weltliteratur“), o. J.

32 Zitiert aus: Abd-ru-shin: „Im Lichte der Wahrheit – Gralsbotschaft“, Verlag der Stiftung Gralsbotschaft, Stuttgart, 1998 (Band 3, Vortrag „Der Kreislauf der Strahlungen“)

33 Zitiert aus: Abd-ru-shin: „Im Lichte der Wahrheit – Gralsbotschaft“, Verlag der Stiftung Gralsbotschaft, Stuttgart, 1998 (Band 2, Vortrag „Das Leben“)

34 Vgl. dazu: Teil 2, Kapitel 4

35 Vgl. dazu: Teil 3, Kapitel 9

36 Zitiert aus: Abd-ru-shin: „Im Lichte der Wahrheit – Gralsbotschaft“, Verlag der Stiftung Gralsbotschaft, Stuttgart, 1998 (Band 3, Vortrag „Allgegenwart“)

37 Vgl. dazu: Teil 1, Kapitel 3

38 Zitiert aus: Abd-ru-shin: „Im Lichte der Wahrheit – Gralsbotschaft“, Verlag der Stiftung Gralsbotschaft, Stuttgart, 1998 (Band 2, Vortrag „Die Religion der Liebe“)

39 Der Einfachheit halber bleibt in dieser Darstellung die Tatsache unberücksichtigt, daß der Mensch auch nach dem körperlichen Tod noch nicht wirklich „Geist“ ist, da er ja noch weitere „Seelenhüllen“ trägt, die erst bei weiterem Aufstieg abgelegt werden können.

40 Vgl. dazu: Teil 1, Kapitel 3

41 Zitiert aus: Abd-ru-shin: „Im Lichte der Wahrheit – Gralsbotschaft“, Verlag der Stiftung Gralsbotschaft, Stuttgart, 1998 (Band 2, Vortrag „Ich bin der Herr, Dein Gott!“)

42 Zitiert aus: Abd-ru-shin: „Im Lichte der Wahrheit – Gralsbotschaft“, Verlag der Stiftung Gralsbotschaft, Stuttgart, 1998 (Band 3, Vortrag „Nachwort: Wie die Botschaft aufzunehmen ist“)

9. Was uns
zu tun bleibt

Roboter und Fließbandmenschen, Raumfahrt und Television, Computer und Cyborgs[1]: Manche der großen Zukunftsträume, welche die zivilisierte Menschheit unseres Heimatplaneten seit gut einem Jahrhundert beflügeln, haben sich bereits verwirklicht, für andere wird emsig geforscht, entwickelt und vorproduziert. Einiges, wie etwa die weltweite Datenvernetzung ausgangs des 20. Jahrhunderts, überkam die Erde mit einer Geschwindigkeit, wie es sich eine Generation zuvor selbst der hoffnungsfrohste Science-fiction-Autor nicht hätte ausmalen können. Über die klobigen, bunt blinkenden Bordcomputer etwa, mit denen Captain Kirk in der Fernsehserie vor 35 Jahren sein „Raumschiff Enterprise" durch die unendlichen Weiten des Weltraums anno 2200 navigieren sollte, kann man heute nur noch belustigt schmunzeln.

Wer sich – wie die Autoren des ebenso launigen wie interessanten Buches „Visionen – Eine Chronik der Zukunft"[2] – mit den großen visionären Ideen des vergangenen Jahrhunderts beschäftigt und die einstige Fiktion dem heutigen Stand von Forschung und Technik gegenüberstellt, erkennt bei allen Differenzen im Detail unschwer den Zusammenhang von Vision und Entwicklung: Oft genug vollzieht sich diese ja im Windschatten begeisternder Vorstellungen, weitreichender Inspirationen.

Kann man also aus den Ideen heutiger Science-fiction-Vordenker, jetziger Zukunftsbilder womöglich die Richtung erahnen, in welche uns Erfindungsreichtum und Forscherehrgeiz künftig treiben werden? Und wird sich die Welt dereinst tatsächlich so und nicht anders zeigen? Natürlich sind konkrete Voraussagen nur sehr bedingt gültig. Aus einer Unzahl von vorhandenen Möglichkeiten ausgerechnet die herauszugreifen, welche ein echtes Entwicklungspotential für die Zukunft bergen, ist ja ein ungleich anspruchsvolleres Unterfangen, als einfach jene Gedanken in Erinnerung zu rufen, die der modernen heutigen Welt einstmals zugrunde lagen.

Die Autoren der „Visionen" haben es – mit leichtem Augenzwinkern freilich – dennoch unternommen, schon jetzt eine „Chronologie des 21. Jahrhunderts" vorzulegen. Diese folgt im übrigen nicht nur absehbaren technologischen Trends, sondern vor allem den großen Leitbildern eines „gesunden" Durchschnittsegoisten unserer Konsumgesellschaft: Vorteilsstreben, Erlebnishunger, Bequemlichkeit. Für das Jahr 2024 ist zum Beispiel ein Höhepunkt des herrschenden „Lifestyle- und Körperkult-Trends" in Aussicht gestellt:

> »*Body Design ist zur Boombranche des Jahres geworden. Wer nur ein wenig auf sich hält, läßt sich hin und wieder einen neuen Leib schneidern, man trägt ja auch nicht dasselbe Hemd jahrein, jahraus. (…)*
> *Unter den zahlreichen, nicht immer seriösen Anbietern, die um den lukrativen Markt konkurrieren, haben sich drei spezialisierte Studio-Ketten durchgesetzt: ‚Body-Fit‘ hat als Hauptzielgruppe mode- und zugleich gesundheitsbewußte Goldies[3], die etwas mehr Zeit mitbringen und Wert auf gute Beratung (insbesondere zu Nebenwirkungen) legen. Sie erwarten vor allem dort radikale Eingriffe, wo sich das Alter zeigen will. Eine gepflegte Figur ist ihnen wichtiger als neumodischer Schnickschnack, womit vor allem technische Implantate gemeint sind. ‚Mutabor‘ wendet sich an Modebewußte hauptsächlich mittleren Alters, die – falls überhaupt – in eher traditionellen Branchen wie dem Finanzgewerbe oder in Beratungsunternehmen beschäftigt sind. Sie brauchen eine zeitgemäße, optimistische Ausstrahlung und verlangen eine paßfähige ‚Aura‘. Körper und Kleidung, Aussprache und individueller Körperduft müssen zur Inszenierung des Ichs beitragen. Aufdringliche Parfüms, wie sie die Goldies immer noch verwenden, sind überwunden. Nun wird der Eigengeruch des Körpers maßgeschneidert. Ein wenig Biochemie und Gentechnik sorgen dafür, daß der Haut beständig die gewünschte Aromat- und Pheromonkombination entströmt. Oft lassen sie sich ihren Internet-Kommunikator in den linken Unterarm implantieren.*
> *‚Wechsel den Balg‘, die dritte große Bodyforming-Kette, bedient die Experimentier- und Erlebnisfreudigen, Kreative und Verrückte jeglicher Art und jeglichen Alters. (…) Die Kunden von ‚Wechsel den Balg‘ fühlen sich als Avantgarde der Evolution, ihren Körper verstehen sie als einzigartige Spezies, die gerade im Entstehen ist. Sie experimentieren schon mal mit Fußpilz oder anderen Gewächsen auf der Haut, wenn es nur hinreichend bizarre Effekte gibt. Ein sanfter Flaum von*

> *Federn auf der Wange, dornförmige Knochengewächse aus den*
> *Schultern, ein Rückenkamm oder ein Zusatzpaar Brüste, wenn es nur*
> *auffällt, ist jedes medizinische Risiko erlaubt. (...)*
> *Menschen, die keinen Wert auf einen stilgerechten Body legen, trifft*
> *gesellschaftliche Verachtung. Biologie ist nicht mehr, wie Freud for-*
> *mulierte, Schicksal. Die Sklaverei der Natur wird durch die der*
> *Kultur ersetzt.«*[4]

Eine technikstrotzende Zukunft?

Es bleibt eine Sache der Tagesverfassung, ob man über satirische Visionen dieser Art überhaupt noch lachen kann – das Szenario ist ja leider nur allzu realistisch, und angesichts der schon jetzt überbordenden Körpergestaltungsmanie – man denke etwa an die Schönheitschirurgie, die oft nur die Eitelkeit bedient – muß man auf neue Höhepunkte eines lustbetonten Materialismus wohl gefaßt sein.

Neben dem „Körper nach Maß und Mode" haben freilich noch unzählige andere Visionen für das 21. Jahrhundert beste Chancen auf Verwirklichung: Molekular-Maschinen aus Nano-Instituten,[5] „Designer-Kinder", bei denen kein Körpermerkmal mehr dem Zufall überlassen bleibt, die Eroberung ferner Himmelskörper oder „High-Tech-Food", Nahrung, die nur noch aus gentechnisch „optimierten" Ausgangsstoffen besteht.

Die Liste könnte noch lange fortgesetzt und um manche Skurrilität ergänzt werden. So gibt es Ansätze dafür, die Gedankenimpulse des Menschen technisch zu nutzen oder umgekehrt, sein Gefühlsleben durch stimulierende Implantate von außen her direkt zu beeinflussen. Auch unsere Innenwelt wird demnach vor gezielter „Entwicklung" nicht verschont bleiben.

Oder?

Natürlich ist mit der Gedanken- und Gefühlswelt unseres Körpers jener persönliche Intimbereich angesprochen, der uns von der Außenwelt abgrenzt und unmittelbar der Einflußnahme unseres Ichs unterstellt ist. Aber dieses nahe Äußere ist nicht wirklich die eigentliche Innenwelt.

Was bei all den erreichten oder erträumten „Leistungen" fehlt, woran es auch den schönsten Szenarien zu einer künftigen Gesellschaft freier, gleichberechtigter, friedlicher Menschen völlig mangelt, sind die geistigen Zielsetzungen. Von neuer spiritueller Orientierung, einer Wiederkehr des Schöpfers in unser Bewußtsein gar, ist nirgendwo die Rede. Und die wenigen Visionen zu einer vertieften Religiosität, wie sie die Zukunft prägen könnte, sind meist nur wirklichkeitsferne Träume, die eine puritanische

9. Was uns zu tun bleibt

Zurück-zur-Natur-Gesinnung zum Ausdruck bringen, das scheinbare Ideal einer technikfreien Paradieseswelt, zu der allerdings kein gangbarer Weg gewiesen werden kann.

Ich gehe davon aus, daß es mit Blick auf die Gestaltung unserer Zukunft denkbar wenig Sinn hat, gegen die tatsächlichen oder vermeintlichen Segnungen von Forschung und Technik anzutreten, alle Interfaces abschalten oder den Verkehr zum Erliegen bringen zu wollen. Natürlich ist es heute mehr denn je von Nutzen, sich nach Kräften um gesunde Ernährung, ein harmonisches Wohnumfeld oder ausreichende Gelegenheiten zum Naturerleben zu bemühen. Doch das alles ist peripher. Es ist, wenn wir die Frage stellen, was uns denn mit Blick auf eine lichtvollere Zukunft zu tun verbleibt, nicht das Wesentliche. Denn die Hauptarbeit haben wir nicht in der Außenwelt zu leisten, sondern in uns selbst.

Der anzustrebende „Aufbau im Geiste" folgt den gleichen Prinzipien wie jede äußere technische oder gesellschaftliche Entwicklung: Wir müssen uns erstens der Möglichkeiten bewußt sein, die wir nützen und auf denen wir aufbauen können – und zweitens gilt es, Ziele zu entwickeln beziehungsweise Ideale in Erinnerung zu rufen, in deren Dienst wir unsere intellektuellen und intuitiven Fähigkeiten dann stellen.

Beides ist leichter gesagt als getan. Denn in dem Maße, wie wir bisher zur Eroberung der physischen Welt aufgebrochen sind, verkümmerte unser Inneres. Den licht- und krafterfüllten Bereich unseres Herzens, unseres Gemüts, unseres eigentlichen Wesens – oder wie immer sonst man das Geistige bezeichnen möchte – haben wir zu pflegen und erst recht zu nutzen verlernt. Im eifernden Streben nach Vorteil, Genuß und Bequemlichkeit denkt man nicht an spirituelle Nahrung; es reicht, die immer neuen Wünsche und Begierden des expandierenden Intellekts zu bedienen. Das Geflimmer der Multimedia-Welt und die vermeintlichen Tiefen des Cyberspace lenken perfekt den Blick von uns selbst ab. Nichts ist dem lusthungrigen Konsummenschen so fremd wie das eigene Ich; der Geist bleibt ebenso vergessen wie der Schöpfer und sein allgegenwärtiger Wille.

Nun aber gilt es, die große, bewußte Lebendigkeit des Menschseins endlich neu zu entdecken. Und zwar dringend, denn nur in uns ruhen die Schlüssel für die Tore zu einer neuen, gottzugewandten Zeit, in der – langfristig gesehen – auch die *einzig mögliche* Zukunft liegt. Denn jede Kultur des egoistischen Auslebens, der geistlosen Selbstgefälligkeit und des rücksichtslosen Wachstums muß wechselwirkend in Untergang und Zerstörung enden. Nichts führt an dieser Tatsache vorbei.

Wenn wir also ernsthaft annehmen, daß es von uns nicht nur abhängt, *welche* Zukunft dem Planeten Erde und seinen Bewohnern beschieden ist, sondern auch, ob es überhaupt noch eine gibt, dann ist das keine narzißtische Überbewertung der Gattung Mensch. Vielmehr geht es darum, den Auftrag zu erkennen, den wir durch die Gnade des ichbewußten Seindürfens in der Schöpfung erhalten haben. Und der findet sich gewiß nicht in der eitlen Hybris, die unseren technisch-wissenschaftlichen Utopien zugrunde liegt.

Die Verantwortung, die wir tragen, ist viel größer; sie könnte uns, geistig geschwächt wie wir sind, beinahe überfordern. Jedenfalls aber bedingt das Erkennen der entscheidenden Bedeutung, die das Menschsein mit sich bringt, ein mutiges Anspannen aller noch verbliebenen Kräfte.

Ent-scheidend ist unser Tun und Lassen deshalb, weil sich am menschlichen Willen das Gute von dem Bösen scheidet, das Aufbauende, Erhaltende und Nutzbringende vom Verführerischen, Schädlichen, Zerstörenden.

Der freie Wille, gut und böse

Damit berühren wir einen zentralen Punkt, nämlich die alte Frage, wie denn das Böse in die Welt kam, wo doch das Wirken des Schöpfers nur Gutes zuläßt. Wie kann aus der reinen Ausstrahlung des Vollkommenen Unreines, Unvollkommenes erstehen? Warum gibt es überhaupt eine Möglichkeit dafür, daß das Übel rundum Fuß fassen kann?

Die Antwort auf alle diese Fragen läßt sich in einem einzigen Wort zusammenfassen: unseretwegen! Und darin liegt keine billige esoterische Spekulation, sondern ein Fakt, der sich aus dem Schöpfungssinn ergibt:

Erinnern wir uns daran, daß Gott sein ganzes großes Werk in Liebe nur deshalb erstehen ließ, um bewußtes Sein außerhalb des unmittelbaren Lichtdruckes seiner Ausstrahlung zu ermöglichen.[6]

Zu diesem Zweck entwickelten sich untereinander liegende Schöpfungsebenen, die sich durch den Grad ihrer „Wärme" beziehungsweise „Bewegung" voneinander unterscheiden. Jede dieser „Bewegungsebenen" entspricht zugleich einer bestimmten Art von Bewußtsein, weil das Maß an Bewegung stets mit dem Maß an Bewußtsein im Einklang steht. Diese Tatsache zeigt sich übrigens auch bei der Betrachtung des inneren Unterschiedes zwischen Pflanze und Tier: Während alle im Irdischen an Ort und Stelle gebundenen Formen keine Seele haben, sondern nur der Behausung von Wesen dienen, kann sich in einem nicht ortsgebundenen Tierkörper durchaus eine eigene Seele bilden.[7]

Die Bewegungsfreiheit steht demnach mit der Möglichkeit zur Bewußtseinsentwicklung in engstem Zusammenhang. Je höher das Bewußtsein, um so größer ist das Maß an Freiheit. Für die Entwicklung des menschengeistigen Bewußtseins, dessen Ursprung in einer höheren Bewegungsebene liegt als der einer Tierseele, ist nun nicht nur die äußere, sondern auch eine innere Ungebundenheit nötig: der freie Wille! Ohne ihn gäbe es für uns keine geistige Entwicklungsmöglichkeit, da wir ja *selbst* bewußt werden sollen.

Bei diesem Gedanken wollen wir kurz innehalten. Wenn wir uns vor Augen führen, daß der Begriff „bewußt" immer etwas mit „willentlich" zu tun hat und folglich das höchste Bewußtsein, das die ganze Schöpfung trägt, im allumfassenden Willen Gottes zum Ausdruck kommt – was heißt „*Selbst*bewußtsein" dann? Es kann doch nur bedeuten, daß jede Kreatur, der innerhalb des Schöpfungsganzen Eigenständigkeit gewährt ist, also Individualität, in sich selbst eben jenes Bewußtsein entwickeln muß, das dem großen, alles tragenden Bewußtsein folgt, das also jenem Willen lebt, der sich in die Art des Schöpferwillens fügt.

Dieses notwendige „Sichfügen" in die Gesetze des Schöpfers aber will *bewußt* unternommen sein, willentlich, als Entscheidung *dafür*. Denn es sind – wie wir schon gesehen haben[8] – immer nur unsere geistigen Entschlüsse, die sich wechselwirkend mit den Kräften der Schöpfung verbinden. Wer nicht sät, kann nicht ernten; jede innere Entwicklung *bedingt* also Entscheidungen – und der Wille des Schöpfers, welcher ja die Entstehung und Entwicklung des Bewußtseins zum Ziel hat, bietet demnach auch die Möglichkeit, daß wir Menschen Entschlüsse fällen können – indem er uns den freien Willen schenkte.

Jedoch wurde von Gott nicht etwa das Böse als Gegenpol zum Guten geschaffen, damit wir uns für das eine oder andere entscheiden mögen.

Die oberflächliche Gedankenspielerei, „gut" und „böse" als Ausfluß des Dualitätsprinzips zu sehen, so, als ob das Böse das Gute ergänzen könnte und beides sich gegenseitig bedingen würde, ist unlogisch und falsch: Wenn es nur *einen* Schöpferwillen gibt, der in allem Werden und Vergehen stets belebend und fördernd wirkt, dann kann diesem nicht ein gleichwertiger zweiter gegenüberstehen, der sich zerstörerisch und hemmend betätigt – ebensowenig, wie es zwei gegenläufig wirkende Kräfte in der Schöpfung gibt.

Denn, so die Gralsbotschaft:

> »Das muß jeden ernsthaft Suchenden sofort in Irrtümer und Zweifel stürzen; denn wo zwei *Kräfte sind, müßten logisch auch zwei Herrscher, in diesem Falle also zwei Götter sein, ein guter und ein böser.*
> Und das ist nicht der Fall!
> *Es gibt nur* einen *Schöpfer, einen Gott, und deshalb auch nur eine Kraft, die alles Seiende durchströmt, belebt und fördert!*«[9]

Wenn uns Menschen also im Sinne der geistigen Bewußtseinsentwicklung die Freiheit im Entschluß geschenkt ist, so liegt diese einfach in der Möglichkeit, sich für oder gegen jenen allumfassenden Willen zu entscheiden, der die Schöpfung trägt. Sich bewußt dafür zu entscheiden, also selbst in Gedanken und Taten ebenso lebensbejahend, fördernd und aufbauend zu wirken wie der natürliche Schöpferwille, bringt wechselwirkend eine starke Verbindung mit der reinen Lichtkraft – man kann auch sagen: Segen!

Sich dem Willen Gottes entgegenzustellen führt indes zu der leidvollen Erfahrung, dem mächtigen Kraftstrom der Schöpfung zuwiderzuarbeiten, was unmittelbar in einem „schlechten Gewissen" zum Ausdruck kommt und eigentlich eine Verhaltensänderung nach sich ziehen sollte, die zuletzt doch zu einem frei-willigen Mitschwingen in der Schöpfungsharmonie führt, also zu einem freien und willigen Entschluß, „sich in den Willen Gottes zu fügen", „die Gebote Gottes zu befolgen" – oder wie immer man diese lichtorientierte Gesinnung beschreiben mag.

Allerdings zieht nun jede unserer Entscheidungen weite Kreise, da ja niemand für sich alleine lebt. Die Auswirkungen unseres Handelns streifen auch die Wege anderer Menschen und sind für diese ebenfalls spürbar: als „gut" – wiederum im Sinne von aufbauend, fördernd, beglückend – oder aber als „böse", also hemmend, bedrückend, belastend.

Kurzum: „Gut" und „böse" sind Auswirkungen *unserer* Willensentscheidungen. Sie entstehen allein durch uns – genau der Art entsprechend, in welcher wir die *eine* Kraft Gottes nutzen, von der Abd-ru-shin sagt:

> *»Diese reine, schöpferische Gotteskraft durchfließt fortwährend die ganze Schöpfung, liegt in ihr, ist untrennbar von ihr. Überall ist sie zu finden: in der Luft, in jedem Wassertropfen, in dem wachsenden Gestein, der strebenden Pflanze, dem Tier und natürlich auch dem Menschen. Es gibt nichts, wo sie nicht wäre.*
> *Und wie sie alles durchflutet, so durchströmt sie auch ohne Unterlaß den Menschen. Dieser ist nun derart beschaffen, daß er einer Linse gleicht. Wie eine Linse die sie durchströmenden Sonnenstrahlen sammelt und konzentriert weiterleitet, so daß die wärmenden Strahlen auf einen Punkt vereinigt sengen und zündend Feuer entflammen, so sammelt der Mensch durch seine besondere Beschaffenheit die durch ihn strömende Schöpfungskraft durch seine Empfindung und leitet sie konzentriert weiter durch seine Gedanken.*
> *Je nach Art dieses Empfindens und der damit zusammenhängenden Gedanken lenkt er also die selbsttätig wirkende schöpferische Gotteskraft zu guter oder zu böser Auswirkung!*

328

| Und das ist die Verantwortung, die der Mensch tragen muß! *Darin liegt auch sein freier Wille!*«[10]

Wahre Freiheit

Den Begriff der „Willensfreiheit" müssen wir nun freilich genauer hinterleuchten, denn damit verbinden sich gemeinhin viele problematische und/oder falsche Vorstellungen. Zunächst einmal: Was verbinden wir generell mit dem Begriff „Freiheit"? Nur den berauschenden Gedanken an ein beliebiges, unkontrolliertes Tun-und-lassen-Können, wie er so oft zelebriert wird? Nicht wirklich. Denn genauer besehen, ist es eine *unbeengte Empfindung,* die wir uns ersehnen, ein inneres Beflügeltsein, erfüllt von strahlender Lebensfreude, beglückt, gehoben, leicht.

Diese wahre Freiheit aber ist willentlich überhaupt nicht zu erringen. Sie stellt sich weder ein, wenn der Kaufrausch ausgelebt ist, noch, sobald das momentane Lieblingsbegehren erfüllt wurde. Sie ist keine so kurzatmige Befriedigung, wie sie ein ausgelassenes, regelloses Leben zu bieten vermag, und natürlich ebensowenig mit der coolen Zigarette im Mundwinkel erreichbar wie durch Alkohol- oder Drogenrausch.

Wahre Freiheit wird dann erfahrbar, wenn man sich – unabhängig und freiwillig – jenen Regeln fügen kann, die heutzutage vielleicht antiquiert oder „einengend" anmuten: den Geboten Gottes. Doch diese Verhaltensempfehlungen waren und sind gute Freunde des Menschen, denn jedes Empfinden, Denken und Tun, das im Willen Gottes schwingt, verbindet sich der hebenden, fördernden, beglückenden Lichtkraft, die wir im Grunde unserer Herzen so sehr ersehnen. Daher engt ein gottgefälliges Leben in Wahrheit niemals ein, es *führt* zur Freiheit – während umgekehrt das, was heute gemeinhin als „große Freiheit" verkauft wird, geradewegs in Abhängigkeiten vielfältigster Art mündet.

Und jeder Fehlentwicklung folgt die Begriffsverwirrung auf dem Fuß: Zuletzt verteidigt der Raucher seine „Freiheit" gegen Anti-Raucher-Kampagnen, die ihn „einengen" wollen …

Ja, leider sind wir bereits zutiefst unfrei geworden – unsere Ansichten sind durchweg ebenso fremdbestimmt wie unsere Absichten. Und wenn bisweilen der Verdacht geäußert wird, der Mensch habe angesichts seiner unzähligen Abhängigkeiten überhaupt keinen freien Willen, so mag sich darin in Wirklichkeit das Bewußtsein spiegeln, etwas Wertvolles verloren zu haben. Zumindest aber zeigt es, wie fern wir den in uns ruhenden menschengeistigen Fähigkeiten bereits stehen. In der Gralsbotschaft heißt es dazu:

329

> *»Unter Willen versteht die größte Zahl der Menschen heute jene gewaltsame Konstruktion des irdischen Gehirnes, wenn der an Raum und Zeit gebundene Verstand für das Denken und Fühlen irgendeine bestimmte Richtung angibt und festlegt.*
>
> *Das ist aber nicht der freie Wille, sondern der durch irdischen Verstand gebundene Wille!*
>
> *Diese von vielen Menschen angewendete Verwechslung bringt großen Irrtum, baut die Mauer, welche ein Erkennen und Erfassen unmöglich macht. Der Mensch wundert sich dann, wenn er dabei Lücken findet, auf Widersprüche stößt und keinerlei Logik hineinzubringen vermag.*
>
> *Der freie Wille, der allein so einschneidend in das eigentliche Leben wirkt, daß er weit hinausreicht in die jenseitige Welt, der Seele seinen Stempel aufdrückt, sie zu formen fähig ist, ist von ganz anderer Art. Viel größer, um so irdisch zu sein. Er steht deshalb auch in keinerlei Verbindung mit dem irdisch-grobstofflichen Körper, also auch nicht mit dem Gehirn. Er ruht lediglich im Geiste selbst, in der Seele des Menschen.«*[11]

Zu *diesem* eigentlichen Willen, der unserem geistigen Ich entstammt, haben wir heute zumeist keinen Bezug mehr. Längst ist die Möglichkeit, selbstlos und unbeengt im Dienste aller entscheiden und handeln zu können, dem lustvollen Zwang gewichen, nur noch um den eigenen kleinen Vorteil zu kämpfen und sich bewußt-los allem anzuschließen, was trügerisch einen Gewinn verheißt. Die Überentwicklung des Verstandes, die selbstverschuldete Erbsünde, prägt unser Verhalten und lähmt den Geist.

Alle sogenannten Übel in der Welt, Kriege, Wirren, Katastrophen, in die wir scheinbar unbeirrt und ausweglos schlittern, haben ihre letzte Ursache in der tragischen Gebundenheit unseres Willens. Man meint, seinen Glauben mit Waffengewalt durchsetzen zu *müssen*, die Zerstörung der Natur um des Gewinnes willen vorantreiben zu *müssen*, Ruhm und Macht erreichen zu *müssen* – und versinkt vollends in dieser „Logik des Müssens", die im Grunde doch nur eine verheerende geistige Willensleere und das Fehlen spiritueller Ziele dokumentiert.

Wenn wir uns also innerlich befreien möchten, dem Schicksal eine neue Richtung geben, die Wiederkehr Gottes in unsere Herzen und Gedanken ermöglichen wollen, dann müssen wir wieder geistig werden, also unseren verschütteten freien Willen neu entdecken und für uns nutzen. Das ist es in erster Linie, was uns zu tun bleibt.

Doch wie und wo beginnen? Natürlich gibt es für die spirituelle Entwicklung eines Menschen keinen Königsweg. Patentrezepte vertragen sich schlecht mit der Lebendigkeit der Schöpfung, Dogmen jeglicher Art ebenso. Niemand kommt umhin, für sich selbst die richtungweisenden Entscheidungen zu treffen, die ihn dem Leben wieder näherbringen. Doch ist in den „Zehn Geboten Gottes" im Grunde ebenso alles Nötige bereits gesagt, wie vor 2.000 Jahren in den Predigten Christi oder jetzt in der Gralsbotschaft von Abd-ru-shin.

Abschließend möchte ich Ihnen noch einige Gedanken, die mir persönlich mit Blick auf die Besonderheiten unserer Zeit als wesentlich erscheinen, als Anregung darlegen: sieben Marksteine für ein lichtzugewandtes Leben, die das im vergangenen Kapitel vermittelte neue Bild vom Wirken Gottes in dieser Welt aufgreifen und, wiederum auf Basis der Gralsbotschaft von Abd-ru-shin, dazu beitragen mögen, es in die Tat umzusetzen – allen äußeren Widrigkeiten zum Trotz und der Hoffnung verbunden, daß der notwendige Prozeß des geistigen Neuwerdens, zu dem es schon von so vielen Seiten Hinweise gibt, der sich aber naturgemäß nur im und durch jeden einzelnen vollziehen kann, große und immer größere Kreise ziehen wird.

Lebensfreude

Das Wissen von der erhabenen Größe der wesenlosen Gottheit und ihrer urewigen, stets fördernden und allgegenwärtigen Kraft sollte den gläubigen Menschen zu einer grundlegend neuen „Beziehung" zu seinem Schöpfer führen. Die zwanghaften und das Gemüt oft genug einengenden Vorstellungen von einem in das persönliche Schicksal lohnend oder strafend eingreifenden, jede Gedankenregung beobachtenden Schöpfer sollten endgültig der Vergangenheit angehören. Sie sind falsch, klein und lächerlich. Statt dessen sollte in jedem gläubigen Menschen die Lebensfreude größtmöglichen Raum gewinnen. Wahrer Glaube zeigt sich ja nicht in einem weltabgewandten, in sich versunkenen Dahinvegetieren, sondern viel eher in frischem, feurigem Tatendrang. Löst nicht allein schon das Bewußtsein, daß uns das Leben geschenkt wurde, Freude und Dankbarkeit aus? Diesen Empfindungen zu leben, sie auch als Impulse zu nutzen, um Schicksalshürden zu überwinden – darin zeigt sich, wie die Gralsbotschaft erklärt, zugleich auch ein gottgefälliges Leben:

> *»Es ist nicht frömmelnder Augenaufschlag, nicht sich reuig winden, knien, beten, sondern es ist das Gebet verwirklicht, lebend ausgeführt in frischem, frohem, reinem Tun. Es ist nicht winselnd einen Weg erbitten,*

> *sondern diesen in dankbarem Aufblick sehen und ihn freudig gehen.*
> *Ganz anders, als bisher gedacht, sieht also alles Leben aus, welches*
> *gottwohlgefällig genannt werden kann. Viel schöner, freier! Es ist das*
> Richtig-in-der-Schöpfung-Stehen, *so, wie es Euer Schöpfer durch die*
> *Schöpfung will! In der man, bildlich gesagt, Gottes Hand ergreift, die*
> *er der Menschheit damit bietet.«[12]*

Nur wir selbst stehen uns dabei im Weg, von Lebensfreude bis ins
„Mark" hinein durchdrungen zu werden. Oft drücken falsche, den
Schöpfungsgesetzen entgegenstehende Verhaltensweisen innerlich zu Boden und drängen dann nach Überwindung dieser Schwächen. Manchmal
sind es vernagelt-egoistische, bisweilen auch grüblerisch-dumpfe, immer
aber um die eigene Person kreisende Gedanken, die unseren Blick von der
Schönheit der Welt, diesem großartigen Gottesausweis, fernhalten. Doch
wir sollen Freude erfahren – gerade in einer Zeit, die uns auf Grund vielfältiger Wechselwirkungen vor höchste Anforderungen stellt. Und je
größer der Druck wird, desto wertvoller erweist sich eine lichtorientierte
Geisteshaltung, von der es in der Gralsbotschaft heißt:

> *»Nur wer in frohem Wollen frei ein hohes Ziel ins Auge faßt, also die*
> *Augen* nach dem Ziele *richtet, nicht aber immer auf sich selbst ge-*
> *senkt behält, der kommt voran und aufwärts nach den lichten Höhen.*
> *Kein Kind lernt laufen, ohne viel zu stürzen, aber es steht fast immer*
> *lächelnd wieder auf, bis es die Sicherheit im Schritt erlangt. So muß*
> *der Mensch sein auf dem Wege durch die Welt. Nur nicht verzagen*
> *oder jammernd klagen, wenn er einmal fällt. Frisch wieder auf und*
> *neu versucht! Dabei die Lehre aus dem Sturze sich zu eigen machen,*
> *in der* Empfindung *aber, nicht mit dem beobachtenden Denken.*
> *Dann kommt einmal ganz plötzlich auch der Augenblick, wo für ihn*
> *gar kein Sturz mehr zu befürchten ist, weil er alles dabei Gelernte in*
> *sich aufgenommen hat.*
> *Aufnehmen kann er aber nur in dem* Erleben *selbst. Nicht im Be-*
> *obachten. Ein Grübler kommt niemals zu dem Erleben; denn er stellt*
> *sich durch Beobachtung stets außerhalb jedes Erlebens und sieht zer-*
> *gliedernd und zersetzend auf sich wie auf einen Fremden, anstatt für*
> *sich voll zu empfinden.«[13]*

Dieser Grübelei recht nahe kommt auch jene Verbissenheit, mit der
manche Menschen, denen weder ein Lächeln entgleitet, geschweige denn
ein Fünkchen erfrischender Humor, ihren geistigen Weg dahinmarschieren
– selbstbeherrscht, aber freudlos; sachlich, aber starr; ganz so, als ob es das

blühende, sprießende Leben des Sommers gar nicht gäbe, sondern einzig und allein die eisige Stille des Winters. Wilhelm Busch hat solche „ewig ernsten Denker" in einem treffenden Gedicht porträtiert:

> *»Ein Philosoph von ernster Art,*
> *Der sprach und strich sich seinen Bart:*
> *Ich lache nie. Ich lieb es nicht*
> *Mein ehrenwertes Angesicht*
> *Durch Zähnefletschen zu entstellen*
> *Und närrisch wie ein Hund zu bellen;*
> *Ich lieb es nicht, durch ein Gemecker*
> *Zu zeigen, daß ich Witzentdecker;*
> *Ich brauche nicht durch Wertvergleichen*
> *Mit andern mich herauszustreichen.*
> *Um zu ermessen, was ich bin,*
> *Denn dieses weiß ich ohnehin.*
> *Das Lachen will ich überlassen*
> *Den minder hochbegabten Klassen.*
> *Sie freuen sich mit Weib und Kind*
> *Schon bloß, weil sie vorhanden sind.*
> *Ich dahingegen, der ich sitze*
> *Auf der Betrachtung höchster Spitze,*
> *Weit über allem Was und Wie,*
> *Ich bin für mich und lache nie.«*[14]

In der Gralsbotschaft wird diesem „ernsten Philosophen" eine klare Absage erteilt, denn:

> *»Ein freudiges, herzliches Lachen ist der stärkste Feind des Dunkels.*
> *Nur darf es nicht das Lachen einer Schadenfreude sein!«*[15]

Schon von daher bin ich überzeugt davon, daß es für viele Seelenwunden äußerst heilsam wäre, dem frischen Luftzug wahrer Lebensfreude wieder Einlaß zu gewähren.

Freude – dieser Begriff hat nichts mit schenkelklopfendem Stammtisch-Gelächter zu tun, er weist auch auf kein unbewußt-ausgelassenes, oberflächliches Leben in Jux und Tollerei hin. In der Freude liegt vielmehr … der schönste Ausdruck innerer Freiheit! Ein herzhaftes Lachen ist keineswegs das Gegenteil von tiefem Ernst; es begleitet ihn vielmehr wie ein wärmender Sonnenstrahl und sollte sich jedem Menschen beigesellen, der seinen Gottesglauben zur Überzeugung veredeln möchte.

Verinnerlichung

Je schriller der sogenannte Zeitgeist sich gebärdet, je gezielter die „allgegenwärtigen" Bild- und Geräuschkulissen unseren Verstand durchbohren und tiefes, geistdurchglühtes Denken verführerisch zu verhindern trachten, desto größere Bedeutung erlangt die Verinnerlichung, also die Orientierung auf das Geistige in uns:

> »*Wacht auf! Seht um Euch! Höret in Euch! Das allein vermag den Weg zu öffnen!*«[16]

Diese Worte aus dem ersten Vortrag der Gralsbotschaft verdienen es heute wohl, dreifach rot unterstrichen zu werden. Denn jedem Menschen, der sich von Abhängigkeiten lösen und seinen gebundenen Willen wieder befreien möchte, muß es gelingen, in sich selbst Ruhe zu finden, die gedanklichen Stürme abebben zu lassen und – Einkehr zu halten. Dazu verhelfen aber keine ausgeklügelten Techniken oder weltabgewandten Meditationen – nein, es reicht, sich einfach Zeit zu nehmen für sich selbst. Ein stiller Abendspaziergang, eine zwanglose Bergwanderung, die sonntägliche Andacht oder was immer sonst den äußeren Rahmen bieten mag: entscheidend ist, daß man sich immer wieder zu seinen „Silberstunden" für Geist und Seele durchringt.

Zu sich finden – das heißt beispielsweise: keine Ablenkungen von außen oder Bestätigungen von anderen benötigen. Es bedeutet, *in sich* an einem Tempel zu bauen, in welchen man jederzeit einkehren kann und in dessen Mitte ein Altar steht, der unserem „Bund" mit Gott geweiht ist, der geheiligten Hinwendung an den Schöpfer im Gebet – im Dank oder aber, so es nötig scheint, in der demutsvollen Bitte um Kraft und Stärkung.

Fraglos zählt das Gebet für jeden gläubigen Menschen zu den intimsten, ursprünglichsten und – hoffentlich! – auch ehrlichsten Momenten des Lebens. Daß das wahre Gebet nichts mit Betteln zu tun hat, nichts mit einem wunderheischenden Heilsbegehren, das den Schöpfer durch den flehenden Ruf: „Herr, mach doch, daß dies oder jenes geschieht!" in die eigenen Dienste zwingen will, wird jedem, der die überwältigende Größe von Begriffen wie „Gottesliebe", „Allmacht" oder „Gottesgnade" zu erahnen begonnen hat, selbstverständlich sein. Im übrigen zeigt auch das Wort „Gebet" schon den Sinn, in welchem gebetet werden soll. Dies verdeutlicht die Gralsbotschaft mit der Empfehlung:

> »*Gebet Euch im Gebet!* (…) Gebt *Euch dem Herrn in Eurem Gebet, gebt Euch ihm ganz und ohne Vorbehalt! Es soll Euch das Gebet ein*

> *Ausbreiten Eueres Geistes sein zu Gottes Füßen, in Ehrfurcht, Lob*
> *und Dank für alles, was Er Euch gewährt in seiner großen Liebe.*
> *Es ist so unerschöpflich viel. Ihr habt es nur bisher noch nicht verstan-*
> *den, habt den Weg verloren, der es Euch genießen lassen kann im*
> *Vollbewußtsein aller Fähigkeiten Eures Geistes!*
> *Wenn Ihr erst einmal diesen Weg dazu gefunden habt (…), dann*
> *bleibt Euch keine Bitte mehr. Ihr habt nur Lob und Dank, sobald*
> *Ihr Hände und den Blick nach oben wendet zu dem Höchsten, der*
> *sich Euch in Liebe zu erkennen gibt. Dann steht Ihr in Euch dauernd*
> *im Gebet, wie es der Herr von Euch nicht anders zu erwarten hat;*
> *denn Ihr könnt Euch ja in der Schöpfung nehmen, was Ihr braucht.*
> *Der Tisch ist doch darin gedeckt zu jeder Zeit.*
> *Und durch die Fähigkeiten Eures Geistes dürft Ihr davon wählen.*
> *Der Tisch bietet Euch immer alles, was Ihr nötig habt, und es bedarf*
> *der Bitten nicht, so Ihr Euch nur in rechter Art die Mühe nehmt, Euch*
> *in Gottes Gesetzen zu bewegen!«*[17]

Im Gebet sollten also in erster Linie Freude und Dankbarkeit zum Aus-
druck kommen – jedoch in ganz natürlicher Form, einfach als tiefe
Empfindungen, nicht etwa durch eingeübte Floskeln, heruntergeleierte
Verse und dumpfe Selbstbekreuzigungen:

> *»Werdet in dem Gebet deshalb* natürlich, *Menschen, werdet unge-*
> *zwungen, ungekünstelt! Das Eingelernte wird zu leicht zum Hersa-*
> *gen. Ihr macht es Euch damit nur schwer.*
> *Wenn Ihr mit einem wahren Dankempfinden zu Gott Euren Tag*
> *beginnt, mit Dankempfinden auch beendet, und wenn es Dank nur*
> *für die Lehre ist, die Euch an diesem Tage wurde im Erleben, so lebt*
> *Ihr gut! Laßt jedes* Werk *durch Fleiß und Sorgfalt einem Dankgebete*
> *gleich erstehen, laßt jedes Wort, welches Ihr sprecht, die Liebe wider-*
> *spiegeln, die Euch Gott gewährt, so wird das Sein auf dieser Erde bald*
> *zur Freude werden jedem, welcher auf ihr leben darf.*
> *Es ist gar nicht so schwer und raubt Euch keine Zeit. Ein kurzer*
> *Augenblick ehrlichen Dankempfindens ist viel besser als ein stunden-*
> *langes eingelerntes Beten, dem Ihr mit Euerer Empfindung doch nicht*
> *folgen könntet.«*[18]

Die Tiefe der Empfindung ist selbstredend auch bei jenen Gebeten von
ausschlaggebender Bedeutung, mit denen wir uns um Kraft und Hilfe bit-
tend an den Schöpfer wenden. Denn wiewohl wir um so deutlicher *selbst*
alle in der Schöpfung verankerten helfenden Gnaden erkennen können, je

bewußter und umsichtiger wir im Leben stehen, so wird es manchmal doch auch Situationen geben, in denen sich unserer Seele ein ernster Hilferuf entringt:

>*So soll auch ein Mensch in Not sich bittend an seinen Gott wenden, mit dem, was ihn bedrückt. Und in den meisten Fällen wird es doch immer nur* eine *besondere Angelegenheit sein, nicht vieles zusammen. Um etwas, was ihn nicht gerade bedrückt, soll er auch nicht bitten. Da eine solche Bitte in seinem Innern nicht lebendig genug mitempfunden werden kann, wird sie zu leerer Form und schwächt naturgemäß eine vielleicht wirklich nötige andere Bitte.*

Deshalb soll immer nur um das gebeten werden, was wirklich nötig ist! Nur keine leeren Formen, die zersplittern müssen und mit der Zeit die Heuchelei großziehen!

Das Gebet erfordert tiefsten Ernst. Man bete in Ruhe und in Reinheit, damit durch Ruhe die Empfindungskraft erhöht wird und sie durch Reinheit jene lichte Leichtigkeit erhält, die das Gebet emporzutragen fähig ist bis zu den Höhen alles Lichtes, alles Reinen. Dann wird auch diejenige Erfüllung kommen, die dem Bittenden am meisten nützt, ihn wirklich vorwärts bringt in seinem ganzen Sein!

Die Kraft des Gebetes vermag dieses nicht *emporzuschleudern oder emporzudrängen, sondern* nur *die Reinheit in ihrer entsprechenden Leichtigkeit. Reinheit aber im Gebet kann jeder Mensch erreichen, wenn auch nicht in allen seinen Gebeten, sobald der Drang zum Bitten in ihm lebendig wird. Es ist dazu nicht notwendig, daß er schon mit seinem ganzen Leben im Reinen steht. Es vermag ihn nicht zu hindern, wenigstens zeitweise hier und da einmal im Gebet sich in Reinheit seiner Empfindung sekundenlang zu erheben.*

Zur Kraft des Gebetes aber verhilft nicht nur die abgeschlossene Ruhe und die dadurch ermöglichte vertiefte Konzentration, sondern auch jede starke Gemütsaufwallung, wie die Angst, die Sorge, die Freude.«[19]

Leider stehen wir der echten Lebenshilfe durch das empfindungsgetragene Gebet, der tiefsten Form der Verinnerlichung, heute ziemlich fern. Nur wenige werden in dieser traulichen Art des Gottzugewandtseins noch echte Werte suchen. Beten, das galt wohl allzu lange als nur quantitative Kulthandlung; man war daran gewöhnt, beim sonntäglichen Pflicht-„Gottesdienst" monoton das „Vaterunser" oder „Gegrüßet seist Du, Maria" mitzuleiern oder sich durch die Anzahl der Bußgebete, die der Ohrenbeichte folgten, von Gottes geistlichen „Dienern" Vergebung erkaufen zu wollen. Und während die „heiligen" Worte und

Sätze inflationär dahingeplappert werden, sind die Gedanken und Empfindungen ganz woanders.

Daß aber gerade im wahren Gebet das herrlichste Bekenntnis zu Gott
liegt und dazu eine kraftdurchflutete Lichtverbindung – wer erlebt das
heute? Wer glaubt überhaupt noch an eine solche Möglichkeit? Was uns
aber gerade mit der Fähigkeit abhanden gekommen ist, in Reinheit und
Inbrunst beten zu können, ist aus den folgenden Worten Abd-ru-shins
vielleicht zu erahnen:

> *»Ihr Menschen, könntet Ihr doch endlich richtig beten! Wirklich be-
> ten! Wie reich wäre dann Euer Sein; denn in dem Beten liegt das größ-
> te Glück, welches Euch werden kann. Es hebt Euch unermeßlich hoch,
> so daß das Glücksempfinden Euch beseligend durchströmt. Könntet
> Ihr beten, Menschen! Das sei nun mein Wunsch für Euch.*
> *Ihr fragt in Eurem kleinen Denken dann nicht mehr, zu wem Ihr
> beten sollt und dürft. Es gibt nur* Einen, *dem Ihr Euere Gebete wei-
> hen dürft, nur Einen: GOTT!*
> *In weihevollen Augenblicken naht Euch Ihm mit heiligem Empfin-
> den und schüttet vor Ihm aus, was Euer Geist an Dank aufbringen
> kann!* Nur an Ihn selbst *wendet Euch im Gebet; denn Ihm allein
> gebührt der Dank, und Ihm allein gehörst Du selbst, o Mensch, da Du
> durch Seine große Liebe auch erstehen konntest!«*[20]

Kindlichkeit

Einer der wichtigsten Schlüssel für ein geistig orientiertes Leben im
Sinne der Schöpfergebote liegt im Hinweis des Gottessohnes Jesus,
daß wir werden sollten „wie die Kinder".[21]

Beachtet wurde dieser Rat wohl vor allem deshalb nicht, weil er unverstanden blieb. Welches Beispiel sollte sich ein gestreßter, von Termin zu
Termin hetzender, unter Produktionsdruck stehender ausgewachsener
Mensch ausgerechnet an einem Kind nehmen? Soll er sich vielleicht
unwichtigen kindischen Spielereien widmen, seine Zeit vertrödeln und
jedes Verantwortungsbewußtsein ablegen?

Natürlich nicht. Das Geheimnis des von Jesus angesprochenen
„Kindseins" liegt auf der geistigen Ebene und erklärt sich aus dem Begriff
der „Kindlichkeit". „Wie die Kinder" zu sein, das bedeutet den Worten
Christi zufolge unter anderem, sich selbst nicht in den Vordergrund zu
stellen beziehungsweise sich für nicht allzu wichtig zu nehmen, sich insofern also „zu erniedrigen".[22] Es liegt durchaus nichts Kindisches in so einer

337

Geisteshaltung, keine infantile Albernheit oder dumme Einfältigkeit. Doch der Begriff „Kindlichkeit" umschreibt auch nicht nur eine äußere Zurückhaltung, die ja ohne weiteres auch berechnend zur Schau getragen werden könnte – etwa durch frömmelnden Augenaufschlag, eine salbungsvolle Stimme und bedeutungsschwere Gestik.

„Kindlichkeit" kann nicht gespielt oder erlernt werden, denn es handelt sich dabei um eine das Innerste des Menschen anrührende Eigenschaft, deren hoher Wert sich vielleicht erst dann offenbart, wenn man die Tatsache mit berücksichtigt, daß wir alle ja mehrmals auf Erden leben und also beladen mit vielen Erfahrungen, Schicksalsfäden und Eigenarten diese Welt betreten.[23]

Warum dieser Gedankensprung? Nun, aus der Tatsache der Wiederverkörperung ergibt sich natürlich, daß kein Kind wirklich unschuldig geboren wird. Es ist eine längst vorgeprägte und manchmal karmisch aufs höchste belastete Persönlichkeit, die uns da im lieblichen Körper eines Kleinkindes begegnet – und dennoch unser Herz erwärmt. Doch wie ist das möglich? Warum leben und wirken Kinder – die meisten wenigstens – so unbelastet, lichtdurchflutet, rein?

Die Antwort darauf führt uns nun zum Begriff der „Kindlichkeit", von dem es in der Gralsbotschaft heißt:

> »*Um zu ergründen, was kindlich ist, müßt Ihr erst klar darüber sein, daß das Kindliche durchaus nicht an das Kind an sich gebunden ist. Ihr kennt doch sicherlich selbst Kinder, denen das eigentlich schöne Kindliche fehlt! Es gibt also Kinder ohne Kindlichkeit! Ein boshaftes Kind wird nie kindlich wirken, ebensowenig ein ungezogenes, eigentlich unerzogenes!*
> *Daraus ergibt sich klar, daß Kindlichkeit und Kind zwei für sich selbständige Dinge sind.*
> *Das, was auf Erden kindlich heißt, ist ein Zweig der Wirkung aus der Reinheit! Reinheit in höherem, nicht nur irdisch-menschlichem Sinne. Der Mensch, welcher im Strahl göttlicher Reinheit lebt, welcher dem Strahl der Reinheit in sich Raum gewährt, hat damit auch das Kindliche erworben, sei es nun noch im Kindesalter oder schon als ein Erwachsener.*«[24]

Es liegt nun mit in der Gnade der Wiederverkörperung verankert, als Menschengeist im physischen Kindeskörper dem „Strahl der Reinheit" in besonderer Weise verbunden sein zu dürfen, also eine Zeitlang in „kindliche Unschuld" gehüllt leben zu können – wenigstens in dem Maße, wie es

338

das Innere des inkarnierten Geistes zuläßt. Doch diese Kindlichkeit ist eben nicht an das Kind gebunden; auch ein Erwachsener, der Reinheit in sich hegt, kann kindlich wirken – im Sinne von vertrauenerweckend, erfrischend und belebend. Und dieses umfassende, stete Streben nach (gedanklicher) Reinheit[25] ist es, an das Christus mit seinem Wort „Werdet wie die Kinder" gemahnen wollte – einesteils.

Anderteils zeigt das Wesen des Kindes noch einen zweiten entscheidenden Zug, den wir uns durchaus zum Vorbild nehmen können: die Einfachheit im Denken. Es mag ja durchaus seine Richtigkeit haben, der heutigen Gesellschaft mit einer gehörigen Portion Skepsis zu begegnen, und wir alle mußten wohl schon erfahren, daß unser Mißtrauen einem Mitmenschen gegenüber berechtigt war und sich hinter mancher freundlichen Fassade tiefe Abgründe auftaten. Auch haben wir schon einleitend festgestellt, daß die Welt, in der wir leben, einigermaßen kompliziert erscheint. Unnötigerweise hat das alles jedoch dazu geführt, daß wir mit einem *stets* zweifelnden und analysierenden Verstand durchs Leben gehen. Wir sind sozusagen daran gewöhnt, um „fünf Ecken" zu denken und besonders das noch nicht Vertraute intellektuell zu zerpflücken. Leider aber verhindern Vorurteile neue Erfahrungen, und wer sich allzu detailversessen-analytisch durchs Dasein denkt, kann das große Ganze nicht erkennen; er sieht den Wald vor lauter Bäumen nicht.

Alle Erkenntnisse aber, die sich dem Schöpfer, Seinem Willen und Wirken verbinden, höhere Daseinsebenen oder unseren geistigen Weg betreffen, sind naturgemäß *umfassend* – und daher um so schwerer zu gewinnen, je komplizierter man denkt. Daher ist es für alle geistigen Bemühungen von unbedingtem Nutzen, das Denken eines Kindes anzustreben, dessen Verstandesapparat noch kein allzu üppiges „Eigenleben" führt, und das daher auch fähig ist, einer Sache vertrauensvoll und vorurteilsfrei zu begegnen.

Wir pflegen zu sehr das Verstandesdenken und haben uns dem Leben gerade deshalb entfremdet. Man könnte zum Beispiel seitenweise Theorien zum Begriff „Reinheit" aufbieten, um das alles analysierende Großhirn ordentlich zu bedienen; wirklich gewonnen wäre allerdings nichts damit. Denn letztlich wollen geistige Sinngehalte nicht verstanden, sondern im Gemüt erfaßt sein. Und wissen wir nicht ohnehin ganz genau, was rein ist und was nicht? Haben wir nicht schon immer empfunden, was „gut" ist und was „böse"?

Unserer Empfindung sollten wir größtmöglichen Raum gewähren; das Sprachrohr unseres Geistes müßte sich wieder deutlich vernehmen lassen – was natürlich der Logik und Sachlichkeit im Denken keinesfalls entgegensteht, sondern sie höchst sinnvoll ergänzt.

Es gibt, nebenbei bemerkt, im physischen Körper natürlich kein Entweder-Oder zwischen Verstand und Geist. Wenn spirituell gesinnte Menschen mitunter formulieren, sie wollten ihren Geist *anstatt* des Verstandes wirken lassen, so ist dies wohl nicht wörtlich gemeint, denn jeder Geist braucht unbedingt den Verstand, um sich in der physischen Welt überhaupt betätigen zu können; er ist sein wichtigstes Werkzeug, jenes „Licht", das im Irdischen die Erkenntnis ermöglicht, weil es das Sinnen des Geistes in die Außenwelt trägt und über die Sinnesorgane die so gewonnenen Eindrücke wieder zurück zum Geiste leitet.

Jedoch soll der Verstand in seiner selbstbezogenen, stets nach Vorteil und Gewinn strebenden Eigenart, die ganz auf das bestmögliche Überleben in der physischen Welt ausgerichtet ist, dem Geiste dienen, dessen Ziele höherer Natur sind, also auf das Schöpfungsganze bezogen wirken. Die „Warmherzigkeit" des Menschen, seine spirituelle Empfindung, sollte niemals durch intellektuelle Kälte unterdrückt werden. Ein Mensch, der die Empfindungsfähigkeit in sich pflegt und dem – wie die Gralsbotschaft es ausdrückt – „aus den Augen hier und da ein kindlich Leuchten springt",[26] wirkt allein durch seine Gegenwart wohltuend und erfrischend, niemals unmenschlich-eisig.

Und noch ein weiteres kommt in der reinen Kindlichkeit eines Menschen zum Ausdruck: seine geistige *Gotteskindschaft*.

Nicht von ungefähr verbinden wir uns dem Schöpfer in der Ansprache ja mit einem hohen, ganz besonderen Vaterbegriff. „Vater unser" heißt das edelste Gebet, das Jesus Christus uns geschenkt hat[27] – und selbstredend will diese Anrede nicht als Hinweis auf unsere vermeintlich göttliche Abstammung mißverstanden werden. Wir tragen nichts in uns, das unmittelbar aus Gott wäre, und so erregend dieser Gedanke für manch einen auch sein mag, er entspringt meist doch nur eitler Selbstüberhebung, bringt aber keinerlei Vorteile mit sich.

Gleichnishaft hat die Stellung des „Menschen-Kindes" gegenüber seinem höchsten „Vater" manche Ähnlichkeit mit den Verhältnissen im Irdischen: Auch hier lebt das Kind ja in seiner „eigenen" Welt, erfreut sich darin des Spielens, Forschens, Entdeckens und Erkennens – und bleibt dennoch abhängig vom erzieherischen Willen seiner Eltern, von deren Behütung und Führung. Mit dem erwachsenen Menschen ist es Gott gegenüber ganz ähnlich: Auch uns ist mit der Schöpfung ja gewissermaßen eine „Spielwiese" anvertraut, auf der wir forschen, lernen und – auch aus Fehlern – erkennen sollen, wobei wir ebenfalls vom Willen und der allweisen Führung unseres Schöpfer-Vaters abhängig bleiben. Und wie jedes gut erzogene Kind in aller Natürlichkeit die Vaterschaft achten und ehren wird, so müssen wir ein Bewußtsein für all das entwickeln, was uns

9. Was uns zu tun bleibt

Menschen an Gnade und Führung durch das Wirken Gottes zuteil wird. Erst in dieser von Demut getragenen Grundgesinnung, die sich auch in der Anrede „Vater unser" wiederfindet, kommt die wahre Gotteskindschaft eines Menschen zum Ausdruck.

Es ist die zunehmend das Bewußtsein bestimmende Dankbarkeit, leben zu dürfen, sowie zugleich die Bereitschaft, sich dieses Geschenkes durch kindlich reine Gedanken und empfindungsgetragene Menschlichkeit als würdig zu erweisen, die zu jener Lichtverbindung führt, die im Begriff der „Gotteskindschaft" anklingt. Diese ist uns nicht als selbstverständlich gegeben, sondern sie will *errungen* werden. Daher mahnte Jesus Christus zum Beispiel daran, auch seine Feinde zu lieben, „auf daß Ihr Kinder seid Eures Vaters im Himmel."[28] Die Gralsbotschaft unterstreicht diesen Gedanken mit den Worten:

> »*Der Ausdruck ‚Wir sind alle Gottes Kinder' ist in dem von den Menschen aufgefaßten oder gedachten Sinne falsch! Es ist* nicht *jeder Mensch ein Kind Gottes, sondern nur dann, wenn er sich dazu entwickelt hat.*
> *Der Mensch wird als ein Geistkeim in die Schöpfung gesenkt. Dieser Keim trägt alles in sich, um sich zu einem persönlich bewußten Kinde Gottes entwickeln zu können. Dabei ist aber vorausgesetzt, daß er die entsprechenden Fähigkeiten dazu öffnet und pflegt, sie aber nicht verkümmern läßt.*«[29]

Gott ist also „Vater" für alle, die sich darum mühen, seine „Kinder" zu sein, jenen Menschen, die sich aus freiem Willen Seinen geistigen „Vaterschaftsrechten" fügen wollen und bereit dazu sind, die weitreichenden Worte „Dein Wille geschehe!" anzuerkennen – nicht als Selbsttröstung immer dann, wenn es denn gar nicht anders gehen mag, weil dem Schicksal eben nicht zu entkommen ist, sondern als feste Lebensgrundlage.

Dem Schöpferwillen nachstreben zu wollen – das ist heute durchaus kein selbstverständliches Gelöbnis, sondern nimmt eher den Rang des Außergewöhnlichen ein. Doch erst aus dieser Bereitschaft kann sich das Bewußtsein entwickeln, sicher vor geistigem Tod und geborgen in Gottes wunderbarer Schöpfung leben zu dürfen.

Gefühle dieser Art werden nun zwar bekanntlich von vielen gläubigen Menschen geäußert, doch es gibt einen feinen Unterschied zwischen der Befriedigung, die sich aus der Erfüllung eigener oder tradierter Vorstellungen ergibt, und der einfachen Gewißheit, die ein Mensch im Herzen trägt, dem es ernst ist mit dem Gelöbnis „Dein Wille geschehe!" Oder mit anderen Worten: Die Gefahr der Selbsttäuschung ist groß – und gerade wer sich seines „Bundes" mit dem Schöpfer allzu sicher wähnt, müßte sich dieser Fährnis stets bewußt sein.

Jedenfalls sollten die Worte „Vater unser" nicht länger als sinnentleerte Gebetsformel mißverstanden, sondern vielmehr als ein nutzbringender Wegweiser zum *Bund* mit dem Schöpfer erkannt werden, welcher dem Menschen dabei hilft, Gotteskindschaft zu erringen – und damit auch das „Reich Gottes", von welchem Jesus Christus so oft sprach.

Selbstredend steht dieser Wegweiser jedem Menschen zur Verfügung, unabhängig von Konfession oder Profession, denn er betrifft das Geistige, keine bestimmte äußere Form. Und natürlich ist *nie* eine Kirche, religiöse Vereinigung oder vermittelnde Institution nötig, wenn der Mensch sich seinem Gotte zuwenden will. Dies ist und bleibt allein eine Angelegenheit seines Inneren, die durch entsprechend lebendige religiöse Kulthandlungen bestenfalls unterstützt werden kann.

Auch das Wort „Kirche" umschreibt im Grunde ja einen geistigen Begriff: Es entstammt dem griechischen „kyriake" und bedeutet „dem Herrn gehörig". Insofern sollte man in erster Linie weder an ein Bauwerk denken noch an irdische Organisationen, sondern vielmehr eine lichtorientierte Geistesausrichtung vor Augen haben: Wer als Kind Gottes dem Lichte dient, der *ist* Kirche, *gehört* dem Herrn. Die wahre Glaubensgemeinschaft kann daher nur – fernab jeder Konfession – ein völlig freier Zusammenschluß insofern gleichgesinnter Menschen sein, während die äußere Form der „Kirche" sich erst als Folge des Strebens jedes einzelnen nach Gotteskindschaft ergibt.[30]

Nur auf diesem inneren Nährboden erblüht reine Kindlichkeit. Nicht die äußere Zugehörigkeit zu der einen oder anderen religiösen Gruppe ist vor Gott entscheidend, sondern allein unser Empfinden, Denken und Tun. Und zu einer lichtzugewandten Lebensführung mag das Schenken von Liebe und menschlicher Wärme ebenso beitragen wie etwa das bewußte Abbauen gedanklicher Vorurteile oder auch einfach … das freudevolle Zusammensein mit Kindern.

Nächstenliebe

Man sagt, es gibt Menschen, die, wären sie Einkäufer in einem Schuhgeschäft, immer nur Schuhe kaufen würden, die ihnen auch selbst passen. Wahrscheinlich gibt es recht viele solcher Menschen, denn die Eigenart, in der Beurteilung von allem und allen immer nur von sich selbst auszugehen, ist dermaßen verbreitet, daß man meinen möchte, so etwas sei eben einfach „menschlich".

9. Was uns zu tun bleibt

Allerdings führt gerade dieses vermeintlich „Menschliche" zu zwischenmenschlichen Problemen vielfältigster Art. Nur die eigenen Ansichten beziehungsweise festgefügten Meinungen und Vorurteile im Kopf zu haben führt zum Nicht-zuhören-Können, zum Aneinander-vorbei-Reden, zum Be- und häufig auch Verurteilen anderer. Und wenn sich zur eigenen Meinung dann auch noch die vermeintliche „Empfindung" gesellt, die „innere Stimme" (deren Herkunft bei näherer Betrachtung allerdings oft gar nicht so tief im Inneren liegt, sondern einfach auf der Gedankenebene), dann wird es noch komplizierter, denn kämpferische Rechthaberei, eiferndes Besserwissen, wenn nicht Kritiksucht, gehören bald zum „guten" Umgangston.

Daß dieser tatsächlich „gut" ist, machen solche Zeitgenossen sich selbst natürlich gerne glauben. Entweder das eigene Verhalten wird gar nicht in Frage gestellt, oder aber man verteidigt seine Unsitte, an anderen gedanklich oder verbal ständig herumzunörgeln, mit einer „übergeordneten Sichtweise", wenn nicht gar mit „strenger Nächstenliebe", die dem Mitmenschen nützen will, indem sie ihn zurechtweist oder „aufmerksam macht". Eine Ausrede hat man – zumindest für sich selbst – stets schnell zur Hand.

Die Nächstenliebe! Nicht von ungefähr stand sie im Zentrum nicht nur der Bergpredigt,[31] sondern der gesamten Botschaft Jesu:

> »‚Liebe Deinen Nächsten wie Dich selbst!‘
> *Damit gab er den Schlüssel zu der Freiheit, zu dem Aufstiege! Weil es als unantastbar gilt: Was Ihr dem Nächsten tut, das tut in Wirklichkeit Ihr nur für Euch! Für Euch allein, da alles nach den ewigen Gesetzen unbedingt auf Euch zurückfällt, Gutes oder Böses, sei es nun hier schon oder dort. Es kommt! (…)*
> *Mit Eurem Wesen sollt Ihr Eurem Nächsten geben, Eurer Art! Nicht etwa unbedingt mit Geld und Gut. Dann würden ja die Mittellosen von der Möglichkeit des Gebens ausgeschlossen sein. Und in diesem Wesen, in dem ‚Sichgeben‘ in dem Umgange mit Eurem Nächsten, in der Rücksicht, Achtung, die Ihr ihm freiwillig bietet, liegt das ‚Lieben‘, das uns Jesus nennt, liegt auch die Hilfe, die Ihr Eurem Nächsten leistet, weil er darin sich selbst zu ändern oder seine Höhe weiter zu erklimmen fähig wird, weil er darin erstarken kann.*
> *Die Rückstrahlungen davon aber heben Euch in ihrer Wechselwirkung schnell empor. Durch sie erhaltet Ihr stets neue Kraft. Mit rauschendem Fluge vermögt Ihr dann dem Lichte zuzustreben …«[32]*

Leider aber scheint der „Schlüssel der Nächstenliebe", von dem hier Abdru-shin in der Gralsbotschaft spricht, weitgehendst unbenutzt geblieben zu

343

sein. Wohl deshalb, weil sein Gebrauch Aufwand bedeuten würde – Arbeit an sich selbst und seiner Lebenseinstellung. Und bekanntlich ist kaum etwas schwieriger zu ändern als die vorgefaßte Meinung eines Menschen.

Dabei ist die Ernte eines offenen, dem Nächsten zugewandten Denkens und Handelns so unermeßlich reich! Wer in der Andersart seiner Mitmenschen nicht die Gegnerschaft, sondern eine Ergänzung zur eigenen Persönlichkeit sehen will, wer bereit dazu ist, die vermeintliche „Allgemeingültigkeit" des Vertrauten in Frage zu stellen und sich dem Noch-Fremden im Sinne eines Zusammenschlusses zu öffnen, gewinnt dabei für sich selbst unmittelbar. Denn er baut Vorurteile ab und räumt damit jene Hindernisse beiseite, die ein harmonisches Zusammenleben unmöglich machen. Aber erst wenn solcherart der Weg von Mensch zu Mensch freigelegt wurde, kann auch die Stimme des Geistes sprechen, die Empfindung. Wird sodann eine angenehme „Resonanz" spürbar, kann der Wunsch nach einem freudigen Miteinander entstehen. Oder aber man ist zur Vorsicht gemahnt und hält zu dem betreffenden Menschen in höflicher Zurückhaltung Abstand. Indes wird man selbst niemals Anlaß zum Entstehen von Disharmonie geben, denn, um den Volksmund zu zitieren: Zum Streiten gehören immer zwei!

Eine achtungsvolle Grundeinstellung zu jedem Mitmenschen ist aber erst die *Basis* für die Nächstenliebe. Denn diese geht über vorurteilsfreie Offenheit beziehungsweise ein tolerantes Nebeneinander noch weit hinaus. Im Begriff „Liebe" spiegelt sich – als ein Abglanz der Gottesliebe[33] – die menschenmögliche Bereitschaft, dem anderen hilfreich und fördernd beiseite zu stehen sowie bedingungslos Gutes zu tun. Dies muß durchaus nicht immer im Erfüllen von Wünschen liegen, denn das Gute soll ja vor allem nützen! Weil wir aber oft nur sehr beschränkte Vorstellungen von der Nützlichkeit eigener Taten haben – man denke an den gestrengen Vater, der es als „helfende Liebe" bezeichnet, wenn er sein Kind schlägt, wiewohl es ihm eigentlich nur „auf die Nerven geht" –, ist es um so wichtiger, bei jedweder Handlung die Liebe auch zu *empfinden*. Denn Liebe bleibt Liebe, auch wenn sie streng und gerecht ist; sie steht jeder Aggression und Verdunkelung fern, jedem unmenschlichen Akt, allen selbstsüchtigen Gedanken. Ansonsten handelt es sich nicht um Liebe, sondern um den Deckmantel für irgend etwas, das der berühmten „goldenen Regel" entgegensteht, die Jesus mit den Worten formulierte:

> *»Alles nun, das Ihr wollt, daß Euch die Leute tun, das tut Ihr ihnen. Das ist das Gesetz!«*[34]

Und in unmißverständlicher Klarheit ergänzte Abd-ru-shin in der Gralsbotschaft:

»Gesetz des allmächtigen Gottes ist für Euch:
Euch ist gewährt, die Schöpfung zu durchwandern! Geht so, daß Ihr
den anderen nicht Leid zufügt, um irgendein Begehren damit zu er-
füllen! Sonst kommen Fäden in den Teppich Eurer Wege, die Euch
niederhalten von dem Aufstiege zu lichten Höhen des bewußten,
freudevollen Schaffens in den Gärten aller Reiche Eures Gottes!
Das ist das Grundgesetz, das alles für Euch in sich birgt, was Ihr zu
wissen nötig habt. Befolgt Ihr dies, so kann Euch nichts geschehen, Ihr
werdet aufwärts *nur geführt von allen Fäden, welche Euer Denken,*
Euer Wollen, Euer Tun Euch schaffen.
Deshalb hat einst der Gottessohn in aller Einfachheit gesagt: ‚Liebet Euern
Nächsten wie Euch selbst!' Es ist im Grunde ganz genau derselbe Sinn.
Ihr dürft die Schöpfungen durchwandern! (…)
Und bei der Wanderung sollt Ihr den anderen, welche gleich Euch
die Schöpfung auch durchwandern, nicht Leid zufügen, um irgend-
ein Begehren damit zu erfüllen!
Es ist nicht schwer, dies richtig zu erfassen; denn bei ruhigem Empfinden
wißt Ihr ganz genau, wenn, wo und wie Ihr anderen ein Leid zufügt.
Was Euch dabei zu tun noch übrig bleibt, ist, klar zu werden, was alles
unter das Begehren fällt! (…)
Es fällt darunter nicht nur irdisch Gut und Leib, sondern auch das Be-
gehren, Eures Nächsten Ruf zu untergraben, eigenen Schwächen Raum
zu geben, und so vieles mehr!
Das Raumgeben den eigenen Schwächen aber wird gerade heute viel
zu wenig noch beachtet, und doch fällt es unter die Erfüllung eigenen
Begehrens zum Schaden oder zu dem Leide Eurer Nebenmenschen!
Dicht sind die Fäden, die sich dabei knüpfen und dann jede Seele nie-
derhalten, die in solcher Art gehandelt hat.
Es fällt darunter Mißtrauen und Neid, Erregbarkeit, Grobheit und
Roheit, mit einem Wort, Mangel an Selbstbeherrschung und an
Bildung, die nichts anderes bedeuten als die notwendige Rücksicht-
nahme auf die Nebenmenschen, die sein muß, *wo Harmonie verblei-*
ben soll. Und Harmonie allein fördert Schöpfung und Euch!«[35]

Selbstüberwindung

Es ist ganz klar: Wer sich (beziehungsweise seine Trägheit) dem Gedanken verpflichtet hat, bereits erlöst zu sein – sei es durch den Kreuzestod Christi oder durch ähnliche vermeintliche Erlösungstaten –, den hat
das Thema „Selbstüberwindung" wenig zu kümmern. Er mag im behagli-

chen Bewußtsein schwelgen, daß ja alles für ihn getan wurde und dem Menschen im Grunde kaum etwas zu tun verbleibt, da er sicher und geborgen in der „Gnade Gottes" lebt. Und eigentlich wird ihm nicht nur dieses abschließende Buchkapitel als überflüssig erscheinen, sondern im Grunde jedwede moralische oder ethische Empfehlung. Denn alles in ihm dominiert ja der eherne Gedanke des Bereits-erlöst-Seins.

Natürlich wird für die meisten gläubigen Menschen das Bewußtsein, durch Gottes Gnade ohnehin erlöst zu werden (beziehungsweise worden zu sein), nicht so deutlich im Vordergrund stehen, daß sie nun in schlauer Berechnung ein Leben in Saus und Braus auf Kosten anderer führen und alle Gottesgebote getrost über Bord werfen. Aber ich denke, daß eben dieser falsche Erlösungsgedanke entscheidend zur heutigen „Qualität" des Glaubens beigetragen hat.

Qualität ist hier in Anführungszeichen gesetzt, weil die sonntägliche Pflichtübung des Kirchenbesuchs vielfach wohl eher mit Heuchelei und Selbstbefriedigung zu tun hat denn mit Glauben. Und es ist unübersehbar, wie wenig Bedeutung gerade im Christentum *gelebter* Gottesdienst hat. Man braucht – folgt man der Auffassung einer breiten Masse der Gewohnheitsgläubigen – nichts anderes zu tun, als halbwegs brav zu sein. Zwar heißt es „Ora et *labora*" – aber der Aufruf zur *Arbeit* in diesem bekannten kirchlichen Segensspruch wird eher auf das irdische Tageswerk bezogen denn auf gezielte Arbeit an sich selbst.

Doch für eine Wiederkehr Gottes in unsere Herzen ist ein Erwachen nötig aus diesem, meines Erachtens gefährlichsten religiösen Wahn, der im Opfertod-Gedanken beziehungsweise in der Vorstellung willkürlicher Sündenvergebung liegt. Jedem Menschen muß bewußt werden, daß er zu steter Selbstüberwindung aufgerufen ist, was durchaus die ganze Kraft erfordert, die wir aufzubringen fähig sind. Denn wie sonst könnte sich die Umkehr im Denken und Tun vollziehen, wie sollte sich das ersehnte Neu-Werden verwirklichen, wenn nicht dadurch, daß wir uns ändern, uns also aufschwingen, über uns selbst hinaus „winden"?

Selbstredend ist die ganze Botschaft Christi ein einziger Aufruf zur Tat.[36] Auch die Offenbarung des Johannes stellt die Überwindung ins Zentrum eines gottgefälligen Lebens,[37] ebenso die Gralsbotschaft und die vielen Lehren anderer großer Wegbereiter der Vergangenheit. Aber wir haben uns bislang beharrlich vor diesem entscheidenden Aufruf gedrückt, weil es eben leichter ist, seine Religiosität in den Glasschrank zu stellen und für ein paar Sonntagsstunden aufzubewahren, als sie zur Tat werden zu lassen.

Und es ist sogar angenehmer, sich selbst allerlei Hürden zu bauen (von der Verpflichtung zu endlosen Gebetsversen bis hin zu diversen zerstörerischen Selbstkasteiungen, wie sie von religiösen Fanatikern praktiziert

346

werden), deren Überwindung dann als „große Befriedigung" erlebt wird, statt endlich das im Grunde Einfachste zu tun, in dem auch die wahre Selbstüberwindung liegt: mit unermüdlichem Blick auf das große Ziel der geistigen Freiheit jenes *gute Wollen* zu pflegen, das immer auch die Tat bedingt.

Natürlich ist eine solche Arbeit an sich selbst ein innerer Vorgang, doch sie hat nichts mit grüblerischem Gedankenkampf zu tun, sondern setzt – darauf hinzuweisen scheint mir besonders wichtig! – bereits *vorher* ein. Denn jedem Gedanken geht etwas voraus: das durch unser Wollen in eine bestimmte Richtung geleitete Empfinden, das ihn mit „Lebenswärme" erfüllt. Ist nun dieser „Herd der Gedanken" lichtwärts gerichtet, pflegen wir also das beste Wollen im Sinne der Lehre Jesu, so werden die Gedanken selbsttätig dieser Richtung folgen und rein bleiben. Ein zentraler Satz in der Gralsbotschaft lautet daher:

> »Haltet den Herd Eurer Gedanken rein, Ihr stiftet damit Frieden und seid glücklich!«*38*

Abd-ru-shin erklärt in seinem Werk auch den Weg, den jedes menschliche Wollen nimmt:

> *»Kraft des Wollens! Eine von so vielen ungeahnte Macht, die wie ein nie versagender Magnet die gleichen Kräfte an sich zieht, um damit lawinenartig anzuwachsen und vereinigt mit ihr geistig ähnlichen Gewalten rückwärts wirkt, den Ausgangspunkt wieder erreicht, also den Ursprung oder besser den Erzeuger trifft, und diesen hoch emporhebt zu dem Lichte oder tiefer hinabdrückt in den Schlamm und Schmutz! Je nach der Art, wie es der Urheber erst selbst gewollt.*
> *Wer diese stete, sicher eintreffende Wechselwirkung kennt, die in der ganzen Schöpfung liegt, die sich mit unverrückbarer Gewißheit auslöst und entfaltet, weiß sie zu benützen, muß sie lieben, muß sie fürchten! Diesem belebt sich nach und nach die unsichtbare Welt um ihn; denn er fühlt ihre Wirkungen mit einer Deutlichkeit, die jeden Zweifel löst. (…)*
> *Nie wird der Mensch dann Böses wollen. Er greift mit Freuden zu der besten Stütze, die es für ihn gibt: zur Liebe! Zur Liebe für die ganze wunderbare Schöpfung, Liebe für den Nächsten, um auch diesen zu der Herrlichkeit dieses Genusses, dieses Kraftbewußtseins hinzuführen.«*39*

In der Gralsbotschaft nimmt die Schilderung der „feinstofflichen" Gedankenwelt sowie unserer Verstrickungen darin zentralen Raum ein. Alle

347

diese Zusammenhänge können hier aber freilich nur vage angedeutet werden; über die menschliche Innenwelt läßt sich gut und gerne ein eigenes Buch schreiben. Jedenfalls aber liegt im zitierten „Benützen der Wechselwirkung", das sich aus unserem Wollen formt, der Weg zur inneren Befreiung und Erlösung jedes Menschen – auch aus mancherlei Süchten und Neigungen, in die wir uns vielleicht tief verstrickt haben und deren Überwindung mit psychoanalytischer Ursachenforschung allein kaum zu bewerkstelligen ist. Indes weist die Gralsbotschaft wiederholt auf die überwältigende Macht des reinen, ehrlichen Wollens hin, denn dieses vermag in allen seelischen Nöten zu helfen:

> *»Wer aber nun sehr viel von früher auszugleichen hat, muß dieser Mensch dann nicht verzagen, wird ihm nicht grauen vor der Ablösung der Schulden?*
> *Er kann getrost und froh damit beginnen, kann ohne Sorge sein, sobald er* ehrlich will! *Denn ein Ausgleich* kann geschaffen werden *durch die Gegenströmung einer Kraft des guten Wollens, die im Geistigen (...) zu starker Waffe wird, fähig, jede Last des Dunkels, jede Schwere abzustreifen und das ‚Ich' dem Lichte zuzuführen!«*[40]

Demut

Wir sehen uns heutzutage oft nur zu gern als die „Macher" dieser Welt, spielen die unabkömmlichen Manager, stehen im Alltag geschäftig unseren Mann (was auch für die Frau zutrifft) und tun uns schwer damit zu akzeptieren, in Wirklichkeit doch nur kleine, ja, unbedeutende Staubkörnchen in dieser Welt zu sein – abhängige Geschöpfe! Vielleicht, daß uns unter dem Eindruck umwälzender Naturkatastrophen einmal kurz zu Bewußtsein kommt, daß wir den eigentlichen Gewalten in der Schöpfung nicht das mindeste entgegenzusetzen haben. Gerade *diese* Einstellung aber, das Bewußtsein der eigenen Kleinheit und der großen Gnade, *sein zu dürfen,* wäre nötig, um für die innere Hinwendung zu Gott den seelischen Boden zu bereiten, der ein tiefes, wahrhaft beglückendes, kraftspendendes religiöses Erleben ermöglicht.

Demut tut uns not.

Doch ebenso, wie wir uns über das Wirken des Schöpfers konsequent falsche Vorstellungen gemacht haben, so haben wir auch ein überaus fragwürdiges „Religionsverhalten" in uns großgezogen, eine besondere und wirklichkeitsferne Rolle, in der wir den „demütig-religiösen Menschen" geben: entrückt, versunken, passiv, weltabgewandt, schwebend, mit den

348

Gedanken irgendwo. Oder aber auch *besonders* freundlich, *übertrieben* hilfsbereit, *gewollt* liebevoll.

Das alles aber hat keinen Sinn. Es steht dem *gelebten* Gottesdienst, der ja nur in frohem, freiem, tatkräftigem und natürlichem Menschentum liegen kann, geradewegs entgegen. Eine „Maske" aufzusetzen bringt auf Dauer nichts, auch wenn darin das Streben nach hohen Idealen zum Ausdruck kommen sollte. Denn wer nicht zu sich selbst stehen kann und seine Fehler und Schwächen einfach tabuisiert, der zerstört damit den Boden, auf dem ein geistiger Aufbau möglich wäre. Dies aber führt aufgrund des nicht mehr spürbaren Fortschrittes zu einer latenten Unzufriedenheit mit sich selbst, die sodann in den Fehlern anderer ihre eigene Beruhigung sucht. Und abermals entstehen aus einer falschen Religiosität jene altbekannten „Kinderkrankheiten", die ein geistiges Erwachsenwerden und auch echte Nächstenliebe verhindern: Kritiksucht, Intoleranz, Besserwisserei. Hochmut statt Demut.

Noch dazu benützt jeder Mensch seine Rollen und Masken ja nicht nur gegenüber anderen, sondern auch – und wohl vor allem – für sich selbst. Sie verzerren den Blick auf den eigenen Geisteszustand, also die nötige *Selbsterkenntnis*.

Wo aber diese fehlt, kann auch die *Selbstüberwindung* nicht richtig Fuß fassen. Und zugleich steht natürlich die Heuchelei gegenüber Gott im Raum, denn was man sich selbst vormacht, stellt sich immer auch der reinen Beziehung zum Schöpfer entgegen. Statt selbstkritischer Offenheit im Gebet wird ein berechnendes religiöses Verhalten gepflegt, das geistig jedoch nur Nachteile bringt:

> *»Viele der jetzt noch vollkommen Ungläubigen werden es leichter haben, in das Reich Gottes einzugehen, als alle die Scharen mit ihrer dünkelhaften Demut, die in Wirklichkeit nicht einfach bittend, sondern indirekt fordernd vor Gott treten, damit er sie belohne für ihre Gebete und frommen Worte. Ihre Bitten sind Forderungen, ihr Wesen Heuchelei.«[41]*

Wahre Demut zeigt sich in der Bereitschaft, stets Gott zu dienen. Sie ist zugleich dem *Mut* verbunden, etwa der Beherztheit, entschlossen einen eigenen Weg zu gehen, sofern man diesen als wahr erkannt hat, auch wenn es dabei kräftig gegen den allgemeinen Strom anzuschwimmen gilt.

Doch ein demütiger Mensch darf ohnehin einen viel mächtigeren Kraftstrom an seiner Seite wissen, als ihn Menschenwollen jemals in Gang setzen könnte: die Macht des Gotteswillens, in dem sein eigenes Wollen ja schwingt.

Somit liegt Demut, wie die Gralsbotschaft erklärt, in der Fähigkeit und Bereitschaft, den Willen des Schöpfers zu erkennen und mit den Kräften zu arbeiten, welche diesen Willen tragen:

> »*Ob nun gesagt wird: ‚In Demut sich dem Willen Gottes beugen' oder ‚nach richtigem Erkennen der gewaltigen Naturgesetze sich deren Art und Wirken nutzbar machen'*, ist ein und dasselbe.
> *Nutzbar machen kann sich der Mensch die Kräfte, die den Willen Gottes tragen, nur dann, wenn er sie genau studiert, also erkennt, und sich dann darnach richtet. Das Mit-ihnen-Rechnen oder Sich-darnach-Richten ist in Wirklichkeit aber weiter nichts als ein Sicheinfügen, also ein Sichbeugen! Sich nicht gegen diese Kräfte stellen, sondern mit ihnen gehen. Nur indem der Mensch seinen Willen der Eigenart der Kräfte anpaßt, also die gleiche Richtung geht, vermag er die Gewalt der Kräfte auszunützen.*
> *Das ist kein Bezwingen der Kräfte, sondern ein Sich-demutsvoll-Beugen vor dem göttlichen Willen!*«[42]

Achtung der Weiblichkeit

Will man sieben wichtige Grundsätze auswählen, die ein gottzugewandtes Leben auszeichnen und nach denen sich jeder Mensch orientieren kann, der eine Wiederkehr Gottes in sein Herz erstrebt, so darf darunter einer keinesfalls fehlen: die Achtung der Weiblichkeit.

Es wurde schon bei anderer Gelegenheit auf die besondere Stellung hingewiesen, welche die Frau im Schöpfungswirken einnimmt[43] – jenes „schwache Geschlecht" also, das gerade im patriarchalen Kirchengepräge immer noch so gerne ins Abseits gedrängt wird, sofern es um die (angeblich) „reine Lehre" geht.

Indes liegt im naturverbundenen und besonders empfindungsfähigen Wesen der Weiblichkeit der natürlichste Weg für die geistige Hebung der Menschheit. Das ist eine Tatsache, die sich aus dem Aufbau der Schöpfung erklärt, beginnend bei den höchsten Höhen der Gralsburg:[44]

> »*Das große, alles umfassende Göttlich-Wesenhafte hat sich gespalten in zwei Teile, in einen aktiven Teil und in einen passiven Teil oder einen positiven und einen negativen Teil.*
> *Der passive oder negative Teil ist der feinere Teil, der empfindsamere, weichere Teil, der aktive oder positive Teil der gröbere, nicht so empfindsame Teil!*

9. Was uns zu tun bleibt

> *Der empfindsamere Teil, also der passive Teil, ist aber der* stärkere *und alles überwiegende Teil, der in Wirklichkeit* führend *wirkt. Er ist in seiner Empfindsamkeit aufnahmefähiger und druckempfindlicher, und deshalb befähigt, sicherer in der Kraft des Heiligen Gotteswillens als dem höchsten Drucke zu stehen und zu handeln. Unter Druck ist hier die gesetzmäßige Beeindruckung der höheren Art auf die niederere Art gemeint, nicht etwa irgendein willkürlicher Gewaltakt, kein Druck einer gewalttätigen wandelbaren Herrschsucht. –*«[45]

Diese in der Gralsbotschaft dargelegte grundlegende Spaltung in der Ausstrahlung des Göttlich-Wesenhaften, die schon der Beginn der Schöpfung mit sich brachte und welche als „Dualitätsprinzip" überall erkennbar ist, vollzog sich in gleicher Art folglich auch für das Menschengeistige: Die Geschlechter entstanden, und sowohl dem Weiblichen als auch dem Männlichen wohnen ihrer passiven oder aktiven Wirkungsart entsprechende, einander ergänzende Anlagen inne – wobei folgendes entscheidend ist:

> »*Der wirklich stärkere Teil, also tatsächlich herrschend, ist (...) unter den Menschen die* Weiblichkeit! *Sie hat es ihrer Art entsprechend viel leichter, dem Druck des Goteswillens empfindend zu gehorchen. Damit hat und gibt sie auch die beste Verbindung mit der einzigen, wirklich lebendigen Kraft! (...)*
> *Der empfindsamere Teil ist der eigentlich* bestimmende *Teil, der aktive Teil nur der* ausführende!
> *Deshalb übt auch bei jeder normalen Entwickelung alles Weibliche einen starken, in den unbewußten Anfängen immer rein schwingend, nur* hebenden *Einfluß auf das Männliche aus ...*«[46]

Das Bild der Frau als Priesterin und Lichtvermittlerin findet vor diesem Hintergrund seine treffliche Bestätigung. Und jeder Mann, der nicht die Verrohung als Ziel des „starken Geschlechts" betrachtet, sondern eher jenes hohe Ideal anstrebt, das man einst als „Ritterlichkeit" bezeichnete, wird die wahre Weiblichkeit achten, sie treulich beschützen und vor jedweder Beschmutzung – gerade auch gedanklicher Art – bewahren wollen.

Aber wie „wahr" ist die Frau heute noch? Selbstredend muß die Empfehlung zur „Achtung der Weiblichkeit" nicht nur an die Adresse des Mannes gehen, sondern auch an ihre, denn unübersehbar stehen weibliche Ideale heute kaum noch zur Disposition. Irgendwie führt die Frau zwar immer noch – aber wem nützt es schon, wenn sie sich jetzt, in Zeiten endlich erreichter Gleichberechtigung, als ausdauernder, belastbarer, bisweilen auch als abgründiger erweist als der Mann?

Natürlich steht nach generationenlanger Unterdrückung der Wettbewerbsgedanke im Raum, und das Bewußtsein, „es besser zu können", mag mancher Frau durchaus Befriedigung verschaffen – allerdings kaum dauerhaft, denn die Schlacht um die irdische Vormacht wird geschlagen, ohne daß dabei Ziele zu erreichen wären, die dem weiblichen *Wesen* entsprechen würden und denen auch der Mann willig folgen könnte; manche tiefe Seelenwunde entsteht, und mithin sogar die Gefahr, daß die Weiblichkeit ihren anlagegemäßen Führungsanspruch vollends verspielt.

Beide Geschlechter müßten also das Wesen der Weiblichkeit wieder achten lernen. Denn die ihm verbundenen Begriffe wie Reinheit, Anmut oder Lichtsehnsucht gehören – wie im Grunde jedes ernsthafte Streben nach höheren Idealen und tugendhaftem Leben – untrennbar zu einer spirituellen Orientierung. Und außerdem: Als Mann und Frau, die wir nun einmal sind, kommen wir sowieso nicht umhin, auch miteinander auszukommen. Denn die Tatsache, daß es uns als determinierte Geschlechter gibt, beinhaltet schon die Notwendigkeit einer sinnvollen Ergänzung. Im echten Miteinander von Mann und Frau aber – niemals jedoch im Neben- oder Gegeneinander – liegt etwas durchaus Herrliches, ein Gottesgeschenk, auf das wir bisweilen vergessen haben: nämlich das eigentliche Menschsein!

Eine geisterfüllte Zukunft!

Nehmen wir nun abschließend einmal in aller Kühnheit an, wir könnten dieses Menschsein durch eine radikale Neuorientierung einst doch wieder erreichen und eine dem Geistigen verpflichtete Welt errichten, in der die Erkenntnis dessen, der uns das Sein schenkte, das Ziel eines jeden Menschen ist. Wie würde eine solche Welt wohl aussehen? Gibt es Zukunftsvisionen fernab von Robotern, Fließbandmenschen und Cyborgs? Gibt es die Aussicht auf eine neue, einfache Welt, in der die eine Wahrheit regiert und der Schöpfer in unseren Herzen wieder den ihm gemäßen *höchsten* Platz einnimmt?

Ich denke, ja, aber man sollte seine sehnsuchtsvollen Träumereien wohl nicht auf der falschen Ebene ansiedeln. In erster Linie wird es keine äußerlich neue Welt sein, in welche die Kinder der Zukunft einst geboren werden könnten, sondern eine durch neue Absichten und weitreichende Einsichten, durch hohe Ideale und lichtvolle Ziele geprägte Welt; eine Gesellschaft aus Menschen, die in lebensfroher Gesinnung an sich und ihren Schwächen arbeiten, die ganz im Dienste der Nächstenliebe stehen und vielleicht auch stets ein wenig Ausschau halten nach neuen Geheimnissen der Schöpfung, die es zu enträtseln gilt.

Das eigentlich Beglückende an einer solchen Zukunftsvision von einer *innerlich* neuen Welt ist aber, daß wir gar nicht auf sie zu warten brauchen. Wir können sie durchaus schon hier und jetzt verwirklichen, für uns, mit Gleichgesinnten und inmitten all dessen, was uns als falsch und belastend noch umwirkt.

Wie sich die Zukunft dieser Welt *äußerlich* zeigen wird, muß indes dahingestellt bleiben. Gewiß wäre vieles dringend zu ändern, zumal dort, wo unser Tun nachhaltig zerstörerisch auf unser aller Lebensgrundlagen einwirkt. Und bei manchen Problemen mag ein machtvolles Eingreifen Gottes in die Geschicke unserer Erde als durchaus wünschenswert erscheinen – um das zum Guten zu wenden, was menschlichen Händen vielleicht längst entglitten ist.

Aber ich hoffe, daß aus dem bisher Gesagten deutlich wurde, daß der Schöpfer eben kein Knecht ist, der uns zu Diensten steht, und daß er auch niemals willkürlich in die Geschicke der Welt eingreifen wird.

Es obliegt dem Menschen selbst, an seiner Zukunft zu bauen – und doch sind wir dabei nicht wirklich auf uns allein gestellt. Denn ein neuer Weg mit Gott, die Wiederkehr des Schöpfers in unsere Herzen und in unsere Köpfe, würde uns neue Quellen der Kraft erschließen – und ganz gewiß auch ungeahnte Möglichkeiten, da überall im Weltgeschehen, selbst wenn die Folgen unseres Tuns und Lassens nun wechselwirkend mit Urgewalt über uns hereinbrechen müssen, die große Gnade des Schöpfers verankert liegt: Es *gibt* Möglichkeiten zur Umkehr, zu einem Neubeginn, zur so ersehnten geistigen Freiheit.

Aber, so sagte Abd-ru-shin[47]:

▌ »Frei ist nur der Mensch, der in den Gesetzen Gottes lebt!«

Anmerkungen und Literaturhinweise zu Teil 3, Kapitel 9

1 Der Begriff „Cyborg" steht in der Science-fiction-Literatur für eine Kombination aus kybernetischem System und Organismus, also für eine Art Roboter-Menschen.
2 Angela Steinmüller/Karlheinz Steinmüller: „Visionen – 1900 2000 2100 – Eine Chronik der Zukunft", Rogner & Bernhard Verlag, Hamburg, 1999, Vertrieb über Zweitausendeins-Versand
3 Mit „Goldies" werden ältere Menschen bezeichnet.
4 Zitiert aus: Angela Steinmüller/Karlheinz Steinmüller: „Visionen – 1900 2000 2100 – Eine Chronik der Zukunft", Rogner & Bernhard Verlag, Hamburg, 1999, Vertrieb über Zweitausendeins-Versand
5 Die „Nano-Technologie" gilt als Schlüsseltechnologie für das 21. Jahrhundert. Der Begriff geht auf den Japaner N. Taniguchi (1974) zurück und wird für Technik verwendet, die im Bereich von 0,1 bis 100 Nanometer operiert, von der Größe eines Atoms (einzelne Atome kann man seit 1990 mit Hilfe eines Rastertunnelmikroskops bewegen) bis zum Durchmesser kleinster Bakterien.
6 Vgl. dazu: Teil 3, Kapitel 8
7 Vgl.: Abd-ru-shin: „Im Lichte der Wahrheit – Gralsbotschaft", Verlag der Stiftung Gralsbotschaft, Stuttgart, 1998 (Band 3, Vortrag „Der Ring des Wesenhaften")
8 Vgl. dazu: Teil 3, Kapitel 8
9 Zitiert aus: Abd-ru-shin „Im Lichte der Wahrheit – Gralsbotschaft", Verlag der Stiftung Gralsbotschaft, Stuttgart, 1998 (Band 2, Vortrag „Verantwortung")
10 Zitiert aus: Abd-ru-shin „Im Lichte der Wahrheit – Gralsbotschaft", Verlag der Stiftung Gralsbotschaft, Stuttgart, 1998 (Band 2, Vortrag „Verantwortung")
11 Zitiert aus: Abd-ru-shin „Im Lichte der Wahrheit – Gralsbotschaft", Verlag der Stiftung Gralsbotschaft, Stuttgart, 1998 (Band 2, Vortrag „Der Mensch und sein freier Wille")
12 Zitiert aus: Abd-ru-shin „Im Lichte der Wahrheit – Gralsbotschaft", Verlag der Stiftung Gralsbotschaft, Stuttgart, 1998 (Band 2, Vortrag „Was hat der Mensch zu tun, um eingehen zu können in das Gottesreich?")
13 Zitiert aus: Abd-ru-shin „Im Lichte der Wahrheit – Gralsbotschaft", Verlag der Stiftung Gralsbotschaft, Stuttgart, 1998 (Band 3, Vortrag „Grübler")
14 Zitiert aus: Wilhelm Busch, „Der Philosoph", Gedicht-Zyklus „Zu guter Letzt", aus: „Gesamtwerk in drei Bänden", Weltbild-Verlag, Augsburg, 1998
15 Zitiert aus: Abd-ru-shin „Im Lichte der Wahrheit – Gralsbotschaft", Verlag der Stiftung Gralsbotschaft, Stuttgart, 1998 (Band 3, Vortrag „Grübler")
16 Zitiert aus: Abd-ru-shin „Im Lichte der Wahrheit – Gralsbotschaft", Verlag der Stiftung Gralsbotschaft, Stuttgart, 1998 (Band 1, Vortrag „Was sucht Ihr?")
17 Zitiert aus: Abd-ru-shin „Im Lichte der Wahrheit – Gralsbotschaft", Verlag der Stiftung Gralsbotschaft, Stuttgart, 1998 (Band 3, Vortrag „Bittet, so wird Euch gegeben!")
18 Zitiert aus: Abd-ru-shin „Im Lichte der Wahrheit – Gralsbotschaft", Verlag der Stiftung Gralsbotschaft, Stuttgart, 1998 (Band 3, Vortrag „Bittet, so wird Euch gegeben!")

354

19 Zitiert aus: Abd-ru-shin „Im Lichte der Wahrheit – Gralsbotschaft", Verlag der Stiftung Gralsbotschaft, Stuttgart, 1998 (Band 2, Vortrag „Das Gebet")

20 Zitiert aus: Abd-ru-shin „Im Lichte der Wahrheit – Gralsbotschaft", Verlag der Stiftung Gralsbotschaft, Stuttgart, 1998 (Band 3, Vortrag „Bittet, so wird Euch gegeben!")

21 Vgl.: „Neues Testament", Matth. 18, 3. Daneben sind auch noch andere Worte überliefert, mit denen Jesus auf Kinder hinweist, so bei Matth. 19, 14; Mark. 9, 37; Mark. 10, 15.

22 Vgl.: „Neues Testament", Matth. 18, 4

23 Vgl. dazu: Teil 2, Kapitel 4

24 Zitiert aus: Abd-ru-shin „Im Lichte der Wahrheit – Gralsbotschaft", Verlag der Stiftung Gralsbotschaft, Stuttgart, 1998 (Band 3, Vortrag „Weihnachten")

25 Vgl. dazu: Teil 2, Kapitel 6

26 Vgl.: Abd-ru-shin „Im Lichte der Wahrheit – Gralsbotschaft", Verlag der Stiftung Gralsbotschaft, Stuttgart, 1998 (Band 3, Vortrag „Weihnachten")

27 Vgl.: „Neues Testament", Matth. 6, 9–13

28 Vgl.: „Neues Testament", Matth. 5, 45

29 Zitiert aus: Abd-ru-shin „Im Lichte der Wahrheit – Gralsbotschaft", Verlag der Stiftung Gralsbotschaft, Stuttgart, 1998 (Band 2, Vortrag „Der Mensch und sein freier Wille")

30 Einen solchen freien Zusammenschluß gleichgesinnter Menschen, die im Sinne der Gebote Gottes leben möchten, strebt auch die „Gralsbewegung" an. Mehr darüber erfährt der Leser in der Schrift: „Wege mit der Gralsbotschaft", Verein zur Verwirklichung des Gralswissens von Abd-ru-shin, Vomperberg, 2000.

31 Vgl.: „Neues Testament", Matth. 5–7

32 Zitiert aus: Abd-ru-shin „Im Lichte der Wahrheit – Gralsbotschaft", Verlag der Stiftung Gralsbotschaft, Stuttgart, 1998 (Band 1, Vortrag „Aufstieg")

33 Vgl. dazu: Teil 3, Kapitel 8

34 Zitiert aus: „Neues Testament", Matth. 7, 12

35 Zitiert aus: Abd-ru-shin „Im Lichte der Wahrheit – Gralsbotschaft", Verlag der Stiftung Gralsbotschaft, Stuttgart, 1998 (Band 3, Vortrag „Siehe, Mensch, wie Du zu wandeln hast durch diese Schöpfung, damit nicht Schicksalsfäden Deinen Aufstieg hemmen, sondern fördern!")

36 Vgl. dazu: Teil 1, Kapitel 3

37 Vgl.: Offb. 2, 26; Offb. 3, 21

38 Zitiert aus: Abd-ru-shin „Im Lichte der Wahrheit – Gralsbotschaft", Verlag der Stiftung Gralsbotschaft, Stuttgart, 1998 (Band 1, Vortrag „Erwachet!")

39 Zitiert aus: Abd-ru-shin „Im Lichte der Wahrheit – Gralsbotschaft", Verlag der Stiftung Gralsbotschaft, Stuttgart, 1998 (Band 1, Vortrag „Erwachet!")

40 Zitiert aus: Abd-ru-shin „Im Lichte der Wahrheit – Gralsbotschaft", Verlag der Stiftung Gralsbotschaft, Stuttgart, 1998 (Band 1, Vortrag „Erwachet!")

41 Zitiert aus: Abd-ru-shin „Im Lichte der Wahrheit – Gralsbotschaft", Verlag der Stiftung Gralsbotschaft, Stuttgart, 1998 (Band 1, Vortrag „Falsche Wege")

42 Zitiert aus: Abd-ru-shin „Im Lichte der Wahrheit – Gralsbotschaft", Verlag der Stiftung Gralsbotschaft, Stuttgart, 1998 (Band 2, Vortrag „Symbolik im Menschenschicksal")

43 Vgl. dazu: Teil 3, Kapitel 7

44 Vgl. dazu: Teil 3, Kapitel 8

45 Zitiert aus: Abd-ru-shin „Im Lichte der Wahrheit – Gralsbotschaft", Verlag der Stiftung Gralsbotschaft, Stuttgart, 1998 (Band 3, Vortrag „Weib und Mann")

46 Zitiert aus: Abd-ru-shin „Im Lichte der Wahrheit – Gralsbotschaft", Verlag der Stiftung Gralsbotschaft, Stuttgart, 1998 (Band 3, Vortrag „Weib und Mann")

47 Zitiert aus: Abd-ru-shin „Im Lichte der Wahrheit – Gralsbotschaft", Verlag der Stiftung Gralsbotschaft, Stuttgart, 1998 (Band 1, Vortrag „Ergebenheit")

Ein Buch in aller Welt.

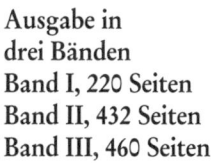

**Ausgabe in
drei Bänden**
Band I, 220 Seiten
Band II, 432 Seiten
Band III, 460 Seiten

Prospekt
auf Anfrage

In den 20er und 30er Jahren schrieb Abd-ru-shin (geb. 1875 in Bischofswerda nahe Dresden; bürgerlicher Name: Oskar Ernst Bernhardt) seine Gralsbotschaft »Im Lichte der Wahrheit« – ein umfassendes Werk zu weltanschaulichen Fragen, das bisher in 15 Sprachen übersetzt wurde und in etwa 70 Ländern der Welt erhältlich ist.

Die deutsche Ausgabe ist einbändig oder dreibändig, von der Paperback-Ausführung bis zur exklusiven Leder-Ausgabe und auch als Hörbuch (Audio-Cassetten) erhältlich.

GRALSWELT

Zeitschrift für Geisteskultur und ganzheitliche Zusammenhänge

Verlag der Stiftung Gralsbotschaft
Stuttgart

Stammausgaben:
4 x im Jahr
84 Seiten in Farbe

Themenhefte:
2 x im Jahr
44 Seiten in Farbe

Weltanschauung & Religion • Wissenschaft & Forschung
Kunst & Kultur • Bildung & Erziehung

EDITION
GRALSWELT

Die Taschenbuchreihe

Siegfried Hagl:

WENN ES KEIN WUNDER WAR …

ISBN 3-87860-292-8

Werner Huemer:

WARUM WIR DURCH DEN TOD NICHT STERBEN

ISBN 3-87860-290-1

Martin Ernst:

SPURENSUCHE

ISBN 3-87860-291-X

Monika Schulze:

FRAUENSACHE

ISBN 3-87860-293-6

80 bis 160 Seiten pro Band • mit Abbildungen   **Prospekt auf Anfrage**

Christian Baur

»UND WERDET SEIN WIE GOTT...«

Vom Turmbau zu Babel bis zur Bombe von Hiroshima

Verlag der Stiftung Gralsbotschaft, Stuttgart

Dr. Christian Baur, Kunsthistoriker und GRALSWELT-Redakteur für Kunst und Kultur, zeichnet in diesem Werk die Wege und Irrwege der Menschheit nach: vom Turmbau zu Babel bis zur Bombe von Hiroshima. Herausragende Entwicklungen in der Geschichte werden aus historischer, mythologischer und kunstgeschichtlicher Sicht dargestellt – woraus der Autor ein beeindruckendes Gesamtbild formt, in dem die menschlichen Verirrungen, aber auch Lichtpunkte und Durchbruchsversuche neue, überzeugende Deutungen erfahren.

640 Seiten mit zahlreichen Abbildungen   **Prospekt auf Anfrage**

Gesund werden.
Gesund *bleiben.*

Autoren aus heilenden Berufen behandeln in diesen beiden Büchern Fragen zur Gesundheit und zur Krankheit, mit denen wir heute oft zu tun haben:

Christopher Vasey zeigt bislang unbekannte oder unbeachtete Zusammenhänge zwischen Blutausstrahlung, Ernährung und geistiger Entwicklung auf.

Susanne Barknowitz beschreibt – begleitet durch Illustrationen von Monique Freyberg – das Atmen als lebendiges Geschehen.

Christopher Vasey
Das Blut-Geheimnis
Ernährung und geistige Entwicklung

112 Seiten
ISBN 3-87860-299-4

Susanne Barknowitz
Atmen
Ein lebendiges Geschehen

140 Seiten
ISBN 3-87860-244-8

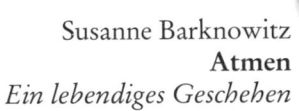